# DEUTSCHES INSTITUT FÜR WIRTSCHAFTSFORSCHUNG

**BEITRÄGE ZUR STRUKTURFORSCHUNG**   **HEFT 117 · 1990**

Uwe Müller

# Forschung und Entwicklung im verarbeitenden Gewerbe von Berlin

**DUNCKER & HUMBLOT · BERLIN**

## Verzeichnis der Mitarbeiter

### Verfasser

*Uwe Müller*

### Programmierung und Statistik

*Marie Karagouni-Roß*
*Jacqueline Sawallisch*

### Textverarbeitung

*Roswitha Richter*
*Simone Riedel*

Herausgeber: Deutsches Institut für Wirtschaftsforschung, Königin-Luise-Str. 5, D-1000 Berlin 33
Telefon (0 30) 82 99 10 — Telefax (0 30) 82 99 12 00
BTX-Systemnummer * 2 99 11 #
Schriftleitung: Dr. Frieder Meyer-Krahmer
Verlag Duncker & Humblot GmbH, Dietrich-Schäfer-Weg 9, D-1000 Berlin 41. Alle Rechte vorbehalten.
Druck: 1990 bei ZIPPEL-Druck, Oranienburger Str. 170, D-1000 Berlin 26.
Printed in Germany.
ISBN 3-428-06917-X

# Inhaltsübersicht

# Verzeichnis der Tabellen im Anhang

# Vorwort

Die politischen und wirtschaftlichen Veränderungen in der DDR seit Ende 1989 konnten in die vorliegenden Wertungen zum Innovationsstandort Berlin und seiner Entwicklungsperspektiven sowie in die Ableitung von Empfehlungen nicht mehr eingehen. Die Öffnung des RGW-Raumes und insbesondere der DDR trifft zusammen mit einer Neuorientierung im Zuge des EG-Binnenmarktes - eine Konstellation, die historische Dimensionen erhält und Berlin die Möglichkeit eröffnet, alte Metropolenfunktionen zurückzugewinnen. Die bisherige politisch-geographische Randlage der Stadt - mit erheblichen Nachteilen verbunden - würde sich mithin in eine zentrale Stellung zwischen den Systemen und in einem späteren "europäischen Haus" wandeln.

Eine der wesentlichsten Aufgaben Berlins als bevorzugter Wirtschaftsstandort und Scharnier zwischen Ost und West könnte im Austausch von Information und Know-how bestehen. Die

## Neuordnung des Berliner Technologietransfers

mit einer Effizienzsteigerung durch Konzentration der Bemühungen und Anpassung der personellen Ausstattung an die Erfordernisse sowie einer wesentlich stärker ausgeprägten überregionalen - später auch europäischen - Orientierung wären dafür unerläßlich.

Mit dem Abbau der Systemgrenzen bietet sich zugleich ein Ausbau der wirtschaftlichen Stadt-Umland-Beziehungen an. Diese könnte sich sowohl auf intensive Zulieferverflechtungen erstrecken als auch auf zwischenbetriebliche Kooperationen, jeweils zum Vorteil beider Seiten. Für eine solche Zusammenarbeit erscheinen indes nur die Berliner Betriebe interessant, die selbst unternehmerische Flexibilität, zukunftsträchtige Produktlinien und moderne Fertigungsverfahren aufweisen. Den vorliegenden Analysen zufolge beschränkt sich dies jedoch auf den kleineren Teil der Berliner Industrie. Nur in dem Maße, wie eine weitere Qualifizierung dieses Potentials gelingt und zudem zentrale Unternehmensfunktionen der überregional verflochtenen Betriebe in die Stadt verlagert werden, gewinnt das verarbeitende Gewerbe von Berlin an eigenständiger Dynamik und zugleich an Zugkraft und Attraktivität für die Wirtschaft der DDR. Ausbau und Vertiefung von betrieblicher Forschung und Entwicklung bildet hierfür einen wesentlichen Baustein.

Vor diesem Hintergrund erscheinen die im Gutachten unterbreiteten Vorschläge umso dringlicher. Darüber hinaus wird angeregt,

> Kooperationen zwischen Betrieben aus Berlin und der DDR ganz generell und insbesondere im Bereich Forschung und Entwicklung verstärkt zu fördern.

Das bereits vorhandene Instrumentarium zur Innovationsförderung von Berliner Betrieben läßt sich dazu einsetzen; insbesondere der Innovationsfond, das BMWi/IHK-Programm zur "Förderung von Forschung und Entwicklung bei kleineren und mittleren Unternehmen" und der Bürgschaftsrahmen bieten erfolgversprechende Ansätze. Überlegung sollten zugleich darauf zielen, die Programme zum Personaltransfer auf solche Verbundforschungen auszuweiten.

# A    Grundlagen

## 1    Problemstellung und Ziel

Die Wettbewerbs- und Überlebensfähigkeit industrieller Unternehmen hängt in zunehmendem Maße von ihrer Bereitschaft ab, sich dem raschen technischen und technologischen Wandel anzupassen. Dies erfordert zweierlei: Einmal muß das notwendige Know-how bereitgestellt werden - sei es durch eigene Forschung und Entwicklung (FuE) oder durch rechtzeitige Übernahme außerbetrieblichen Wissens. Zum anderen gewinnt die Fähigkeit zur Umsetzung von Forschungsergebnissen an Bedeutung. Der Implementierung neuer Verfahrens- und Prozeßtechniken, Änderungen in der maschinellen Ausstattung sowie der Einführung und Fortentwicklung von Produktlinien stehen allerdings oft erhebliche interne und externe Schwierigkeiten entgegen, wie Einpassung in den Fertigungs- und Betriebsablauf, Abschätzung des Marktpotentials und Marktdurchsetzung.

Einschlägige Untersuchungen zeigen, daß insbesondere kleinere und mittlere Unternehmen Schwierigkeiten haben, diesen Erfordernissen Rechnung zu tragen. Die Gründe dafür liegen z. B. in einer unzureichenden Kapitalausstattung bzw. einem hohen Risiko bei der Finanzierung aufwendiger Forschungsaktivitäten oder Lizenzen sowie Mängeln im Innovationsmanagment und in der Qualifikation der Beschäftigten.

Die Probleme im Zusammenhang mit Forschung und Entwicklung scheinen in Berlin besonders akzentuiert. Untersuchungen des DIW in den Jahren 1978 (Dreher, 1978) und 1982 (Hornschild, 1982) haben ergeben, daß die betrieblichen Forschungsaktivitäten in für die Stadt wichtigen Wirtschaftsbereichen geringer sind als im Bundesdurchschnitt. Dieses Ergebnis erscheint noch ungünstiger, wenn als Vergleichsgebiet nicht das gesamte Bundesgebiet, sondern Agglomerationen mit meist überdurchschnittlichen Forschungsaktivitäten herangezogen würden.

Über die Ursachen dieser Diskrepanz waren in den bisherigen Untersuchungen nur Anhaltspunkte zu gewinnen: Verlagerungen von betrieblichen Entscheidungszentren und Forschungseinrichtungen im Zuge räumlicher Neuorientierung nach dem Kriege;

Gründung von Betrieben, die - öfter als in Westdeutschland - lediglich als Werkbänke für die Produktion von Massengütern dienten; zunehmender Einfluß der in Berlin verbotenen militärischen Forschung, insbesondere bei neuen und zukunftsträchtigen Technologien.

Schon frühzeitig hatte der Berliner Senat begonnen, dieser auf lange Sicht verhängnisvollen Entwicklung entgegenzuwirken. Zusätzlich zu den bundeseinheitlichen Programmen zur Forschungsförderung (Fachprogramme sowie Auftragsforschung und -entwicklung des BMFT, FuE-Personalkostenzuschüsse des BMWi) wurde insbesondere seit Ende der siebziger Jahre eine Vielzahl landesspezifischer Förderungen initiiert. Das Spektrum der Maßnahmen reicht dabei von Finanzhilfen (Innovationsfonds, Anschubfinanzierung, VC-Gesellschaften) über Innovationsberatung (TVA, VDI-TZ und TU-Transfer, Beratungszuschüsse) bis zur Verbesserung der Rahmenbedingungen (BIG, TIP) sowie einer Intensivierung der Zusammenarbeit zwischen Unternehmen und Hochschulen mit dem Ziel, das heimische Wissenspotential stärker für die Wirtschaft zu erschließen (Innovationsassistenten und -praktikanten).

Die zweite Untersuchung des DIW aus dem Jahre 1982 führte zu dem Ergebnis, daß die FuE-Aktivitäten der Berliner Unternehmen zwischen 1977 und 1981 zugenommen hatten; im Bundesvergleich waren sie teilweise allerdings weiterhin unterdurchschnittlich. Aus heutiger Sicht stellt sich die Frage, ob sich die positive Entwicklung fortgesetzt hat, insbesondere vor dem Hintergrund mannigfaltiger Förderungsmaßnahmen, die mit einer Mehrfachgewichtung hoher Personalaufwendungen bei der Fernabsatzförderung auch im Berlinförderungsgesetz (BerlinFG) ihren Niederschlag fanden.

Wie in den vergangenen Untersuchungen ist ein Vergleich zur Entwicklung im Bundesgebiet unverzichtbar, der quasi als "Meßlatte" hiesiger Aktivitäten dient. Zugleich sind bundesweite Erhebungen zu Innovationsmaßnahmen, -zielen und -hemmnissen sowie zu Problemen und Perspektiven im FuE-Bereich in die Analyse einzubeziehen.

Aufgabe der Untersuchung soll es weiterhin sein, einzelne FuE-Förderungen in ihrer Wirkung zu beurteilen. Da die Maßnahmen der Strukturprogramme bereits einer

Evaluierung (Hornschild/Müller, 1987) unterzogen worden sind und zur Wirkungsweise des BerlinFG ein Gutachten erarbeitet wurde, stehen

- die Berlin-Präferenz im Rahmen der direkten Projektförderung des Bundesministers für Forschung und Technologie (BMFT) sowie

- das vom Bundesminister für Wirtschaft (BMWi) finanzierte und von der Industrie- und Handelskammer zu Berlin (IHK) betreute "Berliner Programm zur Förderung von Forschung und Entwicklung bei kleinen und mittleren Unternehmen"

im Blickpunkt.

Aufgrund terminlicher Restriktionen - Einbringung der Haushaltspläne - mußten beide Erfolgskontrollen noch vor der Hauptuntersuchung durchgeführt werden. Die im Frühjahr und Herbst 1988 erstellten Vorberichte sind in die vorliegende Untersuchung integriert, allerdings nur mit analyserelevanten Teilen und Ergebnissen.

Für die künftige Ausgestaltung der weiteren Innovationsförderung in Berlin erscheint es schließlich erforderlich, detailliertere Informationen über innovative Anstrengungen kleiner und mittlerer Betriebe zu sammeln: In Politik und Wissenschaft wird davon ausgegangen, daß sich gerade dieser Unternehmenskreis - stärker als große und überregional verflochtene Betriebe - durch staatliche Fördermaßnahmen in seinem Forschungsverhalten beeinflussen läßt. Dazu sind mögliche Unterschiede im Innovationsverhalten zwischen Berlin und anderen Bundesländern aufzuzeigen und auf ihre Bestimmungsgründe zurückzuführen.

Die in dieser Untersuchung gewonnenen Erkenntnisse sind letztlich im Rahmen einer abschließenden Wertung mit den Ergebnissen anderer Gutachten zur wirtschaftlichen Situation Berlins zu verknüpfen, um so Ansatzpunkte für eine mögliche Verbesserung und Effizienzsteigerung der auf Berlin zielenden Forschungspolitik zu erarbeiten.

## 2 Ansatz und Methode

Die Analyse der FuE-Aktivitäten ist als zweistufige Unternehmensbefragung konzipiert. In einem ersten Schritt wurden in einer **schriftlichen Erhebung** alle Betriebe des verarbeitenden Gewerbes befragt, die regelmäßig 20 und mehr Personen beschäftigen und damit auch der amtlichen Statistik melden. Diese Totalerhebung knüpft unmittelbar an die 1976 und 1982 ausgearbeiteten und erprobten Konzepte an, Kontinuität und Vergleichbarkeit sind mithin gewährleistet.

Für eine Befragung von Kleinstbetrieben verfügt das DIW - anders als bei größeren Betrieben - nicht über ausreichendes Adressenmaterial. Aus diesem Grund wurden die Fragebogen durch das Statistische Landesamt Berlin versandt, die anonymisierten Antworten dann dem DIW zur Verfügung gestellt.

Im Mittelpunkt der aktuellen Bestandsaufnahme steht das FuE-Budget in seiner zeitlichen wie strukturellen Dimension: Interne Aufwendungen, differenziert nach Personal- und Sachausgaben sowie Investitionen; Aufwendungen für externe Forschungsaktivitäten mit den wichtigsten Gruppen von Auftragnehmern. Auf dieser Basis lassen sich Kennziffern ableiten, die ein aussagekräftiges Bild der betrieblichen Entwicklungen ergeben und Rückschlüsse auf das gesamte verarbeitende Gewerbe zulassen.

Nicht weniger wichtig als diese Daten ist die Einschätzung der innovativen Aktivitäten der Betriebe: Zu fragen ist nach den Bestimmungsgründen sowie den Zielen und Hemmnissen. Die betriebliche Relevanz von FuE läßt sich darüber hinaus durch weitere Angaben zum Produktprogramm und zu den Fertigungsverfahren belegen. Ansichten zur künftigen Entwicklung des Marktes, des Betriebes und seines FuE-Budgets sollen schließlich einen Ausblick ermöglichen.

Ein zweiter Schwerpunkt liegt in der Quantifizierung der aus den FuE-Aktivitäten resultierenden Beschäftigungseffekte. Unter diesem Aspekt ist zu klären, wie sich die Zahl der in Forschung und Entwicklung Tätigen in der Vergangenheit entwickelt hat - auch im Vergleich zur Gesamtbeschäftigung. Dabei kommt der strukturellen Komponente - der Frage nach der Qualifikation der Beschäftigten - wiederum erhebliche Bedeutung zu; generellen Klagen der Unternehmen über einen Mangel an qualifizierten Fachkräften wird für den FuE-Bereich gesondert nachgegangen.

Den FuE-Aktivitäten im Rahmen uberregionaler Unternehmensverflechtungen wird in der Untersuchung breiter Raum gewidmet. Analysen des DIW zeigen, daß gut die Hälfte der im verarbeitenden Gewerbe Tätigen in solchen Betrieben arbeitet, deren Firmensitz außerhalb der Stadt angesiedelt ist. Deshalb wird versucht, das Ausmaß der Abhängigkeit Berliner Betriebe, insbesondere im dispositiven und planerischen Bereich sowie bei der Festlegung und Durchführung von FuE-Aktivitäten, einzugrenzen.

Da in den vergangenen Jahren zunehmend Kleinstbetriebe im FuE-Bereich tätig geworden sind, wurde die Untersuchung auch auf solche Unternehmen ausgedehnt. Allerdings dürfen die Erwartungen auf aussagekräftige Erkenntnisse hier nicht zu hoch gesteckt werden, weil dieser Firmenkreis traditionell - andere Befragungen belegen dies - nur eine geringe Antworthäufigkeit aufweist.

Mit der schriftlichen Befragung war zugleich eine intensive, telefonische Mahnaktion vorgesehen. Durch Gespräche mit den Betrieben sollten dabei zumindest **zwei** Informationen erfragt werden:

- Zahl der Beschäftigten, die für eine Strukturierung der Aussagen nach Größenklassen notwendig ist und im Repräsentationsgrad zugleich die Gewichtungsfaktoren für eine Hochrechnung der Befragungsergebnisse auf die regionale Wirtschaft liefert.

- Durchführung von FuE-Aktivitäten, um einen möglichst vollständigen Überblick über das tatsächliche Forschungspotential dieses Berichtskreises zu geben.

Ergänzend zur schriftlichen Befragung erfolgten in einem zweiten Schritt **vertiefende Gespräche** mit Unternehmen, Verbänden und Institutionen in Berlin und im übrigen Bundesgebiet. Ziel dieses Untersuchungsschrittes war es, Informationen zu erhalten, die mit einem standardisierten Fragebogen nicht zu gewinnen sind. Damit kann insbesondere betriebsspezifischen Problemlagen umfassend Rechnung getragen werden.

Die **Erfolgskontrollen der Förderungen des BMFT und des BMWi** beziehen sich einmal auf die Akzeptanz dieser Maßnahmen, also auf die Frage, in welchem Umfang sie von den Zielgruppen angenommen wurden. Dazu werden die Vergabestatistiken herangezogen, die erste Schlüsse über die Bedeutung der Programme zulassen. Zum anderen ist zu beurteilen, ob die Ausgestaltung zieladäquat ist, ob die Ziele erreicht wurden und welche nicht-intendierten Effekte zu verzeichnen sind. Diesen Fragen sowie den Impulswirkungen der Maßnahmen wird in persönlichen Gesprächen mit begünstigten Unternehmen nachgegangen. Als Ergebnis dieser Analysen sollen Anregungen zur Weiterentwicklung und Verbesserung dieses Instrumentariums gegeben werden: Mit dem Ziel einer Steigerung der Impulswirkungen sowie der Effizienz sind Vorschläge zur Modifizierung zu unterbreiten bzw. Ansätze zur Neugestaltung zu entwickeln.

Für einen **Bundesvergleich der FuE-Budgets** lassen sich wiederum Angaben des Stifterverbandes heranziehen; der Fragebogen wurde deshalb mit dieser Institution vorher abgestimmt.

Zur Erarbeitung von Informationen über das **FuE-Verhalten kleiner und mittlerer Betriebe** hat das DIW einen Unterauftrag an das Fraunhofer Institut für Systemtechnik und Innovationsforschung (ISI) vergeben. Das ISI konnte bei seinen Arbeiten auf eigene Datensammlungen zum Innovationsverhalten, zur Innovationsleistung sowie zur Diffusion neuer technischer Entwicklungen bei dieser Unternehmensgruppe zurückgreifen. Diese wurden für die vorliegende Analyse - insbesondere mit Blick auf eine räumlich vergleichende Betrachtung Berlins zu anderen Bundesländern - gesondert aufbereitet und ausgewertet.

## 3 Abgrenzungen für den Regionalvergleich

Die Möglichkeiten von interregionalen Vergleichen müssen sich zwangsläufig am verfügbaren Datenmaterial orientieren. Für die Analyse des FuE-Budgets und der Beschäftigten in Forschung und Entwicklung stehen allein Angaben des Stifterverbandes für die Deutsche Wissenschaft zur Verfügung, allerdings beschränkt auf bundesweite Ergebnisse. Dies gilt ebenfalls für vergleichende Betrachtungen von Innovationszielen und -hemmnissen, die vom Ifo-Institut erhoben werden.

Allein für Analysen der direkten Projektförderung des BMFT sowie der Personalkostenzuschüsse des BMWi stehen differenzierte Informationen zur Verfügung, die eine stärkere Regionalisierung erlauben. Dabei wird die räumliche Abgrenzung von

vergleichbaren Agglomerationen mit ihren Kern- und Randgebieten in der Regional-
forschung durchaus kontrovers diskutiert.

Orientiert an ähnlichen Fragestellungen wurde ein bereits entwickeltes räumliches
Analyseraster gewählt (Bade, 1987), das auf Kreisen basiert und teilweise von den
Raumordnungsregionen des Bundes abweicht. Dies bietet einmal den Vorteil, auf im
DIW vorhandenes Datenmaterial zurückgreifen zu können; zum anderen lassen sich
Ergebnisse aus diesem Gutachten in den Kontext zu anderen Untersuchungen stellen.
Tabelle A1 und die Graphik geben einen Überblick dieser ausgewählten Vergleichsre-
gionen.

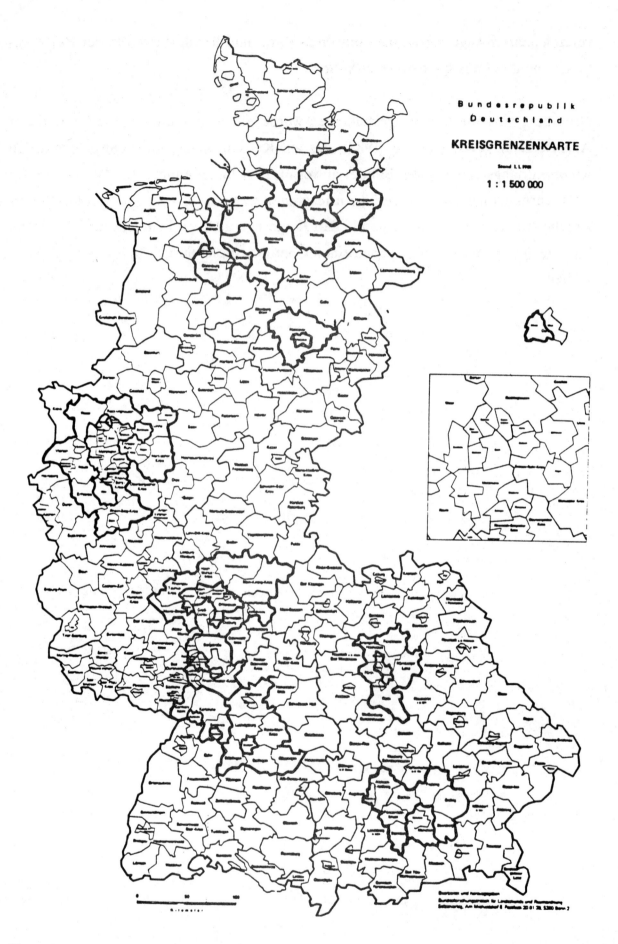

Bundesrepublik
Deutschland

**KREISGRENZENKARTE**

Stand 1.1.1980

1 : 1 500 000

# B Befragungsergebnisse: FuE im verarbeitenden Gewerbe von Berlin

## 1 Durchführung und Repräsentation

### 1.1 Betriebskonzept

Die im Rahmen der vorliegenden Untersuchung konzipierte Befragung richtet sich an alle **Betriebe des verarbeitenden Gewerbes mit 20 und mehr Beschäftigten**, - also Betriebe, die auch regelmäßig zur amtlichen Statistik melden. Kleinstbetriebe wurden gesondert befragt. Die Erhebung basiert auf dem fortgeschriebenen Adressenmaterial des DIW und weist den Stand Sommer 1988 auf - Versand der Fragebogen im August 1988. Nach schriftlicher Erinnerung im Oktober erfolgte ab November eine intensive, telefonische Mahnaktion, die - entsprechend dem methodischen Ansatz - darauf abzielte, zumindest Antworten über mögliche betriebliche FuE-Aktivitäten zu erhalten.

Von den ursprünglich angeschriebenen 1 030 Betrieben haben insgesamt 990 Betriebe umfassend schriftlich geantwortet oder telefonisch zur Grundsatzfrage von FuE-Aktivitäten Stellung bezogen. 42 eher kleinere Betriebe konnten nicht erreicht werden - sei es, weil sie jede Auskunft verweigerten oder zwischenzeitlich geschlossen wurden.

Eine Aufbereitung dieses Berichtskreises nach Wirtschaftszweigen und Betriebs-größenklassen zeigt, daß die Abweichungen zum monatlichen Meldekreis des Statistischen Landesamtes Berlin eher gering sind: Ende September 1987 - für diesen Monat stehen aus der Totalerhebung zusätzlich zweig- und größenklassenspezifische Angaben zur Verfügung - sind nennenswerte Diskrepanzen lediglich in der Zahl kleinerer Betriebe zu konstatieren (Tabelle B1, B2). Vereinzelte Differenzen bei mittleren und größeren Betrieben lassen sich auf zweierlei zurückführen: Zum einen gab es zwischen Herbst 1987 und Sommer 1988 zwei größere Betriebsschließungen; zum anderen sind geringfügige Abweichungen methodisch bedingt, weil das DIW Beschäftigte im Jahresdurchschnitt erfragt hat, das Statistische Landesamt hingegen Arbeitskräfte zu einem Stichtag ausweist und damit Betriebe an der Grenze zwischen zwei Größenklassen jeweils unterschiedlich zugeordnet werden können.

Im Vergleich der Beschäftigtenzahlen zeigen sich ebenfalls keine nennenswerten Differenzen: Das Statistische Landesamt weist im Jahre 1987 für seine "Monats-

melder" im Durchschnitt 162 845 Beschäftigte aus, vom DIW sind 162 069 Beschäftigte erfaßt.

Insbesondere mit Blick auf die Beschäftigtenzahl erscheint es gerechtfertigt, das mit
der Erhebung erfaßte verarbeitende Gewerbe als realistische und nahezu vollständige
Abbildung dieses Produktionssektors zu betrachten; nicht notwendig erscheint die
Orientierung an einem "amtlichen" Bezugsrahmen mit eher marginalen Abweichungen.

Die **Grundgesamtheit dieser Befragung** umfaßt also **990 Betriebe**, die sich entweder
schriftlich in Fragebogen geäußert haben oder zumindest auf telefonische Rückfrage
Auskunft zu möglichen FuE-Aktivitäten gaben. Mit Blick allein auf diese Frage war
mithin die Erfassung vollständig. Ausfälle waren hingegen dann zu verzeichnen, wenn
zusätzliche, forschungsrelevante Detailinformationen erfragt wurden; allerdings war der
Fragebogenrücklauf (siehe Kapitel 2.1.3) noch immer außerordentlich hoch.

Damit gibt die durchgeführte Befragung nicht nur umfassend Auskunft über das
tatsächliche Potential forschender Betriebe, sondern erlaubt auch realistische und
durch mögliche Hochrechnungsfehler nur wenig verzerrte Aussagen über Forschungsbudgets und FuE-Beschäftigte. Dies umso mehr, als für weitere fünf mittelständische
und größere Unternehmen zwar keine Fragebogen eingingen, aus persönlichen
Gesprächen indes Eckdaten zum FuE-Budget bekannt waren.

## 1.2 Modifiziertes und regional orientiertes Betriebskonzept

Im Rahmen von Vorgesprächen hatte sich herausgestellt, daß ein Betriebskonzept für
die Analyse von FuE-Aktivitäten vielfach zu Schwierigkeiten führt, weil sich bei
Mehrbetriebsunternehmen die FuE-Ressourcen oftmals nicht einzelnen Betrieben
zuordnen lassen. Der betriebliche Berichtskreis des DIW wurde deshalb auf ein
**regional orientiertes und modifiziertes Betriebskonzept** umgestellt. Einzelbetriebe in
der Stadt - seien es Berliner Unternehmen oder Zweigstellen, Werkstätten bzw.
Töchter westdeutscher und internationaler Unternehmen - blieben dabei als Betrieb
unverändert erhalten; Betriebsstätten, die einem gemeinsamen Berliner, westdeutschen
oder internationalen Konzern zugehören, wurden zu einem "Mehrbetriebs"-Betrieb

## Graphik 1:

### Betriebe des verarbeitenden Gewerbes
### von Berlin 1987

Betriebe mit ... Beschäftigten
in vH aller Betriebe

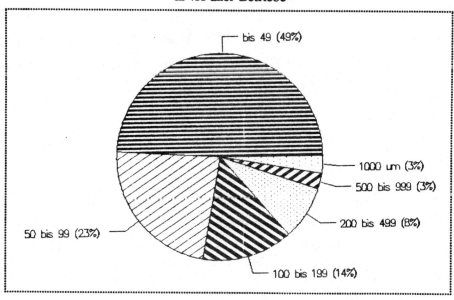

Quelle: Unternehmensbefragung des DIW

DIW 89

31

zusammengefaßt. Dies ist nicht einem Unternehmenskonzept gleichzusetzen, weil auch diese erweiterten Betriebe nach wie vor nur Teile von überregionalen Unternehmen umfassen.

Für die Zusammenführung von Betrieben sind dabei weniger kapitalmäßige Verflechtungen entscheidend als vielmehr gewisse Eigenständigkeiten im FuE-Bereich sowie im Rahmen dispositiver Funktionen. Aufgrund der Angaben im Fragebogen zu diesem Komplex sowie Nachrecherchen im Teilnehmerkreis wurden so einerseits steuerlich selbständig bilanzierende Betriebe zusammengefaßt, wenn sie gemeinsame FuE-Einrichtungen nutzen; zum anderen erfolgte keine Zusammenfassung von Konzernbetrieben, wenn sie eigenständige FuE-Aktivitäten aufweisen.

In diesem modifizierten Betriebskonzept, das die Basis aller weiterer Analysen darstellt, reduziert sich die Zahl der betrachteten Einheiten auf **952 "Mehrbetriebs"-Betriebe** (Tabelle B3). Bei unverändert 162 069 Beschäftigten sind allerdings sowohl bei den Betrieben als auch bei den Beschäftigten keine wesentlichen Veränderungen in der Betriebsgrößenstruktur festzustellen (Tabelle B4).

### 1.3 Ex-post-Projektion der Betriebsgröße

Der **Referenzzeitraum dieser Erhebung** umfaßt die Jahre von **1985 bis 1987**. Soweit die Unternehmen schriftlich geantwortet haben, liegen Informationen zur Zahl der Beschäftigten für alle Jahre vor. Probleme zeigten sich indes bei solchen Betrieben, die lediglich auf telefonische Anfrage Auskunft zu ihren FuE-Aktivitäten gaben. Diese Betriebe waren teilweise nicht in der Lage oder willens, die Zahl der Beschäftigten für die Vergangenheit anzugeben. Da dies jedoch vornehmlich bei Kleinbetrieben auftrat und das Antwortverhalten dann überwiegend zu "Konstanz der Beschäftigtenzahl" tendierte, wurde für die Jahre 1985 und 1986 die für 1987 angegebene Zahl der Beschäftigten unterstellt. Der dadurch bedingte Schätzfehler dürfte sich in sehr engen Grenzen halten.

Als entscheidend bleibt hervorzuheben, daß für 1985 und 1986 nur bei solchen Betrieben Informationen erhoben werden konnten, die zum Zeitpunkt der Erhebung noch existierten. Aufgrund zwischenzeitlicher Betriebsschließungen wird die tatsächliche Grundgesamtheit der Jahre 1985 und 1986 damit nicht voll getroffen; der dadurch bedingte Fehler erscheint aber auch hier gering.

## 2 Betriebe mit FuE-Aktivitäten
## 2.1 Institutionelle Betrachtung
### 2.1.1 Anzahl der Betriebe

Von den insgesamt 952 Befragten des verarbeitenden Gewerbes mit regelmäßig 20 und mehr Beschäftigten haben **225 Betriebe** mitgeteilt, daß sie in den letzten fünf Jahren FuE-Aktivitäten durchgeführt haben (Tabelle B5). Damit ist immerhin jeder vierte Betrieb im Bereich Forschung und Entwicklung tätig.

In **zweigspezifischer Betrachtung** sind deutliche Unterschiede zu konstatieren. Der Anteil forschender Betriebe ist bei den *Produzenten von Investitionsgütern* am höchsten: Gut jeder dritte weist entsprechende Aktivitäten auf. Dabei nehmen die wichtigen Bereiche Elektrotechnik, Maschinenbau und Büromaschinen/ADV mit einem Anteil von jeweils etwa 50 vH eine herausragende Stellung ein. Mit Ausnahme der Feinmechanik/Optik (ein Drittel) weisen die übrigen Wirtschaftszweigen keine nennenswerten FuE-Aktivitäten auf.

Bei den *Produzenten von Grundstoff- und Produktionsgütern* entspricht der Anteil forschender Betriebe etwa den gesamtindustriellen Durchschnitt; dies ist jedoch ausschließlich auf die Chemie zurückzuführen, wo jeder zweite Betrieb entsprechende Aktivitäten aufweist. Im Vergleich dazu fallen die Gummiverarbeitung sowie Eisen/Stahl - Bereiche von nachrangiger Bedeutung - deutlich zurück; in allen übrigen Wirtschaftszweigen werden innovative Eigenentwicklungen nicht durchgeführt.

Auch bei den *Produzenten von Verbrauchsgütern sowie Nahrungs- und Genußmitteln* sind Forschungs- und Entwicklungsaktivitäten generell nur wenig vertreten. Eine Ausnahmestellung nimmt der Bereich Feinkeramik/Glas ein, in dem gut jeder zweite Betrieb mit FuE-Arbeiten befaßt ist; wenngleich - wie noch zu zeigen sein wird - mit geringer Intensität. Demgegenüber vereinigen die wichtigeren Wirtschaftszweige Druck

Graphik 2:

# FuE-Aktivitäten im verarbeitenden Gewerbe
## von Berlin 1987

Betriebe mit FuE-Aktivitäten
in vH aller Betriebe

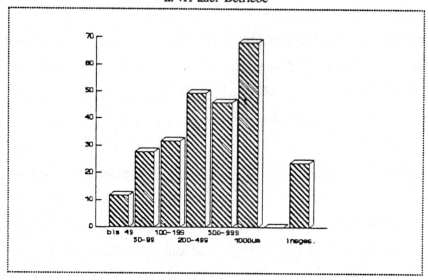

Beschäftigte in Betrieben mit FuE-Aktivitäten
in vH aller Beschäftigten

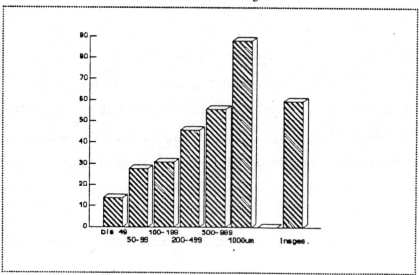

Quelle: Unternehmensbefragung des DIW

DIW 89

und Papier sowie Kunststoffverarbeitung, Textil und Bekleidung kaum Betriebe mit eigenen FuE-Aktivitäten auf sich. Während im *Ernährungsgewerbe* immerhin jeder zehnte Betrieb zu den forschenden zählt, ist dies in der Tabakverarbeitung kein einziger.

Diese Ergebnisse können erst einmal kaum überraschen und sind auch kein Indikator für die Modernität von Fertigungsverfahren und das Lebensalter der Produkte sowie die Innovationsaufgeschlossenheit der Unternehmen. Die Erhebung zielte eindeutig auf **eigene FuE-Aktivitäten**, sei es durch eigene Anstrengungen oder externe Auftragsforschung. Damit rücken die bundesweit forschungsintensiven Bereiche - wie Maschinenbau und Elektrotechnik - in den Blickpunkt. Andere Zweige, wie die Verbrauchsgüterproduzenten, bleiben demgegenüber zurück: Hier werden Produkte hergestellt, die vielfach ausgereift sind und in starkem Maße modischen und geschmacklichen Änderungen unterliegen; neue Fertigungsverfahren und Maschinen werden auf vorgelagerten Stufen (Produzenten von Investitionsgütern) entwickelt, wobei für die Anwender allenfalls Anpassungsarbeiten erforderlich sind.

Eine **Differenzierung nach der Betriebsgröße** zeigt ebenfalls gravierende Divergenzen, wenngleich ein einheitlicher Trend zu verzeichnen ist: Generell steigt der Anteil forschender Betriebe mit zunehmender Betriebsgröße. Über alle Wirtschaftsbereiche hinweg bedeutet dies, daß nur jedes zehnte Unternehmen mit 20 bis 49 Beschäftigten FuE-Aktivitäten ausführt, jedoch mehr als zwei Drittel der Großbetriebe mit 1 000 und mehr Beschäftigten. Selbst in der mittelständischen Wirtschaft sind die Abweichungen noch erheblich: Nur jeder vierte Betrieb mit 50 bis 99 Beschäftigten, jedoch knapp jedes zweite Unternehmen mit 200 bis 499 Beschäftigten bejahte FuE-Aktivitäten (Tabelle B6).

**Gegenüber 1981** hat sich der Anteil von Betrieben mit eigenen FuE-Aktivitäten leicht verringert. Bei der Interpretation dieser Ergebnisse sind allerdings zwei methodisch-konzeptionelle Unterschiede zu beachten. Zum einen basierte die damalige Untersuchung auf einem *Betriebskonzept*, die vorliegende auf einem *modifizierten Betriebskonzept*. Um diesen Einfluß bereinigt würde - eine Alternativrechnung zeigt dies - der Rückgang schwächer ausfallen. Zum anderen waren damals zwei Drittel aller Betriebe erfaßt, Verzerrungen durch die Hochrechnung auf die Grundgesamtheit sind mithin denkbar. Die vorliegende Untersuchung gibt hingegen einen nahezu vollständigen Überblick aller Betriebe mit eigenen FuE-Aktivitäten, Hochrechnungsfehler sind mithin als äußerst gering zu veranschlagen.


### 2.1.2 Beschäftigte

In der Grundgesamtheit von 952 Betrieben arbeiten gut 162 000 Beschäftigte. Davon sind etwa 60 vH in solchen Betrieben tätig, die Forschungs- und Entwicklungsaktivitäten aufweisen (Tabelle B5, B6). Dabei ist dieser Anteil insbesondere in den forschungsintensiven Wirtschaftsbereichen Chemie, Maschinenbau und Elektrotechnik überdurchschnittlich hoch, was wiederum auf Betriebsgrößeneffekte zurückzuführen ist: Die Großbetriebe weisen hier durchweg FuE-Aktivitäten auf.


### 2.1.3 Repräsentation forschender Betriebe

Die Repräsentation ist unter zweierlei Gesichtspunkten für die Analyse von Bedeutung: Zum einen gibt sie Auskunft über die Beteilung an dieser Erhebung, also den Fragebogenrücklauf; zum anderen bildet sie den Gewichtungsfaktor für die Hochrechnung der Befragungsergebnisse. Dabei wird die Repräsentation der Beschäftigten für die Hochrechnung quantitativer Informationen (FuE-Budget, FuE-Beschäftigte) und diejenige der Betriebe zur Hochrechnung beschreibender Merkmale herangezogen.

Insgesamt 82 vH der forschenden Betriebe haben detailliert zu ihren Aktivitäten Stellung bezogen. Dabei ist das Antwortverhalten sowohl in zweig- als auch in größenklassenspezifischer Betrachtung recht einheitlich: Von nur wenigen Ausnahmen abgesehen, beträgt der Repräsentationsgrad mindestens 75 vH (Tabelle B7). Auch nach Größenklassen differenziert konnte mindestens eine Antwortquote von 78 vH erreicht werden, wobei die Beteiligung in den forschungsintensiven Großbetrieben deutlich höher ist (Tabelle B8). Mögliche Fehler in der Hochrechnung quantitativer Ergebnisse sind sehr eingeschränkt, weil sich die auf Beschäftigte bezogene Repräsentation immerhin auf 90 vH beläuft.

## 2.2 Budget für Forschung und Entwicklung
## 2.2.1 Niveau und Entwicklung 1977 bis 1987
### 2.2.1.1 Nominale Betrachtung

Die auf die **Grundgesamtheit hochgerechneten Befragungsergebnisse** zeigen, daß die Betriebe des verarbeitenden Gewerbes im **Jahre 1987** knapp 1,15 Mrd. DM für Forschung und Entwicklung aufgewandt haben (Tabelle B9). Dabei liegt das Schwergewicht innovativer Aktivitäten in nur zwei Wirtschaftsbereichen: Die *Elektrotechnik* vereinigt knapp die Hälfte und die *Chemie* gut ein Drittel aller Aufwendungen auf sich. Demgegenüber sind die übrigen Wirtschaftsbereiche von nachrangiger Bedeutung, herauszuheben bleibt lediglich der *Maschinenbau* mit einem Anteil von 6 vH.

In zeitlicher Dimension ermöglicht eine weiter rückwärts gerichtete Betrachtung Rückschlüsse auf das längerfristige FuE-Verhalten der Berliner Industrie. Unter Berücksichtigung von Befragungsergebnissen aus dem Jahre 1982 ergibt sich eine Zeitreihe, die mit den Jahren **1977 bis 1987** ein ganzes Jahrzehnt abdeckt. Den Analysen zufolge haben sich die Aufwendungen für Forschung und Entwicklung in den letzten zehn Jahren annähernd verdoppelt. Dabei war die Entwicklung in einzelnen Perioden höchst unterschiedlich.

- Im Referenzzeitraum der ersten Befragung von **1977 bis 1981** nahmen die hochgerechneten Aufwendungen um knapp die Hälfte zu, das sind etwa 10 vH je Jahr.

- Für die durch Befragungen nicht belegten Jahre von **1982 bis 1984** ergibt sich aus der Verknüpfung der Ergebnisse für 1981 sowie für 1985 eine Zunahme von gut einem Zehntel, im Durchschnitt also 3 vH je Jahr.

- Von **1985 bis 1987** betrug die Zunahme ebenfalls gut ein Zehntel, pro Jahr entspricht dies allerdings einer Wachstumsrate von gut 6 vH.

Die hier nachgewiesenen Veränderungen weichen also von Periode zu Periode erheblich voneinander ab. Weitere Recherchen im Basismaterial beider Untersuchungen zeigen indes, daß diese breiten Schwankungen teilweise durch erhebungsme-

Graphik 3:

## FuE-Aufwendungen im verarbeitenden Gewerbe
## von Berlin 1977 bis 1987
### - in Mill. DM -

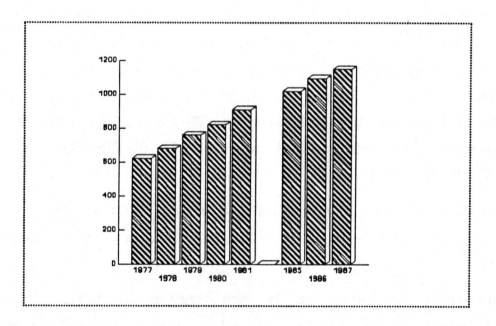

Quelle: Unternehmensbefragung des DIW                    DIW 89

thodische Unterschiede und teilweise durch Veränderungen in der Grundgesamtheit bedingt sind.

Die überaus kräftigen Zuwachsraten der Jahre 1977 bis 1981 überraschten schon damals und wurden darauf zurückgeführt, daß die Betriebe für länger zurückliegende Jahre offensichtlich - Nachrecherchen zeigten dies - ihre Aufwendungen nicht exakt fixieren konnten. Der Grund: Erst mit der Personalkostenförderung des BMWi (ab 1979) begannen viele Betriebe, ihre FuE-Aufwendungen zu erfassen und buchhalterisch zu belegen. Das Ausgangsniveau des Jahres 1977 war damit mit Sicherheit zu niedrig kalkuliert, die Zuwachsraten dürften mithin wesentlich überhöht sein.

Der Zeitraum von 1982 bis 1984 ist durch Befragungen nicht belegt. Vorgespräche zu der jetzigen Untersuchung hatten nämlich ergeben, daß FuE-Aufwendungen gerade noch für drei Jahre von den Betrieben relativ problemlos abgefragt werden können, weiter rückwärts gerichtete Angaben deshalb zumeist abgelehnt wurden. Bei der deshalb erforderlichen Verknüpfung beider Erhebungen erschweren zwei Einflußfaktoren einen unmittelbaren Vergleich:

- Zum einen sind zwischen beiden Erhebungsjahren (1982 und 1988) einige forschungsintensive Betriebe in Konkurs gegangen oder haben ihre Forschungsaktivitäten nahezu völlig eingestellt. Dies führte in einigen Bereichen zu einem Niveauverlust im Vergleich der Jahre 1981 und 1985, der sich besonders auffällig im Bereich Büromaschinen/ADV zeigt: Die Aufwendungen für FuE halbierten sich nahezu. In der Elektrotechnik ist ähnliches zu konstatieren: Das aggregierte FuE-Budget nahm zwischen 1981 und 1985 geringfügig ab.

- Zum anderen könnte die äußerst schwache Expansion in der unbelegten Zeit von 1982 bis 1984 auch methodisch bedingt sein: In der damaligen Untersuchung erfolgte aus den antwortenden Betrieben der durchaus zulässige Rückschluß auf das Forschungsverhalten der Grundgesamtheit; in der jetzigen Erhebung lag ein Schwerpunkt in der Erfassung aller forschungsaktiven Betriebe. Die in beiden Analysen erforderliche Hochrechnung bezog sich damals mithin auf die Gesamtzahl industrieller Betriebe mit einer entsprechend hohen Unsicherheit und Fehlermarge, die in der vorliegenden Untersuchung - durch die Eingrenzung und Erfassung des forschenden Potentials - wesentlich eingeschränkt wurde. Die hochgerechnete Zahl forschungsaktiver Betriebe und ihr Anteil an der Grundgesamtheit wurden deshalb für 1982 weitaus höher als heute veranschlagt. Unzulässig erscheint es jedoch, die damaligen Ergebnisse von vornherein als überhöht zu interpretieren, weil Hinweise auf einen methodischen Erhebungs-lag auch aus heutiger Sicht nicht zu belegen sind.

Im Rahmen einer **Sonderauswertung** wurde deshalb versucht, dem langfristigen Aspekt detaillierter nachzugehen. Dazu wurden die Angaben solcher Betriebe zusammengefaßt, die sich sowohl 1982 als auch 1988 an den Befragungen beteiligt haben und zumindest in einem Jahr Aufwendungen für FuE aufweisen. Dieser Auswahlkreis umfaßt rund 200 Betriebe, wobei knapp die Hälfte FuE-Aktivitäten in beiden Referenzzeiträumen durchführte und etwa ein Viertel jeweils nur in einer Periode. Die nachgewiesenen Ausgaben für Forschung und Entwicklung dieses ausgewählten Berichtskreises umfaßten dabei im ersten Referenzzeitraum gut 80 vH und im jetzigen 92 vH der hochgerechneten Aufwendungen.

Tabellen B10 und B10a zeigen, daß das aggregierte FuE-Budget dieser Betriebe einen wesentlich kontinuierlichen Verlauf aufweist. Eine stete Zunahme der FuE-Aktivitäten wird nunmehr auch in der Elektrotechnik deutlich, wenngleich eine deutliche Abschwächung in den letzten Jahren offensichtlich ist. Dies ist nach dem Basismaterial auf eine deutliche Rückführung der FuE-Aufwendungen bei einigen Betrieben zurückzuführen, andere hingegen expandierten stark. Insgesamt sind die Schwankungen im hochgerechneten Gesamtbudget mithin primär auf Randbewegungen zurückzuführen und weniger auf den Kernbereich von Betrieben mit regelmäßigen FuE-Aktivitäten.

Nach **Wirtschaftsbereichen differenziert** hat sich seit 1977 der auf die *Elektrotechnik* entfallende Anteil am FuE-Budget leicht verringert, Reflex einer unterdurchschnittlichen Entwicklung der Aufwendungen. Dies ist - nach starken Zuwächsen bis 1981 - vornehmlich auf einen Einbruch in der unbelegten Zeit zwischen 1981 und 1985 zurückzuführen: Das aggregierte Niveau ging sogar geringfügig zurück. Aber auch in den nachgewiesenen letzten drei Jahren (1985 bis 1987) erreicht die Elektrotechnik nur weit unterdurchschnittliche Zuwachsraten.

Graphik 4:

**FuE-Aufwendungen im verarbeitenden Gewerbe
von Berlin 1977 bis 1987: Ausgewählte Betriebe[1]**

- in Mill. DM -

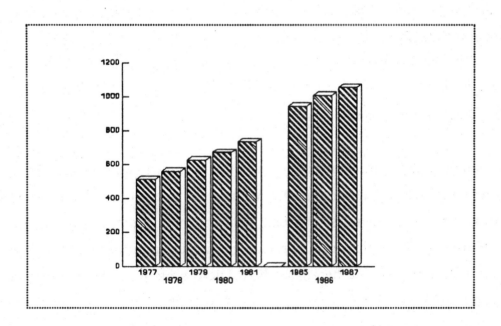

1) Betriebe mit kontinuierlichen FuE-Aktivitäten
Quelle: Unternehmensbefragung des DIW

DIW 89

Die *Chemie* konnte ihre schon anfangs starke Stellung weiter ausbauen, wobei eine starke Steigerung der FuE-Aktivitäten im Zeitverlauf zu konstatieren ist. Dieser Bereich - im wesentlichen durch nur einen Betrieb geprägt - erweist sich damit als entscheidende Stütze für das Berliner Gesamtergebnis. Der *Maschinenbau* konnte insbesondere im ersten Referenzzeitraum von 1977 bis 1981 seine anfangs schwache Stellung erheblich ausbauen. In den Folgejahren fiel dieser Bereich zwar hinter der gesamtindustriellen Entwicklung zurück, die Zunahme im FuE-Budget war indes weitaus höher als in der Elektrotechnik. Überaus starke Ausweitungen sind im *Fahrzeugbau* und in der *Papierverarbeitung* hervorzuheben, die - obwohl anfangs mit völlig unbedeutenden FuE-Aktivitäten - nunmehr einen vierten Platz in der Rangskala forschungsintensiver Industriezweige einnehmen. Letztlich bleibt noch der Bereich *Büromaschinen/ADV* mit einer allerdings sehr uneinheitlichen Entwicklung: Kräftiger Zuwachs zwischen 1977 und 1981, erheblicher Niveauverlust zwischen 1981 und 1985 durch das Ausscheiden von zwei forschungsintensiven Betrieben; deutliche Belebung in den Jahren danach.

## 2.2.1.2  Reale Betrachtung

In einer langfristigen Betrachtung über ein Jahrzehnt hinweg darf die Preiskomponente nicht mehr vernachlässigt werden. Die Wahl eines geeigneten Deflators nominaler FuE-Ausgaben erscheint indes schwierig, weil originäre Indices nicht zur Verfügung stehen. Hilfsweise bietet sich an, die Preissteigerung der industriellen Bruttowertschöpfung als Orientierungsgröße heranzuziehen. Diese umfaßt als Referenzgröße neben Lohnkosten auch Gewinne, Zinseinkünfte, Abschreibungen, indirekte Steuern und Subventionen; nicht berücksichtigt hingegen ist der Materialeinsatz, auf den bei FuE-Aktivitäten immerhin knapp ein Viertel der Aufwendungen entfällt.

Die Ergebnisse einer solchen Preisbereinigung sind in Tabelle B11 dargestellt. Danach stiegen die **realen Aufwendungen** für Forschung und Entwicklung - und zwar **zu Preisen von 1977 gerechnet** - von 620 Mill. DM im Jahre 1977 bis auf 880 Mill. DM im Jahre 1987. Die Zunahme von gut 40 vH verdeckt allerdings auch hier höchst unterschiedliche Entwicklungen im Zeitverlauf. Im Referenzzeitraum der damaligen Untersuchung - also von 1977 bis 1981 - stiegen die realen FuE-Aufwendungen jährlich

Graphik 5:

## FuE-Aufwendungen im verarbeitenden Gewerbe von Berlin 1977 bis 1987 zu Preisen von 1977

### - in Mill. DM -

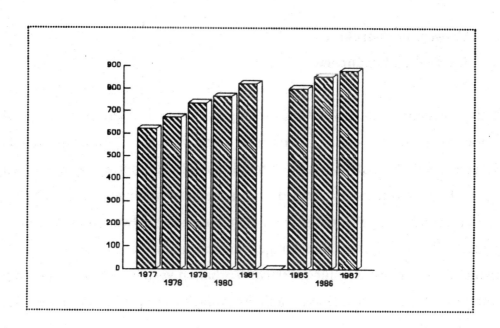

Quelle: Unternehmensbefragung des DIW

DIW 89

um etwa 7 vH. Bis zum Beginn des zweiten Referenzzeitraums, also dem Jahr 1985, ist ein Niveauverlust von 3 vH zu konstatieren; dies entspricht einer Verringerung von gut 0,5 vH pro Jahr. Bis 1987 ist dann wieder ein deutlicher Zuwachs von durchschnittlich 5 vH zu verzeichnen. Über alle Zeiträume hinweg ergibt dies eine Zunahme von 3,5 vH im Mittel und je Jahr. Der nominale Vergleichswert betrug demgegenüber gut 6 vH.

Nach Wirtschaftszweigen differenziert akzentuieren sich die Entwicklungen nominaler Werte. Insbesondere der Niveauverlust zwischen den Referenzzeiträumen wird besonders deutlich. Der Rückgang realer Aufwendungen ist dabei entscheidend geprägt durch die Elektrotechnik: Beim hohen Gewicht dieses Wirtschaftszweiges schlägt ein Rückgang von 14 vH deutlich auf das Gesamtergebnis durch.

## 2.2.2 Verwendungsstruktur
## 2.2.2.1 Interne Aufwendungen

Trotz einer erheblichen Ausweitung des **aggregierten FuE-Budgets** von 1986 nach 1987 haben sich die Aufwendungsstrukturen kaum verändert (Tabelle B12). Der ganz überwiegende Teil der FuE-Ausgaben umfaßt mit 92 vH innerbetriebliche Aktivitäten. Wichtigste Kostengröße sind dabei die Personalaufwendungen, auf die - im Durchschnitt beider Jahre und gemessen an den internen Aufwendungen - zwei Drittel entfallen. Die Materialkosten sind demgegenüber nur auf ein Viertel zu veranschlagen. Die restlichen 10 vH werden für investive Vorhaben verausgabt, wobei Ausrüstungen und Geräte im Mittelpunkt stehen, bauliche Anlagen von untergeordneter Bedeutung sind.

Diese globalen Strukturen weichen bei den **forschungsintensiven Wirtschaftszweigen** deutlich voneinander ab. Mit 96 vH ist der Anteil interner Aufwendungen in der Elektrotechnik am höchsten, im Maschinenbau und in der Chemie beträgt er etwa 88 vH. Zugleich liegen die Lohnkostenanteile in Elektrotechnik und Maschinenbau über dem Durchschnitt und in der Chemie erheblich darunter - hier kommt den Investitionen eine stärkere Bedeutung zu.

Graphik 6:

## FuE-Aufwendungen im verarbeitenden Gewerbe
## von Berlin 1981 und 1986/87

Kostenstruktur 1981

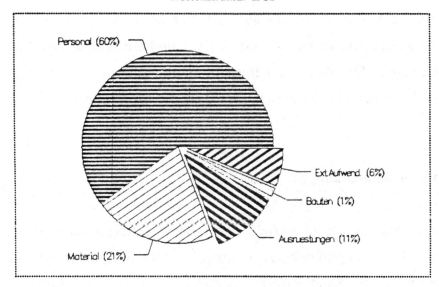

Personal (60%)

Ext.Aufwend. (6%)

Bauten (1%)

Ausruestungen (11%)

Material (21%)

Kostenstruktur 1986/87

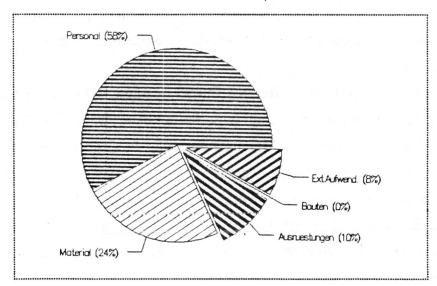

Personal (58%)

Ext.Aufwend. (8%)

Bauten (0%)

Ausruestungen (10%)

Material (24%)

Quelle: Unternehmensbefragung des DIW                    DIW 89

Nach **Betriebsgrößen differenziert** (Tabelle B13) zeigen sich ähnliche Abweichungen. Während Kleinbetriebe (bis 99 Beschäftigte) etwa 85 vH aller Aufwendungen für betriebsinterne Aktivitäten veranschlagen, liegt dieser Anteil mit 95 vH in den mittelständischen Unternehmen mit 100 bis 499 Beschäftigten wesentlich höher (Tabelle B13). Für größere Betriebe mit 500 bis 999 Beschäftigten ist dieser Anteil auf 88 vH und für Unternehmen mit 1 000 und mehr Beschäftigten wieder auf 93 vH zu beziffern.

Mit Blick auf die Kostenarten fällt auf, daß der Materialeinsatz mit zunehmender Betriebsgröße an Bedeutung gewinnt und - korrespondierend dazu - der Lohnkostenanteil tendenziell sinkt. Der Anteil der Investitionen liegt bei kleinen und insbesondere bei mittleren Unternehmen erheblich über dem der Großindustrie.

### 2.2.2.2 Externe Aufwendungen

Im Jahre 1987 hat das verarbeitende Gewerbe von Berlin etwa 85 Mill. DM für betriebsfremde Forschungsaktivitäten verausgabt. Bei etwa gleichem Niveau im Jahre 1986 beträgt mithin der Anteil externer Aufwendungen am FuE-Budget jeweils rund 8 vH (Tabelle B14). Diese Quote liegt deutlich über den entsprechenden Ergebnissen des Jahres 1981 mit 6 vH. Der sich damals schon abzeichnende Trend - zunehmende Bedeutung der Auftragsforschung - hat sich damit weiterhin fortgesetzt.

Die Auftragsforschung nimmt im Bereich Büromaschinen/ADV eine herausragende Stellung ein, gut ein Viertel entfällt auf außerbetriebliche Aktivitäten. Ebenfalls sehr ausgeprägt ist die Bedeutung im Maschinenbau und in der Chemie (etwa 11 vH), weniger hingegen in der Elektrotechnik (5 vH). Unter Berücksichtigung der Betriebsgröße lassen sich zwei Gruppen erkennen: Kleinbetriebe (bis 100 Beschäftigte) und größere Betriebe (500 bis 999 Beschäftigte) veranschlagen gut 12 vH ihres FuE-Budgets für externe Forschungen; bei den übrigen Betrieben sind es etwa 5 vH (Tabelle B13).

## 2.2.3    Finanzierungsstruktur

Die betrieblichen Forschungsaktivitäten werden ganz überwiegend (92 vH) aus **Unternehmensmitteln** bestritten (Tabelle B15). Die Selbstfinanzierungsquote liegt dabei in der Chemie und in der Elektrotechnik leicht über bzw. unter diesem Durchschnittswert, im Maschinenbau weicht sie kaum ab. Eine Sonderstellung nimmt der Bereich Büromaschinen/ADV ein; hier beträgt der Anteil gerade 84 vH. Unterschritten wird dieser Wert lediglich in den kleineren Bereichen Stahlverformung (53 vH) und Textil (75 vH).

Wichtig in diesem Zusammenhang erscheint, daß die **Einnahmen aus Auftragsforschung** sehr gering veranschlagt werden. Lediglich der Fahrzeugbau nimmt hier eine besondere Stellung ein, allerdings nur durch die Ergebnisse eines einzelnen Betriebes bedingt. Generell bleibt damit festzuhalten, daß das verarbeitende Gewerbe in Berlin kaum Forschungsvorhaben für private oder öffentliche Auftraggeber durchführt.

Etwa 8 vH des Forschungsbudgets werden aus **öffentlichen Mitteln** - Darlehen und Zuschüsse - gedeckt. Das Schwergewicht liegt dabei auf Mitteln aus der öffentlichen Forschungsförderung (5 vH), die insbesondere für Produzenten von Investitionsgütern von besonderer Bedeutung sind: Betriebe des Stahlbaus und der Stahlverformung finanzieren ihre Forschungen zu einem erheblichen Teil aus solchen Zuwendungen; selbst in der Elektrotechnik und im Bereich Büromaschinen/ADV liegt der Anteil bei 8 vH bzw. 10 vH. Der Anteil der Investitionszulage ist mit knapp 3 vH ebenfalls beachtlich, wobei die unterschiedlichen Aufwendungen für Ausrüstungen und Geräte in den einzelnen Branchen zu einer jeweils anderen Bedeutung der Investitionszulage führen.

Nach der **Betriebsgröße differenziert** (Tabelle B16) zeigt sich, daß *öffentliche Zuschüsse aus Förderprogrammen* insbesondere bei kleinen und mittleren Unternehmen (50 bis zu 199 Beschäftigte) eine herausragende Stellung einnehmen, der Anteil ist auf 7 vH bis 11 vH zu beziffern. Demgegenüber ist die Bedeutung bei Kleinstbetrieben und in der Größenklasse 200 bis 999 Beschäftigte eher gering. Für Großbetriebe mit 1 000 und mehr Beschäftigten gewinnt die Forschungsförderung wieder an Gewicht (4 vH).

Insgesamt stellen öffentliche Förderungen, Investitionszulage und ERP-Mittel eine bedeutende Finanzierungsquelle gerade der mittelständischen Wirtschaft dar: Gut 17 vH aller FuE-Aufwendungen werden aus diesen Mitteln bestritten. Für die Großindustrie nehmen diese Finanzierungsarten demgegenüber einen geringeren Stellenwert ein; der Finanzierungsbeitrag ist gerade auf 5 vH bis 7 vH zu veranschlagen.

Im **Vergleich zu 1981** ist die Fremdfinanzierungsquote der FuE-Aktivitäten deutlich gesunken: Damals wurden 13 vH aller Aufwendungen nicht aus eigenen Unternehmensmitteln bestritten, nach der jetzigen Befragung sind es 8 vH. Dies dürfte im wesentlichen auf zweierlei zurückzuführen sein. Zum einen ist der Anteil öffentlicher Zuschüsse um einen vH-Punkt gesunken; offensichtlich Reflex der Ausgestaltung des inzwischen eingestellten Personalkostenzuschußprogramms: Diese wichtigste und von sehr vielen Betrieben in Anspruch genommene Förderung wurde für maximal sechs Jahre gewährt, so daß in der vorliegenden Erhebung viele Betriebe schon nicht mehr zum Begünstigtenkreis gehörten. Zum anderen nimmt den Analysen zufolge die Investitionsfinanzierung aus ERP-Mitteln nicht mehr den Stellenwert ein wie früher. In der damaligen Befragung wurden immerhin 3 vH des Gesamtbudgets für FuE aus solchen Mitteln bestritten, heute sind es lediglich 0,3 vH. Auf den investiven Aufwand bezogen betrug der Anteil der ERP-Kredite damals knapp ein Viertel, jetzt sind es gerade 3 vH. Allerdings bleiben Zweifel, ob die ERP-Kredite in der jetzigen Befragung voll erfaßt worden sind. Selbst bedeutende Investoren hatten hier offenkundig Probleme beim Ausfüllen des Fragebogens.

## 2.3     Forschungsintensität
### 2.3.1     Aufwand je Beschäftigten in allen Betrieben

Die Forschungsintensität - definiert als **FuE-Aufwand je Beschäftigten** der Grundgesamtheit - ist von zentraler Bedeutung aus zweifacher Sicht: Zum einen dient sie der Hochrechnung von Befragungsergebnissen zu einem regionalen Gesamtwert; zum anderen bildet sie die Kenngröße für vergleichende Analysen.

Nach den hochgerechneten Befragungsergebnissen ist die **gesamtindustrielle Forschungsintensität** auf rund 7 100 DM zu beziffern (Tabelle B17). Dabei sind die Abweichungen zwischen den **Wirtschaftszweigen** beträchtlich. In der Chemie, geprägt durch einen einzelnen Betrieb, liegt der FuE-Aufwand je Beschäftigten mit knapp 35 000 DM weit über dem hier ermittelten Durchschnittswert; die Ausnahmestellung ist offenkundig. Ebenfalls überdurchschnittlich, wenngleich auf einem wesentlich geringeren Niveau, ist der Wert für die Elektrotechnik (9 600 DM) zu veranschlagen; noch weiter fallen Maschinenbau (4 800 DM) und der Bereich Büromaschinen/ADV (3 400 DM) zurück. In den kleineren Wirtschaftsbereichen Steine/Erden, Feinmechanik/Optik und Papierverarbeitung erreicht die Intensität mit 3 000 DM ein Niveau, das über dem des Fahrzeugbaus (1 200 DM) und ganz erheblich über dem des Stahlbaus (700 DM) liegt.

Die industrielle Forschungsintensität wird durch Großindustrie dominiert: Betriebe mit 1 000 und mehr Beschäftigten weisen eine Intensität von 13 000 DM auf, Betriebe mit 500 bis 999 Beschäftigten erreichen lediglich noch 4 000 DM (Tabelle B18). Kleine und mittlere Unternehmen fallen demgegenüber mit einem Aufwand von 2 000 bis 2 500 DM je Kopf deutlich zurück. Bei Kleinstbetrieben (bis 49 Beschäftigte) ist die Intensität mit 1 000 DM noch geringer; entscheidend durch den niedrigen Anteil von Betrieben mit FuE-Aktivitäten bedingt.

Der Trend einer mit zunehmender Betriebsgröße wachsenden Intensität erstreckt sich tendenziell über alle Wirtschaftsbereiche. Gravierende Ausnahmen finden sich im Bereich Büromaschinen/ADV, hier allerdings durch einen forschungsaktiven Betrieb bestimmt. Hervorzuheben sind weiterhin im Maschinenbau die Großbetriebe sowie in der Elektrotechnik größere Betriebe (500 bis 999 Beschäftigte) mit jeweils geringen Intensitäten.

In **längerfristiger Betrachtung** hat sich von **1977 bis 1987** der FuE-Aufwand je Beschäftigten mehr als verdoppelt, allerdings im Zeitablauf recht uneinheitlich. Als Reflex des vermutlich zu geringen Ausgangsniveaus im Jahre 1977 nahm die Intensität bis 1981 um gut 12 vH zu. Zu der durch Erhebungen nicht belegten Zeit bis zum Jahre 1985 reduzierte sich der Zuwachs auf 5 vH, wobei jedoch - wie bereits ausgeführt - Einschränkungen für die Interpretation zu beachten sind. Im Referenzzeit-

Graphik 7:

### FuE-Intensität im verarbeitenden Gewerbe
### von Berlin 1977 bis 1987
- FuE-Aufwendungen je Beschäftigten in DM -

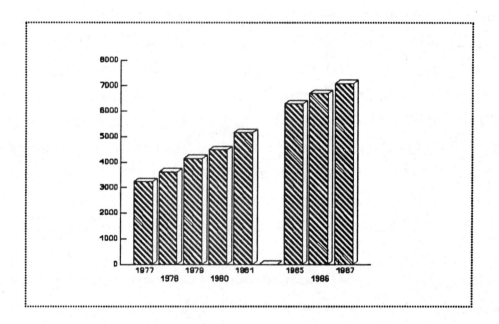

Quelle: Unternehmensbefragung des DIW                          DIW 89

raum von 1985 bis 1987 war schließlich ein Zuwachs von 6 vH zu konstatieren. Über alle Jahre hinweg ergibt sich damit eine durchschnittliche Zuwachsrate von 8 vH je Jahr.

Das gesamtindustrielle Niveau wird entscheidend durch die *Chemie* bestimmt, die den Durchschnittswert um das Vierfache übertrifft und so eine Sonderstellung einnimmt. Die insgesamt unterdurchschnittliche Entwicklung im Zeitverlauf ist dabei auf die im Vergleich zu anderen Bereichen schwache Expansion in den Jahren von 1977 bis 1981 zurückzuführen, wobei dies durchaus Reflex einer realistischen Erfassung der Aufwendungen sein kann - im Gegensatz zur möglichen Untererfassung in anderen Zweigen. Im letzten Jahrfünft liegt die Zunahme bereits wieder über dem gesamtindustriellen Durchschnitt.

Für die *Elektrotechnik* errechnen sich FuE-Aufwendungen je Beschäftigten, die den Mittelwert um ein Drittel übertreffen. Nach anfänglich sehr starker Expansion waren zwischen 1981 bis 1985 nur geringe Zuwächse zu verzeichnen. Aber auch danach war das Wachstum verhalten und weit unterdurchschnittlich. Insgesamt blieb damit die Elektrotechnik in der Entwicklung hinter dem gesamtindustriellen Durchschnitt zurück.

Im *Maschinenbau* haben sich die anfangs sehr hohen Zuwachsraten - allerdings auf äußerst niedrigem Ausgangsniveau - im Zeitverlauf zwar immer mehr abgeschwächt; sie lagen indes auch zuletzt noch immer über dem industriellen Durchschnitt. Trotz dieser äußerst kräftigen Zunahme gelang es den Betrieben dieses Bereiches nicht, das Niveau der FuE-Intensität im industriellen Durchschnitt oder das in der Elektrotechnik zu erreichen.

Der Bereich *Büromaschinen/ADV* weist in den beiden Referenzperioden weit überdurchschnittliche Zuwachsraten in der FuE-Intensität auf; die Entwicklung ist jedoch von einem signifikanten Einbruch zwischen 1981 und 1985 gekennzeichnet - allein durch die Schließung zweier forschungsaktiver Betriebe bedingt, wobei einer von einem größeren Unternehmen - allerdings einem anderen Wirtschaftsbereich zugehörig - übernommen wurde.

Unter Berücksichtigung der Preiskomponente ergibt sich für 1987 eine **reale FuE-Intensität** von 5 400 DM, und zwar zu Preisen von 1977 gerechnet (Tabelle B19). Dieser Wert liegt um zwei Drittel höher als der Vergleichswert des Jahres 1977; Reflex einer Steigerung der realen Aufwendungen um etwa 40 vH bei gleichzeitigem Rückgang der Zahl der Beschäftigten um gut 15 vH. Dabei war der Verlauf in den einzelnen Betrachtungsperioden durchaus unterschiedlich: Kräftiger Zuwachs (10 vH) von 1977 bis 1981, verhaltene Entwicklung (gut 1 vH) von 1981 bis 1985 und deutliche Belebung (knapp 5 vH) von 1985 bis 1987 (Tabelle B19a), wobei allerdings die beschriebenen Restriktionen zu beachten sind.

### 2.3.2    Aufwand je Beschäftigten in forschenden Betrieben

Die Gesamtaufwendungen für FuE bezogen allein auf die Beschäftigten von Betrieben mit kontinuierlichen FuE-Aktivitäten - also nicht mehr auf die Beschäftigten der Grundgesamtheit - betrugen 1987 knapp 12 000 DM, wobei gegenüber 1985 eine leicht steigende Tendenz zu verzeichnen ist (Tabelle B20).

In **zweigspezifischer Betrachtung** bleiben die gesamtwirtschaftliche Relationen zwischen den Bereichen etwa erhalten, wenngleich auf höherem Niveau. Nach wie vor nimmt die Chemie eine Sonderstellung ein, die Intensität erreicht 43 000 DM. Für die forschenden Betriebe der Elektrotechnik ergibt sich nunmehr ein FuE-Aufwand je Beschäftigten von 10 000 DM, immerhin doppelt soviel wie im Maschinenbau. Deutlich besser stellt sich die Situation im Bereich Büromaschinen/ADV: Betriebe mit eigenen FuE-Aktivitäten wenden hier gut 8 000 DM je Beschäftigten auf; ein Wert, der deutlich näher am gesamtindustriellen Durchschnitt liegt als in der alternativen Betrachtungsweise mit allen Beschäftigten des Bereiches als Bezugsgröße.

Als Folge des mit der Betriebsgröße generell abnehmenden Anteils forschungsaktiver Betriebe zeigen sich in **größenklassenspezifischer Betrachtung** auf dieser Betrachtungsebene völlig andere Relationen. Nunmehr wenden die forschenden Betriebe der Großindustrie knapp 15 000 DM je Arbeitskraft auf und große Betriebe mit 500 bis 999 Beschäftigten etwa die Hälfte dieses Wertes. In der mittelständischen Wirtschaft ist die FuE-Intensität lediglich auf rund 6 000 DM zu beziffern, wobei der vergleichs-

Graphik 8:

## FuE-Intensität im verarbeitenden Gewerbe von Berlin 1977 bis 1987 zu Preisen von 1977

### - FuE-Aufwendungen je Beschäftigten in DM -

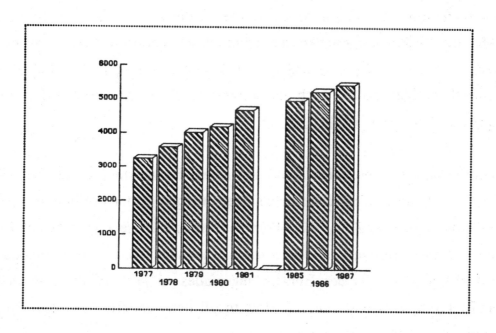

Quelle: Unternehmensbefragung des DIW

DIW 89

weise niedrige Wert vornehmlich auf Betriebe des Maschinenbaus zurückzuführen ist, die - ähnlich wie die Großbetriebe - lediglich 4 000 DM je Beschäftigten für FuE aufwenden. Ein wesentlich höheres Niveau wird schließlich von den Kleinbetrieben erreicht: Die Intensität ist jetzt auf rund 9 000 DM zu beziffern; ein Wert, der das Ergebnis mittelständischer Betriebe weit übertrifft und zugleich über dem Niveau großer Betriebe liegt. In alternativer Betrachtungsweise - alle Beschäftigten als Bezugsgröße - ist der entsprechende Wert auf etwa 2 000 bis 2 500 DM zu veranschlagen. Diese Ergebnisse lassen den Schluß zu, daß es eine gewisse Untergrenze für FuE-Aufwendungen der forschenden Betriebe gibt.

### 2.3.3    Aufwand je Beschäftigten in ausgewählten Betrieben

Die eingeengte Betrachtung auf solche Betriebe, die sich an den Erhebungen der Jahre 1982 und 1988 beteiligt haben und für mindestens ein Jahr FuE-Aufwendungen aufweisen, schließt mögliche Verfälschungen durch Hochrechnungen aus. Den Berechnungen zufolge beläuft sich die Intensität dieser knapp 200 Betriebe auf 12 000 DM im Jahre 1987 (Tabelle B21).

Interessant ist nun die wesentlich kontinuierlichere Entwicklung dieser Betriebe im Zeitverlauf. Nach jahresdurchschnittlichen Steigerungen in der Periode 1977/81 von 9 vH ist für die unbelegte Zeit 1982/84 eine ebenfalls kräftige Zunahme um 7 vH zu konstatieren. Im Referenzzeitraum der letzten Erhebung (1985/87) ist schließlich eine weitere Abflachung (6 vH) des Entwicklungspfades zu konstatieren, entscheidend durch die Elektrotechnik bestimmt mit ihren möglichen Sonderbewegungen durch die Auslagerung von Software-Produktion.

### 2.4    Beschäftigte in Forschung und Entwicklung
### 2.4.1    Niveau und Entwicklung

Im Jahre 1987 waren knapp 7 050 **Vollzeitbeschäftigte** in der industriellen Forschung und Entwicklung tätig (Tabelle B22). Anders als bei den Aufwendungen - und als Reflex höchst unterschiedlicher FuE-Intensitäten - liegt das Schwergewicht in der

Elektrotechnik: Hier sind mehr als die Hälfte aller FuE-Arbeitskräfte tätig. Die Chemie vereinigt demgegenüber etwa ein Drittel des Potentials auf sich. Hervorzuheben bleiben noch Maschinenbau (7 vH) sowie Fahrzeugbau und Feinmechanik/Optik (1 vH).

Über die gesamten letzten zehn Jahre hinweg hat die Zahl der Vollzeitbeschäftigten in FuE um gut 15 vH zugenommen. Dabei war auch hier die Entwicklung in den einzelnen Zeiträumen höchst unterschiedlich: Bis zu Beginn der achtziger Jahre betrug die jährliche Veränderung im Durchschnitt gut 3 vH; in den daran anschließenden, unbelegten Jahren war ein leichter Niveauverlust zu verzeichnen; ab 1985 expandierte die Beschäftigung wieder mit rund 3 vH.

Nach Wirtschaftszweigen differenziert zeigen sich ebenfalls erhebliche Abweichungen. Die Chemie weist über alle Zeiträume hinweg Zuwachsraten auf, wobei eine Zunahme selbst in den analysekritischen Jahren von 1981 bis 1985 auffällt. In der Elektrotechnik war die Entwicklung deutlich unterdurchschnittlich, wobei der Niveauverlust zwischen 1981 und 1985 bis auf das Gesamtergebnis durchschlägt. Danach entsprach die Zunahme dem gesamtindustriellen Durchschnitt. Der Maschinenbau weitete bis Anfang der achtziger Jahre die Zahl der Vollzeitbeschäftigten erheblich aus und fiel danach in der Expansion wieder zurück. Besonders auffällig ist der Beschäftigtenabbau im Bereich Büromaschinen/ADV: Betriebsschließungen prägen hier das Bild der Jahre von 1981 bis 1985; der Rückgang zwischen 1985 und 1987 spiegelt die Entwicklung eines Betriebes, der nach besonderen Forschungsanstrengungen bis zum Jahre 1985 seine FuE-Kapazitäten wieder abbaute.

Wie nicht anders zu erwarten, konzentrieren sich die FuE-Vollzeitbeschäftigten auf die Großindustrie (1 000 und mehr Beschäftigte): 80 vH aller Vollzeitkräfte sind 1987 in dieser Größenklasse tätig (Tabelle B23). Demgegenüber entfallen auf Kleinbetriebe gerade gut 3 vH und auf mittelständische Betriebe etwa 10 vH. Die restlichen 7 vH vereinigen Großbetriebe mit 500 bis 999 Beschäftigten auf sich.

Von den **teilweise in FuE Beschäftigten** - also Arbeitskräfte, die lediglich vorübergehend mit Forschungs- und Entwicklungsarbeiten befaßt sind - wurden 1987 rund 330 Personenjahre erbracht. Tabelle B24 zeigt, daß nunmehr der Maschinenbau an

Bedeutung gewinnt, der gut 20 vH aller Personenjahre auf sich vereinigt, annähernd soviel wie die gesamte Elektrotechnik.

Die längerfristige Entwicklung ist von einer starken Zunahme bis 1981 gekennzeichnet. Danach war ein deutlicher Niveauverlust zu konstatieren, der sich auf rund 350 Personenjahre stabilisierte. Erwartungsgemäß gewinnen nunmehr die kleinen und mittleren Unternehmen an Bedeutung, weil hier die Mitarbeiter vermehrt für vorübergehende FuE-Aktivitäten abgestellt werden. (Tabelle B25). Auf sie entfällt über die Hälfte der Personenjahre. Dabei ist der Abbau im Jahre 1987 auf einen erheblichen Einbruch bei den Großbetrieben zurückzuführen.

Bei der Interpretation dieser Ergebnisse sind allerdings methodisch bedingte Verzerrungen zu berücksichtigen: In der ersten Erhebung wurde die Zahl der teilweise in FuE Beschäftigten erfragt und durch Gewichtung mit einem Faktor - gebildet aus den Ergebnissen einer bundesweiten Umfrage - in Personenjahre umgerechnet; in der vorliegenden Erhebung wurden Personenjahre direkt abgefragt. Beide Ansätze bieten Vor- und Nachteile, führen aber sicherlich zu abweichenden Ergebnissen. Gleichwohl sind diese Schwierigkeiten mit Blick auf die Gesamtzahl der FuE-Beschäftigten zu vernachlässigen.

Aus der **Addition von Beschäftigten und Personenjahren** errechnen sich 7 400 Vollzeitäquivalente als gesamtindustrielles Ergebnis (Tabelle B26). Bedingt durch das hohe Gewicht der Vollzeitbeschäftigung bleiben die dort festgestellten Konstellationen weitgehend erhalten. Mit Blick auf die Betriebsgröße erhöht sich unter Einbeziehung der Teilzeitkräfte die Bedeutung kleiner und mittlere Betriebe nur geringfügig (Tabelle B27).

### 2.4.2 FuE-Personalquote

Der **Anteil des FuE-Personals an allen Beschäftigten der Grundgesamtheit** - hier definiert als FuE-Personalquote - erlaubt Rückschlüsse auf die beschäftigungspolitische Bedeutung von Forschung und Entwicklung. Da Teilzeitarbeit im verarbeitenden Gewerbe als eher nachrangig zu beurteilen ist, lassen sich die hier berechneten

Graphik 9:

## FuE-Beschäftigte im verarbeitenden Gewerbe
## von Berlin 1977 bis 1987
### - in Personen -

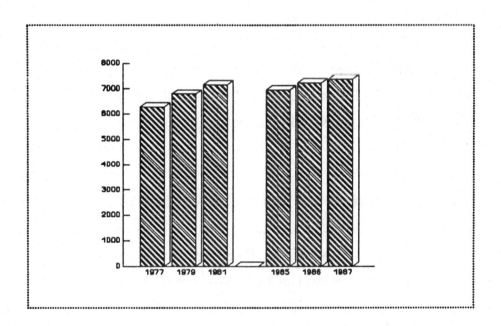

Quelle: Unternehmensbefragung des DIW                    DIW 89

Vollzeitäquivalente unmittelbar auf die **Beschäftigten** beziehen. Die so ermittelte Quote ist auf 4,5 vH im Jahre 1987 zu beziffern (Tabelle B28).

In **zweigspezifischer Betrachtung** sind die Unterschiede gravierend. Die Chemie nimmt auch hier eine Sonderstellung ein: **Nahezu jeder** fünfte Beschäftigte arbeitet im Bereich Forschung und Entwicklung. In der **Elektrotechnik** beträgt der Anteil der FuE-Beschäftigten hingegen knapp 7 vH und **übertrifft** damit den Vergleichswert des Maschinenbaus (4 vH) beträchtlich. **Bei den** kleineren Wirtschaftszweigen sind Feinmechanik/Optik (3 vH) und der Bereich Büromaschinen/ADV mit 2 vH hervorzuheben, die übrigen Industriezweige fallen deutlich zurück.

Nach **Größenklassen differenziert** erhöht sich der Anteil der in Forschung und Entwicklung tätigen Arbeitnehmer mit zunehmender Betriebsgröße (Tabelle B29). Während die Personalquote bei Betrieben mit 20 bis 49 Beschäftigten noch auf unter 1 vH zu beziffern ist, liegt sie in den Größenklassen 50 bis 200 Beschäftigte bei etwa 1,5 vH. Nur geringfügig höher ist der Anteil bei mittelständischen Betrieben mit 200 bis 499 Beschäftigten (2 vH) und bei Betrieben mit 500 bis 999 Beschäftigten (3 vH). Im Vergleich dazu nimmt die Großindustrie mit einem Anteil von knapp 8 vH eine günstige Position ein.

In **längerfristiger Betrachtung** hat sich der Anteil der FuE-Beschäftigten deutlich verändert: Die gesamtindustrielle Quote ist von 1977 bis 1987 von 3,3 vH bis auf 4,5 vH gestiegen. Dabei ist jedoch eine anfängliche Untererfassung des FuE-Personals - die umfassende Dokumentation von FuE-Aktivitäten erfolgte vielfach erst mit der Einführung von Personalkostenzuschüssen - durchaus wahrscheinlich, so daß ein verkürzter Zeitraum vermutlich ein realistischeres Bild ergibt: Von 1981 bis 1987 hat sich die FuE-Personalquote nur geringfügig um 0,5 vH-Punkte erhöht.

Die Veränderungen im Zeitablauf wurden vornehmlich von der Chemie getragen. Der anfangs ohnehin bereits weit überdurchschnittliche Anteil hat sich im Zeitverlauf weiter erhöht, und zwar auf gut 18 vH im Jahre 1987. Die Elektrotechnik konnte ihre ebenfalls gute Ausgangsposition ebenfalls - wenngleich mit geringerer Intensität als die Chemie - weiter ausbauen, Niveau und Zunahme liegen über dem Durchschnitt. Im Maschinenbau war die Entwicklung zwar expansiver, sie reichte allerdings nicht aus,

Graphik 10:

### FuE-Personalquote im verarbeitenden Gewerbe
### von Berlin 1979 bis 1987

- FuE-Beschäftigte in vH aller Beschäftigten der Grundgesamtheit -

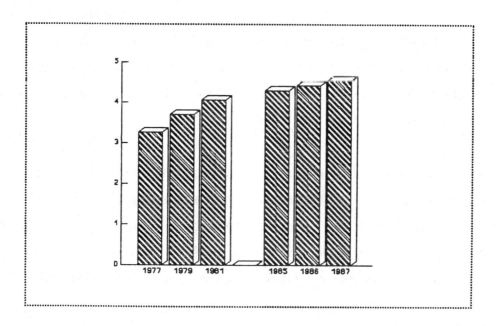

Quelle: Unternehmensbefragung des DIW

DIW 89

den Rückstand gegenüber der Elektrotechnik auszugleichen. Der Bereich Büromaschinen/ADV nimmt auch hier eine Sonderstellung ein: Aufgrund von Veränderungen in der Grundgesamtheit reduzierte sich die Quote von 3,5 vH im Jahre 1981 auf knapp 2 vH im Jahre 1987, wobei der Niveauverlust zwischen den Jahren 1981 und 1985 hervorzuheben ist.

### 2.4.3 Qualifikationsstruktur

In **aggregierter Betrachtung** ist annähernd die Hälfte aller Beschäftigten in Forschung und Entwicklung den hochqualifizierten Berufsgruppen zuzurechnen: Wissenschaftler, Ingenieure und andere Hochschulabsolventen (Tabelle B30). Auf Angestellte mit abgeschlossener Berufsausbildung - Techniker, Laboranten und technische Zeichner - sowie sonstiges Personal - in der Regel Facharbeiter wie Modellbauer und Maschinenführer - entfällt jeweils gut ein Viertel. Dabei sind keine gravierenden Unterschiede zwischen Vollzeit- und nur teilweise in FuE Beschäftigten festzustellen; der Anteil hochqualifizierter Arbeitskräfte ist im Teilzeitbereich lediglich geringfügig niedriger, bei den Facharbeitern entsprechend höher.

Nach **Wirtschaftszweigen differenziert** zeigen sich erhebliche Unterschiede. In der Elektrotechnik und auch im Maschinenbau sind deutlich mehr Entwicklungsingenieure beschäftigt, insbesondere Facharbeiter werden demgegenüber in geringerem Umfang eingesetzt. Gemeinsam ist beiden Bereichen auch ein weit unterdurchschnittlicher Anteil der Hochschulabsolventen bei den nur teilweise in FuE Beschäftigten mit einem entsprechend höheren Anteil bei den Fachkräften. Umgekehrt sind die Relationen in der Chemie mit einem eindeutigen Übergewicht von Laboranten und sonstigen Arbeitskräften zu Lasten der Hochschulabsolventen, wobei dies bei den vorübergehend abgestellten Arbeitskräften weitaus stärker ausgeprägt ist.

In **größenklassenspezifischer Betrachtung** verringert sich tendenziell der Anteil der Hochschulabgänger mit zunehmender Betriebsgröße (Tabelle B31). Eine Ausnahmestellung nimmt lediglich die Großindustrie ein, die - bei allerdings hoher FuE-Personalquote - einen unterdurchschnittlichen Anteil von Wissenschaftlern ausweist.

Graphik 11:

# FuE-Personal im verarbeitenden Gewerbe
# von Berlin 1987

## - Qualifikationsstruktur -

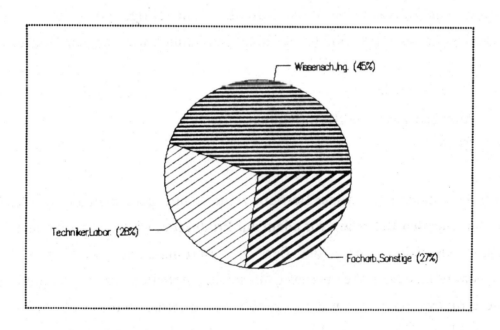

Quelle: Unternehmensbefragung des DIW        DIW 89

Auffällig sind auch kleinere Betriebe mit 50 bis 99 Beschäftigten, die relativ viele Ingenieure einsetzen, aber nur sehr wenige Facharbeiter.

In **längerfristiger Betrachtung** von 1977 bis 1987 ist bei den FuE Beschäftigten der Anteil von Arbeitskräften mit einer Hochschulausbildung deutlich gestiegen. Ebenfalls zugenommen hat der Anteil qualifizierter Angestellter, wenngleich in geringerer Intensität. Korrespondierend dazu verringerte sich der Anteil der Facharbeiter und übrigen Arbeitskräfte deutlich, und zwar um 15 vH-Punkte (Tabelle B32).

Noch ausgeprägter waren solche Strukturverschiebungen bei solchen Arbeitskräften, die nur vorübergehend im Bereich Forschung und Entwicklung tätig sind; hier nahm der Anteil von Hochschulabsolventen um 18 vH-Punkte zu, und zwar zu Lasten von Technikern und Laboranten. Dabei nimmt das Jahr 1977 allerdings eine Sonderstellung hinsichtlich der Relation von Wissenschaftlern und übrigen Angestellten ein. Die Entwicklung von 1979 bis 1987 verlief hingegen ähnlich wie bei den Vollzeitkräften.

## 2.5 Angaben zu den FuE-Aktivitäten
## 2.5.1 Ziele

Die FuE-Aktivitäten der Berliner Betriebe zielten - hochgerechnet auf die Gesamtheit der **225 forschenden Betriebe** - vor allem auf Produktinnovationen (Tabelle B33): Mit Ausnahme des Fahrzeugbaus, des Bereiches Büromaschinen/ADV und Feinkeramik/Glas waren die Betriebe durchweg mit solchen Arbeiten befaßt. Auf die Fertigung gerichtete Innovationen treten demgegenüber zwar zurück, gleichwohl betonen noch immer zwei Drittel diesen Aspekt, der insbesondere in der Elektrotechnik, weniger in der Chemie und im Bereich Büromaschinen/ADV hervorgehoben wird. Die Einführung neuer Techniken in Büro und Verwaltung betrachtet annähernd jeder zweite Betrieb als wichtiges Ziel seiner FuE-Aktivitäten, maßgeblich durch Betriebe der Elektrotechnik bestimmt. Im Maschinenbau zielen die FuE-Arbeiten schon weniger auf diese betrieblichen Bereiche und nur vereinzelt in der Chemie sowie im Bereich Büromaschinen/ADV.

Nach der Betriebsgröße differenziert nehmen Produktinnovationen generell eine starke Stellung ein, wobei lediglich in der Größenklasse 200 bis 499 Beschäftigte ein im Vergleich niedrigerer Antwortanteil auffällt (Tabelle B34). Bei Prozeßinnovationen und Büroinnovationen steigen die Bemühungen tendenziell mit zunehmender Betriebsgröße; in der Großindustrie betonen nahezu alle Betriebe diese Ziele.

Im Mittelpunkt der **Produktinnovationen** steht gleichermaßen die Modifikation bestehender Produkte und die Entwicklung neuer Produkte (Tabelle B35). Demgegenüber eher nachrangig sind FuE-Aktivitäten aufgrund neuer Materialien und neuer Vorprodukte. Ziel dieser Arbeiten ist primär, Nachfolgeprodukte für solche Güter zu finden, die in unveränderter Form nicht mehr absetzbar wären. Weniger wichtig hingegen erscheinen den Befragten Aspekte einer Erweiterung der Produktpalette und der Schaffung eines neuen Produktprogramms.

Für die Chemie hat dabei die Entwicklung neuer Produkte einen besonderen Stellenwert und weniger die Modifikation bestehender Produkte. Zugleich dienen diese Entwicklungsarbeiten vornehmlich der Erweiterung der Produktpalette und weniger der Substitution alter Produkte. In der Elektrotechnik werden ebenfalls neue Produkte als Zielvorstellung hervorgehoben, allerdings im wesentlichen als Nachfolge für auslaufende Produkte. Dieser Aspekt ist auch für den Maschinenbau wichtig, wenngleich hier Modifikationen bestehender Produkte in den Vordergrund treten.

Der Einfluß von Produktmodifikationen und neuen Produkten erhöht sich ganz generell mit zunehmender Betriebsgröße, zugleich nimmt der Einfluß neuer Materialien und Vorprodukte ab. Eine Ausnahme bilden lediglich Großbetriebe, für die dieser Aspekt ebenfalls wichtig erscheint (Tabelle B36).

**Prozeß- und Verfahrensinnovationen** dominieren zwar nicht in diesem Maße, gleichwohl weist der hohe Anteil positiver Antworten auf die Bedeutung solcher Entwicklungen (Tabelle B37). Im Mittelpunkt stehen dabei neue Fertigungstechniken und kaum neue technisch-organisatorische Strukturen. Alle diese Arbeiten zielen vornehmlich auf die Senkung der Lohnkosten sowie eine Steigerung der Flexibilität. Weniger wichtig erscheinen die Aspekte einer Senkung des Materialverbrauchs und einer Verbesserung der Arbeitsbedingungen sowie die Durchführung von Umweltmaßnahmen. Aspekte einer Änderung der Fertigungstiefe und Senkung des Energieverbrauchs spielen schließlich kaum eine Rolle.

Neue Fertigungstechniken werden vornehmlich in der Elektrotechnik hervorgehoben, wobei die Verringerung der Lohnkosten und eine Steigerung der Flexibilität mehr noch als in anderen Branchen betont wird; im Maschinenbau und insbesondere in der Chemie tritt dieser Aspekt zurück. Auffällig ist der Fahrzeugbau, wo in nahezu allen Betrieben auch die technisch-organisatorischen Strukturen tangiert werden.

Für Kleinbetriebe, mittelständische Unternehmen und die Großindustrie werden neue Fertigungstechniken mit zunehmender Größe immer wichtiger (Tabelle B38). Bemerkenswert dabei: Der Lohnkostendruck bei Betrieben mit 500 bis 999 Beschäftigten findet seinen Niederschlag in außerordentlichen Anstrengungen für Produktinnovationen sowie - weit überdurchschnittlich - in der Entwicklung neuer technisch-organisatorischer Strukturen.

Im Bereich **Büro und Verwaltung** steht die Datenverarbeitung im Mittelpunkt innovativer Bemühungen. Demgegenüber fallen die Textverarbeitung und noch mehr neue Kommunikationstechniken als Ziel eigener Aktivitäten zurück (Tabelle B39). Dies ist sicherlich darauf zurückzuführen, daß Textverarbeitung und Kommunikationstechniken in der Regel fremdbezogen werden, für die Datenverarbeitung ist zumeist eine betriebliche Anpassung erforderlich. Von den wichtigen Wirtschaftsbereichen weicht insbesondere das Antwortverhalten der Elektrotechnik vom Durchschnitt ab: Daten- und Textverarbeitung werden als gleichermaßen wichtig betrachtet.

Generell nehmen die innovativen Bemühungen in der Datenverarbeitung mit wachsender Betriebsgröße deutlich zu (Tabelle B40). Ähnliches ist für die Textverarbeitung zu konstatieren, wo allerdings Kleinstbetriebe offenkundig einen erheblichen Nachholbedarf aufweisen und Großbetriebe bereits in ausreichendem Umfang ausgestattet sind. Der Bedarf nach neuen Kommunikationstechniken ist in der Großindustrie gleichfalls sehr gering, nimmt aber in großen mittelständischen Betrieben eine relativ wichtige Stellung ein.

## 2.5.2 Schwierigkeiten und Hemmnisse

## 2.5.2.1 Überblick

Von den 225 forschenden Betrieben in Berlin hat über die Hälfte Fragen nach Schwierigkeiten bei der Durchführung von FuE-Aktivitäten entweder verneint oder diese als weniger wichtig bezeichnet. Die restliche Hälfte wies Schwierigkeiten auf, die - da Mehrfachnennungen möglich waren - zu jeweils 40 vH als wesentlich und wichtig eingeschätzt wurden (Tabelle B41).

Schwierigkeiten zeigen sich dabei eher in den forschungsintensiven Bereichen: Im Maschinenbau und in der Elektrotechnik haben knapp zwei Drittel der Betriebe wesentliche oder erhebliche Schwierigkeiten. Im Vergleich dazu nehmen Chemie und Fahrzeugbau eine Sonderstellung ein: Nur relativ wenige Betriebe der Chemie klagen über Hemmnisse, im Kraftfahrzeugbau haben alle Betriebe erhebliche Probleme.

Nach der Betriebsgröße disaggregiert weicht das Antwortverhalten nur bei mittelständischen Betrieben (200 bis 499 Beschäftigte) signifikant ab: Lediglich gut jeder dritte Betrieb weist Schwierigkeiten auf (Tabelle B42). Die Intensität der Schwierigkeiten ist insbesondere bei Kleinbetrieben und "kleineren" Großbetrieben sehr ausgeprägt, bei den eigentlichen Großbetrieben dagegen gering.

Die Gründe für diese Restriktionen sind breit gefächert (Tabelle B43). Von den 40 vH der Antwortenden mit **erheblichen Schwierigkeiten** wird vornehmlich der Mangel an geeigneten Arbeitskräften betont. Als ebenfalls sehr wichtig heben diese Betriebe Kapitalmangel hervor, und zwar sowohl in der Eigenkapitalausstattung als auch in den Möglichkeiten zur Beschaffung von Fremdkapital. Vermehrte Probleme zeigen sich zudem in der Umsetzung von Forschungsergebnissen in marktfähige Produkte, wobei die Einführung von Innovationen in den Produktionsprozeß offenbar geringere Schwierigkeiten bereitet. Einen ähnlichen Stellenwert nehmen Restriktionen ein, die aus gesetzlichen Vorschriften resultieren. Nur von wenigen Betrieben werden Unsicherheiten über das finanzielle und technische Risiko der FuE-Aktivitäten, allgemeine Organisationsprobleme sowie eine fehlende Innovationsbereitschaft bei Kunden und Lieferanten beklagt.

In zweigspezifischer Betrachtung fällt auf, daß Arbeitskräftemangel beim FuE-Personal sowohl in der Chemie als auch im Fahrzeugbau sowie im Bereich Büromaschinen/ ADV nicht als gravierend angesehen wird. Deutlich hingegen sind die Klagen im Maschinenbau und der Elektrotechnik. Während aber im Maschinenbau unzureichendes Eigenkapital als weiteres Hemmnis betont wird, liegt in der Elektrotechnik ein zusätzlicher Schwerpunkt in der Fremdkapitalbeschaffung. Mit Blick auf die Einengung durch gesetzliche Vorschriften treten allein Chemie und Maschinenbau in den Vordergrund.

Für die in der Betrachtung nach Größenklassen auffälligen Betriebe mit 500 bis 999 Beschäftigten sind die Ursachen der Schwierigkeiten vielfältig: Arbeitskräftemangel, Umsetzungsprobleme von Forschungsergebnissen sowie gesetzliche Einengungen werden von diesen Betrieben betont (Tabelle B44). Die ebenfalls überdurchschnittlichen Schwierigkeiten der Kleinbetriebe sind vornehmlich auf Kapitalprobleme zurückzuführen, und zwar sowohl in der Finanzierung aus Eigenmitteln als auch durch Fremdfinanzierung.

In der Intensitätsskala wesentlich niedriger anzusetzende **wichtige Schwierigkeiten** werden ebenfalls von 40 vH der Betriebe hervorgehoben (Tabelle B45). Auch hier wird dem Arbeitskräfteproblem eine wichtige Bedeutung zugemessen, gleichzeitig berichten die Betriebe verstärkt über Kapitalprobleme sowie technische und finanzielle Risiken. Zugleich steigen die Probleme bei der Einführung von Innovationen in den Produktionsprozeß sowie in der Produktumsetzung.

Auf dieser Betrachtungsebene weisen nunmehr auch Chemie, Fahrzeugbau und der Bereich Büromaschinen/ADV Arbeitskräfteprobleme auf. Im Maschinenbau beklagen weitere Betriebe eine zu geringe Kapitalausstattung und schätzen die Risiken der FuE-Aktivitäten sehr hoch ein. Zusammen mit der Elektrotechnik treten zudem auch Organisations- und Umsetzungsprobleme in den Vordergrund. Der Kreis der befragten Großbetriebe ist jetzt stärker vertreten (Tabelle B46). Dabei stehen Arbeitskräfterestriktionen sowie Probleme bei der Einführung von Innovationen in den Produktionsprozeß im Mittelpunkt. Kleinbetriebe sehen ihre Schwierigkeiten hingegen mehr in den finanziellen und technischen Risiken.

## 2.5.2.2 Problemkreis Arbeitskräftemangel

Von vielen forschenden Betrieben wird ein **Mangel an FuE-Personal** als entscheidender Engpaß hervorgehoben. Diesem Aspekt dient eine Frage nach den Schwierigkeiten, freie Stellen im Bereich Forschung und Entwicklung zu besetzen. Von den befragten Unternehmen wies etwa ein Drittel keine freien Stellen auf (Tabelle B47). Knapp ein weiteres Viertel konnte freie Stellen wieder problemlos besetzen, weil entsprechendes Personal auf dem Arbeitsmarkt zur Verfügung stand oder - allerdings in deutlich geringerem Umfang - der entsprechende Bedarf durch betriebliche Aus- und Weiterbildung gedeckt wurde. Die restlichen Betriebe - etwa 40 vH - berichten von Problemen in der Besetzung freier Stellen, wobei insbesondere fehlende Qualifikation bzw. Spezialisierung von Bewerbern oder ihre unzureichende Berufserfahrung angeführt werden. Ein grundsätzlicher Mangel an Bewerbungen wird - ebenso wie zu hohe Gehaltsforderungen - nur von wenigen Betrieben betont.

In den forschungsintensiven Industriezweigen Maschinenbau und Elektrotechnik hatte jeweils rund ein Viertel der Befragten keine freien Stellen im Bereich FuE. Während aber Betriebe der Elektrotechnik zu gut einem weiteren Viertel das gesuchte Personal auf dem Arbeitsmarkt finden konnten, gelang dies im Maschinenbau weitgehend nicht, weil sich die Qualifikation als Hinderungsgrund erwies. In der Chemie hatte nur knapp die Hälfte der Betriebe überhaupt offene Stellen, für die vielfach geeignete Bewerber auf dem Arbeitsmarkt gefunden werden konnten. Nur etwa ein Drittel der Stellen konnte nicht besetzt werden, weil den Bewerbern die Berufserfahrung fehlte oder aber Bewerber überhaupt nicht zur Verfügung standen.

Nach den Ergebnissen der Tabelle B48 erhöht sich der Anteil von Betrieben mit freien Stellen mit zunehmender Betriebsgröße - Reflex des generell zunehmenden Bedarfs. Etwa ein Viertel der kleinen und mittleren Betriebe konnte seinen Bedarf zumindest teilweise decken, allerdings weniger durch eigene Aus- und Weiterbildung. Mit zunehmender Betriebsgröße steigen dann die Schwierigkeiten bei der Stellenbesetzung, wobei sich Qualifikation und Berufserfahrung als wesentlichste Hinderungsgründe herausstellen. Erheblich ist in der Großindustrie allerdings der Anteil von Betrieben, die entweder keine Bewerber finden oder nur solche mit zu hohen Gehaltsforderungen.

Vor dem Hintergrund massiver **Klagen aus** dem Unternehmensbereich über Qualifikationsmängel im heimischen Arbeitskräftepotential wurde der **regionalen Herkunft eingestellter FuE-Arbeitskräfte** gesondert nachgegangen. Insgesamt hatten etwa zwei Drittel der befragten Betriebe in den letzten drei Jahren solche Arbeitskräfte eingestellt (Tabelle B49). Die neuen **Mitarbeiter** kamen zu etwa drei Vierteln aus dem Potential der Stadt und zu einem **Viertel** aus Regionen außerhalb Berlins. Betriebe der Elektrotechnik haben dabei weit überdurchschnittlich neue Mitarbeiter eingestellt, zu zwei Dritteln überregionaler **Herkunft.** In Chemie und Maschinenbau entspricht zwar der Anteil der Betriebe mit Neueinstellungen dem industriellen Mittel, die Herkunft der Neueinstellungen ist jedoch höchst unterschiedlich: 60 vH im Maschinenbau und nur zwei Drittel in der Chemie kamen aus Berlin.

Nach Größenklassen differenziert steigt der Anteil von Betrieben mit Neueinstellungen mit zunehmender Größe. Während aber Großbetriebe ihren Bedarf an FuE-Personal (nach dieser Befragung) ausschließlich im heimischen Markt decken, ist dies insbesondere bei Kleinbetrieben und der Großindustrie mit 500 bis 999 Beschäftigten weniger der Fall (Tabelle B50).

### 2.5.2.3 Probleme bei der Umsetzung von Forschungsergebnissen

Ebenfalls gesondert wurde der Frage nachgegangen, ob die Betriebe Probleme aufwiesen, die zum Abbruch der FuE-Aktivitäten führten oder eine Umsetzung von Forschungsergebnissen in marktfähige Produkte verhinderten. Insgesamt hatten rund 40 vH der forschenden Betriebe solche Probleme, wobei die Ursachen breit gefächert sind (Tabelle B51). Als wichtigste Bestimmungsgründe werden geänderte Marktaussichten, nicht zuletzt durch schneller den Markt erreichende Konkurrenzprodukte, hervorgehoben. Ein Abbruch der Vorhaben durch nicht lösbare technische Probleme oder zu hohe Entwicklungskosten war in nahezu jedem zehnten Betrieb zu beobachten. Generelle Finanzierungsprobleme traten unter diesem Aspekt hingegen deutlich zurück.

In geringerem Umfang werden solche Umsetzungsschwierigkeiten im Maschinenbau gesehen. Wenn überhaupt, dann dominieren geänderte Marktaussichten als Bestimmungsgrund. In der Chemie und noch mehr der Elektrotechnik ist etwa jeder zweite Betrieb bei einzelnen Forschungsvorhaben mit solchen Problemen konfrontiert gewesen. Neben geänderten Absatzaussichten führten vielfach aber auch nicht lösbare technische Probleme zu einem Abbruch der FuE-Arbeiten.

Nach Betriebsgrößen differenziert weisen Kleinbetriebe noch die geringsten Umsetzungsprobleme auf mit geänderten Absatzaussichten sowie technischen Problemen als Hauptgrund (Tabelle B52). Ähnlich liegen die Schwerpunkte in der mittelständischen Wirtschaft, wenngleich sich hier diese Probleme offenkundig akzentuieren. Die Großindustrie hat bei der Vielzahl ihrer FuE-Aktivitäten die größten Umsetzungsprobleme. Entscheidende Bedeutung kommt dabei geänderten Absatzaussichten zu sowie zu hohen Entwicklungskosten, die zu einem Abbruch einzelner FuE-Vorhaben führten.

### 2.5.3 Wesentliche Forschungserfolge

Trotz der von den Berliner Betrieben beklagten Schwierigkeiten und Hemmnisse im Rahmen ihrer FuE-Aktivitäten werden die Erfolge durchaus positiv beurteilt. Etwa 85 vH der Befragten berichten, daß die Forschungsarbeiten zu wesentlichen Änderungen in der Fertigung oder der Produktpalette führten (Tabelle B53).

Die wesentlichsten Erfolge erstreckten sich dabei auf die Produktpalette, die in gut drei Vierteln aller forschenden Betriebe erheblich verändert wurde. Von Interesse dabei: Für gut die Hälfte dieser Betriebe waren die neu in das Produktionsprogramm aufgenommenen Produkte nicht nur für das Unternehmen technologisch neu, sondern für die gesamte Branche.

Knapp jeder zweite Betrieb hebt wesentliche Änderungen in der Fertigung hervor, wobei in der Regel zugleich auch Produktinnovationen betont werden. Ausschließlich auf die Weiterentwicklung der Verfahrenstechnik gerichtete Forschungsanstrengungen bilden mithin einen Ausnahmefall.

Branchenspezifisch weisen die forschungsintensiven Wirtschaftsbereiche eine hohe Erfolgsquote auf, die sich insbesondere auf die Produktpalette erstreckt; fertigungstechnische Änderungen werden lediglich in der Elektrotechnik überproportional genannt. Bei den Herstellern von Verbrauchsgütern beurteilt nahezu jeder Betrieb seine FuE-Aktivitäten als äußerst erfolgreich, wobei Verfahrensänderungen von geringerer und Produktänderungen von hoher Bedeutung sind - branchenneue Produkte allerdings in nur geringem Umfang.

In größenklassenmäßiger Betrachtung sind keine signifikanten Unterschiede festzustellen (Tabelle B54). Mit Blick auf Änderungen sowohl in der Produktpalette als auch in der Fertigungstechnik nimmt der Erfolg der Forschungsarbeiten mit steigender Betriebsgröße zu. Dies gilt auch für die Frage, ob die entwickelten Produkte nicht nur für das eigene Unternehmen neu waren: Bei Kleinbetrieben beträgt der Anteil solcher Einschätzungen gut ein Drittel, bei Großbetrieben nahezu zwei Drittel.

### 2.5.4     Forschungskooperationen und Auftragsforschung

Von allen Berliner Betrieben mit Forschungsaktivitäten waren rund 60 vH in Forschungskooperationen tätig oder haben Forschungsaufträge vergeben, und zwar zu jeweils gut einem Drittel (Tabelle B55). Dabei treten Elektrotechnik und Maschinenbau hervor: Zwei Drittel der Betriebe weisen solche extern orientierten Aktivitäten aus, wobei die Auftragsforschung überwiegt. Demgegenüber fällt die Chemie mit einem Anteil von 40 vH zurück; nahezu jeder vierte Betrieb kooperiert entweder oder vergibt Aufträge an Externe.

Insgesamt erhöht sich der Anteil von Betrieben mit gemeinschaftlichen oder externen Forschungen mit zunehmender Betriebsgröße. Eine Ausnahme bilden wiederum die Großbetriebe mit 500 bis 999 Beschäftigten, die sämtlich solche Aktivitäten aufweisen (Tabelle B56).

Bei **Forschungskooperationen** liegt das Schwergewicht in einer Zusammenarbeit mit wissenschaftlichen Einrichtungen, und zwar ganz überwiegend mit solchen in Berlin. Eine Zusammenarbeit mit anderen Betrieben des eigenen Unternehmens (vornehmlich im übrigen Bundesgebiet) oder fremden Betrieben (gleichermaßen in Berlin und in Westdeutschland) erfolgt in etwa jedem zehnten Betrieb (Tabelle B57). Demgegenüber ist die Neigung eher gering, mit technischen Beratern und Ingenieurbüros zusammenzuarbeiten, die dann in Berlin oder im übrigen Bundesgebiet ihren Sitz haben.

In der Großindustrie sind Kooperationen mit wissenschaftlichen Einrichtungen sehr ausgeprägt, und zwar mehr mit solchen in Berlin als in Westdeutschland. Noch größer ist indes die Bedeutung einer Zusammenarbeit mit unternehmenseigenen sowie unternehmensfremden Betrieben (in Berlin und dem übrigen Bundesgebiet). Mittelständische Unternehmen arbeiten zu knapp einem Fünftel mit wissenschaftlichen Einrichtungen, vornehmlich in Berlin, zusammen. Ebenfalls von Bedeutung sind Kooperationen mit Betrieben in eigenen Unternehmen, während solche mit unternehmensfremden Betrieben weniger angestrebt werden. Kleinbetriebe - und dies erstaunt - führen zu immerhin 15 vH gemeinschaftliche Vorhaben mit wissenschaftlichen Einrichtungen (in Berlin) durch. Insgesamt erscheint die Neigung wenig ausgeprägt, mit Beratern und Ingenieurbüros zusammenzuarbeiten.

Die **Vergabe von Forschungsaufträgen** erreicht generell einen Stellenwert wie Forschungskooperationen (Tabelle B59). Bevorzugte Auftragnehmer sind hier Berater und Ingenieurbüros sowie wissenschaftliche Einrichtungen, und zwar jeweils vornehmlich in Berlin. Aufträge an Betriebe des eigenen Unternehmens werden generell weniger vergeben, jedoch schon mehr an unternehmensfremde Betriebe.

In der Größenklassenbetrachtung sind für die Großindustrie sowohl wissenschaftliche Einrichtungen als auch gewerbliche Berater gleichermaßen wichtig. Eine Sonderstellung nehmen auch hier Betriebe der Größenklasse 500 bis 999 Beschäftigte ein: Zwei Drittel der Betriebe vergeben Aufträge an diese Institutionen, primär in Berlin. Für noch größere Betriebe verliert externe Forschung erheblich an Gewicht, insbesondere die Auftragsvergabe an wissenschaftliche Einrichtungen.

In der mittelständischen Wirtschaft vergibt gut jeder fünfte Betrieb Forschungsaufträge an wissenschaftliche Einrichtungen in Berlin und das übrige Bundesgebiet. Technische Berater und insbesondere andere Betriebe sind bei ihnen von geringerer Bedeutung. Kleinbetriebe beanspruchen am wenigsten die Leistungen von wissenschaftlichen Einrichtungen; sie vergeben im wesentlichen Aufträge an technische Berater und Ingenieurbüros, vornehmlich in Berlin (Tabelle B60).

### 2.5.5 Grundlagenforschung

Von den insgesamt 225 forschenden Betrieben des verarbeitenden Gewerbes ist jeder zehnte im Bereich der Grundlagenforschung tätig. Entgegen den Erwartungen kooperieren diese Betriebe kaum mehr als die übrigen mit wissenschaftlichen Einrichtungen; allerdings vergeben sie häufiger Forschungsaufträge an Berater und wissenschaftliche Einrichtungen (Tabelle B61). Insgesamt werden gut 6 vH des FuE-Budgets für Grundlagenforschung verwendet.

Einen hohen Anteil von Basisarbeiten weist insbesondere die Chemie auf; hier ist jeder fünfte forschende Betrieb in diesem Segment aktiv. Etwas geringer sind solche Aktivitäten in Elektrotechnik und im Maschinenbau, wobei aber im Maschinenbau der sehr niedrige Anteil der Aufwendungen für Grundlagenforschung am gesamten FuE-Budget auffällt.

Nach Betriebsgrößen geordnet zeichnet sich ein eher merkwürdiges Bild (Tabelle B62). Bei den Großbetrieben (1 000 Beschäftigte und mehr) betreibt jeder zweite Grundlagenforschung mit eigenen Kontakten zu wissenschaftlichen Einrichtungen, und zwar sowohl im Rahmen von Kooperationen als auch in der Auftragsforschung; der Anteil der Grundlagenforschung am Gesamtbudget für FuE beträgt 7,5 vH. Demgegenüber sind Betriebe mit 100 bis 999 Beschäftigten, also auch die "klassischen" Mittelständler, sowie Großbetriebe mit 500 bis 999 Beschäftigten überhaupt nicht oder nur ganz selten mit solchen Aktivitäten befaßt. Vor diesem Hintergrund fallen die Basisarbeiten von Kleinbetrieben auf: Immerhin 14 von den insgesamt 115 Betrieben betreiben Grundlagenforschung, wobei der durchschnittliche Anteil am Budget gut 1,5 vH beträgt.

## 2.5.6 Einfluß staatlicher Forschungsförderung

Bei der Planung von Forschungsprojekten mißt gut jeder zweite Betrieb der **staatlichen Forschungsförderung** generell keinen Stellenwert zu (Tabelle B65). Jeder zehnte Betrieb sieht zwar gewisse Abhängigkeiten, schätzt diese aber eher gering ein. Lediglich ein Drittel der forschenden Betriebe sieht wesentliche Einflüsse auf die Planung und Durchführung von Forschungsvorhaben, wobei aber jeder zehnte Betrieb deren Bedeutung als entscheidend klassifiziert.

In den forschungsintensiven Bereichen Maschinenbau und Elektrotechnik ist die Abhängigkeit von staatlicher Forschungsförderung überdurchschnittlich ausgeprägter: Etwa 40 vH aller Betriebe sehen in diesen Zuwendungen eine wichtige Planungserleichterung, der ganz überwiegend eine erhebliche Bedeutung zugemessen wird. In der Chemie überwiegen eindeutig die negativen Einschätzungen; nur ein Drittel der Betriebe bejaht deutliche Abhängigkeiten, die dann allerdings zumeist als entscheidend angesehen werden. Im Bereich Büromaschinen/ADV wird jeglicher Einfluß sogar von zwei Dritteln der Betriebe verneint. Wenn überhaupt, dann sind die Einflüsse nicht entscheidend, sondern tangieren lediglich die Entscheidungen. In den übrigen, weniger forschungsintensiven Bereichen gewinnt die staatliche Forschungsförderung an Bedeutung; ihr wird ein erheblicher Stellenwert zugemessen.

Nach Größenklassen betrachtet ist ein eindeutiger Trend zu konstatieren: Mit zunehmender Betriebsgröße sinkt der Einfluß staatlicher Förderungen; zugleich verringert sich auch seine Intensität (Tabelle B64). Bei Betrieben mit weniger als 200 Beschäftigten bezeichnet nahezu jeder zweite Betrieb finanzielle Zuwendung zumindest als sehr wichtig. Betriebe mit 200 bis 999 Beschäftigten heben nur noch zu gut einem Drittel Einflußmöglichkeiten hervor, die zudem deutlich geringer betrachtet werden. In der Großindustrie mit 1 000 und mehr Beschäftigten wird nur jeder vierte Betrieb durch öffentliche Einflußnahme in seiner FuE-Planung beeinflußt, nur in wenigen Fällen mit erheblicher oder entscheidender Bedeutung.

Als Reflex dieser Einschätzungen hat jeder zweite Betrieb keinen **Antrag auf Förderung** seiner Forschungsaktivitäten gestellt (Tabelle B65). Als Hauptgrund stehen betriebliche Restriktionen im Mittelpunkt: Im Verhältnis zu den Förderungen wird der eigene Aufwand als zu hoch eingeschätzt. Ein zu geringes Informationsangebot sowie ein unübersichtliches Fördersystem werden demgegenüber nur in seltenen Fällen beklagt.

Betriebe, die einen Förderantrag gestellt haben, sind überdurchschnittlich den forschungsintensiven Bereichen Maschinenbau, Elektrotechnik und Büromaschinen/ADV zuzurechnen: Der Anteil beträgt etwa zwei Drittel und liegt mithin deutlich über dem der Chemie (50 vH). Dabei werden die Erfahrungen ganz überwiegend positiv eingeschätzt. Lediglich bei rund einem Viertel der geförderten Betriebe überwiegen negative Einschätzungen, wobei Verfahrensmängel und Arbeitsaufwand gleichermaßen betont werden.

Größenklassenspezifisch zeigten sich nur in der Großindustrie signifikante Abweichungen (Tabelle B66). Während durchweg gut die Hälfte aller Betriebe Förderanträge gestellt hat, ist es bei Betrieben mit mehr als 1 000 Beschäftigten nur jeder vierte. Unterschiedlich sind generell die Erfahrungen. Kleinbetriebe beurteilen diese Förderungen ganz überwiegend als positiv. Dies gilt bei mittelständischen Betrieben schon nicht mehr in diesem Maße: Etwa zwei Drittel der Betriebe klagt hier über Verfahrensmängel und einen zu hohen Arbeitsaufwand. Großbetriebe heben wie Kleinbetriebe wiederum den Erfolg der Förderungen hervor.

## 2.5.7    Perspektiven

Hinsichtlich ihrer **künftigen Forschungs- und Entwicklungsaktivitäten** befragt, geht etwa die Hälfte der forschenden Betriebe von einem FuE-Budget in unverminderter Höhe aus. Immerhin mehr als ein Drittel will indes seine Aufwendungen ausweiten, und nur ein Zehntel rechnet mit einer Verringerung (Tabelle B67).

Dieses Antwortmuster wird geprägt durch die Elektrotechnik, die knapp ein Drittel der forschenden Betriebe stellt. Im Gegensatz dazu sind die Maschinenbauer wesentlich optimistischer, knapp die Hälfte - und damit überdurchschnittlich - will das Budget ausweiten. Ebenfalls leicht höher ist dieser Anteil in der Chemie, wenngleich hier die forschenden Betriebe vermehrt abnehmende FuE-Aufwendungen planen.

Unter Größenklassenaspekten ist der Anteil von kleinen und mittelständischen Betrieben vergleichsweise hoch, die eine Verringerung ihrer FuE-Aktivitäten planen (Tabelle B68). Inwieweit die Entscheidung durch das Auslaufen der Personalkostenförderung durch das BMWi mit beeinflußt sein könnte, läßt sich aus der vorliegenden Analyse nicht eindeutig abschätzen. Auf jeden Fall ist aber bei Betrieben mit rückläufigem Budget der Anteil solcher Betriebe sehr hoch, die zugleich eine hohe Abhängigkeit von staatlicher Forschungsförderung aufweisen und Mittel aus Förderprogrammen erhalten haben. Zugleich will indes ein anderer, wesentlich größerer Teil von Kleinbetrieben seine FuE-Aufwendungen ausweiten. Wichtig für die gesamtwirtschaftliche Entwicklung sind die Einschätzungen der Großindustrie. Diese zumeist überregional verflochtenen Betriebe rechnen zu zwei Dritteln mit einem unveränderten Ausgabenniveau, etwa ein Drittel erwartet eine Zunahme.

Die **künftigen Forschungsschwerpunkte** liegen nach wie vor im Bereich der Produktinnovationen, und zwar wie bisher vornehmlich in der Modifikation bestehender Produkte sowie der Einführung neuer Produkte mit dem Ziel, Nachfolgeprodukte zu entwickeln und die Produktpalette zu erweitern (Tabelle B69). Prozeßinnovationen bleiben nach wie vor bei zwei Dritteln der Betriebe wichtiger Forschungsschwerpunkt mit dem weiterhin primären Ziel einer Steigerung der Flexibilität sowie der Senkung von Lohnkosten. Leicht gestiegen ist der Anteil solcher Betriebe, die Innovationen in Büro und Verwaltung planen. Dabei steht die Datenverarbeitung unverändert an erster Stelle. Textverarbeitung und Kommunikationstechniken gewinnen jedoch an Bedeutung. Signifikante Veränderungen in den Betrieben unterschiedlicher Größenordnung sind kaum festzustellen: Tendenziell erhöht sich die Bedeutung aller Schwerpunkte mit zunehmender Betriebsgröße (Tabelle B70).

**Kooperationen und externe Auftragsforschung** werden nach dem Urteil der befragten Betriebe eher zunehmen: Etwa ein Drittel der Antwortenden geht von einer zunehmenden Attraktivität aus, wobei Entwicklungspotentiale insbesondere bei den Beratern und Ingenieurbüros und noch mehr bei wissenschaftlichen Einrichtungen gesehen werden (Tabelle B71). Diese Einschätzungen erstrecken sich primär auf mittlere und größere Betriebe; Kleinbetriebe (bis zu 200 Beschäftigte) fallen demgegenüber zurück. Bemerkenswert erscheint aber auch, daß Großbetriebe verstärkt

auf Zusammenarbeit mit anderen Betrieben setzen, und zwar nicht nur unternehmenseigenen (Tabelle B72).


## 2.6     Interregionale Unternehmensverflechtung
### 2.6.1   Überblick


Untersuchungen - beispielsweise Wirkungsanalysen zur Berlin-Förderung - belegen,
daß interregionale Unternehmensverflechtungen für eine eher kleine Region wie
Berlin von entscheidender Bedeutung sind. Dem Forschungsverhalten dieses
Unternehmenskreises gilt deshalb das besondere Augenmerk. Allerdings liegen für 42
forschende Betriebe keine Detailinformationen vor. Angaben zum Unternehmenssitz
wurden deshalb aus den unterschiedlichsten Quellen (Handelsregister) zusammenge-
führt, der Datensatz so vervollständigt.


Von den insgesamt 952 Betrieben - des modifizierten Betriebskonzepts - haben rund
zwei Drittel ihren Sitz in Berlin, ein Drittel ist Unternehmen zuzurechnen, die
außerhalb der Stadt domizilieren (Tabelle B73). Dabei läßt sich in einer Betrachtung
nach Betriebsgrößenklassen eine eindeutige Tendenz erkennen: Mit zunehmender
Betriebsgröße steigt der Anteil von Betrieben mit überregionalem Sitz (Tabelle B74).
Als Reflex darauf ist der Anteil der Beschäftigten, die in diesen abhängigen Betrieben
arbeiten, weitaus höher: Diese Betriebe vereinen rund zwei Drittel der industriell
Beschäftigten auf sich.


Mit Blick auf die Forschungsaktivitäten fällt auf, daß der Anteil forschender Betriebe
unabhängig vom Unternehmenssitz ist, auch die jeweiligen Beschäftigtenanteile weisen
keine gravierenden Unterschiede auf.


### 2.6.2   Vergleich der FuE-Aktivitäten nach Unternehmenssitz


Für weitergehende Analysen stehen - aus der Grundgesamtheit von 225 forschenden
Betrieben - Detailinformationen aus 183 zurückgesandten Fragebogen zur Verfügung.
Eine Aufbereitung dieser Daten nach dem Betriebssitz zeigt, daß die **FuE-Intensität**

zwischen beiden Gruppen höchst unterschiedlich ist: Betriebe mit Sitz in Berlin wenden rund 22 000 DM je Beschäftigten für Forschung und Entwicklung auf; bei Betrieben mit außerregionalem Sitz ist der Vergleichswert auf 9 000 DM zu veranschlagen (Tabelle B75).

Diese Diskrepanz ist entscheidend auf die Chemie zurückzuführen; ein Bereich, in dem ein Berliner Großunternehmen rund ein Drittel der innerstädtischen FuE-Aufwendungen auf sich vereinigt und so zu einem extrem hohen Vergleichswert beiträgt. Aber auch im Maschinenbau sind die Differenzen außerordentlich: Betriebe mit Sitz in Berlin weisen eine FuE-Intensität auf, die den Wert der alternativen Gruppe um nahezu das Doppelte übertrifft. In der Elektrotechnik ist die Relation umgekehrt, wenngleich Betriebe mit Sitz in Berlin lediglich geringfügig weniger pro Beschäftigten für Forschung und Entwicklung aufwenden.

Diese Betrachtung verdeutlicht, welcher Einfluß den jeweiligen Betriebsgrößen-strukturen zuzumessen ist (Tabelle B76). Von den Kleinbetrieben abgesehen übertreffen die Betriebe mit Sitz in Berlin in ihrer FuE-Intensität die alternative Betrachtungsgruppe, wobei sich mit zunehmender Betriebsgröße der Vorsprung kräftig erhöht. Dabei fällt auf, daß mittelständische Betriebe der Größenklasse 200 bis 499 Beschäftigte eine jeweils deutlich unterdurchschnittliche Intensität aufweisen. Bei den Kleinbetrieben mit weniger als 50 Beschäftigten und Sitz in Berlin ist die Intensität wesentlich geringer als bei denjenigen mit Sitz außerhalb Berlins - deren Aufwand je Beschäftigten allerdings außerordentlich erscheint. In der Größenklasse 50 bis 99 Beschäftigte liegt das Niveau der Betriebe mit Sitz in Berlin - wie in den anderen Größenklassen auch - deutlich über dem der Vergleichsgruppe.

Für die **FuE-Personalquote** gilt grundsätzlich ähnliches. Der Anteil der Beschäftigten in Forschung und Entwicklung ist in Betrieben mit Sitz in Berlin etwa doppelt so hoch wie bei den anderen Betrieben. Auch hier sind die gravierenden Unterschiede in der Chemie sowie die - geringer ausgeprägten - Differenzen im Maschinenbau für das Gesamtergebnis entscheidend; der nur geringe Vorsprung in der Elektrotechnik wirkt schließlich auf eine Verkürzung des Unterschiedes.

In einer Größenklassenbetrachtung steigt tendenziell die FuE-Personalquote, zugleich vergrößert sich der Abstand der Betriebe mit Sitz in Berlin von den übrigen Betrieben. Hervorzuheben bleibt wiederum die Größenklasse 200 bis 499 Beschäftigte; beide Betrachtungsgruppen weisen hier eine weit unterdurchschnittliche Intensität auf.

### 2.6.3    Eigenverantwortlichkeit abhängiger Betriebe

Die 57 forschenden Betriebe mit Sitz außerhalb der Stadt weisen als **Forschungsziel** ganz überwiegend - wie die übrigen Betriebe auch - Produktinnovationen aus (Tabelle B77). Im Mittelpunkt steht dabei die Weiterentwicklung bereits gefertigter Produkte, gleichwohl werden Suche und Entwicklung neuer Produkte von jedem zweiten Betrieb hervorgehoben. Auf Verfahrensinnovationen zielen noch immer zwei Drittel der Betriebe, wobei auch hier der Aspekt der Weiterentwicklung betont wird, die Einführung neuer Verfahren dagegen zurückfällt.

Die **Eigenverantwortlichkeit** dieser FuE-Aktivitäten ist außerordentlich ausgeprägt: Jeweils rund ein Drittel der abhängigen Unternehmensteile führt seine Forschungs- und Entwicklungsarbeiten generell oder im Rahmen der Produktlinie in eigener Verantwortlichkeit durch. Nur jeder zehnte Betrieb beschränkt sich auf die Implementierung und Einpassung von externen Forschungsergebnissen - anderer Betriebe oder zentraler Forschungseinrichtungen - in den Produktionsprozeß. Knapp 15 vH der Betriebe erhalten ihre Forschungsaufgaben im Rahmen einer fixierten Aufgabenstellung von der Zentrale vorgegeben, die dann offensichtlich auch die Verantwortung trägt. Dabei kommen die Ergebnisse gleichermaßen dem eigenen Betrieb wie anderen des Konzerns zugute. Tabelle B80 zeigt eindeutig, daß die Abhängigkeiten generell mit zunehmender Betriebsgröße steigen; allerdings weicht die Großindustrie von diesem Grundmuster ab, ihre Eigenständigkeit ist wieder stärker ausgeprägt.

Das **FuE-Budget** von Berliner Betrieben mit Sitz außerhalb der Stadt wird überwiegend im Berliner Unternehmensteil geplant und dann zur Entscheidung in das Unternehmen eingebracht. Nur jeder vierte Betrieb ist in seiner Budgetierung frei, wobei allerdings - Vorgespräche zeigten dies - der betriebliche Rahmen und die eigenen Möglichkeiten Grenzen setzen. Den Berliner Betrieben vorgegeben, also extern fixiert, wird das Budget eher selten; nur jeder zehnte Betrieb wies solche Abhängigkeiten auf (Tabelle B81).

Unter Größenklassenaspekten deutet sich an, daß die Budgethoheit mit zunehmender Betriebsgröße steigt. Die eigenständige Planung, verknüpft mit der Abstimmung und Entscheidung im Unternehmen, ist dabei insbesondere bei Großbetrieben eher der Normalfall.


## 3    Betriebe ohne FuE-Aktivitäten

Von den insgesamt 952 Betrieben - des modifizierten Betriebskonzepts - weisen drei Viertel keine eigenen FuE-Aktivitäten auf. Bei den generell weniger forschungsintensiven Produzenten von Verbrauchsgütern liegt dieser Anteil bei gut 90 vH, was indes - wie bereits ausgeführt - kaum verwundern kann. Im Bereich der *Grundstoffe und Produktionsgüter* nimmt die Chemie - in Berlin vornehmlich Kosmetika und pharmazeutische Produkte - eine Sonderstellung ein: Lediglich jeder zweite Betrieb forscht hier nicht (Tabelle B87). Bei den forschungsintensiveren Herstellern von Investitionsgütern liegt der Anteil von Betrieben ohne eigene FuE-Aktivitäten bei zwei Dritteln, wobei jedoch in den für Berlin wichtigen Industriezweigen Maschinenbau und Elektrotechnik nur jeder zweite Betrieb keine FuE-Vorhaben durchführt.

Unter Größenklassenaspekten reduziert sich der Anteil der inaktiven Betriebe mit zunehmender Betriebsgröße (Tabelle B84). Auffällig bleibt jedoch, daß selbst bei den Großbetrieben gut ein Drittel keine FuE-Aktivitäten aufweist. Damit stellt sich zugleich die Frage nach den Bestimmungsgründen.

Für die Hersteller von *Verbrauchsgütern* sind zwei Aspekte maßgebend: Jeweils knapp die Hälfte betont, daß die allgemeine Marktbeobachtung ausreicht und/oder die Fertigung nach Anweisung der Kunden erfolgt (Tabelle B85). Dies sind für die Produzenten von Grundstoff- und Produktionsgütern ebenfalls wichtige Gesichtspunkte, zugleich wird aber verstärkt betont, daß FuE-Aktivitäten von anderen Betrieben des Unternehmensverbundes durchgeführt werden. Zugleich erfolgt vermehrt der Hinweis auf fehlende Innovationsmöglichkeiten, weil Produkte wie Verfahren gleichermaßen ausgereift sind.

Bei den *Investitionsgüterproduzenten* ist die Fertigung nach Kundenanweisung in ursächlichem Zusammenhang mit fehlenden FuE-Aktivitäten zu sehen: Zwei Drittel betonen diesen Aspekt. Aber auch interregionale Unternehmensverflechtungen werden oftmals als Begründung angeführt. Dies gilt insbesondere für die Elektrotechnik, wo jeweils knapp die Hälfte auf diesen Aspekt verweist.

Damit kristallisiert sich für die Betrachtung nach Größenklassen bereits ein einheitliches Muster heraus (Tabelle B86). Die Fertigung nach Kundenanweisung als wichtigster Bestimmungsgrund fällt in seiner Bedeutung mit zunehmender Betriebsgröße ebenso zurück wie die Feststellung, die allgemeine Marktbeobachtung reiche aus. Demgegenüber wird der Unternehmensaspekt immer wichtiger: Fehlende Aktivitäten bei den Großbetrieben werden ausschließlich damit begründet, daß dies im Unternehmensverbund und außerhalb Berlins erfolgt.

## 4 Entwicklung von Betrieben mit und ohne FuE-Aktivitäten

Aktivitäten im Bereich Forschung und Entwicklung sind in vielen Wirtschaftsbereichen Voraussetzung, mit dem technischen Wandel Schritt zu halten und die eigene Konkurrenzfähigkeit zu erhalten und zu steigern. Vor diesem Hintergrund wird im Rahmen der vorliegenden Analyse versucht, den Einfluß von Forschung und Entwicklung auf die Stärkung betrieblicher Leistungskraft herauszuarbeiten. Durch die Verknüpfung der beiden Untersuchungen aus den Jahren 1982 und 1988 zum Forschungsverhalten der Berliner Industrie läßt sich über einen Zeitraum von sechs Jahren hinweg ein Teil der Berliner Industrie verfolgen. Dazu werden aus den teilnehmenden Betrieben beider Erhebungen zwei Fallgruppen gebildet, und zwar solche mit und solche ohne FuE-Aktivitäten über den Beobachtungszeitraum hinweg. Das Beurteilungskriterium bildet dabei die Zahl der Beschäftigten im Zeitverlauf.

An beiden Erhebungen haben sich insgesamt 472 Betriebe beteiligt, von denen

- 386 Betriebe jeweils keine FuE-Aktivitäten aufwiesen,

- 86 Betriebe damals wie heute in Forschung und Entwicklung tätig waren und
- 103 Betriebe nur in jeweils einem Jahr FuE-Aufwendungen meldeten.

In der Gruppe forschender Betriebe arbeiteten 1981 rund 42 000 Beschäftigte. Ihre Zahl nahm bis 1987 um 3 vH zu (Tabelle B87). In diesen sechs Jahren verringerte sich zugleich die Beschäftigtenzahl in den Betrieben, die keine Forschung und Entwicklung aufweisen (-3 vH). Die Eckwerte sind jedoch das Ergebnis teilweise einschneidender Veränderungen und gegensätzlicher Entwicklungen in Teilbereichen.

In der Elektrotechnik ist die Beschäftigtenzunahme bei kleinen und mittleren Unternehmen mit Forschungsaktivitäten sehr ausgeprägt; Betriebe ohne Aktivitäten bleiben demgegenüber in der Entwicklung deutlich zurück und wiesen als Mittelständler Reduktionen in der Beschäftigung aus. In der forschungsintensiven Chemie führt ein Vergleich zu eher konträren Ergebnissen: Kleine und mittlere Unternehmen ohne FuE expandierten in starkem Maße, weniger hingegen solche mit FuE. Das bereichsspezifische Ergebnis wird allein durch die Entwicklung eines Großbetriebes dominiert. Im Maschinenbau ist ähnliches zu konstatieren. Für Betriebe ohne FuE sind durchgängig Beschäftigungszuwächse zu verzeichnen, bei den anderen Betrieben war die Entwicklung deutlich rückläufig.

Bei der Intepretation dieser Ergebnisse bleibt zu beachten, daß die Zahl der Beschäftigten als Indikator - andere stehen nicht zur Verfügung - problematisch erscheint, weil beispielsweise forschungsaktive Betriebe zugleich - mit Blick auf die künftige Konkurrenzfähigkeit - verstärkt Rationalisierungsmaßnahmen aufweisen können mit entsprechenden Rückwirkungen auf einen verminderten Arbeitskräftebedarf.

## 5    FuE-Aktivitäten von Kleinstbetrieben

Das Statistische Landesamt Berlin hat für das DIW rund 1 300 Betriebe des verarbeitenden Gewerbes angeschrieben, die regelmäßig weniger als 20 Arbeitskräfte beschäftigten, mithin nicht dem Kreis der "Monatsmelder" zuzurechnen sind. Aus diesem Potential haben gut 10 vH geantwortet und mitgeteilt, daß sie ganz überwiegend keine FuE-Aktivitäten durchführen. Lediglich ebenfalls gut 10 vH haben Tätigkeiten im FuE-Bereich bejaht und Detailinformationen zur Verfügung gestellt, die allerdings teilweise widersprüchlich und unvollkommen waren. Eine Überprüfung der Angaben konnte nicht erfolgen, weil die Antworten vom Statistischen Landesamt - entsprechend den Datenschutzvorschriften - nur anonymisiert zur Verfügung gestellt wurden.

Das verfügbare Datenmaterial läßt mithin keine Rückschlüsse auf das FuE-Verhalten von Kleinstbetrieben zu, weil die Repräsentation selbst Mindestanforderungen nicht genügt. Vor diesem Hintergrund läßt sich auch der Anteil der forschenden Betriebe an diesem Unternehmenspotential nur als globaler Orientierungswert interpretieren, der durch mathematisch-statistische Verfahren nicht gestützt ist.

# C Staatliche Forschungsförderung: Wirkungsanalyse berlinspezifischer Maßnahmen des Bundes

## 1 Berlin-Präferenz im Rahmen der direkten Projektförderung des BMFT
### 1.1 Ziele und Ausgestaltung des Programms

Im Rahmen der vorliegenden Untersuchung sollten zugleich einzelne FuE-Förderungen in ihrer Wirkung beurteilt werden. Gegenstand eines Vorberichtes war die **Berlin-Präferenz im Rahmen der direkten Projektförderung** des Bundesministers für Forschung und Technologie (BMFT). Die Analyse und Ergebnisse dieser Arbeit sind hier verkürzt und teilweise ergänzt wiedergegeben.

Mit der **Berlin-Präferenz** im Rahmen der direkten Projektförderung wird gewerblichen Unternehmen in Berlin ein um 10 vH-Punkte höherer Fördersatz als im übrigen Bundesgebiet gewährt. Allein dieser **Bonus** war einer Erfolgskontrolle zu unterziehen, nicht hingegen die direkte Projektförderung selbst.

Eine solchermaßen eingeschränkte Aufgabenstellung führt - wie eine ähnliche Analyse aus dem Jahr 1986 belegt (Hornschild, 1985) - zu methodischen Problemen, die Durchführung und Aussagekraft der Untersuchung erheblich einschränken: Grundsätzlich bereitet die Isolierung und Zuordnung von Maßnahmenwirkungen im komplexen Betriebsgeschehen bereits erhebliche Schwierigkeiten; die gesonderte Betrachtung eines kleineren Maßnahmenteils - die Wirkung des 10 vH-Bonus bei einer Grundförderung von mindestens 50 vH - muß sich mithin umso problematischer erweisen. Vor diesem Hintergrund durfen die Ansprüche an die vorliegende Untersuchung nicht zu hoch gesteckt werden.

Mit der **spezifischen Projektförderung** unterstützt das BMFT betriebliche Forschungsvorhaben in ausgewählten Schwerpunktbereichen mit einem Zuschuß. Dabci werden im Rahmen der Fachprogramme vor allem längerfristig angelegte, mit einem hohen Risiko behaftete Vorhaben der "Vorlauf"-Forschung gefördert mit dem Ziel, Aktivitäten in den abgegrenzten Technologiegebieten zu initiieren und zu intensivieren.

Nach den "Bewirtschaftungsgrundsätzen für Zuwendungen auf Kostenbasis an Unternehmen der gewerblichen Wirtschaft für Forschungs- und Entwicklungsvorhaben vom 1.7.1975 in der derzeit gültigen Fassung vom 15.10.1976" wird zu diesem Zweck Unternehmen der gewerblichen Wirtschaft sowie wissenschaftlich-technischen Instituten und Einrichtungen mit Sitz sowie eigenen Forschungs- und Entwicklungskapazitäten in der Bundesrepublik Deutschland ein Zuschuß zu den FuE-Aktivitäten gewährt. Dieser Zuschuß orientiert sich an den Selbstkosten des FuE-Vorhabens und beträgt im Regelfall bis zu 50 vH; der Fördersatz erhöht sich bis zu 100 vH bei Vorhaben mit hohem öffentlichen Interesse oder Vorhaben, die sonst an der begrenzten Finanzkraft des Antragsberechtigten scheitern würden. Förderfähig sind solche Vorhaben,

- an deren Durchführung ein öffentliches Interesse besteht und die ohne Förderung nicht oder nicht in dem notwendigen Umfang befriedigt würden;

- die für den Antragsberechtigten mit einem erheblichen technisch-wirtschaftlichen Erfolgsrisiko verbunden sind;

- die thematisch und zeitlich abgrenzbar sind.


Nach einer Entscheidung des BMFT wurde für FuE-Vorhaben gewerblicher Unternehmen in Berlin ab 1.3.1976 eine **Berlin-Präferenz** eingeführt: Danach ist der Fördersatz gegenüber westdeutschen Berechtigten um 10 vH-Punkte höher, er darf aber 100 vH der förderfähigen Kosten nicht überschreiten. Dieser **Berlin-Bonus** wird gewährt, wenn mindestens 70 vH der Gesamtkosten auf FuE-Aktivitäten in Berlin entfallen; anderenfalls können größere Vorhaben - sofern unter fachlichen Gesichtspunkten sinnvoll - in zwei Teilprojekte aufgeteilt werden, wobei für den Berliner Teil die Berlin-Präferenz Anwendung findet.


Die Ziele dieser Zusatzförderung sind war nicht explizit formuliert, Äußerungen aus dem BMFT lassen jedoch zweierlei erkennen: Einmal soll der Bonus zur Stärkung und längerfristigen Sicherung des Berliner Wirtschaftspotentials sowie der Intensivierung von FuE in der Stadt dienen, zum anderen Anreize geben zur Verlagerung von FuE-Aktivitäten westdeutscher Unternehmen nach Berlin.

## 1.2 Geförderte Projekte im Zeitraum 1976 bis 1987

Im Zeitraum von 1976 - Einführung der Berlin-Präferenz - bis 1987 hat das BMFT in der gewerblichen Wirtschaft der Stadt 272 Projekte gefördert, die von insgesamt 100 Berliner Unternehmen als Zuwendungsempfänger durchgeführt worden sind. Das Projektvolumen - die Summe aller förderfähigen Kosten - beläuft sich dabei auf rund 463 Mill. DM. Zwei Drittel dieses Betrages wurden aus Mitteln der direkten Projektförderung des BMFT bestritten, ein Drittel entfällt auf Eigenmittel der Betriebe sowie auf andere öffentliche Förderungen - beispielsweise Berliner Landesmittel im Rahmen der Anschubfinanzierung.

Tabelle C1 zeigt, daß im Zuschuß des BMFT 36 Mill. DM enthalten sind, die den Berliner Unternehmen als besondere Vergünstigung gewährt wurden. Auf die einzelnen Jahre bezogen entspricht dies einem Betrag von rund 3 bis 4 Mill. DM. Die zusätzliche Förderung erreicht dabei nur knapp 8 vH der Projektkosten, weil für einzelne Projekte der maximale Fördersatz von 100 vH bereits ausgeschöpft wurde, mithin eine zusätzliche Präferenzierung nicht möglich war. In einer Durchschnittsbetrachtung sicherte dieser Berlin-Bonus heimischen Unternehmen einen Präferenzvorsprung von etwa 13 vH gegenüber westdeutschen Betrieben.

Eine Aufbereitung der zur Verfügung gestellten Unterlagen nach Wirtschaftsbereichen läßt eindeutige Schwerpunkte erkennen: Orientiert an den förderfähigen Kosten wurden 58 vH der Projekte im verarbeitenden Gewerbe, 27 vH im Dienstleistungsbereich und 15 vH von sonstigen Betrieben (öffentliche Versorgungsunternehmen, nicht zurechenbare Forschungsgemeinschaften, Stiftungen und Verbände) durchgeführt.

Der Anteil eingesetzter Mittel aus der direkten Projektförderung ist dabei - bezogen auf das Projektvolumen und einschließlich des Berlin-Bonus - höchst unterschiedlich. Im verarbeitenden Gewerbe beträgt die durchschnittliche Förderquote 56 vH; der Präferenzvorsprung gegenüber westdeutschen Betrieben ist aufgrund dieses vergleichsweise niedrigen Fördersatzes mit 21 vH besonders hoch.

Bei den Dienstleistungen werden knapp 80 vH der Projektkosten aus BMFT-Mitteln bestritten. Da hier viele Betriebe bereits eine Vollförderung (100 vH) erhalten, ist der

Präferenzvorsprung mit 6 vH in einer Durchschnittsbetrachtung zwar denkbar gering, für einzelne Betriebe mit einer niedrigen "Normalförderung" indes von erheblicher Bedeutung. Entscheidend dabei ist die Zuordnung des "Vereins Deutscher Ingenieure - VDE", der mehr als die Hälfte der Fördermittel auf sich vereinigt und in allen Projekten eine kostendeckende Vollförderung erhält.

Ähnliches ist für die sonstigen Betriebe zu konstatieren, die im Durchschnitt 84 vH ihrer Kosten aus BMFT-Mitteln decken und einen Präferenzvorsprung von 8 vH aufweisen.

Bei einer nach **Betriebsgrößenklassen** differenzierenden Betrachtung wird im **verarbeitenden Gewerbe** das Übergewicht von Großunternehmen deutlich: Betriebe mit 1 000 und mehr Beschäftigten vereinigten 81 vH aller Fördermittel auf sich; auf die Betriebsgrößenklasse mit 500 bis 999 Beschäftigten - ebenfalls noch den Großunternehmen zuzurechnen - entfallen weitere 2 vH. Die Bedeutung der mittelständischen Wirtschaft - 100 bis 499 Beschäftigte - und der Kleinbetriebe ist mit 6 vH bzw. 5 vH äußerst gering. Insgesamt 6 vH der Förderungsbeträge sind nicht zurechenbar, weil betriebliche Angaben zur Zahl der Beschäftigten fehlen.

Defizite über betriebliche Kennzahlen gewinnen im **Dienstleistungsbereich** noch stärker an Bedeutung: Lediglich für 22 der insgesamt 37 Betriebe ließen sich Beschäftigtenzahlen ermitteln; 15 Betriebe waren telefonisch nicht zu erreichen oder verweigerten entsprechende Angaben. Allerdings vereinigten diese Ausfälle lediglich 10 vH des Fördervolumens auf sich.

Für die Dienste bietet sich an, Unternehmen mit 50 und mehr Beschäftigten bereits als Großbetriebe zu klassifizieren und mittelständische Betriebe in der Größenordnung von 10 bis 49 Beschäftigte. Beide Abgrenzungen erscheinen für Berlin durchaus angemessen, weil Ingenieurbüros, Software-Produzenten und andere Forschungseinrichtungen mit mehr als 10 und 50 Beschäftigten als bereits relativ groß gelten. In einer solchen Abgrenzung entfallen auf die größeren Betriebe 79 vH der Fördermittel, ganz wesentlich durch den hohen Anteil des VDI/VDE (55 vH) bedingt. Auf die mittelständischen Betriebe entfällt ein Anteil von 11 vH und auf Kleinbetriebe von 0,5 vH; knapp 10 vH sind nicht zurechenbar.

Bei den **sonstigen Betrieben** wird eine Abgrenzung unterlegt, die der im verarbeitenden Gewerbe entspricht. Danach ergibt sich für die Großbetriebe ein Anteil von 48 vH, für die mittleren Betriebe von 45 vH und für Kleinbetriebe von 3 vH, nicht zurechenbar sind 4 vH. Dieser heterogene Bereich nimmt mit dem vergleichsweise großen Gewicht mittlerer Betriebe mithin eine Sonderstellung ein.

Insgesamt entfallen von den ausgezahlten Fördermitteln nahezu drei Viertel auf größere Betriebe und jeweils 10 vH auf mittlere und kleinere Betriebe (Tabelle C2). Je Betrieb gerechnet entspricht dies 8 Mill. DM bei Großbetrieben und rund 1,5 Mill. DM bei den übrigen. Das Übergewicht der größeren Betriebe relativiert sich allerdings, wenn die Beschäftigten als Bezugsgröße herangezogen werden: Nunmehr führen die Kleinbetriebe mit 40 000 DM je Beschäftigten, bei Großbetrieben sind es nur 3 000 DM.

## 1.3 Ergebnisse der Unternehmensbefragung
### 1.3.1 Umfrageteilnehmer

Im Rahmen einer schriftlichen Befragung wurden alle 100 Unternehmen angeschrieben, die im Zeitraum von 1976 bis 1987 geförderte Projekte abgeschlossen haben. Dieser Kreis bot sich an, weil diese Betriebe Angaben zur Verwertung ihrer Forschungsergebnisse machen können; darüber hinaus ist der ganz überwiegende Teil von ihnen auch weiterhin mit Vorhaben im Rahmen der direkten Projektförderung befaßt und deshalb mit aktuellen, forschungsrelevanten Problemen konfrontiert. Zusätzlich wurden 16 Betriebe aufgenommen, die erstmals Projekte beantragt, aber noch nicht abgeschlossen hatten. Aus diesem Potential konnten 14 Unternehmen postalisch nicht erreicht werden: Einige von ihnen hatten zwischenzeitlich Konkurs angemeldet oder den Betrieb geschlossen, andere Namen und Adresse gewechselt; zudem hatten offensichtlich Arbeitsgemeinschaften, die vor Durchführung von Projekten gegründet worden waren, nach Abschluß ihrer Forschungsaktivitäten ihre Arbeiten eingestellt. Damit reduzierte sich der Teilnehmerkreis auf 102 Betriebe.

Die Hälfte dieser Unternehmen antwortete und stellte damit dem DIW wichtige Informationen zur Verfügung. Im Zuge von Mahnaktionen und Recherchen im

Teilnehmerpotential stellten sich zwei wesentliche Faktoren heraus, die ausgebliebene Antworten zumindest teilweise erklären. Zum einen sind solche Betriebe, die einen Fördersatz von 100 vH erhielten und noch erhalten, vom Berlin-Bonus und möglichen Veränderungen nicht tangiert, zumeist war er ihnen unbekannt. Zum anderen nehmen die interregional verflochtenen Konzerne hinsichtlich ihrer regionalen Forschungsaktivitäten eine Sonderstellung ein. Der an den Berliner Unternehmensteil versandte Fragebogen müßte sich eigentlich an viele voneinander unabhängige Werke mit ihren Forschungseinrichtungen und -ausgaben richten, so daß Einschätzungen durchaus abweichen können und betriebsintern eine zentrale Koordination - auch mit Blick auf die Konzernpolitik - notwendig erscheint. Zudem sind Forschungseinrichtungen in der Stadt angesiedelt, die zentrale Forschungsaufgaben für das Unternehmen erfüllen und unabhängig von den Berliner Produktionsstätten arbeiten.

In dieser komplexen Konstellation wurde zwar auf eine intensive Mahnaktion bei diesen Unternehmensteilen verzichtet, gleichwohl - auch im Hinblick auf die gesamte Untersuchung - Kontakt zu ihnen gesucht: In vier Gesprächen konnten interessante Aspekte für die vorliegende Analyse gewonnen werden. Ergänzend dazu vermittelten weitere Interviews mit drei Betrieben des verarbeitenden Gewerbes einen Eindruck von den Problemen kleinerer und mittlerer Betriebe. Schließlich wurden fünf Dienstleistungsbetriebe befragt, und zwar drei kleinere und zwei - für diesen Zweig - größere. Damit konnten in zwölf ausführlichen Gesprächen die Umfrageergebnisse unter Berücksichtigung unterschiedlicher Interessen- und Problemlagen vertiefend diskutiert werden.

### 1.3.2    Ergebnisse
### 1.3.2.1    Betriebliche Schwierigkeiten bei FuE-Aktivitäten

Von den 57 Betrieben, die geantwortet haben, hebt mehr als die Hälfte Schwierigkeiten im Zusammenhang mit FuE-Aktivitäten hervor, allerdings von Wirtschaftsbereich zu Wirtschaftsbereich und je nach Betriebsgrößenklasse unterschiedlich ausgeprägt (Tabelle C3).

Im verarbeitenden Gewerbe geben knapp zwei Drittel der Antwortenden solche Probleme an, wobei der Schwerpunkt ganz eindeutig in der finanziellen und wirtschaftlichen Abschätzung des Risikos liegt. Mangel an qualifizierten Arbeitskräften wird ebenso wie Eigenkapitalmangel weniger als Grund genannt. Demgegenüber weisen Betriebe des Dienstleistungsgewerbes nur zu gut einem Drittel Probleme auf. Bei ihnen tritt allerdings der Risikoaspekt zurück, Eigenkapitalmangel gewinnt über alle Größenklassen hinweg an Bedeutung. Ebenfalls erheblich sind die Schwierigkeiten bei den sonstigen Betrieben; mehr als zwei Drittel heben den Risikofaktor sowie Arbeitskräfte- und Fremdkapitalmangel hervor.

In aggregierter Betrachtung nach Größenklassen zeichnet sich ein eindeutiges Bild: Die Probleme nehmen mit zunehmender Betriebsgröße ab, insbesondere bei der Einschätzung des Risikofaktors, der gerade von kleineren Betrieben sehr hoch eingeschätzt wird.


## 1.3.2.2   Einfluß staatlicher Forschungsförderung

Die Höhe der betrieblichen Forschungsausgaben ist für über drei Viertel der Antwortenden abhängig von staatlichen Förderungen (Tabelle C4). Allerdings sind die Angaben eher mit Vorsicht zu interpretieren, weil solche Fragen generell zu positiven Antworten verführen, um damit den fördernden Institutionen einen dringlichen - gleichwohl nicht immer konkreten - Bedarf zu suggerieren.

Vor diesem Hintergrund sind die Ergebnisse in abgeschwächter Form durchaus kompatibel mit Aussagen zu den betrieblichen Engpässen. Insbesondere Dienstleistungsbetriebe - ausgewiesen durch Kapitalmangel - betonen die Bedeutung öffentlicher Förderung, die ganz überwiegend sogar als entscheidend betrachtet wird. Für sonstige Betriebe sind öffentliche Förderungen ebenfalls von außerordentlicher Wichtigkeit, wenngleich Kapitalmangel kaum einen Engpaß darstellt. Die Erklärung dieses nur scheinbaren Widerspruchs ist einmal in der Aufgabenstellung zu suchen: Projekte von Forschungsgemeinschaften, Verbänden und Vereinigungen werden nur mit öffentlicher Unterstützung durchgeführt; zum anderen beträgt der Fördersatz vielfach 100 vH - die Ausrichtung auf besonders geförderte Aufgabenfelder scheint sehr stark. Im verarbeitenden Gewerbe werden die Abhängigkeiten von öffentlicher Förderung nicht als entscheidend betrachtet, ihnen wird jedoch ein erheblicher Stellenwert zugemessen.

Generell verweisen eher kleinere, insbesondere aber mittlere Betriebe auf die entscheidende Bedeutung staatlicher Hilfestellung; für Großbetriebe gilt dies nur abgeschwächt, wenngleich noch immer die Hälfte diesen Aspekt hervorhebt.

### 1.3.2.3 Einschätzungen zur direkten Projektförderung des BMFT

Stellungnahmen, die den **Einfluß der Projektförderung auf die Entscheidung zur Vorhabensdurchführung** beinhalten, sind ebenfalls nur konditioniert zu betrachten. Nahezu alle Befragten bejahten solche Einflüsse, wobei im verarbeitenden Gewerbe vor allem die Finanzierungsaspekte betont werden; von Dienstleistungsbetrieben und sonstigen Betrieben wird überwiegend darauf verwiesen, daß die Projektdurchführung erst durch öffentliche Mittel ermöglicht wurde (Tabelle C5).

Nach Größenklassen differenziert sind die positiven Eindrücke kleiner und mittlerer Betriebe augenfällig: Ausnahmslos heben sie die Anstöße hervor, die aus der Projektförderung resultieren, und betonen ausdrücklich den Aspekt der finanziellen Risikominderung - obwohl als Ankreuzfeld nicht vorgesehen.

Die finanzielle Förderung hatte einen erheblichen **Einfluß auf betriebliche FuE-Aktivitäten**. Die überwiegende Zahl der geförderten Projekte wurde von den antwortenden Betrieben zwar mit dem eigenen Potential an Arbeitskräften durchgeführt; immerhin ein Drittel der Betriebe stellte allerdings zur Durchführung der FuE-Arbeiten neues Personal ein (Tabelle C6). Im verarbeitenden Gewerbe war dabei insbesondere die mittelständische Wirtschaft auf zusätzliche Arbeitskräfte angewiesen; bei den Dienstleistern und den sonstigen Betrieben erfolgte eine Ausweitung, ebenfalls bei kleinen und mittleren Betrieben (bis zu 50 Beschäftigte).

Zur Durchführung der geförderten Projekte hat über die Hälfte der antwortenden Betriebe mit wissenschaftlichen Einrichtungen oder anderen Unternehmen
kooperiert. Dabei ist sowohl im verarbeitenden Gewerbe als auch bei den Dienstleistern eine solche Zusammenarbeit für kleine und mittlere Unternehmen von
besonderer Bedeutung: Unterschiedliche Einschätzungen zwischen Betrieben, die für
die Projektdurchführung neue Arbeitskräfte einstellten, und solchen, denen das
vorhandene Potential ausreichte, sind nicht zu erkennen.

Die direkte Projektförderung führte nur bei wenigen Betrieben zu einer Verlagerung
von Forschungsaktivitäten nach Berlin. Im Dienstleistungsbereich bejahten aber
immerhin drei Betriebe solche Entscheidungen. Dabei handelt es sich ausschließlich
um solche Betriebe, die im Energie- und Umweltbereich tätig sind - Forschungseinrichtungen, die in der Stadt eine bevorzugte Stellung einnehmen und gesondert gefördert
werden.

Besonderes Gewicht ist dem **Erfolg durchgeführter Projekte** zuzumessen. Da sich die
Umfrage an Betriebe richtete, die seit 1976 Projekte abgeschlossen haben und/oder
derzeit an Vorhaben arbeiten, kann der hohe Anteil (90 vH) von bereits abgeschlosse-
nen Projekten nicht verwundern (Tabelle C7).

Eine erste, wenngleich nur grobe Einschätzung der Programmerfolge gibt die Frage
nach der Umsetzung und Vermarktung der Forschungsergebnisse. Immerhin 83 vH
derjenigen, die ihre Vorhaben abgeschlossen haben, konnten die Forschungsergebnisse
zumindest teilweise in marktfähige Produkte oder Verfahren umsetzen; gut die Hälfte
hatte darüber hinaus bereits die Vermarktungsphase erreicht. Für diesen Unternehmenskreis waren die positiven Wirkungen auf das Betriebsergebnis und eine
Verjüngung der Produktpalette gleichermaßen wichtig; der Ausweitung überregionaler
Lieferungen wurde zugleich besonderes Gewicht zugemessen.

Betriebe des verarbeitenden Gewerbes und des Dienstleistungsbereiches hatten zur
Hälfte bzw. zu zwei Dritteln die Vermarktungsphase bereits erreicht. Bei den sonstigen
Betrieben gelang dies durchweg - Reflex der besonderen Stellung und Problemorientie-
rung dieser Forschungsstellen.

Mit Blick auf die Größenklassen treten wiederum kleine und mittlere Betriebe hervor, deren Forschungen offenkundig eher Weiter- und Anpassungsentwicklungen und damit marktnäher orientiert sind; sie weisen überwiegend auf eine bereits erfolgreiche Vermarktung hin. Für größere Unternehmen - mit Ausnahme des sonstigen Bereiches - gewinnt in der vorliegenden Auswahl die Vorlaufforschung offenkundig an Bedeutung; Umsetzung in Produkte sowie deren Vermarktung tritt demgegenüber zurück.

### 1.3.2.4    Einschätzungen zur Berlin-Präferenz

Fragen nach den **Wirkungen der Berlin-Präferenz** auf unternehmerische Entscheidungen über FuE-Aktivitäten sind für die Betriebe nur schwer zu beantworten und verführen leicht zu positiven Angaben - nicht zuletzt mit Blick auf weitere Förderungen. Mithin kann es nicht verwundern, daß drei Viertel der Betriebe Wirkungen auf betriebliche Prozesse grundsätzlich bejahten. Eine Ausnahme bilden größere Betriebe des verarbeitenden Gewerbes und des Dienstleistungssektors: Gut ein Drittel sieht sich vom Bonus völlig unbeeinflußt (Tabelle C8).

Über die grundsätzlich positiven Einschätzungen hinaus war für die Hälfte der antwortenden Betriebe eine wesentliche Wirkung zu konstatieren. Aus fünf vorgegebenen Einflußfaktoren treten dabei drei als besonders wichtig hervor: Einmal wurden die Entscheidungen der Projektdurchführung mehr oder weniger stark beeinflußt; zum anderen ermöglichte der Bonus ein intensives Angehen der Projekte und ließ Eigenkapital für andere, als dringlich angesehene, betriebliche Vorhaben. Demgegenüber weniger bedeutsam erscheint der Aspekt, daß der Bonus einen letzten Anstoß zur Durchführung der Projekte gegeben und mehr Eigenkapital zur Umsetzung von Forschungsergebnissen gelassen hat.

Nach Größenklassen betrachtet sind die Unterschiede in den Einschätzungen beträchtlich: Rund 80 vH der kleinen und mittleren Betriebe sehen positive Wirkungszusammenhänge, weit mehr als die Hälfte bezeichnet diese sogar als wesentlich; Großbetriebe vermuten dies grundsätzlich nur zur Hälfte, lediglich ein Viertel gibt einen sehr engen Zusammenhang an.

Mit dem Fragebogen wurden den Betrieben fünf **Vorschläge für eine mögliche Weiterentwicklung des Förderinstruments** unterbreitet, von denen einer auf große Resonanz gestoßen ist: Die stärkere Förderung von kleinen und mittleren Betrieben wird von 40 vH der Befragten als "sehr gut" und weiteren 20 vH als "gut" betrachtet; nur 20 vH lehnen dies ausdrücklich ab, weitere 20 vH antworteten nicht. Die Zustimmung ist dabei im verarbeitenden Gewerbe und bei den Dienstleistern recht einheitlich, sonstige Betriebe sind hingegen weniger für diesen Vorschlag. Eine Erklärung bietet die Betrachtung nach Größenklassen: Kleine und mittlere Betriebe treten als Begünstigte vehement für eine solche Regelung ein, Großbetriebe sind ganz überwiegend dagegen. Dieses zu erwartende Antwortverhalten wird nur bei den Dienstleistern durchbrochen - hier sind immerhin drei größere Betriebe dafür (Tabelle C9).

Als ebenfalls positiver Vorschlag wird eine verstärkte Förderung von interbetrieblichen Kooperationen sowie mit wissenschaftlichen Einrichtungen angegeben. Da die Großbetriebe hier nicht ausgeschlossen sind, weicht ihr Antwortverhalten mit einer Ausnahme ab: Die verstärkte Förderung bei Kooperationen mit wissenschaftlichen Einrichtungen wird überwiegend abgelehnt - erklärlich aus den bereits bestehenden, intensiven Kontakten zu solchen Institutionen.

Der Vorschlag, Projekte in ausgewählten Technologiebereichen mehr zu fördern, stößt auf eine weniger breite Resonanz: Nur 25 vH der Antwortenden bezeichnen diese Anregung als "sehr gut", 15 vH als "gut" und 40 vH ausdrücklich als "schlecht". Hinsichtlich des Größenklasseneffektes läßt sich an den Ergebnissen mit aller Vorsicht nur ein leichter Anstieg der Ablehnungsquote bei zunehmender Betriebsgröße herauslesen.

Für den Vorschlag, bei Einstellung zusätzlicher, in der Forschung tätiger Personen den Zuschuß zu erhöhen, tritt nur ein Drittel der Betriebe ein, die Ablehnungsquote ist ähnlich hoch. Vornehmlich mittlere Betriebe sehen hier noch Vorteile, bei kleinen und großen Unternehmen sind die negativen Einschätzungen sehr ausgeprägt.

Neben dem vorgegebenen Antwortraster plädierten Betriebe vereinzelt für eine Beibehaltung der bestehenden Präferenzregelung und einen Abbau "bürokratischer

Hemmnisse"; kontrovers dazu stellten einige die Berlin-Präferenz grundsätzlich in Frage, votierten mithin für deren Wegfall.

### 1.3.2.5  Berlinspezifische Standortvorteile und -nachteile

Für eine Wertung der im Rahmen der Projektförderung diskutierten Berlin-Präferenz sind betriebliche Einschätzungen zu den forschungsrelevanten Vor- und Nachteilen der Region bedeutsam. Dazu stehen Befragungsergebnisse aus zwei Untersuchungen zur Verfügung, und zwar Ergebnisse aus der hier durchgeführten Umfrage sowie aus einer breiter angelegten Untersuchung im Zusammenhang mit der Berlinförderung.

Von den 57 Befragungsteilnehmern äußert die Hälfte, daß Berlin gegenüber anderen Regionen überwiegend Vorteile bietet, lediglich 10 vH schätzen die Nachteile ausdrücklich höher ein, der Rest sieht keine Unterschiede. Dabei weisen insbesondere Betriebe des Dienstleistungsbereiches auf die Vorteile hin, Unternehmen des verarbeitenden Gewerbes urteilen verhaltener - für ein Fünftel überwiegen sogar die Nachteile. Diese Unterschiede sind im wesentlichen auf kleine und mittlere Unternehmen zurückzuführen: Im Dienstleistungsbereich sehen Betriebe dieser Größenordnung überwiegend Vorteile, im verarbeitenden Gewerbe nur wenige (Tabelle C10).

Eine differenzierende Betrachtung nach einzelnen Standorteinflüssen zeigt hinsichtlich der regionalen Vor- und Nachteile keine gravierenden Abweichungen. Das Angebot an **qualifizierten Arbeitskräften** wird von drei Vierteln der Befragungsteilnehmer als äußerst günstig betrachtet, wobei insbesondere das Potential an Hochschulabgängern herausgestellt wird. Immerhin ein Fünftel der Betriebe sieht hier jedoch überwiegend Nachteile, weil qualifizierte Hochschulabgänger mit einschlägiger Berufserfahrung fehlen.

Dieses Ergebnis resultiert aus abweichenden Eindrücken in den einzelnen Wirtschafts-bereichen. Betriebe des Dienstleistungsbereiches greifen auf "frisch" ausgebildete Hochschulabgänger zurück und sehen deshalb besondere Standortvorteile für Berlin. Betriebe des verarbeitenden Gewerbes suchen dagegen vor allem Hochschulabgänger mit Berufserfahrung, die in der Region kaum vorhanden sind. Dieser Einfluß spiegelt sich auch in einer nach Betriebsgrößen differenzierten Betrachtung wider: Großbetriebe - eher grundlagenorientiert - sehen besondere Vorteile für Berlin.

Mehr als zwei Drittel der teilnehmenden Betriebe heben **regionale Forschungsimpulse** hervor. Allerdings ist der Anteil, der für Berlin einschneidende Nachteile sieht, mit einem weiteren Drittel sehr hoch. Dabei fallen einmal bereichsspezifische Abweichungen auf: Betriebe des verarbeitenden Gewerbes weisen vermehrt auf eher gering einzuschätzende Impulse hin. Zum anderen heben die Großbetriebe ganz überwiegend Vorteile hervor. Insgesamt resultieren die Impulswirkungen entscheidend aus der regionalen Nähe zu wissenschaftlichen Einrichtungen. Teilweise gravierende Nachteile ergeben sich jedoch aus fehlenden Kontakten zu potentiellen Abnehmern und Konkurrenten - ein Nachteil, der ganz deutlich im verarbeitenden Gewerbe zum Tragen kommt.

Ebenfalls als Standortvorteil wird das Potential möglicher **Kooperationspartner** positiv herausgestellt, allerdings wiederum auf wissenschaftliche Einrichtungen beschränkt; Potentiale im unternehmerischen Bereich werden indes vermißt. Eine solche Betrachtungsebene ist insbesondere bei den Dienstleistungen sowie bei kleineren Unternehmen zu verzeichnen.

**Synergieeffekte** aus dem Regionalbezug unterliegen ähnlichen Einschätzungen. Bei den positiven Antworten überwiegen solche, die sich auf landespolitische Maßnahmen beziehen: Wirtschaftspolitische Weichenstellungen und Förderinitiativen sowie ein positiv beurteiltes Beratungs- und Informationsangebot. Standortnachteile resultieren hingegen überwiegend aus Defiziten im unternehmerischen Umfeld sowie aus formellen und informellen Gesprächskreisen, was vermehrt von kleineren Unternehmen beklagt wird.

### 1.3.3    Ergebnisse der Unternehmensgespräche

Die schriftliche Befragung läßt erkennen, daß sich - je nach Unternehmensgröße und Wirtschaftsbereich - die betrieblichen Probleme größtenteils völlig anders stellen und damit auch Ansätze für eine wirksame Hilfestellung unterschiedlich zu beurteilen sind. Die Ergebnisse bestimmen mithin unter methodischen Gesichtspunkten zugleich die Auswahl der Geprächsteilnehmer. Dabei zeigten sich trotz der geringen Zahl von Interviews schnell übereinstimmende Meinungsbilder.

Für **Großbetriebe** bereitet die Kontinuität von FuE-Aktivitäten kaum gravierende Probleme, die Finanzierung ist zu einem großen Teil aus laufenden Umsätzen gedeckt. Dies gilt insbesondere für solche Forschungen, die produktionsnah in der Weiterentwicklung von Produkten und Fertigungstechniken zu suchen sind. Im Gegensatz zur anwendungsorientierten Forschung sind die - bei überregional verflochtenen Unternehmen zumeist zentral verantworteten - Vorentwicklungen und Grundlagenforschungen vielfach aufwendiger und teurer; insbesondere bei einem nicht überschaubaren Markt zeichnet diese Arbeiten ein hohes Risiko aus.

Von der Großindustrie sind selbst solche risikobehafteten Projekte in der Regel finanzierbar; staatlicher Forschungsförderung wird hier primär eine Steuerungsfunktion zugemessen, die - orientiert an volkswirtschaftlichen Gesichtspunkten - betriebliche Schwerpunkt- und Zielsetzungen beeinflußt. Große Dienstleistungsunternehmen weisen zwar eine für ihren Bereich hohe Wirtschaftskraft auf; sie sind gleichwohl in der Finanzkraft mit teilweise weltweit operierenden Industriekonzernen nicht vergleichbar. Weit in die Zukunft reichende Forschungsvorhaben sowie aufwendige Projekte zur Technologieerschließung lassen sich mithin kaum aus eigener Kraft und aus laufenden Umsätzen realisieren; bei zugleich hohem Risiko sind sie auf staatliche Fördermaßnahmen stärker als die Großindustrie angewiesen.

Für **kleine und mittlere Betriebe** setzen Probleme bereits an einer früheren Stelle ein. Viele von ihnen sehen - nach Aussagen von Gesprächsteilnehmern - durchaus die Notwendigkeit, FuE-Aktivitäten zur Weiter- und Neuentwicklung von Produkten und Verfahren durchzuführen; allerdings bereitet es ihnen vielfach Schwierigkeiten, Forschungseinrichtungen in die Betriebe zu integrieren und diese dann kontinuierlich auszulasten. Neben mangelnder Erfahrung und Know-how in der Organisation und Durchführung von Forschungsprojekten kommt dabei Finanzierungsproblemen eine entscheidende Bedeutung zu: Bei vergleichsweise nur geringen Umsätzen lassen sich solche Vorhaben nur sehr eingeschränkt aus der laufenden Produktion finanzieren, die

Aufnahme von Fremdmitteln scheidet faktisch aus. In dieser Situation hat sich für Betriebe dieser Größenordnung die staatliche Forschungsförderung als entscheidend erwiesen: Mit Hilfe geförderter Projekte konnten vielfach betriebliche FuE-Kapazitäten aufgebaut werden. Die finanzielle Entlastung ermöglichte zugleich, Projekte intensiver anzugehen und den Finanzrahmen - in der Planung oft nicht exakt vorhersehbar - bei Bedarf aus Eigenmitteln auszuweiten; das Risiko aus Fehlschlägen - sonst vielfach bereits existenzgefährdend - blieb dadurch kalkulierbar.

Mit dem durch die Förderung induzierten Aufbau von FuE-Kapazitäten sind allerdings Gefahren verbunden. Nach Abschluß geförderter Projekte entstehen selbst für mittelständische Betriebe Probleme hinsichtlich einer weiteren Finanzierung des FuE-Personals. Gelingt es in dieser Konstellation nicht, für den Betrieb weitere, auf seine Bedürfnisse, Fähigkeiten und Schwerpunkte zugeschnittene Vorhaben im Rahmen der Fachprogramme zu erschließen - mangelnde Transparenz wird hier beklagt -, müssen geschaffene Kapazitäten und hochqualifizierte Arbeitsplätze reduziert werden; das bereits vorhandene Know-how bleibt ungenutzt und geht durch den technischen Fortschritt schließlich verloren. Vor diese Konsequenzen gestellt, versuchen die Betriebe teilweise, die FuE-Kapazitäten zusammen mit den entwickelten Produkten und Verfahren in den Produktionsprozeß zu integrieren und so das spezifische Know-how weiterhin zu nutzen: Aus Entwicklungsingenieuren werden so Fertigungsingenieure.

Als weitere Schwachstelle erweist sich die Umsetzung von Forschungsergebnissen in konkrete Produkte und Verfahren sowie die sich daran anschließende Vermarktungsphase: Neue Produktionsmittel bedürfen der Zwischenfinanzierung, die Kosten der Markterschließung sind beträchtlich. Durchaus erfolgreiche Projekte können in dieser Phase mangels ausreichenden Kapitals scheitern oder in ihrer betrieblichen Wirkung geschwächt werden.

Vor dem Hintergrund dieser mannigfaltigen Probleme zur **direkten Projektförderung** befragt, überwiegen bei allen Gesprächsteilnehmern die positiven Einschätzungen. Insbesondere von Vertretern kleiner und mittlerer Betriebe wird jedoch Kritik am betrieblichen Bearbeitungsaufwand und komplizierten, langfristigen Antragsverfahren sowie an Berichterstattungs- und Abrechnungsformalitäten geübt. Für sie entsteht oft der Eindruck einer primär auf Großbetriebe - ausgewiesen durch ein erfahrenes Projektmanagement - zugeschnittenen Förderung. Das Bestreben ist deshalb auch darauf gerichtet, Know-how für diesen Bereich zu gewinnen.

Die **Berlin-Präferenz** wird unterschiedlich beurteilt. Für Großbetriebe hat der im Verhältnis zur Grundförderung eher geringe Bonus von 10 vH zwar keine grundlegenden Entscheidungen induziert; indes im Zusammenspiel mit anderen Förderungen - wie konkrete Beispiele belegen - den Ausschlag für die Aufnahme von FuE-Projekten sowie die Ansiedlung zentraler FuE-Einrichtungen gegeben.

Kleine und mittlere Betriebe heben ebenfalls den finanziellen Entlastungseffekt hervor, der für sie von wesentlich stärkerer Bedeutung ist: Bei stetem Kapitalmangel und hoher Abhängigkeit von staatlicher Forschungsförderung zählt für sie jeder weitere Zuschuß. Dies verringert die finanzielle Anspannung und läßt Raum für Umsetzungs- und Vermarktungsaktivitäten, die letztlich über den betrieblichen Erfolg entscheiden.

In Anbetracht der unterschiedlichen Problem- und Interessenlagen werden die Vorschläge zur **Modifizierung der Berlin-Präferenz** durchaus unterschiedlich gesehen.

Nach den Ergebnissen der schriftlichen Umfrage lehnten Großbetriebe eine **verstärkte Förderung allein für kleine und mittlere Unternehmen** - durchaus verständlich - in deutlicher Mehrheit ab. Im persönlichen Gespräch war diese Haltung schon abgewogener, insbesondere mit Blick auf die eigene Finanzkraft. Aber auch das deutlich positive Votum der kleinen und mittleren Unternehmen relativierte sich: Trotz ausgeprägten Kapitalmangels sollte ein Restrisiko als Steuerungsinstrument verantwortlichen und betriebswirtschaftlich sinnvollen Handels nicht ausgeschlossen werden und eine Vollförderung mithin auf die bisherigen Tatbestände reduziert bleiben.

Nach den Eindrücken von Gesprächsteilnehmern übt die Berlinförderung einen nicht unbeträchtlichen Einfluß auf die **Ansiedlungs- und Gründungsentscheidungen** insbesondere kleiner, innovationsorientierter Unternehmen aus. Eine solche Sogwirkung könnte durch einen erhöhten Berlin-Bonus zusätzlich verstärkt werden. Großbetriebe gaben zu bedenken, daß Entscheidungen über die regionale Zuordnung neuer Forschungsgebiete und -schwerpunkte sowie der Ausbau bestehender Unternehmensaktivitäten durch eine höhere Forschungsförderung zumindest partiell beeinflußt werden können. Positive Standortfaktoren würden so möglicherweise verstärkt.

Der Vorschlag, für **zusätzlich eingestelltes FuE-Personal** eine erhöhte Förderung zu gewähren, fand in der Umfrage ein überwiegend negatives Echo. Eine solche Regelung führt weniger zu Entlastungseffekten und zielt an der eigentlichen Problematik - Weiterbeschäftigung nach Projektende - vorbei. In diesem Zusammenhang weitaus günstiger wäre eine generell verstärkte Forschungsförderung in der Anfangsphase betrieblicher FuE-Aktivitäten. Mit der Konsolidierung und der Gewinnung von Know-how für die Organisation und Durchführung von FuE-Vorhaben könnte ein sukzessiver Abbau dieser besonderen Vergünstigungen erfolgen.

**Kooperationen mit wissenschaftlichen Einrichtungen** stellen für viele Betriebe bereits einen "Normalfall" dar; insbesondere Großbetriebe haben intensive Kontakte und vergeben regelmäßig Aufträge an solche Institutionen. Bei kleineren Betrieben des Dienstleistungsbereiches bestehen gleichfalls vielfältige Verbindungen zu wissenschaftlichen Einrichtungen; weniger ist dies für kleinere Betriebe des verarbeitenden Gewerbes der Fall. Berührungsängste sowie die eher anwendungsorientierten Entwicklungsschwerpunkte dieser Betriebe dürften dafür entscheidend sein.

**Kooperationen mit anderen Betrieben** werden von Befragungsteilnehmern zwar grundsätzlich befürwortet; gleichwohl ist die Resonanz sehr abgeschwächt, weil aus der Sicht der Unternehmen die faktischen Nachteile überwiegen. Dies trifft insbesondere für kleine und mittlere Betriebe zu, die im Verhältnis zu Großbetrieben schwerwiegende Befürchtungen äußern: Bei Erfolg werden Ergebnisse billig aufgekauft und eigene Verwertungen verhindert; die Verbindung zu einem "schwerfälligen Forschungsapparat" dämpft Ideenreichtum und Kreativität; bei der Vertragsgestaltung dominieren die juristisch erfahrenen Großbetriebe und übervorteilen möglicherweise ihre schwachen Partner.

Für Großbetriebe gestaltet sich eine Partnerschaft teilweise ebenfalls schwierig: Kleinbetriebe mit "unorthodoxen" Arbeitsweisen und einem "unreflektierten

Ideenreichtum" müssen mit etablierten eigenen Forschungsstellen zusammenarbeiten; die juristische Absicherung zur Vermeidung von Konflikten wird als Übervorteilung dargestellt. Aus ihrer Sicht erscheint es deshalb vielfach günstiger, fest umrissene Forschungsaufträge an kleine und mittlere Unternehmen zu vergeben, als Partnerschaften zu bilden.

Zusammenschlüsse von kleinen und mittleren Unternehmen werden von diesen deutlich positiv gesehen, insbesondere Kooperationen von Betrieben mit unterschiedlichen Forschungs- und Leistungsschwerpunkten. Erfahrungen zeigen indes, daß auch in solchen Fällen Probleme während der Forschungsarbeiten entstehen: Die Interessenschwerpunkte sind oft unterschiedlich, vielfach treffen sehr ausgeprägte Persönlichkeiten aufeinander, die zumindest Anpassungsschwierigkeiten und jeweils andere Vorstellungen von einer sinnvollen Organisation und Durchführung von Forschungsarbeiten äußern. Bei einem erfolgreichen Verlauf der FuE-Aktivitäten erweist sich schließlich die Zuordnung und die gemeinsame Vermarktung oftmals als schwierig, weil in der Planungsphase die FuE-Aktivitäten im Vordergrund stehen, Verträge als "lästiges Übel" angesehen werden und so eindeutige Regelungen zur Verwertung und Vermarktung unterbleiben.

## 2 BMWi/IHK-Programm für kleine und mittlere Unternehmen

### 2.1 Ziele und Ausgestaltung

Neben der Berlin-Präferenz im Rahmen der direkten Projektförderung des Bundesministers für Forschung und Technologie (BMFT) wurde im Rahmen dieser Untersuchung ein weiteres Bundesprogramm für Berlin einer Erfolgskontrolle unterzogen: **"Förderung von FuE bei kleinen und mittleren Unternehmen in Berlin (BMWi/IHK-Programm)"**, finanziert vom Bundesminister für Wirtschaft (BMWi) und betreut von der Industrie- und Handelskammer zu Berlin (IHK).

Mit diesem bereits 1969 vom BMWi initiierten Programm sollen Entwicklungsvorhaben in der Berliner Industrie und damit zusammenhängende Forschungsarbeiten durch Zuwendungen aus Bundesmitteln gefördert werden. Ziel dieser Maßnahme ist, die Leistungs- und Wettbewerbsfähigkeit generell zu erhöhen, insbesondere

1. die Initiative und Innovationsbereitschaft der Unternehmen zu beleben,

2. die mit FuE verbundenen Risiken zu vermindern,

3. attraktive Arbeitsplätze für besonders qualifiziertes Personal zu schaffen und

4. Berlin für Wachstumsindustrien anziehender zu machen.

Die Förderung ist ausschließlich für kleine und mittlere Unternehmen konzipiert und richtet sich vor allem an

- Industriebetriebe, Handwerksbetriebe mit industriellem Charakter und Arbeitsgemeinschaften aus Industrie und Handwerk, die in Berlin ihren Sitz haben und dort eine Produktions- und FuE-Stätte unterhalten,

- Berliner Betriebsstätten von mittelständischen Unternehmen mit Sitz außerhalb Berlins, wenn in Berlin regelmäßig mehr als 25 Beschäftigte in Produktion und FuE tätig sind,

- Berliner Tochterunternehmen von westdeutschen oder ausländischen Großunternehmen, sofern sie rechtlich selbständig sind, eine eigene Geschäftspolitik betreiben und zwischen dem Mutter- und dem Tochterunternehmen kein Organschafts- und Gewinnabführungsvertrag besteht.

Als förderungwürdig sind Entwicklungsvorhaben zu betrachten, die auf neue oder verbesserte Produkte bzw. Verfahren zielen. Die Vorhaben sollen erfolgversprechend und innerhalb von höchstens drei Jahren zu bewältigen sein. Die FuE-Arbeiten müssen generell in der Berliner Betriebsstätte oder nach Möglichkeit in einer Berliner Forschungseinrichtung durchgeführt werden. Die Verwertung der FuE-Ergebnisse darf ausschließlich in Berliner Produktionsstätten erfolgen.

Die Förderung umfaßt zinslose Zuwendungen zu den förderfähigen Kosten, wobei sich Art und Höhe nach den Rückzahlungsmodalitäten richten:

- Eine Zwei-Drittel-Finanzierung wird als zinsloses Darlehen gewährt, das in jedem Fall in einem Zeitraum von höchstens zehn Jahren nach Auszahlung getilgt sein muß.

- Die Hälfte der FuE-Kosten übernimmt die öffentliche Hand als bedingt rückzahlbare Zuwendung. Eine Tilgung innerhalb von höchstens zehn Jahren ist vorgesehen, wenn die FuE-Ergebnisse wirtschaftlich verwertet wurden und die Ertragslage des Unternehmens eine Rückzahlung nicht ausschließt.

- Bei einer Drittel-Finanzierung kann von vornherein auf eine Rückzahlung verzichtet werden (verlorener Zuschuß) - eine in den letzten Jahren durchgängig gehandhabte Praxis.

Im Einzelfall richtet sich die Art der Förderung nach den förderfähigen Kosten und der Art des Vorhabens sowie der Finanzkraft des Antragstellers. Zuwendungsfähig sind alle laufenden Kosten - also nicht investive Aufwendungen -, und zwar zu Selbstkosten unter Berücksichtigung der "besonderen Nebenbestimmungen des Bundesministers für Wirtschaft".

Anträge sind beim Büro für Entwicklungsförderung der Industrie- und Handelskammer zu stellen. Die Entscheidung darüber, ob und in welchem Umfang ein Projekt gefördert wird, trifft ein Bewilligungsausschuß mit Vertretern der IHK Berlin, der Handwerkskammer Berlin, des Senators für Wirtschaft und Arbeit, des Bundesministers für Forschung und Technologie, der Bundesanstalt für Materialprüfung, der Physikalisch-Technischen Bundesanstalt sowie der Berliner Industriebank (BIB) unter Vorsitz eines Vertreters des Bundesministers für Wirtschaft (BMWi). Die Mitglieder des Ausschusses beurteilen dabei den Antrag sowohl unter volks- und betriebswirtschaftlichen als auch unter technischen Aspekten, im Bedarfsfall werden zur Entscheidungsfindung externe Sachverständige herangezogen.

Mit der Durchführung des Förderungsprogramms ist die IHK Berlin beauftragt; zu ihren Aufgaben gehören insbesondere die Beratung der Interessenten, die Bearbeitung der Anträge, die Erteilung der Zuwendungsbescheide sowie die formelle Prüfung der Geldanforderungen und Verwendungsnachweise. Die kassentechnische Abwicklung und Rückzahlungskontrolle erfolgt im Auftrage des BMWi durch die BIB.

## 2.2 Auswertung der Vergabestatistik
## 2.2.1 Projekte und Begünstigte

Vom Beginn der Maßnahme im Jahre 1969 bis 1987 wurden rund 750 Projekte in 350 Betrieben gefördert. Das Projektvolumen belief sich auf 280 Mill. DM; 160 Mill. DM davon wurden aus Eigenmitteln bestritten, 120 Mill. DM aus Zuwendungen in Form von Darlehen und Zuschüssen (Tabelle C11).

Im **Zeitverlauf** hat sich das Volumen aller geförderten Projekte deutlich verändert: Zuletzt wurden - im Rahmen einer Durchschnittsbetrachtung - pro Jahr Vorhaben bewilligt, deren finanzielle Ausstattung insgesamt mehr als doppelt so hoch war wie in der Anfangsphase. Mit diesem schnellen Anstieg hat das Fördervolumen - also die Summe aller Zuwendungen - nicht Schritt gehalten. Dies hatte zur Folge, daß sich die **Förderquote** um ein Fünftel reduzierte: Im Durchschnitt der letzten vier Jahre betrug der Anteil der Zuwendungen am Projektvolumen nur noch gut ein Drittel.

Der Rückgang der Förderquote war begleitet von erheblichen Strukturveränderungen in den Zuwendungen. Der in den siebziger Jahren hohe Anteil bedingt rückzahlbarer Darlehen verringerte sich deutlich zugunsten verlorener Zuschüsse, wobei sich dieser Trend in den letzten Jahren noch akzentuierte: 1987 lag der Anteil der verlorenen Zuschüsse an allen Zuwendungen bereits bei 95 vH, lediglich 5 vH entfielen auf rückzahlbare Darlehen (Tabelle C12).

In **zweigspezifischer Betrachtung** dominieren zwei Wirtschaftsbereiche, die bislang jeweils etwa 40 vH der Mittel auf sich vereinigen: Elektrotechnik/Feinmechanik/Optik sowie Stahlbau/Maschinenbau/Metallverarbeitung. Unter Berücksichtigung der Zeitdimension zeigen sich jedoch gravierende Unterschiede. Während Unternehmen der Elektrotechnik die geförderten Aktivitäten kräftig ausweiteten, ist für den Maschinen- und Stahlbau eine zuletzt deutlich rückläufige Entwicklung zu konstatieren.

Von den übrigen Wirtschaftsbereichen ist allein die chemische Industrie hervorzuheben, die ihre geförderten FuE-Aktivitäten - bei allerdings geringem Ausgangsniveau - im letzten Jahrzehnt erheblich steigerte.

Graphik 12:

## BMWi/IHK-Programm: Zuwendungsstruktur 1969 bis 1987

Struktur in vH 1969/80

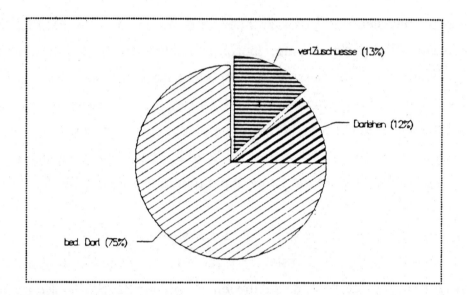

Struktur in vH 1981/87

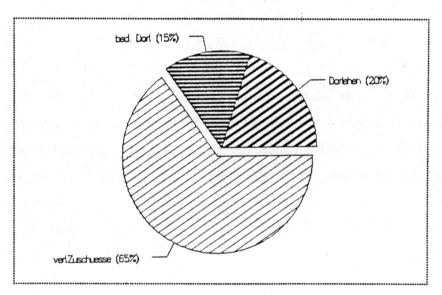

Quelle: Industrie- und Handelskammer, Berlin                    DIW 89

Nach **Betriebsgrößenklassen** differenziert zeigt sich, daß eindeutig die Förderung von Betrieben mit nur wenigen Beschäftigten überwiegt: In den letzten Jahren waren die Hälfte der Begünstigten Kleinbetriebe (bis 19 Beschäftigte); ein weiteres Drittel umfaßte Kleinbetriebe mit 20 bis 99 Beschäftigten; mittelständische Betriebe stellten schließlich ein Fünftel aller Geförderten (Tabelle C13).

Gegenüber den siebziger Jahren hat sich die Zahl der begünstigten Betriebe verringert, und zwar um etwa ein Drittel. Die Reduzierung ging dabei zu Lasten der Klein- und Mittelbetriebe, deren Zahl um etwa die Hälfte abnahm. Allein die Zahl begünstigter Kleinstbetriebe blieb im Zeitverlauf nahezu unverändert - mit der Folge, daß ihr Anteil an allen geförderten Unternehmen von einem Drittel auf etwa die Hälfte zunahm. Die finanziellen Auswirkungen dieser Verschiebungen sind mangels geeigneter Daten nicht darstellbar.

### 2.2.2    Niveau und Entwicklung jährlicher Auszahlungen

Von den bis 1987 bewilligten Zuwendungen in Höhe von 120 Mill. DM gelangten gut 100 Mill. DM zur Auszahlung. Bei insgesamt 20 Mill. DM an Rückflüssen ergibt sich mithin ein Zahlungssaldo von rund 80 Mill. DM (Tabelle C14).

Im Zeitverlauf war der Mittelabfluß starken Schwankungen unterworfen. Nach der Anlaufphase im Jahre 1969 nahm das Volumen der Auszahlungen bis 1972 auf gut 5 Mill. DM zu. 1973 sackten die Förderbeträge ab (3 Mill. DM) und konnten erst 1978 das ursprüngliche Niveau wieder erreichen. Nach einem Niveausprung im Jahre 1979 - auf 6,6 Mill. DM - verringerte sich das Fördervolumen geringfügig und stieg dann von 1981 bis 1984 kontinuierlich. Auf dem schließlich erreichten Niveau von gut 8 Mill. DM stagnierte das Auszahlungsvolumen zunächst, ging dann aber 1987 um gut ein Viertel zurück.

Graphik 2 verdeutlicht, daß der Trend bis 1985 eine deutlich positive Entwicklung aufweist. Ein Teil der jährlichen Schwankungen ist sicherlich - bei der recht geringen Zahl geförderter Projekte je Jahr - durch größere Vorhaben, Abbruch von FuE-Aktivitäten sowie Abweichungen zu den Plankosten bedingt. Diese generelle

Graphik 13:

## BMWi/IHK-Programm: Zuwendungsvolumen 1969 bis 1987
- in Mill. DM -

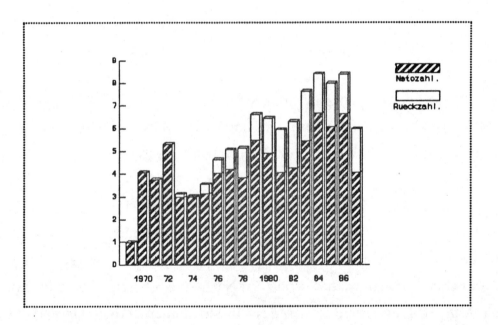

Quelle: Industrie- und Handelskammer, Berlin                    DIW 89

Abweichung führte auch dazu, daß bis 1983 die Etatansätze - also die zur Verfügung stehenden Haushaltsmittel - nicht voll verausgabt werden konnten (Graphik 3). Dieser Einfluß erklärt jedoch nicht den Rückgang der Fördermittel in den Perioden 1973/75 und 1981/82, in denen zugleich die Ausschöpfung äußerst gering war.

Von 1984 bis 1986 wurden die Fördermittel voll verausgabt, da - unter Berücksichtigung von Ausfallmargen - mehr Zuwendungen bewilligt wurden als im Etat ausgewiesen. Eine Abkehr von diesem Procedere führte 1987 zu einem Einbruch, weil die finanziellen Verpflichtungen wieder auf den Etatansatz begrenzt und zudem geplante Programmkürzungen bereits bei der Bewilligung des Jahres 1987 - mit entsprechenden Rückwirkungen auf die haushaltsmäßigen Belastungen der folgenden Jahre - berücksichtigt wurden.

## 2.3 Ergebnisse der Unternehmensbefragung
### 2.3.1 Beteiligung

In einer schriftlichen Befragung wurden alle 258 Unternehmen angesprochen, die seit Beginn des BMWi/IHK-Programms im Jahre 1969 Förderungsmittel erhalten haben. Aus diesem Potential konnten 31 Betriebe nicht erreicht werden, weil sie zwischenzeitlich geschlossen wurden oder sich Namen und Adresse geändert hatten. Damit reduzierte sich der Teilnehmerkreis auf 227 Betriebe.

Die Hälfte dieser Unternehmen antwortete und stellte dem DIW Informationen zur Verfügung. Im Zuge einer Mahnaktion und von Recherchen im restlichen Teilnehmerpotential kristallisierten sich zwei Faktoren heraus, die ausgebliebene Antworten zumindest teilweise erklären: Einmal waren Betriebe, die vor vielen Jahren Fördermittel erhalten hatten, kaum mehr in der Lage, die damaligen Zusammenhänge zu konstruieren. Zum anderen erwies sich die intra- und interbetriebliche Personalfluktuation als Hindernis: Programmverantwortliche für FuE waren teilweise nicht mehr erreichbar, Nachfolger konnten oft nicht befriedigend Auskunft geben.

Graphik 14:

## BMWi/IHK-Programm: Etatausschöpfung 1969 bis 1987
### - in Mill. DM -

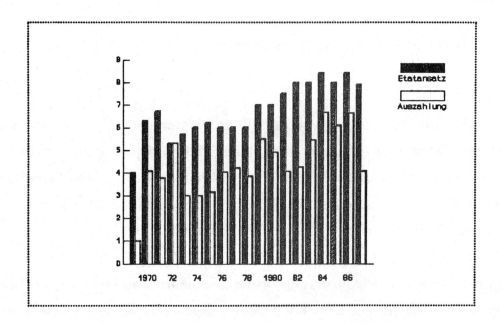

Quelle: Industrie- und Handelskammer, Berlin                    DIW 89

## 2.3.2 Angaben zu FuE-Aktivitäten

Von den 110 Betrieben, die geantwortet haben, weisen knapp zwei Drittel auf **Schwierigkeiten** im Zusammenhang mit FuE-Aktivitäten hin (Tabelle C15). Dabei heben insbesondere größere Unternehmen und Kleinbetriebe vermehrt Problemsituationen hervor, wenngleich mit abweichenden Einschätzungen: Bei größeren Unternehmen liegt der Schwerpunkt in der Kalkulation der mit den Vorhaben verbundenen Risiken und Marktchancen; für Kleinbetriebe überwiegen eindeutig finanzielle Engpässe, wobei der Eigenkapitalmangel hervorgehoben wird.

Ebenfalls als wichtig bezeichnen die Antwortenden Probleme im Zusammenhang mit der Qualifikation der Arbeitskräfte, wobei insbesondere größere Unternehmen solche Restriktionen bekräftigen. Ein Mangel an geeigneten Kooperationspartnern zur Durchführung von Forschungsprojekten ist demgegenüber weniger ausgeprägt; über alle Größenklassen hinweg werden lediglich vereinzelt entsprechende Defizite beklagt. Dabei heben diese Betriebe mehrheitlich hervor, daß Informationen über geeignete Forschungseinrichtungen fehlen, die auf den betrieblichen Bedarf zugeschnitten sind.

Die Befragungsergebnisse sind weitgehend kompatibel mit denen aus einer Umfrage zur Evaluierung der Berlin-Präferenz im Rahmen der direkten Projektförderung: Als entscheidend wird jeweils der Risikofaktor hervorgehoben; zugleich bestätigt sich, daß Kapitalmangel weniger von den größeren Betrieben als vielmehr von den kleinen als Engpaß angesehen wird.

Knapp drei Viertel der antwortenden Betriebe berücksichtigen bei der Fixierung ihrer Forschungsausgaben **öffentliche Förderungen**, und zwar über alle Größenklassen hinweg (Tabelle C16). Für gut die Hälfte sind Zuwendungen dabei von erheblicher Bedeutung, merklich weniger messen ihnen geringe oder entscheidende Bedeutung zu. Nicht verwundern kann in diesem Zusammenhang, daß kleinere Betriebe eine Förderung öfter als entscheidend betrachten als größere.

Mit der vorliegenden Umfrage verfestigten sich damit Ergebnisse, die bei der Analyse der direkten Projektförderung gewonnen wurden: Auch dort ordneten Betriebe des verarbeitenden Gewerbes einer staatlichen Förderung überwiegend eine große

Bedeutung zu. Allerdings gelten für die vorliegende Untersuchung die schon damals aufgezeigten Einschränkungen: Solche Angaben sind nur mit Vorsicht zu interpretieren, weil Fragen dieser Art generell zu positiven Antworten verführen.

Insgesamt zwei Drittel der antwortenden Betriebe weisen auf die **Kontinuität ihrer FuE-Aktivitäten** hin, wobei dies mit steigender Betriebsgröße an Bedeutung gewinnt: Bei den größeren Unternehmen betonen **gut 90 vH die Regelmäßigkeit**; aber auch bei Kleinbetrieben überwiegt der Anteil positiver Antworten (Tabelle C17).

Abweichungen von diesem Grundmuster zeigen sich lediglich in der Größenklasse mit 100 bis 199 Beschäftigten: Zwei Drittel dieser Betriebe - ein für mittelständische Betriebe eher geringer Anteil - bejahten diese Frage. Auf der Suche nach den Bestimmungsgründen hierfür fällt einmal auf, daß diese Betriebe offensichtlich kaum Schwierigkeiten im Zusammenhang mit ihren FuE-Aktivitäten aufweisen, zum anderen der Forschungsförderung - wenn überhaupt - keine entscheidende Bedeutung zumessen. Recherchen ergaben eine Massierung von Sondereinflüssen: Die Produktpalette ist weitgehend genormt oder durch Zulieferer vorgegeben, Forschung wird im westdeutschen Stammwerk betrieben. Die durchgeführten Projekte waren als Einzelaktivitäten deshalb eher Ausnahmen, führten vielfach auch nicht zum gewünschten Erfolg.

### 2.3.3    Wirkungen des BMWi/IHK-Programms

Durch das BMWi/IHK-Programm wurden in der Mehrzahl der Fälle **Anreize für die Aufnahme von FuE-Aktivitäten** gegeben und die ersten Ansätze gestützt (Tabelle C18). Dem Programm wird damit eine wichtige Impulswirkung zugeordnet, die sich durchgängig über alle Größenklassen erstreckt. Dabei zeigt sich der Initialcharakter dieser Maßnahme insbesondere bei Kleinst- und Kleinbetrieben; lediglich Betriebe mit 10 bis 19 Beschäftigten äußern sich weniger positiv. Ähnlich wie diese Gruppe antworteten mittelständische Betriebe, die zu immerhin 40 vH die gegebenen Anreize aufgegriffen haben.

Nur wenige Betriebe verneinen **Einflüsse** aus der Förderung **auf die konkrete Projektdurchführung**: Etwa 85 vH der Antwortenden rücken wesentliche Erleichterungen in den Mittelpunkt. Dieses zu erwartende und deshalb "normale" Antwortverhalten kann generell - wie bei jeder Zuwendung - nicht verwundern; eine weitere Konkretisierung erscheint deshalb unumgänglich (Tabelle C19).

Weitaus rerstriktiver waren deshalb zwei zusätzliche Ankreuzfelder formuliert, die alternativ ausgewertet wurden. Eine erste Verschärfung ist in der Frage nach der deutlichen Risikominderung zu sehen, die zusätzlich von einem Viertel der Betriebe genannt wird. Die restriktivste Frageausformung "Projekt erst ermöglicht" kreuzte ebenfalls knapp ein Viertel der Antwortenden an. Damit treten Entlastungseffekt der Maßnahme und Impulswirkung wesentlich stärker in den Vordergrund; die Hälfte der Betriebe konnte über ein "normales Maß" hinaus erreicht werden.

Nach der Betriebsgröße differenziert zeigen sich einige Unterschiede. Für Kleinstbetriebe (unter 20 Beschäftigte) wurden in allen Fällen die Projektrealisierungen erleichtert und zugleich die Projekte zu einem großen Teil erst ermöglicht. Für etwas größere Betriebe tritt der Risikoaspekt deutlicher hervor, die Impulswirkung zurück. Bei Betrieben mit mehr als 50 Beschäftigten bleibt der Risikoaspekt zwar tendenziell weiterhin wichtig, gleichzeitig gewinnen Anstöße aus der Förderung aber wieder an Bedeutung. Auch hier tritt die Größenklasse 100 bis 199 mit einer besonderen Betonung der Risikoentlastung hervor. Dies dürfte vermutlich auf einen größeren Anteil von Vorhaben zurückzuführen sein, die nicht in einer Vermarktung konkretisiert werden konnten.

Die Forschungsarbeiten geförderter Projekte wurden von zwei Dritteln der Antwortenden mit dem vorhandenen Beschäftigtenpotential durchgeführt (Tabelle C20). In knapp einem Viertel der Fälle waren **Arbeitsplatzeffekte** zu verzeichnen; es mußten zusätzliche Arbeitskräfte eingestellt werden, um die Aufgaben bewältigen zu können. Dabei war der Rückgriff auf den Arbeitsmarkt insbesondere bei Betrieben in der Größenklasse 20 bis 199 Beschäftigte stark ausgeprägt. Für Kleinstbetriebe hingegen dürfte der Ausbau personeller Kapazitäten deutlichen Restriktionen unterworfen sein. Bei größeren Betrieben reichte das vorhandene Potential offensichtlich aus, wenngleich

- Tabelle C15 deutet darauf hin - gerade in dieser Größenklasse dann verstärkt Probleme in der Qualifikation der Mitarbeiter auftreten.

Bei knapp einem Drittel der beteiligten Firmen führten die geförderten Projekte zu einer **Ausweitung der Forschungstätigkeit** - ein Resultat, das vornehmlich durch zusätzliche Aktivitäten in der Größenklasse 50 bis 99 Beschäftigte geprägt ist.

**Anregungen zur Kooperation** mit anderen Unternehmen oder wissenschaftlichen Einrichtungen wurden bei gut einem Viertel der Beteiligten induziert. Dabei strebten vornehmlich solche Betriebe Kooperationen an, die auf einen Ausbau eigener FuE-Kapazitäten - aus welchen Gründen auch immer - verzichtet haben, in überraschend vielen Fällen auch Kleinstbetriebe. Im Verhältnis dazu führten die geförderten Projekte nur in einer geringen Zahl von Fällen zu einer Verstetigung betrieblicher Forschungsarbeiten.

Mit Blick auf die **Ergebnisse der Forschungsarbeiten** hatte die ganz überwiegende Zahl der Beteiligten zum Zeitpunkt der Befragung die geförderten Forschungsarbeiten bereits abgeschlossen (Tabelle C21). Dabei zeigt sich, daß etwa drei Viertel dieser Betriebe marktreife Produkte oder Verfahren entwickelt und diese - mit wenigen Ausnahmen - bereits einer Vermarktung zugeführt haben.

Als wichtigstes Ergebnis dieser Einführung bezeichnete die Hälfte der Betriebe eine Stärkung der Marktstellung, eine im regionalen und überregionalen Wettbewerb äußerst wichtige Komponente. Etwa ein Viertel hob die positiven Wirkungen auf das Betriebsergebnis, eine Verjüngung der Produktpalette sowie überregionale Lieferausweitungen hervor.

Nach der Betriebsgröße disaggregiert fällt auf, daß der Erfolg programminduzierter Forschung mit steigender Betriebsgröße zunimmt. Probleme zeigen sich insbesondere bei Kleinstbetrieben, die zwar alle ihre Projekte abgeschlossen haben, die Forschungsergebnisse indes nur zu 60 vH in marktreife Produkte und Verfahren überführen konnten; nur zu 20 vH gelang schließlich eine konkrete Vermarktung.

Als Indikator für den Erfolg der Forschungsarbeiten war die Frage nach dem **Umsatzanteil geförderter Produkte/Verfahren** vorgesehen. Die Auswertung der Fragebogen zeigt indes, daß viele Adressaten eine solche Frage nicht beantworten können oder wollen: Nur 40 vH der antwortenden Betriebe stellten entsprechende Angaben zur Verfügung (Tabelle C22).

Die aus den Einzelangaben zusammengeführten Umsatzanteile weisen zwischen den Betriebsgrößenklassen keine gravierenden Unterschiede auf; tendenziell verringert sich der Anteil jedoch leicht mit zunehmender Betriebsgröße, weil die Produktpalette heterogener wird, das neue bzw. weiterentwickelte Produkt also an Bedeutung verliert. Insgesamt betrachtet kristallisiert sich eine Quote von etwa 20 vH heraus, vielfach durch mehrere geförderte Projekte bedingt. Bei einem Gesamtumsatz allein dieser Betriebe von gut 500 Mill. DM wären also Produkte im Wert von 100 Mill. DM durch die Förderung erreicht worden.

Nach den Angaben von etwa 50 antwortenden Betrieben wurden insgesamt 800 Arbeitsplätze gesichert, annähernd die Hälfte davon mit deutlich höheren Anforderungen. Je Betrieb gerechnet ist damit der **Beschäftigungseffekt** auf 17 Personen zu beziffern (Tabelle C23).

Zusätzlich zu den gesicherten Arbeitsplätzen wurden in einem Drittel der antwortenden Betriebe insgesamt 200 neue Stellen induziert. Für eine Durchschnittsbetrachtung errechnen sich mithin sechs Arbeitsplätze je Unternehmen, zur Hälfte Stellen für Facharbeiter. Letztlich bleiben noch nicht realisierte Wirkungen zu berücksichtigen: Jeder fünfte antwortende Betrieb plant konkret den weiteren Ausbau von Arbeitsplätzen in der Produktion, und zwar in einem Umfang von insgesamt gut 200 Stellen bzw. durchschnittlich 10 Arbeitsplätzen je Unternehmen.

Zusammenfassend bleibt festzuhalten, daß nach Auskunft der Betriebe etwa 1 200 Arbeitsplätze in der Produktion durch die geförderten Aktivitäten unmittelbar beeinflußt wurden. Ob diese Ergebnisse "hochrechnungsfähig" sind, läßt sich aus den vorhandenen Unterlagen nicht beantworten, mögliche Verzerrungen zugunsten erfolgreicher Betriebe sind durchaus denkbar. Bleiben solche Einflüsse einmal unberücksichtigt, würden sich für die Grundgesamtheit der 227 Betriebe rund 5 000 gesicherte bzw. neu geschaffene Arbeitsplätze errechnen. Aufgrund der zu vermutenden Verzerrungen im Antwortverhalten der geförderten Unternehmen dürfte diese Anzahl allerdings eher als Obergrenze anzusehen sein.

In **größenklassenspezifischer Betrachtung** nehmen mit der Betriebsgröße auch die Beschäftigungseffekte zu. Dies kann nicht verwundern, weil der Produktionseffekt mit etwa 20 vH jeweils ähnlich ist. Auf den Personalbestand bezogen verringert sich allerdings - aufgrund unterschiedlicher Produktivität der in der Fertigung Tätigen - der relative Beschäftigungseffekt mit zunehmender Betriebsgröße. Eine Ausnahmestellung bei solchen Unternehmen, die eine Stellenausweitung anstreben, nehmen - bei sonst gleichmäßiger Verteilung - Betriebe zweier Größenklassen ein, deren Planungen weit über dem Durchschnitt liegen: Zwei Betriebe mit 200 und mehr Beschäftigten planen einen deutlichen Aufbau von Arbeitsplätzen; bei den Betrieben mit 20 bis 49 Beschäftigten dominiert ein Betrieb das Ergebnis entscheidend, in dem - nicht zuletzt aufgrund der Förderung - die Beschäftigtenzahl in kurzer Zeit rasch expandierte.

### 2.3.4 Beurteilung von Ausgestaltung und Durchführung des BMWi/IHK-Programms

Die Hälfte der Antwortenden sieht kaum Mängel in der Förderung, nach ihrer Meinung wird die **Programmausgestaltung** den betrieblichen Anforderungen weitgehend gerecht. Gut ein Drittel der Unternehmen - der Rest nahm zu dieser Frage nicht Stellung - war allerdings anderer Ansicht (Tabelle C24). Im Mittelpunkt negativer Einschätzungen steht dabei der bürokratische Aufwand bei Antragstellung und Verfahrensabwicklung, wobei ein Zehntel der Firmen beides ankreuzte. Kritisch über eine zu enge Auslegung des Kostenbegriffs äußerte sich jeder sechste; zu geringe Fördersätze wurden nur in Einzelfällen bemängelt.

Mit Blick auf die **Betriebsgröße** deutet sich an, daß kleinere Betriebe offensichtlich mehr Probleme mit dem Antragsverfahren und seiner Abwicklung aufweisen als größere: Im Rahmen der freien Antwortmöglichkeit betonten einige dieser Unternehmen nochmals und ausdrücklich diesen Aspekt. Von den größeren Begünstigten wird dagegen öfter eine zu enge Auslegung des Kostenbegriffs beklagt, in einigen Fällen dabei in zu geringen Gemeinkostenzuschlägen konkretisiert.

Rund drei Viertel der antwortenden Unternehmen standen den zur Wahl gestellten **Modifizierungsvorschlägen** positiv gegenüber (Tabelle C25). Auf breite Resonanz stieß vor allem die Anregung, auch Kosten für die Vermarktung in die Förderung mit einzubeziehen. Eine verstärkte Förderung von besonders risikoreichen Vorhaben und bei Einstieg in neue Marktsegmente fällt demgegenüber zurück, wird gleichwohl noch immer von einem Viertel durchaus positiv beurteilt.

Generell äußerten sich vornehmlich kleinere und mittlere Betriebe zu den Vorschlägen; für größere Betriebe lassen fehlende Antworten darauf schließen, daß die Ausgestaltung eher als angemessen betrachtet wird. Für eine Einbeziehung der Vermarktungskosten votierten insbesondere die kleineren Betriebe, größere Betriebe stellten den Risikoaspekt in den Mittelpunkt.

Nach dem Urteil der Befragten bietet die **Nähe zur betreuenden Einrichtung** grundsätzlich Vorteile: Etwa drei Viertel der Firmen betrachten dies als wesentlich (Tabelle C26). Dabei ist dieser Aspekt offensichtlich für kleinere Betriebe von besonderer Bedeutung, für mittelständische Betriebe tritt er zurück. Zur Intensität der Betreuung befragt, äußerte sich gut die Hälfte sehr positiv über die Arbeit der IHK Berlin; als "normal" bewertet etwa ein Drittel die Begleitung (Tabelle C27). Dieses Antwortmuster zeigt sich auch bei solchen Betrieben, die zugleich andere Förderungen erhalten haben und so direkte Vergleichsmöglichkeiten aufweisen.

# D  Berlin im interregionalen Vergleich

## 1  FuE-Aktivitäten im Bundesvergleich: Quantitative Analyse

### 1.1  Grundlagen

Der "**Stifterverband für die Deutsche Wissenschaft - SV-Wissenschaftsstatistik -**" erhebt regelmäßig und bundesweit Daten über Aufwendungen für Forschung und Entwicklung sowie die Beschäftigten in diesen Bereichen. In einem zweijährigen Turnus - zuletzt für 1987 - werden dabei auch Unternehmen des verarbeitenden Gewerbes nach ihren Aktivitäten befragt. Erhoben werden diese Daten bei allen Unternehmen, von denen angenommen wird, daß sie Forschung und Entwicklung betreiben oder Spenden zur Förderung der Wissenschaft bereitstellen. Mit dem Inkrafttreten der FuE-Personalkostenförderung erfolgte eine wesentliche Erweiterung des Berichtskreises seit Ende der siebziger Jahre. Das von der AIF (Arbeitsgemeinschaft industrieller Forschungsvereinigungen) aufbereitete Material insbesondere über geförderte kleine und mittlere Unternehmen ergänzte die bereits verfügbaren Daten. Damit konnten die Forschungsaktivitäten dieses Unternehmenskreises nahezu vollständig in die Analyse einbezogen werden.

Bei einem Vergleich der vom Stifterverband berechneten Daten - eine Veröffentlichung ist in Vorbereitung - mit denen aus der vorliegenden Untersuchung ist mehrererlei zu beachten:

- Die Daten des Stifterverbandes werden nach dem Unternehmenskonzept erhoben, Aufwendungen für FuE und Gesamtbeschäftigte sind nur auf dieser Betrachtungsebene verfügbar; einzig die Beschäftigten in FuE lassen sich den Forschungsstätten in einzelnen Regionen zuordnen. Die Erhebung des DIW basiert auf einem modifizierten Betriebskonzept, das mehrere Betriebe eines Unternehmens in Berlin zu einem "Mehrbetriebs"-Betrieb zusammenfaßt. Dieser methodische Unterschied kann nicht ohne Rückwirkungen auf wichtige Kennziffern bleiben: Die Bezugsgröße bilden in Berlin - anders als bei der Betrachtung auf Bundesebene - lediglich Unternehmensteile, insbesondere kaufmännische und dispositive Bereiche bleiben vielfach unberücksichtigt, weil außerhalb der Region ansässig.

- Die Ergebnisse des Stifterverbandes umfassen neben nahezu allen größeren Betrieben auch Kleinbetriebe mit weniger als 20 Beschäftigten. Die DIW-Erhebung führte hingegen bei den Kleinstbetrieben zu keinem verwertbaren Rücklauf, so daß sich sämtliche Angaben nur auf Betriebe mit regelmäßig 20 und mehr Beschäftigten erstrecken; dies allerdings vollständig. Die dadurch bedingte Verzerrung ist indes als eher gering zu veranschlagen. Nach den Ergebnissen der amtlichen Industrieberichterstattung arbeiten in den etwa 1 200 Kleinstbetrieben Berlins zwar rund 30 000 Beschäftigte, der Anteil der forschungsaktiven dürfte indes - nach der Beteiligung am Personalkostenzuschußprogramm - bei etwa 150 Betrieben mit maximal 3 000 Beschäftigten zu veranschlagen sein. Bei einer FuE-Intensität von rund 1 000 DM - Ergebnis der Betriebe mit 20 bis 49 Beschäftigten - würden die Aufwendungen für FuE lediglich auf 3 Mill. DM zu veranschlagen sein; ein Betrag, der auch disaggregierte Ergebnisse kaum verändert.

- Für zweigspezifische Betrachtungen bleibt zu berücksichtigen, daß die Wirtschaftsbereiche in Berlin und im gesamten Bundesgebiet nur bedingt vergleichbar sind. Problem eines jeden interregionalen Vergleichs auf dieser Ebene sind dabei jeweils andere Produktpaletten mit unterschiedlichen Fertigungsverfahren und -tiefen, Kapitalintensitäten sowie Lebenszyklen und -alter. Als Beispiel seien Chemie (Bund mit Grundstoffchemie, Berlin mit Pharmazie und Kosmetik) sowie Fahrzeugbau (Bund mit der Fertigung von Kfz, Berlin Teilefertigung und teilweise Montage) genannt. Darüber hinaus ist der Vergleich eines Ballungsgebietes mit dem gesamten Bundesgebiet - also einschließlich ländlicher Räume - schon im Ansatz problematisch. Das Heranziehen anderer westdeutscher Ballungsräume scheitert jedoch für diese Studie am nicht verfügbaren Datenmaterial.

- Letztendlich sei für die Analyse zeitlicher Entwicklungen in Erinnerung gerufen, daß für Berlin das Ausgangsniveau des Jahres 1979 durch mögliche Hochrechnungsunsicherheiten überhöht sein könnte.

Vor diesem Hintergrund kann ein Bundesvergleich nur Eindrücke vermitteln, und zwar sowohl für den Niveauvergleich von Kennziffern als auch deren zeitlicher Entwicklung.

## 1.2 Gesamtwirtschaftliche Analyse

### 1.2.1 Forschende Betriebe und ihre Beschäftigten

Für die gesamtwirtschaftliche Analyse der FuE-Aktivitäten werden für **Berlin die hochgerechneten Ergebnisse** der Unternehmensbefragung herangezogen (Aufwendungen für FuE sowie Beschäftigte in FuE) und auf das gesamte verarbeitende Gewerbe bezogen, allerdings nur auf Beschäftigte in **Betrieben** mit in der Regel 20 und mehr Beschäftigten (Monatsmelder zur Industrieberichterstattung). Dieser Berichtskreis der "Monatsmelder" bildet auch für die Ableitung bundesweiter Kennziffern die Grundlage. Eine **Hochrechnung der Ergebnisse des Stifterverbandes erfolgt nicht,** weil Informationen zum tatsächlichen Potential forschender Unternehmen zwar nicht vorliegen, nach Einschätzung des Stifterverbandes dieses Potential indes weitestgehend erfaßt ist.

Aufgrund der unterschiedlichen Erhebungskonzepte sind Aussagen zur Zahl forschender Betriebe im Bundesvergleich nicht möglich. Als Indikator der FuE-Aktivitäten bietet sich jedoch die Relation aus den Beschäftigten in Betrieben mit FuE-Aktivitäten und der Gesamtzahl der Beschäftigten in allen Betrieben an.

Nach den Ergebnissen der Tabelle D1 ist dieser Anteil für das gesamte verarbeitende Gewerbe in Berlin (59 vH) nur geringfügig niedriger als im Bundesdurchschnitt (62 vH). Entscheidend für diese Abweichung ist einmal, daß forschungsintensive und expansive Bereiche wie Luft- und Raumfahrttechnik sowie Büromaschinen/ADV in der Stadt überhaupt nicht oder nur schwach vertreten sind. Zum anderen liegt der Anteil in den großen Bereichen Fahrzeugbau und Chemie hier teilweise deutlich niedriger als im gesamten Bundesgebiet. Diese Nachteile kann der Maschinenbau mit einem wesentlich höheren Anteil von Beschäftigten in forschenden Betrieben in der Stadt nicht kompensieren.

### 1.2.2 Aufwendungen für FuE

In Berlin haben die Unternehmen des verarbeitenden Gewerbes gut 1,1 Mrd. DM für Forschung und Entwicklung aufgewandt; der Anteil Berlins beträgt mithin knapp 2,8 vH des volkswirtschaftlichen Eckwertes (Tabelle D2). Der Beitrag der einzelnen

Graphik 15:

# FuE-Aktivitäten im verarbeitenden Gewerbe 1987
## - Interregionaler Vergleich nach Wirtschaftsbereichen -

### Beschäftigte in Betrieben mit FuE
### in vH aller Beschäftigten

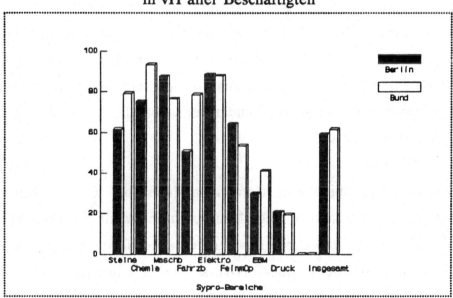

Quelle: Unternehmensbefragungen des Stifterverbandes und des DIW          DIW 89

Wirtschaftsbereiche zum Gesamtergebnis weicht dabei in den betrachteten Vergleichsgebieten erheblich ab: In Berlin vereinigen allein Chemie und Elektrotechnik 87 vH aller FuE-Aufwendungen auf sich; für den Bund ist dieser Anteil lediglich auf 52 vH zu beziffern. Im Maschinenbau beträgt der Anteil hingegen in Berlin nur 6 vH und im Bund 11 vH.

Aufgrund dieser Konstellationen sind die Beiträge Berlins zum volkswirtschaftlichen FuE-Budget von Bereich zu Bereich ebenfalls höchst unterschiedlich: In der Chemie und Elektrotechnik fällt der Anteil der Berliner FuE-Aufwendungen am Bundesergebnis günstiger und im Maschinenbau ungünstiger aus.

In längerfristiger Betrachtung deutet sich an, daß die Zunahme des FuE-Budgets in Berlin nicht mit der Entwicklung im Bund schritt halten konnte (Tabelle D3). Dies gilt insbesondere für die Berliner Elektrotechnik, die - im Gegensatz zum gesamten Bundesgebiet - ihre Aufwendungen für FuE seit 1981 nur wenig zu steigern vermochte. Demgegenüber blieb die Berliner Chemie in ihren Forschungsanstrengungen kaum hinter dem Bund zurück; der Maschinenbau in der Stadt verzeichnete sogar einen Wachstumsvorsprung in den FuE-Aufwendungen, wobei das Berliner Ausgangsniveau allerdings äußerst niedrig war.

Als Reflex dieser unterschiedlichen Entwicklungslinien hat sich der Beitrag Berlins zum Bundesergebnis insgesamt verringert, zurückzuführen auf die verhaltene Berliner Entwicklung in der Elektrotechnik sowie einer erheblichen Steigerung der FuE-Aufwendungen in hier nicht vertretenen Wirtschaftsbereichen des Bundes.

### 1.2.3  FuE-Intensität

Von entscheidender Bedeutung für einen interregionalen Vergleich ist die FuE-Intensität, definiert als FuE-Aufwendungen je Beschäftigten. Nach den Ergebnissen der Tabelle D4 liegt die FuE-Intensität für das gesamte verarbeitende Gewerbe von Berlin bei 7 100 DM und übertrifft damit das bundesweite Ergebnis - einschließlich Berlin - um gut 16 vH. Die auf dieser Betrachtungsebene höhere FuE-Intensität in Berlin läßt sich ganz überwiegend auf die Chemie zurückführen. Die FuE-Aufwendungen je

Graphik 16:

## FuE-Aufwendungen im verarbeitenden Gewerbe
## 1979 bis 1987
### - Interregionaler Vergleich -

Index: 1987 = 100

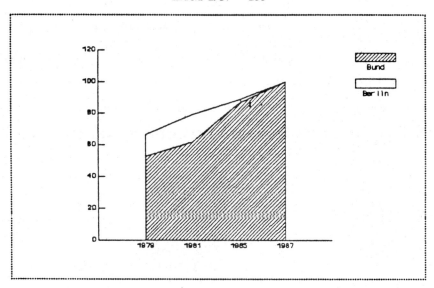

Berlin in vH des Bundes

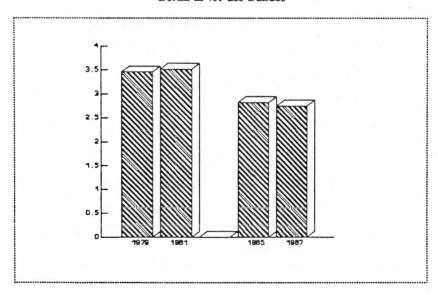

Quelle: Unternehmensbefragungen des Stifterverbandes und des DIW          DIW 89

Beschäftigten sind hier mehr als doppelt so hoch wie im Vergleichsgebiet. Bei annähernd gleichem Niveau im Maschinenbau treten Unterschiede vornehmlich in der Elektrotechnik hervor: Die FuE-Intensität Berliner Betriebe liegt um ein Fünftel unter dem Bundesdurchschnitt.

In langfristiger Betrachtung mußte Berlin - auf das Gesamtaggregat bezogen - seit Beginn der achtziger Jahre offensichtlich Verluste in der Position zum Bund hinnehmen: Der Vorsprung hat sich deutlich verringert. Dabei bleibt jedoch zu bedenken, daß die damaligen Werte möglicherweise überzeichnet sind, sich die Entwicklung im Bundesvergleich nicht ganz so negativ - wie in Tabelle D5 zum Ausdruck kommend - stellt. Vor diesem Hintergrund muß auch die leichte Verschlechterung in der Position der Berliner Chemie gesehen werden. Kaum erklären läßt sich dadurch aber der zunehmende Rückstand der Berliner Elektrotechnik.

### 1.2.4    FuE-Personalquote

Der Anteil der im Bereich Forschung und Entwicklung tätigen Personen an allen Beschäftigten ist für das verarbeitende Gewerbe von Berlin auf 4,5 vH zu beziffern; ein Wert, der den bundesdeutschen um einen halben vH-Punkt übertrifft (Tabelle D6). Getragen wird diese günstige Konstellation allerdings wiederum und ausschließlich von der Chemie; im Maschinenbau und noch mehr in der Elektrotechnik liegen die Berliner Vergleichswerte deutlich niedriger.

In beiden Regionen hat der Anteil der FuE-Beschäftigten in den achtziger Jahren deutlich zugenommen. Aufgrund des im Bund schnelleren Entwicklungstempos verringerte sich jedoch der Berliner Vorsprung. In disaggregierter Betrachtung konnte die Berliner Chemie den schon bestehenden Vorsprung weiter ausbauen. Zugleich hat der Maschinenbau seine weitaus schlechtere Ausgangssituation deutlich verbessert und nunmehr nahezu den Bundesdurchschnitt erreicht. In der Elektrotechnik war demgegenüber in der Stadt nur eine geringfügige Verbesserung des Anteils zu verzeichnen; bei gleichzeitig dynamischer Entwicklung im Bund blieb Berlin mithin entscheidend zurück.

Graphik 17:

## FuE-Intensität im verarbeitenden Gewerbe
## 1979 bis 1987

- Interregionaler Vergleich des FuE-Aufwandes
je Beschäftigten in DM -

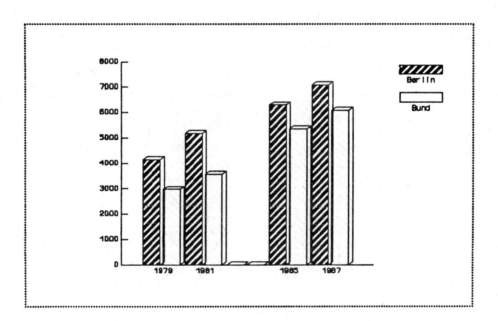

Quelle: Unternehmensbefragungen des Stifterverbandes und des DIW          DIW 89

Graphik 18:

## FuE-Personalquote im verarbeitenden Gewerbe
## 1979 bis 1987

**- Interregionaler Vergleich des Anteil der FuE-Beschäftigten
an allen Beschäftigten in vH -**

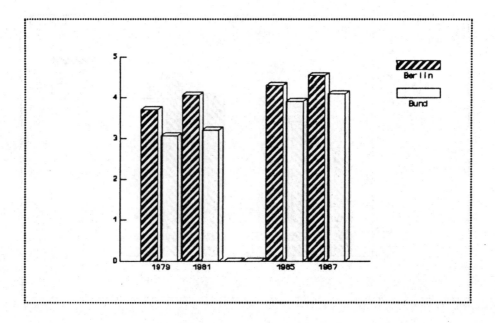

Quelle: Unternehmensbefragungen des Stifterverbandes und des DIW          DIW 89

## 1.3 Vergleich forschender Betriebe/Unternehmen

## 1.3.1 FuE-Intensität

Anders als bisher beschränkt sich die Analyse nunmehr allein auf die forschenden Betriebe/Unternehmen. Für diese eingeengte Grundgesamtheit liegen aus der Erhebung des DIW lediglich Daten der Jahre 1985 bis 1987 vor. Längerfristige Entwicklungslinien lassen sich damit interregional nicht beschreiben.

Den Analysen zufolge ergeben sich für Berliner Betriebe durchschnittliche FuE-Aufwendungen je Beschäftigten in Höhe von 12 000 DM im Jahre 1987 (Tabelle D7). Damit wird der bundesdeutsche Vergleichswert um gut ein Fünftel überschritten, zurückzuführen allein auf die nun noch stärkere Stellung der Berliner Chemie.

Für den *Maschinenbau* weichen die FuE-Intensitäten im Vergleich weniger voneinander ab: Im Durchschnitt wenden forschende Betriebe im Bundesgebiet - je Beschäftigten gerechnet - gut 16 vH mehr auf als die Berliner (Tabelle D8). Dies ist ganz wesentlich auf die Aktivitäten der Großunternehmen zurückzuführen: Ihre FuE-Intensität beträgt nur etwa 2 000 DM und liegt damit um gut zwei Drittel unter dem Bundesdurchschnitt. Ähnliches gilt für Kleinbetriebe (bis 100 Beschäftigte). Demgegenüber weisen die mittelständischen Betriebe Berlins sowie "kleinere" Großbetriebe (500 bis 999 Beschäftigte) eine eher höhere FuE-Intensität auf.

In der Berliner *Elektrotechnik* erreicht der FuE-Aufwand je Beschäftigte nicht das Niveau des gesamten Bundesgebietes: Der Rückstand ist auf gut ein Viertel zu veranschlagen. Dies läßt sich auch hier auf vergleichweise geringere Aktivitäten der Großindustrie und der Kleinbetriebe zurückführen; mittelständische Unternehmen Berlins innovieren demgegenüber deutlich mehr.

## 1.3.2 FuE-Personalquote

In Berlin sind rund 7,5 vH aller Beschäftigten in forschenden Betrieben mit Forschung und Entwicklung befaßt; der entsprechende Anteil für den Bund wird damit um einen vH-Punkt überschritten (Tabelle D9). Ausschlaggebend ist dabei wiederum die

Chemie: In Berlin arbeitet nahezu jeder vierte Arbeitnehmer im FuE-Bereich, im Bundesdurchschnitt nur jeder zehnte. Im Maschinenbau und insbesondere in der Elektrotechnik erhöhen sich die Abstände zum Bund gleichfalls.


### 1.3.3    Qualifikationsstruktur der FuE-Beschäftigten

Nach den Ergebnissen der vorliegenden Untersuchung stellt sich die Qualifikationsstruktur in Berlin wesentlich günstiger als im Bundesdurchschnitt. Während dort der Anteil von Wissenschaftlern, Technikern und sonstigen Arbeitskräften jeweils ein Drittel beträgt, ist hier ein ausgeprägter Schwerpunkt bei den Hochschul- und Fachhochschulabsolventen zu konstatieren: Ihr Anteil liegt bei 45 vH; die übrigen Qualifikationsstufen sind jeweils hälftig vertreten (Tabelle D10).

Der in der Stadt weitaus höhere Anteil hochqualifizierter Arbeitskräfte erstreckt sich grundsätzlich über alle Wirtschaftsbereiche, wenngleich unterschiedlich ausgeprägt. In der *Chemie* - mit einem generell unterdurchschnittlichen Anteil von Wissenschaftlern - sind sowohl Hochschulabgänger wie Techniker in Berlin nur geringfügig öfter vertreten; sonstige Fachkräfte hingegen wesentlich weniger. Im *Maschinenbau* sind die Abweichungen schon erheblicher: In Berlin ist jeder zweite den Wissenschaftlern zuzurechnen, im Bund nur jeder dritte. Bei nur geringfügigen Divergenzen im Bereich der Techniker müssen sich die Anteile der Hilfskräfte wesentlich unterscheiden: In Berlin ist nur jeder fünfte, im Bund schon knapp jeder dritte dieser Qualifikationsstufe zuzurechnen. In der *Elektrotechnik* schließlich sind kaum Abweichungen festzustellen: Sowohl in Berlin wie im Bund arbeitet die Hälfte der in FuE Tätigen als Wissenschaftler, jeder vierte ist jeweils entweder Techniker oder sonstige Arbeitskraft.

Seit Ende der siebziger Jahre haben sich die Strukturen in beiden Regionen teilweise völlig anders entwickelt. Im Jahre 1979 lag - mit dem gesamten verarbeitenden Gewerbe als Basis - der Anteil von Hochschulabgängern hier zwar etwas über dem Bundesdurchschnitt, der Technikeranteil war indes weitaus geringer und der Anteil sonstiger Arbeitskräfte leicht höher.

Graphik 19:

## **FuE-Personal im verarbeitenden Gewerbe 1987**
### - Qualifikationsstruktur im interregionalen Vergleich -

**Berlin**

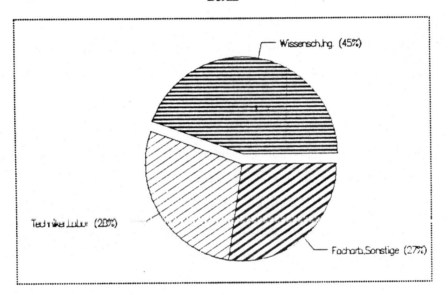

**Bund**

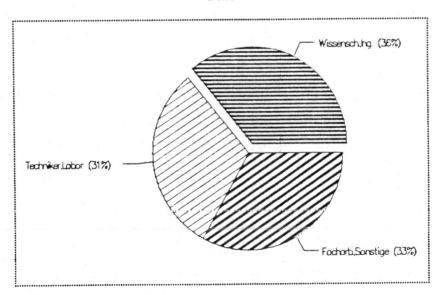

Quelle: Unternehmensbefragungen des Stifterverbandes und des DIW

DIW 89

Im Zeitablauf expandierte die Zahl der FuE-Beschäftigten im Bund um etwa ein Fünftel, und zwar primär bei den Hochschulabsolventen, weniger bei den Technikern und kaum bei den sonstigen Arbeitskräften. Demgegenüber bleibt für Berlin zwar nur eine geringe Zunahme der Beschäftigten in Forschung und Entwicklung festzuhalten (knapp ein Zehntel), gleichwohl war der Strukturwandel beträchtlich: Der Anteil der Wissenschaftler erhöhte sich beträchtlich; der Anteil der Techniker nahm ebenfalls zu, wenn auch weniger schnell; korrespondierend dazu sank der Anteil sonstiger Arbeitskräfte von 40 vH auf nur noch 27 vH. Damit hat die Zahl der Wissenschaftler um ein Drittel und die der Techniker um ein Viertel zugenommen; die der sonstigen Hilfskräfte verringerte sich um mehr als ein Viertel. Berlin konnte also seine günstigere Stellung zu Anfang der achtziger Jahre weiter ausbauen.

Wesentlicher Träger dieser Entwicklungen war die *Chemie*. In Berlin wurde die Zahl der Beschäftigten um etwa ein Drittel ausgeweitet, wobei sich die Zahl der Wissenschaftler verdoppelte und die der Techniker mehr als vervierfachte; gleichzeitig reduzierte sich die Zahl der sonstigen Arbeitskräfte um gut ein Drittel. Im Bund hingegen nahm die Zahl der in Forschung und Entwicklung Tätigen lediglich um 6 vH zu, die Qualifikationsstruktur blieb nahezu unverändert.

Im *Maschinenbau* war die Entwicklung nicht ganz so dynamisch, die Zahl der FuE-Beschäftigten nahm in Berlin indes noch immer um etwa ein Fünftel zu und damit doppelt so schnell - bei allerdings sehr niedrigem Ausgangsniveau - wie im Bund. Während sich die dortige Zunahme ziemlich gleichmäßig über alle Qualifikationsstufen erstreckte, verbesserte sich die Struktur in Berlin weiter und sehr deutlich: Die Zahl der Wissenschaftler nahm um mehr als die Hälfte zu, die Zahl der Techniker ging leicht zurück und die der sonstigen Kräfte blieb nahezu unverändert.

Anders ist die Konstellation in der *Elektrotechnik*. Hier stieg die Gesamtzahl der Berliner Beschäftigten in Forschung und Entwicklung nur um 3 vH, im Bundesgebiet hingegen um ein Drittel. Die Expansion im Bund wurde sowohl durch Hochschulabgänger als auch durch Techniker getragen, die Zahl sonstiger Arbeitskräfte ging zurück. In Berlin erhöhte sich die Zahl der Wissenschaftler um immerhin ein Viertel, die Zahl der sonstigen Arbeitskräfte ging - bei konstanter Zahl der Techniker - entsprechend zurück. Als Konsequenz haben sich im Bundesgebiet wie in Berlin die

Qualifikationsstrukturen gleichermaßen verbessert - allerdings im Bund weitgehend durch eine Expansion getragen, in Berlin Reflex eines Strukturwandels auf nahezu unverändertem Niveau.

## 2 FuE-Aktivitäten im Bundesvergleich: Qualitative Analyse
### 2.1 Ergebnisse des ISI

Das Fraunhofer Institut für Systemtechnik und Innovationsforschung (ISI), Karlsruhe, hat sich in mehreren Veröffentlichungen und Gutachten mit der Problematik **kleiner und mittlerer Unternehmen** (KMU) auseinandergesetzt, wobei der Aspekt Forschung und Entwicklung im Mittelpunkt stand. Die letzten, zusammen mit dem DIW durchgeführten Analysen zielten auf Wirkungsanalysen der FuE-Personalkosten-zuschüsse (Arbeitsgruppe PKZ, 1989) sowie der Forschungspersonal-Zuwachsför-derung (Arbeitsgruppe ZF, 1989).

Die Studien führen zu dem Ergebnis, daß Forschung und Entwicklung im Kreis der KMU in den letzten Jahren bundesweit erheblich an Bedeutung gewonnen hat: Eine starke Ausweitung der FuE-Kapazitäten schlug sich dabei insbesondere in der Zahl der FuE-Beschäftigten nieder.

Hinsichtlich der institutionellen Eingliederung von Forschung und Entwicklung kommen die Analysen zu ähnlichen Ergebnissen wie die vorliegende. Gerade kleine und mittlere Betriebe weisen kaum organisatorisch selbständige Forschungsabteilun-gen auf, FuE sowie Fertigung sind vielfach eng miteinander verzahnt. Erst mit zunehmender Betriebsgröße erwachsen Möglichkeiten zur funktionalen Trennung beider Bereiche. Dies bleibt nicht ohne Rückwirkungen auf den Personalbedarf: Für marktnahe Weiterentwicklungen werden von Kleinbetrieben vornehmlich Entwick-lungsingenieure gesucht, die auch in anderen Funktionsbereichen einsetzbar sind; bei größeren Betrieben gewinnt der Spezialisierungsaspekt hingegen an Bedeutung.

Als wichtige **Innovationshemmnisse** erwiesen sich auch in diesen bundesweit orientierten Analysen *Finanzierungsprobleme*, weil KMU in der Durchführung wichtiger Forschungsvorhaben durch eine geringe Kapitalausstattung beschränkt sind und sich die Kapitalbeschaffung als schwierig erweist. Zugleich fehlt diesen Unternehmen bei insgesamt kleinerer Produktpalette die Möglichkeit zum Risikoausgleich sowie der Finanzierung aus laufenden Umsätzen. Damit konnten forschungswillige Unternehmen Projekte nicht durchführen oder mußten sie zeitlich strecken mit entsprechenden Risiken: Die Gefahr schneller den Markt erreichender Konkurrenzprodukte wächst erheblich.

Generelle Finanzierungsrestriktionen führen in allen Untersuchungen auch zu betrieblichen Problemen im **Arbeitskräftebereich**. Kleine und mittlere Unternehmen sind einmal vermehrt darauf angewiesen, notwendige FuE-Kapazitäten durch innerbetriebliche Maßnahmen aus dem eigenen Potential bereitzustellen; Neueinstellungen führen zu Kapazitätserweiterungen und damit zu einer längerfristigen Kostenbelastung. Zum anderen entstehen KMU erhebliche Probleme bei der Suche nach geeignetem FuE-Personal, wobei sie vornehmlich über ein unzureichendes Angebot an qualifizierten Arbeitskräften klagen, sei es durch Mängel in der praxisorientierten Ausbildung oder durch fehlende Berufserfahrung von Bewerbern.

Als Alternative zum Ausbau eigener FuE-Kapazitäten bieten sich **interbetriebliche Kooperationen** an: Etwa ein Drittel der kleinen und mittleren Unternehmen arbeitet mit anderen Betrieben oder Einrichtungen zusammen, und zwar in Berlin wie im Bund mit steigender Bedeutung bei zunehmender Betriebsgröße. Dabei werden einerseits die Chancen von Kooperationen hervorgehoben, andererseits aber auch "Berührungs-", "Übervorteilungs-" und "Ausnützungsängste" durchaus betont.

Resümierend bleibt - bei allen Schwierigkeiten der Vergleichbarkeit - festzuhalten, daß sich Innovationsziele und -hemmnisse sowie Problemsituationen zwischen Berliner und westdeutschen KMU nicht erheblich zu unterscheiden scheinen. Allerdings deutet sich eine stärkere Ausprägung finanzieller Restriktionen für Berlin an.

Die Ergebnisse der bundesweiten Untersuchungen führen ganz generell zu dem Ergebnis, daß zwischen Innovationstätigkeit einerseits sowie Wettbewerbsfähigkeit und Beschäftigtenentwicklung andererseits ein enger Zusammenhang besteht. Solchermaßen erfolgreiche Unternehmen weisen einen hohen Informationsstand über Marktentwicklungen auf und nehmen verstärkt externe Beratungsleistungen in

Anspruch; zugleich sind Kooperationen bei ihnen sehr ausgeprägt, wodurch offensichtlich technisch nicht lösbare Probleme als Innovationshemmnisse zurücktreten. Deutlich werden aber auch Probleme bei hochinnovativen und dynamischen Unternehmen; besonders bei den Kleinstunternehmen berühren sie den finanziellen Bereich.

## 2.2 Ergebnisse des Ifo

Das Ifo-Institut für Wirtschaftsforschung, München, befragt alle zwei Jahre Unternehmen des verarbeitenden Gewerbes bundesweit nach Zielen und Hemmnissen im Rahmen ihrer FuE-Aktivitäten. Die Ergebnisse der letzten Befragung des Jahres 1987 liegen vor und können unmittelbar zum Vergleich der Berliner Erhebungsdaten herangezogen werden.

Die Struktur der **Innovationsziele** ist in den Erhebungen von Ifo und DIW sehr ähnlich; beide weisen nach, daß der Schwerpunkt innovativer Aktivtitäten auf die Produktpalette zielt. Gleichwohl zeigen sich erhebliche Unterschiede in den Motiven: Bundesweit dominiert die Ausweitung der Produktpalette, in Berlin nimmt die Suche nach Nachfolgeprodukten einen bevorzugten Stellenwert ein. Prozeßinnovationen sind demgegeüber weitaus geringer vertreten, wobei dann hier wie dort Lohnkostendruck sowie Flexibilitätsanforderungen als "Auslöser" im Mittelpunkt stehen.

**Innovationshemmnisse** lassen sich in beiden Vergleichsgebieten ganz wesentlich auf Arbeitskräftemangel im FuE-Bereich zurückzuführen. Gemeinsam sind in beiden auch Finanzierungsprobleme, wobei Berliner Betriebe neben einer unzureichenden Eigenkapitalausstattung zusätzlich - und öfter als im übrigen Bundesgebiet - Engpässe in der Fremdfinanzierung hervorheben.

# 3 Direkte Projektförderung des BMFT: Beteilung in ausgewählten Agglomerationen

## 3.1 Grundlagen

Mit der Beantragung von Fördermitteln aus der direkten Projektförderung müssen sich die Unternehmen zugleich damit einverstanden erklären, daß Daten über den Antragsteller sowie zum Projekt (Aufgabe, Laufzeit, Fördersumme) veröffentlicht werden. Damit ist das BMFT in der Lage, umfassend und zugleich detailliert über seine Förderungen zu berichten: Im Förderungskatalog erfolgt jährlich eine Bestandsaufnahme nach Projekten, Zuwendungsempfängern und Förderbereichen, im Rahmen von Regionalauswertungen teilweise sogar auf Kreisebene.

Diese Dokumentation bildet die Basis einer ersten Regionalbetrachtung. Über diese bereits verfügbaren Informationen hinaus wurde das BMFT um gesonderte und zusätzliche Auswertungen gebeten, und zwar in zweierlei Hinsicht: Einmal jährliche Mittelabflüsse nach Wirtschaftsbereichen und Betriebsgrößen, zum anderen solchermaßen differenzierte Ergebnisse nach vorgegebenen Regionen für einen **Vergleich Berlins mit anderen Agglomerationen** - siehe Kapitel A 3.

## 3.2 Mittelabfluß 1977 bis 1988

### 3.2.1 Gesamtwirtschaftliche Betrachtung

Nach den zur Verfügung gestellten Auswertungen sind von 1977 bis 1988 **insgesamt** 28,3 Mrd. DM an Einrichtungen der hier betrachteten **Agglomerationen** geflossen; auf Berlin entfielen gut 1,5 Mrd. DM - mithin 5,4 vH (Tabelle D11). Bei institutioneller Betrachtung lassen sich dabei generelle und markante Strukturunterschiede erkennen: Berlin weist insbesondere in der wissenschaftlichen Forschung geförderte Aktivitäten auf, im gewerblichen Bereich fällt die Stadt deutlich zurück.

Im Rahmen der **hochschulfreien Forschung** war - mit Ausnahme der Jahre 1982 bis 1984 - eine stete und kräftige Expansion im Mittelabfluß nach Berlin zu verzeichnen. Deutlich verhaltener war hingegen die Zunahme in den anderen Agglomerationen, so daß sich der Berliner Anteil bis auf knapp ein Fünftel erhöhte.

Zuschüsse an **Hochschulen und Hochschulkliniken** stiegen anfangs in Berlin zwar schneller, danach blieben sie jedoch hinter der Entwicklung in den Vergleichsgebieten zurück. Als Reflex sank der Berliner Anteil von 13 vH auf etwa 9 vH in den letzten Jahren.

Im **gewerblichen Bereich** haben sich die jährlichen Auszahlungen bis 1979 sowohl in Berlin als auch in den anderen Agglomerationen kräftig erhöht (Tabelle D12). Während das Volumen aber danach in Berlin wieder rückläufig war, wurde es in den Vergleichsgebieten unvermindert ausgeweitet - wesentlich durch Nachtragshaushalte u. a. für Kernreaktoren bedingt. Seit 1982 nimmt nun der Mittelabfluß in diese Regionen deutlich ab, für Berlin ist seitdem eine bis zuletzt anhaltende Zunahme zu konstatieren: Das hohe Niveau von 1979 wurde nahezu wieder erreicht. Im Zuge dieser Entwicklungen hat sich der Berliner Anteil am Mittelabfluß bis 1979 auf 2,6 vH erhöht, fiel danach bis auf 1,3 vH ab und stieg wiederum stetig bis auf zuletzt 2,9 vH.

Der Schwerpunkt geförderter Aktivitäten lag im gewerblichen Bereich Berlins bei den *unternehmensorientierten Dienstleistungen* (insbesondere Ingenieurbüros sowie Software-Produzenten): Seit 1982 floß mehr als die Hälfte der ausgezahlten Mittel in diesen Wirtschaftszweig. Im gleichen Zeitraum konnte das *verarbeitende Gewerbe* - mit kräftigen Schwankungen - etwa ein Drittel auf sich vereinigen. In den übrigen Agglomerationen dominiert demgegenüber das verarbeitende Gewerbe ganz eindeutig, allerdings ist sein Anteil in den letzten beiden Jahren von etwa drei Vierteln auf zwei Dritteln abgesunken. Korrespondierend dazu nahm die Bedeutung der produktionsorientierten Dienste ständig zu: Der Anteil am Mittelabfluß betrug dort zuletzt gut ein Viertel.

### 3.2.2 Analyse des verarbeitenden Gewerbes

Das **verarbeitende Gewerbe** von Berlin konnte seinen in der ersten Hälfte der achtziger Jahre stark abgefallenen Anteil an den gesamten Zuwendungen aller Vergleichsregionen bis 1988 wieder deutlich erhöhen. Dies ist Reflex zweier divergierender Entwicklungen: In Berlin ist das Zuschußvolumen seither gestiegen, in den anderen Regionen hingegen erheblich zurückgegangen (Tabelle D13).

In **zweigspezifischer Betrachtung** nimmt die Berliner *Elektrotechnik* eine zentrale Stellung ein. Im letzten Jahrfünft entfiel - mit Abweichungen - rund die Hälfte aller Zuwendungen auf diesen Industriezweig; in den anderen Agglomerationen betrug der entsprechende Anteil lediglich ein Fünftel. Dabei waren - von jährlichen Schwankungen einmal abgesehen - die zeitlichen Entwicklungslinien in beiden Vergleichsgebieten etwa gleich.

Völlig anders ist die Konstellation im *Maschinenbau*: In den anderen Regionen konnte dieser Bereich bis Mitte der achtziger Jahre mehr als die Hälfte und zuletzt noch gut ein Viertel aller Fördermittel auf sich vereinigen; der Anteil erreichte in Berlin bis 1981 gerade ein Viertel und fiel danach immer mehr ab. Derzeit werden hier keine geförderten Projekte mehr durchgeführt.

Die Berliner *Chemie* vereinigte in den achtziger Jahren rund ein Viertel der Mittel auf sich; in den Vergleichsregionen war der Anteil hingegen deutlich geringer, wenngleich dort der Zuwendungsrückgang weniger stark ausgeprägt ist.

Von den übrigen, weniger forschungsintensiven Bereichen Berlins ist der zusammengefaßte Bereich Holz-, Papier- und Druckgewerbe hervorzuheben, in dem Anfang der achtziger Jahre einige größere Projekte durchgeführt wurden; derzeit sind noch Aktivitäten im Fahrzeugbau und in der Stahlverformung zu beobachten.

Einen weitaus besseren Eindruck über die Programmbeteiligung geben **Förderintensitäten**, also das Zuschußvolumen je Beschäftigten eines Bereiches. Dabei ist jedoch zu beachten, daß für die hier ausgewählten Agglomerationen dem DIW lediglich Beschäftigtendaten für die Jahre 1980, 1983 und 1986 vorliegen. Um mögliche "Ausreißer" in einem dieser Jahre erkennen zu können, wurden die Beschäftigtenzahlen dieser Jahre jeweils auf die Nachbarjahre übertragen. Die daraus resultierende Zeitreihe von 1979 bis 1987 ist mithin nur für die angegebenen Stichjahre realistisch, Zwischenjahre sind Rechenergebnisse und dienen nur der Prüfung von Plausibilitäten.

Für das *gesamte verarbeitende Gewerbe* Berlins ist die Förderintensität auf 80 DM im Jahre 1986 zu beziffern, wobei das berücksichtigte Zuschußvolumen sogar noch erheblich über dem der Nachbarjahre liegt. Der Vergleichswert für alle anderen

Graphik 20:

# Direkte Projektförderung des BMFT 1980, 1983 und 1987
Interregionaler Vergleich des Mittelabflusses
je Beschäftigten in DM

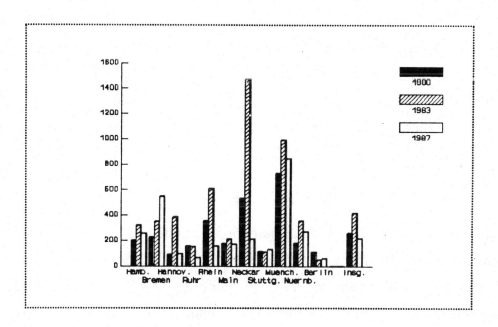

Quelle: Bundesminister für Forschung und Technologie, Bonn                    DIW 89

Agglomerationen beträgt insgesamt 280 DM, offensichtlich in der Zeitreihe liegend (Tabelle D14). Dabei fällt der Berliner Wert auch im Vergleich zu den einzelnen Regionen - Ausnahme Karlsruhe und Ruhrgebiet - deutlich zurück.

Im Zeitablauf verringerte sich das Zuwendungsvolumen je Beschäftigten zu Anfang der achtziger Jahre, danach war wieder eine Zunahme zu verzeichnen. In den Vergleichsregionen zeigt sich ein völlig konträres Bild: Anfangs Steigerung, danach Rückgang; ein Muster, das sich tendenziell über die wichtigsten Regionen erstreckt.

Trotz der zentralen Bedeutung der *Elektrotechnik* für die Stadt partizipiert dieser Bereich im Vergleich zu anderen Agglomerationen nur wenig an der Forschungsförderung: Der noch günstige Wert für 1986 - er stellt eher einen Extremwert dar - erreicht gerade ein Drittel der Förderintensität der anderen Ballungen (Tabelle D15). Im Zeitverlauf hat sich dabei der in Berlin relativ hohe Anfangswert zu Beginn der achtziger Jahre kräftig verringert und sich zuletzt wieder leicht erholt. In den anderen Regionen ist die Förderintensität hingegen durchweg gestiegen. Die Diskrepanz zwischen beiden Vergleichsregionen war mithin anfangs nicht so stark ausgeprägt, Berlin erreicht immerhin die Hälfte der Förderintensität der anderen Agglomerationen. Der danach folgende Einbruch ließ sich bis heute - selbst auf geringem Niveau - nicht kompensieren.

Der für die Stadt bedeutende *Maschinenbau* konnte mit den generellen Entwicklungslinien nicht mithalten. Die überaus kräftige Expansion des Fördervolumens ging an der Berliner Industrie völlig vorbei; im Gegenteil, geförderte Aktivitäten wurden abgebaut und sind kaum noch zu verzeichnen. Bundesweit reduzierten sich zuletzt zwar ebenfalls die Intensitäten, sie sind aber im Vergleich zur gesamten Berliner Industrie noch immer beträchtlich (Tabelle D16).

Als **Fazit** bleibt festzuhalten, daß das verarbeitende Gewerbe von Berlin längerfristig angelegte und technologisch anspruchsvolle FuE-Vorhaben im Rahmen der Fachprogramme des BMFT deutlich weniger durchführt als Betriebe anderer Regionen. Dabei bietet insbesondere der Maschinenbau ein eher erschreckendes Bild; in der Elektrotechnik - von wesentlicher Bedeutung für die Stadt - kann die Situation ebenfalls kaum befriedigen. Einzig die Chemie und andere kleinere Wirtschaftsbereiche weisen einige positive Impulse auf.

## 4 FuE-Personalkostenzuschüsse: Beteiligung in ausgewählten Agglomerationen

Das Institut für Systemtechnik und Innovationsforschung hat für die vorliegende Analyse verfügbares Datenmaterial gesondert aufbereitet: Differenziert nach den einzelnen Agglomerationen wurde u. a. die Beteiligung an den bundesweiten Programmen "FuE-Personalkostenzuschüsse" und "Forschungspersonal-Zuwachsförderung" untersucht (Becher, 1989).

Die Arbeiten führen zu dem Ergebnis, daß kleine und mittlere Unternehmen aus Berlin im Vergleich zu allen anderen Regionen eine weit unterdurchschnittliche Beteiligung an diesen Programmen aufweisen. Bei der Interpretation sind zwar methodische Restriktionen zu beachten: Die nach dem Unternehmenskonzept erfaßten und ausgewerteten Daten werden Berlin nicht zugeordnet, wenn die Berliner Forschungsstätte zu einem Unternehmen mit Sitz außerhalb der Stadt gehört. Diese Einschränkungen können indes die grundlegende Aussage - geringere Beteiligung Berliner Betriebe - nicht in Zweifel ziehen. Damit werden Partialergebnisse aus der vorliegenden Untersuchung - im Bundesvergleich unterdurchschnittliche FuE-Aufwendungen je Beschäftigten bei kleineren und mittleren Unternehmen bis 100 Beschäftigte in den forschungsintensiven Bereichen Elektrotechnik auf Maschinenbau - gestützt und auf eine breitere Basis gestellt. Nach Berechnungen des ISI liegt die Beteiligungsquote - Anteil von geförderten an allen kleinen und mittleren Unternehmen in Berlin - deutlich unter der aller anderen Bundesländer und Vergleichsregionen. Dabei hat sich im Zeitverlauf die relative Stellung Berlins weiter verschlechtert: Im Jahre 1985 lag die Beteiligungsquote bereits um die Hälfte niedriger als im Bundesdurchschnitt. Mit Blick auf solche kleine und mittlere Unternehmen, die sich an den Programmen zur FuE-Personalförderung beteiligt haben, ist folgendes hervorzuheben:

- Geförderte Unternehmen beschäftigten in Berlin weitaus mehr Arbeitskräfte und wiesen ein schnelleres Expansionstempo auf, zugleich war das Umsatzwachstum wesentlich stärker ausgeprägt.

- Von der Möglichkeit, durch Neueinstellungen die FuE-Kapazitäten zu erhöhen, machten Berliner Unternehmen mehr als in Vergleichsgebieten Gebrauch.

- Die bewilligten Zuschüsse je Berliner Unternehmen entsprachen etwa dem Niveau in anderen Regionen.

- Der Anteil der in FuE Tätigen an allen Beschäftigten eines Betriebes ist über alle Regionen hinweg etwa identisch; lediglich München nimmt eine herausragende Stellung ein.

Als wesentlichstes Ergebnis dieser Analysen bleibt mithin festzuhalten, daß die regionalen Unterschiede zwischen den geförderten Unternehmen hinsichtlich Innovationsleistung und Innovationsverhalten sowie Innovationsergebnisse eher gering ausgeprägt sind. Gravierend erscheinen indes Unterschiede im innovativen Unternehmenspotential und dessen Erschließung.

# E Zusammenfassung und Wertung

## 1 Querschnittsbetrachtung

### 1.1 Ansatz und Ziel der Untersuchung

Die Beschleunigung technischer Entwicklungen wie die Veränderung nationaler und internationaler Rahmenbedingungen mit ihren Rückwirkungen auf die Wettbewerbssituation stellt für die Unternehmen eine erhebliche Herausforderung dar. Ihre Überlebensfähigkeit hängt in zunehmendem Maße von ihrer Bereitschaft ab, sich dem raschen Wandel zu stellen. Dabei nimmt Forschung und Entwicklung eine zentrale Stellung ein.

Der Senat von Berlin hat deshalb - nach Untersuchungen in den Jahren 1976 und 1982 - das DIW erneut damit beauftragt, über **FuE-Aktivitäten im verarbeitenden Gewerbe** zu berichten, die gegenwärtige Problemsituation zu analysieren und mit Blick auf die staatliche Forschungsförderung Vorschläge für eine Weiterentwicklung des Instrumentariums zu unterbreiten.

Die Aufgabenstellung umfaßt zugleich eine Wirkungsanalyse spezifischer Fördermaßnahmen, nämlich

- der "Berlin-Präferenz im Rahmen der direkten Projektfördeurng" des BMFT sowie

- des "Programms zur Förderung von Forschung und Entwicklung bei kleinen und mittleren Unternehmen in Berlin" des BMWi.

### 1.2 Methode

Die Analyse basiert auf einer schriftlichen Erhebung bei allen Betrieben des verarbeitenden Gewerbes von Berlin, die regelmäßig zwanzig und mehr Personen beschäftigten und damit auch der amtlichen Statistik melden. Methodisch weicht diese Erhebung von den damaligen Befragungen in zweifacher Hinsicht ab. Zum einen lag - anders als bisher - ein zusätzlicher Schwerpunkt in der Abgrenzung tatsächlich forschender Betriebe im Verhältnis zum Potential. Zum anderen wurden mehrere, zu einem Unternehmen gehörende Betriebe in der Stadt zu einem "Mehrbetriebs"-

Betrieb zusammengefaßt (**modifiziertes Betriebskonzept**). Bereichsspezifische Ergebnisse sind davon kaum tangiert und mit denen der damaligen Befragung vergleichbar.

Ziel von Gesprächen mit Unternehmen, Verbänden und Institutionen war es, umfassende Informationen über betriebsspezifische Problemlagen zu erhalten, die sich in der Regel mit einem standardisierten Fragebogen nicht erfassen lassen. Die so gewonnenen Ergebnisse wurden unter quantitativen Aspekten mit den vom Stifterverband für die Deutsche Wissenschaft erhobenen, bundesweiten Angaben zu den FuE-Aktivitäten des verarbeitenden Gewerbes verglichen. Unter qualitativen Aspekten stützt sich ein Vergleich auf Analysen zur Wirkung der Personalkostenzuschüsse. Dazu hat das DIW zusätzlich einen Unterauftrag an das Fraunhofer Institut für Systemtechnik und Innovationsforschung (ISI) vergeben mit dem Ziel, Informationen über das Innovationsverhalten gerade kleiner und mittlerer Unternehmen im interregionalen Vergleich zu erhalten.

Die Wirkungsanalysen der Förderungen des BMFT und des BMWi beziehen sich sowohl auf die zieladäquate Ausgestaltung und Akzeptanz dieser Maßnahmen als auch auf Impulswirkungen sowie gewollte Erfolge und nicht-intendierte Effekte im begünstigten Unternehmenspotential.

### 1.3 FuE-Aktivitäten im verarbeitenden Gewerbe: Befragungsergebnisse im interregionalen Vergleich

### 1.3.1 Gesamtindustrielle Betrachtung

Im Rahmen der Unternehmensbefragung gaben nahezu alle Betriebe - zumindest auf telefonische Nachfrage - Auskunft darüber, ob sie eigene FuE-Aktivitäten durchgeführt haben. Aus dem damit abgegrenzten Potential forschender Betriebe in der Stadt haben insgesamt gut vier Fünftel den Fragebogen ausgefüllt zurückgesandt und Detailinformationen zur Verfügung gestellt. Da diese antwortenden Betriebe neun Zehntel der Beschäftigten auf sich vereinigen, sind mögliche Unsicherheitsspielräume und Fehlermargen in den durchgängig hochgerechneten Ergebnissen eher gering zu veranschlagen. Im einzelnen ergaben sich folgende Resultate:

1. Von den insgesamt 952 befragten Betrieben des verarbeitenden Gewerbes hat jeder vierte in den letzten Jahren Forschungsarbeiten durchgeführt; allerdings arbeiten etwa 60 vH aller Beschäftigten dieses Wirtschaftsbereiches in diesen Betrieben. Dieser Anteil liegt nur unwesentlich unter der entsprechenden Quote für das gesamte Bundesgebiet.

2. Nach den auf die Grundgesamtheit hochgerechneten Befragungsergebnissen sind die **FuE-Aufwendungen** der Betriebe auf knapp 1,15 Mrd. DM im Jahre 1987 zu beziffern. Damit hat sich das Niveau gegenüber 1977 annähernd verdoppelt, allerdings mit durchaus unterschiedlichen Entwicklungen in einzelnen Perioden: Die durchschnittliche, jährliche Zuwachsrate der Aufwendungen betrug

- von 1977 bis 1981 10 vH,
- in den nicht belegten Jahren zwischen 1981 und 1985 3 vH und
- von 1985 bis 1987 6 vH.

Bei der Interpretation ist zum einen zu berücksichtigen, daß - wie schon damals ausgeführt - erst mit der Personalkostenförderung des Bundesministers für Wirtschaft ab 1979 viele Betriebe ihre FuE-Aufwendungen erfaßten und buchhalterisch belegten; das Ausgangsniveau 1977 war mithin sicherlich zu niedrig kalkuliert und die folgenden enormen Zunahmen entsprechend überhöht. Zum anderen sind zwischen den Erhebungsjahren 1982 und 1988 einige forschungsintensive Betriebe in Konkurs gegangen oder haben ihre FuE-Aktivitäten deutlich eingeschränkt. Schließlich könnte eine weitere Ursache darin zu suchen sein, daß für die damalige Hochrechnung ein weitaus größerer Unsicherheitsbereich bestand, die Ergebnisse mithin überhöht sein könnten.

Aufgrund dieser Schwierigkeiten in der Beurteilung langfristiger Entwicklungen wurde eine **Sonderauswertung** durchgeführt: Aus den Angaben von 200 Betrieben, die sich an beiden Untersuchungen beteiligten und zumindest für ein Jahr FuE-Aufwendungen auswiesen, ergibt sich ein kontinuierlicher Verlauf der FuE-Aktivitäten, wenngleich eine deutliche Abschwächung der Bemühungen in den letzten Jahren offensichtlich ist. Die starken Schwankungen im hochgerechneten Gesamtbudget sind mithin primär auf Randbewegungen zurückzuführen und weniger auf den Kernbereich von Betrieben mit regelmäßigen FuE-Aktivitäten.

Bundesweit haben Unternehmen des verarbeitenden Gewerbes im Jahre 1987 etwa 40 Mrd. DM für Forschung und Entwicklung aufgewandt, der Anteil Berlins beträgt mithin 2,8 vH. Diese Quote hat sich aufgrund des im Bund schnelleren Entwicklungstempos gegenüber 1979 und 1981 um 0,8 vH-Punkte verringert.

In **realer Betrachtung** - also bereinigt um die Preiskomponente - erhöhten sich die Aufwendungen für Forschung und Entwicklung in Berlin zwischen 1977 und 1987 um insgesamt 40 vH. Die Diskrepanzen in der zeitlichen Entwicklung sind nunmehr noch auffälliger. Nach starker Ausweitung der FuE-Aktivitäten im Zeitraum 1977 bis 1981 errechnet sich ein deutlicher Niveauverlust für die durch Erhebungen nicht belegten Jahre bis 1985. Danach ist insgesamt wieder eine geringe Zunahme zu verzeichnen.

3.  Die **Budgetstruktur nach Kostenarten** hat sich im Zeitverlauf nur wenig verändert und weicht kaum von bundesdurchschnittlichen Strukturen ab. Nach wie vor nehmen die Lohnkosten eine zentrale Stellung ein: Auf sie entfällt weit mehr als die Hälfte des FuE-Budgets. Die Materialkosten sind demgegenüber auf etwa ein Viertel zu veranschlagen, Investitionen umfassen rund ein Zehntel. Die Bedeutung externer Forschungen hat zwar erheblich zugenommen, gleichwohl ist der Anteil an den Aufwendungen nach wie vor eher gering.

4.  Die **Finanzierungsstruktur des FuE-Budgets** weist demgegenüber wesentliche Änderungen auf. Die Selbstfinanzierungsquote, schon Anfang der achtziger Jahre außerordentlich hoch, hat weiter zugenommen und beläuft sich bereits auf über 90 vH. Dies ist zu einem geringen Teil auf einen gesunkenen Anteil öffentlicher Zuschüsse zurückzuführen, ganz überwiegend aber auf einen geringeren Stellenwert der Investitionsfinanzierung aus ERP-Mitteln. Hier bleiben allerdings Zweifel, ob die ERP-Kredite in der jetzigen Befragung voll erfaßt worden sind.

5.  Die **Forschungsintensität** - definiert als FuE-Aufwand je Beschäftigten der Grundgesamtheit - betrug im Jahre 1987 knapp 7 100 DM und damit mehr als das Doppelte wie zehn Jahre davor. Nach einer anfänglich außerordentlich starken Zunahme war die Veränderung in den unbelegten Jahren weitaus verhaltener, wenngleich deutliche Einbrüche wie bei den Aufwendungen so nicht zu verzeichnen sind. Ab 1985 hat die Intensität wieder kräftiger zugenommen.

Im Vergleich zum gesamten Bundesgebiet ist das Berliner Niveau um gut 15 vH höher zu veranschlagen. Allerdings betrug dieser Vorsprung im Jahre 1981 noch 45 vH, wenngleich der damalige Berliner Wert durch Hochrechnungsunsicherheiten überzeichnet sein könnte. Die relativ schwache Entwicklung Berlins hielt jedoch auch in den belegten Jahren 1985 bis 1987 an.

6.  Die Zahl der **FuE-Beschäftigten** ist für Berlin auf insgesamt 7 400 Personen - Vollzeitäquivalente - zu beziffern, ganz überwiegend Vollzeitbeschäftigte und nur zu 5 vH die Mannjahre von solchen Personen, die nur zeitweilig mit Forschung und Entwicklung befaßt sind. Insgesamt hat sich diese Zahl über die letzten zehn Jahre hinweg um gut 15 vH erhöht, und damit weitaus mehr als im gesamten Bundesgebiet.

7.  Die **FuE-Personalquote** - definiert als Anteil des FuE-Personal an allen Beschäftigten - ist für das Jahr 1987 auf 4,5 vH zu beziffern. Als Folge einer Ausweitung der Zahl der FuE-Beschäftigten bei gleichzeitiger Verringerung industrieller Beschäftigter hat sich die Quote seit 1977 deutlich erhöht. Gegenüber 1981 - durch mögliche Untererfassungen kaum tangiert - liegt sie nur noch um 0,4 vH-Punkte höher. Im Vergleich zum Bund ist in der Stadt ein weitaus höherer Anteil der Beschäftigten in FuE tätig. Der Vorsprung Berlins hat sich jedoch auch hier in den letzten Jahren verringert.

8.  In aggregierter Betrachtung weist die **Qualifikationsstruktur** ein deutliches Übergewicht der Hochschulabsolventen aus: Jeder zweite in Forschung und Entwicklung Tätige ist dieser hochqualifizierten Stufe zuzurechnen. Angestellte mit abgeschlossener Berufsausbildung - Techniker, Laboranten und technische Zeichner - sowie sonstige Arbeitskräfte - in der Regel Facharbeiter wie Maschinenführer und Modellbauer - sind jeweils hälftig vertreten. Das Übergewicht von Ingenieuren und Wissenschaftlern hat sich im Zeitverlauf deutlich erhöht. Ebenfalls zugenommen hat der Anteil qualifizierter Angestellter, wenngleich mit geringerer Intensität. Korrespondierend dazu verringerte sich der Anteil der übrigen Fachkräfte erheblich.

Die Qualifikationsstruktur stellt sich in Berlin wesentlich günstiger als im Bundesdurchschnitt: Der Anteil der Hochschulabsolventen ist hier wesentlich und der von Technikern leicht höher. Dabei konnte Berlin seine schon anfangs günstige Stellung weiter ausbauen.

9. Das **Ziel der FuE-Aktivitäten** der Berliner Betriebe liegt - ähnlich wie im Bund - eindeutig im Bereich der **Produktinnovationen**. Im Mittelpunkt stehen dabei gleichermaßen die Modifikation bestehender Produkte als auch die Entwicklung neuer Produkte. **Prozeß- und Verfahrensinnovationen** - ebenfalls mit hohem Stellenwert - umfassen vornehmlich neue Fertigungstechniken und zielen insbesondere auf die Senkung der Lohnkosten sowie eine Steigerung der Flexibilität. Im Bereich **Büro und Verwaltung** steht die Datenverarbeitung im Mittelpunkt innovativer Bemühungen. Demgegenüber fallen die Textverarbeitung und noch mehr neue Kommunikationstechniken als Ziel eigener Aktivitäten zurück.

10. Die Hälfte der forschenden Betriebe in Berlin hat **Schwierigkeiten bei der Durchführung von FuE-Aktivitäten** bejaht und diese als wesentlich und wichtig eingeschätzt. Im Vordergrund stehen dabei ein Mangel an geeigneten Arbeitskräften und Kapitalmangel, und zwar sowohl in der Eigenkapitalausstattung als auch in der Beschaffung von Fremdkapital. Als generelles Problem erweist sich ebenfalls die Umsetzung von Forschungsergebnissen in marktfähige Produkte, wobei die Einführung von Innovationen in den Produktionsprozeß offenbar geringere Schwierigkeiten bereitet. Im Bundesvergleich akzentuieren sich lediglich die finanziellen Probleme Berliner Betriebe.

11. Gut ein Drittel der Betriebe berichtet von Problemen in der **Besetzung freier Stellen**, wobei insbesondere fehlende Qualifikation beziehungsweise Spezialisierung von Bewerbern oder ihre unzureichende Berufserfahrung angeführt werden. Ein grundsätzlicher Mangel an Bewerbern wird - ebenso wie zu hohe Gehaltsforderungen - nur von wenigen Betrieben betont. Neu eingestellte Bewerber kamen zu etwa drei Vierteln aus dem Potential der Stadt und zu gut einem Viertel aus Regionen außerhalb Berlins.

12. Nahezu jeder zweite Betrieb wies Probleme auf, die zum **Abbruch der FuE-Aktivitäten** führten oder eine Umsetzung von Forschungsergebnissen in

marktfähige Produkte verhinderten. Als wichtigste Bestimmungsgründe werden geänderte Marktaussichten, nicht zuletzt durch schneller den Markt erreichende Konkurrenzprodukte, hervorgehoben. Ein Abbruch der Vorhaben durch nicht lösbare technische Probleme oder zu hohe Entwicklungskosten war in nahezu jedem zehnten Betrieb zu beoachten.

13. Der **Forschungserfolg** wird ganz überwiegend positiv beurteilt und erstreckt sich vornehmlich auf die Produktpalette. Dabei war für gut die Hälfte der Betriebe das neuentwickelte Produkt nicht nur für das Unternehmen technologisch neu, sondern für die gesamte Branche. Ebenfalls knapp jeder zweite Betrieb hob wesentliche Änderungen in der Fertigung hervor, wobei in der Regel zugleich auch Produktinnovationen betont werden. Ausschließlich auf die Weiterentwicklung der Verfahrenstechnik gerichtete Forschungsanstrengungen bilden mithin einen Ausnahmefall.

14. In **Forschungskooperationen** war - wie im Bund auch - etwa ein Drittel der forschenden Betriebe tätig, wobei das Schwergewicht in einer Zusammenarbeit mit wissenschaftlichen Einrichtungen und weniger mit anderen Betrieben lag. Die **Vergabe von Forschungsaufträgen** erscheint den Betrieben gleich wichtig; bevorzugte Auftragnehmer sind hier Berater und Ingenieurbüros sowie wissenschaftliche Einrichtungen.

15. Bei der Planung und Durchführung von Forschungsprojekten mißt lediglich jeder dritte Betrieb der **staatlichen Forschungsförderung** generell einen Stellenwert zu, wobei aber jeder zehnte Betrieb die Bedeutung als entscheidend klassifiziert. Als Reflex dieser Einschätzungen hat jeder zweite Betrieb keinen **Antrag auf Förderung** seiner Forschungsaktivitäten gestellt. Als Hauptgrund wird ein zu hoher eigener Aufwand im Verhältnis zur Zuwendung gesehen. Geförderte Betriebe schätzen ihre **Erfahrungen** ganz überwiegend positiv ein. Lediglich bei rund einem Viertel - insbesondere mittelständischen Betrieben - überwiegen negative Einschätzungen, wobei Verfahrensmängel und Arbeitsaufwand gleichermaßen betont werden.

16. Jeder zweite Betrieb will seine künftigen **Forschungs- und Entwicklungsaktivitäten** unvermindert beibehalten. Immerhin mehr als ein Drittel geht indes von einer Ausweitung aus, nur ein Zehntel rechnet mit einer Verringerung. Die **künftigen Forschungsschwerpunkte liegen** dabei nach wie vor im Bereich der Produktinnovationen, weniger bei **Prozeßinnovationen.** Leicht gestiegen ist der Anteil solcher Betriebe, die Innovationen in Büro und Verwaltung planen. Dabei steht die Datenverarbeitung unverändert an erster Stelle; Textverarbeitung und Kommunikationstechniken gewinnen jedoch an Bedeutung.

**Kooperationen und externe Auftragsforschung** werden nach dem Urteil der befragten Betriebe eher zunehmen: Etwa ein Drittel der Antwortenden geht von einer zunehmenden Attraktivität aus, wobei Entwicklungspotentiale insbesondere bei den Beratern und Ingenieurbüros und noch mehr bei wissenschaftlichen Einrichtungen gesehen werden.

### 1.3.2  Bereichsspezifische Betrachtung

1. Der **Schwerpunkt forschender Betriebe** liegt im Investitionsgüterbereich, wobei in den bundesweit forschungsintensiven Industriezweigen Maschinenbau, Elektrotechnik und Büromaschinen/ADV nahezu jeder zweite Betrieb in Forschung und Entwicklung tätig ist. Bei den Produzenten von Grundstoff- und Produktionsgütern ist der Anteil forschender Betriebe ebenfalls leicht überdurchschnittlich, jedoch ausschließlich auf die Chemie zurückzuführen. Die Hersteller von Verbrauchsgütern sowie von Nahrungs- und Genußmitteln sind generell nur wenig vertreten.

Für den in Berlin niedrigeren Anteil der Beschäftigten in forschenden Betrieben an allen Beschäftigten ist entscheidend, daß hochinnovative und expansive Bereiche wie Luft- und Raumfahrttechnik sowie Fahrzeugbau in der Stadt überhaupt nicht oder nur schwach vertreten sind. Zugleich liegt der Anteil in den für Berlin entscheidenden Industriezweigen Elektrotechnik und Chemie hier teilweise deutlich niedriger. Diese Nachteile kann der Maschinenbau mit einem wesentlich höheren Anteil nicht kompensieren.

2. Das **Schwergewicht von Innovationsaktivitäten** liegt in Berlin in nur zwei Bereichen: Die Elektrotechnik vereinigt knapp die Hälfte und die Chemie gut ein Drittel aller FuE-Aufwendungen auf sich. Von den übrigen, eher nachrangigen Wirtschaftszweigen ist lediglich der Maschinenbau mit einem Anteil von 6 vH herauszuheben. Im Bund ist die Aufwendungsstruktur wesentlich ausgeglichener: Auf die beiden in Berlin dominierenden Bereiche entfallen dort nur gut 50 vH.

In der Berliner *Elektrotechnik* hat sich der Anteil am gesamtindustriellen FuE-Budget leicht verringert, Reflex einer unterdurchschnittlichen Entwicklung der Aufwendungen. Dies ist - nach starken Zuwächsen bis 1981 - vornehmlich auf einen Einbruch in der unbelegten Zeit zwischen 1981 und 1985 zurückzuführen: Reflex der Schließung zweier forschungsintensiver Betriebe, der Rückführung von Forschungsaktivitäten in einigen Großbetrieben sowie möglicher Hochrechnungsunsicherheiten. Aber auch in den letzten drei Jahren (1985 bis 1987) weist die Elektrotechnik weit unterdurchschnittliche Zuwachsraten auf. Damit konnte dieser Bereich nicht mit der äußerst expansiven Bundesentwicklung mithalten und fiel deutlich zurück.

Die Berliner *Chemie* konnte ihre schon anfangs starke Stellung weiter ausbauen, wobei eine stete Steigerung der FuE-Aktivitäten im Zeitverlauf zu konstatieren ist. Dieser Bereich - im wesentlichen durch nur einen Betrieb geprägt - erweist sich damit als entscheidende Stütze für das Berliner Gesamtergebnis, wobei kaum Unterschiede zur Bundesentwicklung zu verzeichnen sind.

Der *Maschinenbau* ist durch eine starke Expansion der FuE-Aufwendungen im ersten Referenzzeitraum von 1977 bis 1981 gekennzeichnet. In den Folgejahren fiel dieser Bereich zwar hinter die gesamtindustrielle Entwicklung zurück, die Zunahme im FuE-Budget war indes weitaus höher als in der Elektrotechnik. Auch im Bundesvergleich war die Zunahme von FuE-Aktivitäten hier stärker ausgeprägt.

Eine überaus starke Ausweitung ist auch im *Fahrzeugbau* hervorzuheben, der zusammen mit der *Papierverarbeitung* - beides anfangs Bereiche mit völlig unbedeutenden FuE-Aktivitäten - nunmehr einen vierten Platz in der Rangskala forschungsintensiver Industriezweige einnimmt. Letztlich bleibt noch der Bereich *Büromaschinen/ADV* mit einer allerdings sehr uneinheitlichen Entwicklung hervorzuheben: Kräftiger Zuwachs zwischen 1977 und 1981, erheblicher Niveauverlust zwischen 1981 und 1985 durch das Ausscheiden zweier forschungsintensiver Betriebe; deutliche Zunahme in den Jahren danach.

3. Die gesamtindustrielle **Forschungsintensität** wird entscheidend durch die *Chemie* bestimmt, die den Durchschnittswert um das Vierfache übertrifft und so eine Sonderstellung einnimmt. Die insgesamt unterdurchschnittliche Entwicklung im Zeitverlauf ist dabei auf die im Vergleich zu anderen Bereichen schwache Expansion in den Jahren von 1977 bis 1981 zurückzuführen, wobei dies durchaus Reflex einer realistischen Erfassung der Aufwendungen sein kann, im Gegensatz zur möglichen Untererfassung in anderen Zweigen. Im letzten Jahrfünft erreicht die Zunahme bereits wieder den gesamtindustriellen Durchschnitt. Das Berliner Niveau liegt deutlich über dem Bundesdurchschnitt, wobei die Berliner Chemie - sicherlich als Reflex des bereits hohen Ausgangsniveaus - geringere Zunahmen in der FuE-Intensität aufweist.

Für die *Elektrotechnik* errechnet sich ein FuE-Aufwand je Beschäftigten, der den Berliner Mittelwert um ein Drittel übertrifft. Nach anfänglich sehr starker Expansion waren zwischen 1981 und 1985 nur geringe Zuwächse zu verzeichnen. Aber auch danach war das Wachstum verhalten und weit unterdurchschnittlich. Dieses Zurückbleiben in der Entwicklung zeigt sich auch im Bundesvergleich: Das anfangs identische Niveau veränderte sich ganz erheblich zu Lasten Berlins; die Intensität liegt jetzt um ein Viertel unter der des gesamten Bundesgebietes.

Im *Maschinenbau* haben sich die anfangs sehr hohen Zuwachsraten zwar ebenfalls immer mehr abgeschwächt; sie lagen indes auch zuletzt noch immer über dem gesamtindustriellen Durchschnitt. Damit verbesserte der Maschinenbau seine äußerst schlechte Ausgangskonstellation entscheidend, wenngleich das derzeitige Niveau den Berliner Durchschnittswert noch immer um ein Drittel unterschreitet. Erreicht werden konnte allerdings das Bundesniveau.

4. Als Reflex höchst unterschiedlicher FuE-Intensitäten in den einzelnen Wirtschaftsbereichen liegt - anders als bei den Aufwendungen - das Schwergewicht bei den **FuE-Beschäftigten** in der *Elektrotechnik*: Mehr als die Hälfte aller FuE-Beschäftigten arbeitet hier. Bedingt durch verhaltene Zuwächse im FuE-

148

Budget hat dieser Bereich jedoch an Bedeutung verloren und mußte nach diesen Rechnungen zwischen 1981 und 1985 sogar Niveauverluste hinnehmen. In der *Chemie* ist knapp ein Drittel aller FuE-Beschäftigten tätig. Aufgrund einer weit überdurchschnittlichen Expansion konnte dieser Bereich seine Stellung deutlich ausbauen, wobei zuletzt eine Abschwächung des erheblichen Tempos zu konstatieren ist. Der *Maschinenbau* wies ebenfalls kräftige Beschäftigungsimpulse auf, allerdings ist auch hier die Zunahme in den letzten Jahren wieder deutlich geringer; sie übertrifft indes noch immer die Ausweitung in der Elektrotechnik.

5. Die Veränderungen in der **FuE-Personalquote** wurden vornehmlich von der *Chemie* getragen. Der anfangs ohnehin bereits überdurchschnittliche Anteil hat sich im Zeitverlauf weiter erhöht; 1987 war schließlich nahezu jeder fünfte Beschäftigte im Forschungsbereich tätig. Die *Elektrotechnik* konnte ihre ebenfalls gute Ausgangsposition - wenngleich mit geringerer Intensität - weiter ausbauen, Niveau und Zunahme liegen über dem Durchschnitt. Im *Maschinenbau* war die Entwicklung zwar expansiver; sie reichte indes nicht aus, den Rückstand insbesondere gegenüber der Elektrotechnik auszugleichen.

Im Bundesvergleich verbesserte die Berliner Chemie ihre ohnehin günstige Position weiter, was dem Maschinenbau - er konnte seinen Rückstand nahezu egalisieren - ebenfalls gelang. Die Elektrotechnik fiel durch starke Expansionsimpulse im Bund hingegen weiter zurück.

6. Mit Blick auf die **Qualifikationsstruktur** sind in der *Elektrotechnik* und im *Maschinenbau* deutlich mehr Entwicklungsingenieure beschäftigt, insbesondere Facharbeiter werden demgegenüber weniger eingesetzt. Gemeinsam ist beiden Bereichen auch ein weit unterdurchschnittlicher Anteil der Hochschulabsolventen bei den Teilzeitbeschäftigten mit einem entsprechend höheren Anteil bei den Fachkräften. Umgekehrt sind die Relationen in der Chemie mit einem eindeutigen Übergewicht von Laboranten und sonstigen Arbeitskräften zu Lasten der Hochschulabsolventen, wobei dies bei den vorübergehend abgestellten Arbeitskräften weitaus stärker ausgeprägt ist.

Die gegenüber westdeutschen Betrieben günstigere Qualifikationsstruktur erstreckt sich über alle forschungsintensiven Wirtschaftsbereiche, wenngleich der

Berliner Maschinenbau mit einem wesentlich höheren Anteil von Hochschulabsolventen auffällt.

### 1.3.3 Größenklassenspezifische Betrachtung

1. Tendenziell steigt mit zunehmender Betriebsgröße der Anteil forschender Betriebe: Bei Kleinbetrieben führt nur jeder zehnte Betrieb eigene FuE-Aktivitäten durch; in der mittelständischen Wirtschaft ist dies schon jeder zweite; bei Großbetrieben beträgt der Anteil weit mehr als die Hälfte. Im Bundesvergleich zeit sich für kleine und mittlere Unternehmen - allein für sie liegen Informationen aus den Personalkostenprogrammen vor -, daß die Innovationsaktivitäten in Berlin weitaus geringer ausgeprägt sind: Aus dem Unternehmenspotential beteiligten sich zuletzt um die Hälfte weniger Berliner Unternehmen als im gesamten Bundesgebiet.

2. Die **FuE-Intensität** liegt bei Kleinbetrieben (1 000 DM) und der mittelständischen Wirtschaft (2 000 DM) erheblich unter dem Vergleichswert für die Großindustrie (13 000 DM). Da der Anteil forschender Betriebe mit zunehmender Betriebsgröße steigt, sind - bezogen allein auf dieser Teilmenge - die Abweichungen wesentlich schwächer ausgeprägt. Kleinbetriebe erreichen nunmehr 8 000 DM, mittelständische etwa 6 000 DM und die Großindustrie 15 000 DM.

Der nur für zwei Industriezweige mögliche Bundesvergleich forschender Betriebe ergibt für die *Elektrotechnik* - die bereichsspezifische FuE-Intensität ist in Berlin deutlich niedriger -, daß Berliner Kleinbetriebe deutlich weniger und mittelständische erheblich mehr Aufwendungen je Beschäftigten aufweisen; in der Großindustrie fällt Berlin zurück. Ähnliches gilt für den *Maschinenbau*, wenngleich in aggregierter Betrachtung die Intensität Berliner Betriebe nur leicht unter dem Bundesdurchschnitt liegt.

3. In Zusammenhang mit Forschung und Entwicklung auftretende **Probleme** nehmen in Berlin wie im Bund mit abnehmender Betriebsgröße zu: Etwa die Hälfte der kleinen und mittleren Betriebe weist erhebliche Schwierigkeiten auf. Die

Ursachen sind bei größeren Betrieben vornehmlich auf Arbeitskräftemangel zurückzuführen, bei kleinen und mittleren Betrieben zusätzlich auf Finanzierungsprobleme und teilweise auch Unsicherheiten über das finanzielle und technische Risiko.

4. Die Bedeutung **externer Forschung** ist schon bei kleinen und mittleren Unternehmen sehr ausgeprägt: Etwa ein Drittel kooperiert oder vergibt Aufträge, und zwar in Berlin wie im gesamten Bundesgebiet. Noch gewichtiger erscheint dieser Aspekt den Großbetrieben, die verstärkt mit Forschungseinrichtungen zusammenarbeiten.

5. **Staatlicher Forschungsförderung** wird insbesondere von kleinen und mittleren Betrieben - weniger von großen - eine wesentliche Bedeutung zugemessen. Der überwiegende Teil hat in der Vergangenheit zugleich Förderantrage gestellt, wobei nur wenige Betriebe - und dann eher größere - von negativen Erfahrungen berichten.

**1.4     Wirkungsanalyse der Berlin-Präferenz im Rahmen der direkten Projektförderung des BMFT**

Mit der Berlin-Präferenz im Rahmen der direkten Projektförderung des BMFT wird gewerblichen Unternehmen in Berlin eine um 10 vH-Punkte höhere Förderung als im Bundesgebiet gewährt. Mit dieser Maßnahme sollen

- FuE der heimischen Unternehmen intensiviert sowie

- Anreize zur Verlagerung von FuE-Aktivitäten westdeutscher Unternehmen nach Berlin gegeben werden.

Nach den Ergebnissen der **Vergabestatistik des BMFT** wurden im Zeitraum von 1976 - Einführung der Berlin-Präferenz - bis 1987 insgesamt 272 Projekte von 100 Berliner Unternehmen in die Förderung aufgenommen. Das Projektvolumen - die Summe aller förderfähigen Kosten - beläuft sich dabei auf 463 Mill. DM. Zwei Drittel dieses

Betrages wurden aus Mitteln der direkten Projektförderung des BMFT bestritten, davon wiederum gut ein Zehntel als Berlin-Bonus. Weitere Auswertungen zeigen, daß

- Großbetriebe etwa 80 vH aller Projektmittel auf sich vereinigen,

- das Fördervolumen großer Unternehmen das Fünffache kleiner und mittlerer Betriebe beträgt,

- die Förderintensität (Fördervolumen je Beschäftigten) der Großunternehmen ganz deutlich unter der kleinerer Betriebe liegt.

Ein Vergleich mit anderen Agglomerationen - auf der Basis einer gesonderten Datenaufbereitung des BMFT - läßt erkennen, daß in Berlin begünstigte FuE-Aktivitäten

- bei wissenschaftlichen Einrichtungen besonders ausgeprägt sind;

- in der gewerblichen Wirtschaft unter dem Durchschnitt liegen, wobei sich nicht erkennen läßt, ob das hier zu beobachtende Übergewicht von Großbetrieben auch für die anderen Regionen zu konstatieren ist;

- im verarbeitenden Gewerbe vergleichsweise niedrig sind und auch im Zeitablauf hinter der Entwicklung in den übrigen Ballungsgebieten zurückblieben. Entscheidend dafür erscheint die überaus kräftige Expansion der elektrotechnischen Industrie in den Vergleichsregionen sowie ein Rückgang geförderter FuE-Aktivitäten im Berliner Maschinenbau;

- im Dienstleistungsbereich dagegen ähnlich hoch sind.

Eine schriftliche **Umfrage bei Unternehmen**, die Mittel aus der direkten Projektförderung des BMFT und als gewerbliche Betriebe zudem einen Berlin-Bonus erhalten haben, sowie **vertiefende Gespräche** mit einigen von ihnen führten zu dem Ergebnis, daß der 10 vH-Bonus nach übereinstimmender Meinung der Begünstigten - dies kann nicht verwundern - zu finanziellen Entlastungseffekten geführt hat. Die Wirkungsintensität wird allerdings teilweise unterschiedlich beurteilt:

- Bei **Großbetrieben** treten im Rahmen der anwendungsorientierten FuE-Aktivitäten nur wenige Schwierigkeiten auf. Demgegenüber gewinnt staatliche Förderung in der marktfernen Forschung sowie der Vorentwicklung an Bedeutung: Für kapitalmäßig besser ausgestattete Industrieunternehmen wird sie vornehmlich als Steuerungsinstrument betrieblicher Aktivitäten begriffen mit dem Ziel, volkswirtschaftlich wichtige Technologien schneller durchzusetzen; Dienstleistungsbetrieben eröffnet sie nach eigener Aussage vielfach erst die Möglichkeit, weit in die Zukunft reichende und nicht unmittelbar umsatzrelevante Vorhaben zu beginnen.

- Für **kleine und mittlere Unternehmen** - insbesondere des verarbeitenden Gewerbes - steht nach eigenem Bekunden die Weiterentwicklung von Fertigungsverfahren und Produkten im Mittelpunkt. Zugleich sind zwei wesentliche Problemkreise zu konstatieren. Zum einen bleibt diesen Betrieben die Finanzierung aus Umsatz und Fremdmitteln weitgehend verschlossen; das Risiko ist besonders ausgeprägt, weil eine breitere Risikostreuung nicht möglich ist und ein Scheitern eines einzigen Projektes leicht bis auf die Unternehmenssubstanz durchschlägt. Zum anderen bereitet es Schwierigkeiten, geschaffene FuE-Kapazitäten weiter zu finanzieren sowie Anschlußprojekte im Rahmen der Fachprogramme zu erschließen.

- Nach Einschätzung der Unternehmer weist Berlin für Forschungsaktivitäten im **Vergleich zu anderen Regionen** eher Standortvorteile auf, wobei die Nähe zu einer Vielzahl von Forschungseinrichtungen mit den damit verbundenen Impulsen und Synergieeffekten sowie dem Potential an Hochschulabgängern hervorgehoben wird. Daran gemessen werden konkrete Kooperationen zwischen Wirtschaft und Forschung häufig als nicht ausreichend angesehen: "Berührungsängste", unterschiedliche Auffassungen von Arbeitsabläufen und Zeitbudget sowie Informationsmängel über das fachspezifische Wissenschaftspotential wirken hier hemmend.

## 1.5 Wirkungsanalyse des BMWi/IHK-Programms

Mit dem vom BMWi finanzierten und von der IHK Berlin durchgeführten Programm "Förderung von Forschung und Entwicklung (FuE) bei kleinen und mittleren Unternehmen in Berlin" (BMWi/IHK-Programm) werden Zuschüsse und Darlehen zu projektgebundenen Forschungsaktivitäten gewährt.

Im Rahmen einer Erfolgskontrolle war zu überprüfen, ob die **Ziele dieser Maßnahme**

- Belebung der Initiative und Innovationsbereitschaft der Unternehmen,

- Minderung der mit FuE verbundenen **Risiken**,

- Schaffung attraktiver Arbeitsplätze für besonders qualifiziertes Personal sowie

- Steigerung der Attraktivität Berlins für Wachstumsindustrien

erreicht wurden; gegebenenfalls sollten Vorschläge für eine modifizierte Ausgestaltung entwickelt werden.

Die **Auswertung vergabestatistischer Informationen** führt zu dem Ergebnis, daß

- seit 1969 (Beginn der Maßnahme) bis 1987 rund 750 Projekte in 350 Betrieben gefördert wurden;

- die an die Begünstigten ausgezahlten Zuwendungen bis 1984 im Trend zugenommen haben und danach etwa konstant blieben; 1987 war allerdings ein deutlicher Rückgang zu konstatieren;

- die Förderquote, definiert als Anteil der Zuwendungen an den förderfähigen Projektkosten, sich im Zeitablauf erheblich verringert hat. Diese Entwicklung ist Reflex deutlicher Veränderungen in der Zuwendungsstruktur: Der Anteil verlorener Zuschüsse nahm kräftig zu, rückzahlbare und bedingt rückzahlbare Darlehen werden kaum noch beantragt;

- die geförderten FuE-Aktivitäten sich auf die Elektrotechnik sowie den Maschinen- und Stahlbau konzentrierten, letztere allerdings mit merklich abnehmender Tendenz in den achtziger Jahren.

Eine schriftliche **Umfrage bei den begünstigten Unternehmen** sowie weitere **persönliche Gespräche** lassen mehrererlei erkennen:

- Schwierigkeiten im Zusammenhang mit FuE-Aktivitäten sehen Kleinst- und Kleinbetriebe vor allem in finanziellen Engpässen, für mittelständische Unternehmen gewinnt die Abschätzung finanzieller und technischer Risiken an Bedeutung.

- Die ganz überwiegende Zahl antwortender Betriebe berücksichtigt bei ihren FuE-Vorhaben die staatliche Forschungsförderung, wobei insbesondere kleinere Betriebe den öffentlichen Zuwendungen eine entscheidende Anstoßwirkung zumessen.

- Das BMWi/IHK-Programm stützte und förderte bei der Mehrzahl der Begünstigten die erstmalige Aufnahme von FuE-Aktivitäten. Der Initialcharakter zeigt sich dabei über alle Größenklassen, ist indes bei kleineren Betrieben besonders ausgeprägt: Für viele hat die Förderung nach eigenen Aussagen Projekte erst ermöglicht.

- Die Forschungsarbeiten wurden zumeist mit dem betrieblichen Personalpotential bewältigt, allerdings waren dabei oftmals Probleme in der Qualifikation der Mitarbeiter zu konstatieren; teilweise wurden neue, qualifizierte Arbeitskräfte eingestellt.

- Die ganz überwiegende Zahl der Beteiligten hatte die Forschungsarbeiten abgeschlossen. Etwa drei Viertel davon konnten bereits marktreife Produkte oder Verfahren entwickeln und diese - mit wenigen Ausnahmen - einer Vermarktung zuführen. Als wichtigstes Ergebnis bezeichneten diese Betriebe eine gestärkte Marktstellung im Wettbewerb, eine Verjüngung der Produktpalette und überregionale Lieferausweitungen. Tendenziell steigt mit zunehmender Betriebsgröße der Erfolg; Kleinstbetriebe weisen als einzige Gruppe erhebliche Schwierigkeiten bei der Vermarktung auf.

- Der Umsatzanteil geförderter Produkte/Verfahren wird im Durchschnitt auf ein Fünftel beziffert, und zwar über alle Größenklassen hinweg. Insgesamt konnten bei den antwortenden Betrieben etwa 800 Arbeitsplätze, zumeist mit höherer Qualifikation, gesichert werden. Zusätzlich wurden 200 Arbeitsplätze bereits geschaffen, 200 sind konkret geplant. Insgesamt dürfte der Beschäftigungseffekt - einschließlich indirekter Wirkungen - des BMWi/IHK-Programms auf 5 000 Personen zu beziffern sein, wobei diese Zahl - aufgrund der zu vermutenden Verzerrungen im Antwortverhalten geförderter Betriebe - eher eine Obergrenze darstellt.

- Hinsichtlich der Programmausgestaltung werden nur wenige Mängel hervorgehoben, lediglich eine zu enge Auslegung zuwendungsfähiger Kosten wird öfter kritisiert. Der Vorschlag, die Vermarktung in die Förderung mit einzubeziehen, stieß auf eine breite Resonanz.

- Die Betreuung durch die IHK Berlin wird durchgängig als gut bezeichnet; die Hälfte begünstiger Firmen äußerte sich sogar sehr positiv. Insbesondere von kleineren Betrieben wird jedoch der bürokratische Aufwand bei Antragstellung und Verfahrensabwicklung bemängelt.

## 2 Gesamtschau und Wertung
### 2.1 Rahmenbedingungen der Agglomeration Berlin

Wissenschaftliche Untersuchungen - zuletzt die Analysen des DIW zum BerlinFG (Arbeitsgruppe BerlinFG, 1989) - deuten darauf hin, daß der Werkbankcharakter eines Teils der Großindustrie und teilweise überalterte, wertschöpfungsflache Produktlinien mit geringem Innovationsgehalt nicht ohne Einfluß auf die Zulieferer sowie das gesamte wirtschaftliche Umfeld blieben. Das Fehlen dispositiver Funktionen sowie unternehmerischer Entscheidungszentren bei einem Teil der großen Betriebe in der Stadt verstärken diesen Effekt weiter. Dies blieb nicht ohne Rückwirkungen auf die Qualifikationsstruktur der Arbeitskräfte, das Niveau ist sowohl bei den Arbeitern wie bei den Angestellten deutlich niedriger.

Die besondere geographisch-politische Lage schließt die Stadt bisher weitgehend von ihrem traditionellen Umland ab, läßt mithin einen Austausch über die Stadtgrenzen hinaus nicht zu und verhindert ein langsames Diffundieren nahabsatzorientierter kleiner und mittlerer Betriebe in überregionale Märkte. Darüber hinaus weisen Unternehmensbefragungen auf eine wesentliche psychologische Komponente: Ein Gefühl der Abgeschiedenheit aufgrund der Insellage hat in Berliner Unternehmen teilweise zu einer emotionalen Distanz zum übrigen Bundesgebiet sowie einer gewissen Abkoppelung insbesondere von den dynamischen Regionen geführt. Eine in Teilbereichen noch immer problematische Verkehrsanbindung ist in diesem Zusammenhang zu sehen. Schließlich dürfen politisch begündete Bedenken westdeutscher Unternehmen gegen eine kontinuierliche Lieferfähigkeit Berliner Betriebe nicht vernachlässigt werden.

Dieser Vielzahl von Standortnachteilen stehen nur wenige Vorteile gegenüber. Berlin ist nach wie vor eine bedeutende Agglomeration mit zwei Millionen Einwohnern, einem gewissen Wohn- und Erlebniswert sowie einem umfassenden kulturellen Angebot. Als universitäres Ausbildungszentrum mit 100 000 Studenten - und entsprechenden Rückwirkungen auf die Urbanität der Stadt - sowie einem breit gefächerten Weiterbildungsangebot zur Arbeitskräftequalifizierung hat Berlin überregionale Bedeutung gewonnen.

Hervorzuheben bleibt aber auch, daß eine deutliche Belebung in der gewerblichen Wirtschaft zu verzeichnen ist. Der unternehmensorientierte Dienstleistungsbereich trägt expansive Züge - wenngleich Berlin in der Entwicklung mit den wachstumsintensiven Agglomerationen nicht Schritt halten konnte. Einzelne Industriezweige haben sich zu einem Teil künftigen Anforderungen gestellt und weisen deutliche Impulse auf; in anderen, traditionell wichtigen Bereichen erfolgte teilweise eine Neuorientierung der Produktpalette, die oftmals noch nicht abgeschlossen ist und deshalb gegenwärtige Schwächen zumindest partiell erklärt.

Als **Innovationsstandort** weist Berlin den vorliegenden Unternehmensbefragungen zufolge eher Vorteile auf. Die Bedeutung Berlins als Forschungszentrum mit seinen 40 000 Beschäftigten in 180 Forschungseinrichtungen ist unbestritten. Für die gewerbliche Wirtschaft existiert damit ein erhebliches Potential an Partnern für Verbundforschungen im wissenschaftlichen Bereich. Zugleich bietet die Vielzahl kleiner, mittelständischer und großer Betriebe auf engem Raum verstärkt Möglichkeiten interbetrieblicher Kooperation und Zusammenarbeit.

Dem politisch begründeten Verbot der Wehrforschung - und damit der Ausschluß teilweise höchst innovativer und zukunftsträchtiger Entwicklungen - sowie der Unsicherheit Berlins als FuE-Standort aus der Sicht westdeutscher Unternehmen wurde schließlich eine aktive und innovationsorientierte Wirtschaftspolitik entgegengestellt.

## 2.2 Diskussion der Ergebnisse: Anforderungsprofil der Wirtschaft

### 2.2.1 Die Berliner Situation im Regionalvergleich

Nach den Ergebnissen der schriftlichen Befragung weist - in aggregierter Betrachtung - das verarbeitende Gewerbe von Berlin hinsichtlich seiner FuE-Aktivitäten keine Defizite gegenüber dem Bundesdurchschnitt auf: Der Anteil der Beschäftigten in forschenden Betrieben ist hier nur geringfügig niedriger. Aus gesamtindustrieller Sicht sind zudem der FuE-Aufwand je Beschäftigten, der Anteil des FuE-Personals an allen Beschäftigten in forschenden Betrieben sowie die Qualifikationsstruktur der in FuE Tätigen hier deutlich günstiger.

Dieser Vergleich ist jedoch aus zweierlei Sicht zu relativieren. Zum einen ist der methodische Ansatz - der Bezug zum gesamten Bundesgebiet - problematisch. Eigentlich notwendig - wenngleich aus Datengründen nicht möglich - wäre der Vergleich zu anderen Ballungsgebieten mit ihren Kernen und Rändern, wie er in der Wirkungsanalyse zur Berlin-Präferenz im Rahmen der direkten Projektförderung und einer Sonderauswertung der Personalkostenzuschuß-Programme versucht wurde. Ohne Produktionsstätten in ländlich strukturierten Gebieten würden sich die Relationen sicherlich verschieben und insbesondere im Vergleich zu den wachstumsintensiven Agglomerationen zu völlig anderen Ergebnissen führen. Zum anderen ist der Vergleich eines sehr kleinen Teilgebietes mit der Gesamtheit auch deshalb problematisch, weil - anders als im gesamten Bundesgebiet - einzelbetriebliche Entwicklungen das Gesamtbild einer Region entscheidend prägen.

Eine stärker disaggregierende Betrachtung zeigt denn auch deutliche Abweichungen. Die im Gesamtvergleich günstige Situation Berlins wird entscheidend durch die *Chemie* getragen, wobei die Aktivitäten nur eines Betriebes - der sicherlich mit anderen in Westdeutschland durchaus vergleichbar ist - den ganzen Wirtschaftsbereich dominieren.

Demgegenüber deutet vieles darauf hin, daß sich die *Elektrotechnik* zunehmend als Problembereich entwickelt. Dieser für die Stadt entscheidende Industriezweig wies teilweise eine stark überalterte Produktpalette auf und wurde von erheblichen Veränderungen in der Nachfrage getroffen, die sowohl aus einer verstärkten internationalen Konkurrenz resultierten als auch durch den technischen Fortschritt induziert wurden - Nachrichtentechnik, Kabelproduktion, Haushalts- und phonotechnische Erzeugnisse als Beispiel. Dieser Wirtschaftsbereich konnte damit in Produktion und Beschäftigung mit der westdeutschen Entwicklung nicht Schritt halten und fiel auch bei den FuE-Aufwendungen sowie der FuE-Intensität zurück - insbesondere im Referenzzeitraum von 1985 bis 1987. Dies liegt nur zu einem geringen Teil daran, daß heimische Betriebe der mittelständischen Wirtschaft ihre FuE-Aktivitäten nur verhalten ausweiteten; ganz überwiegend wird dieses Bild durch konstante oder rückläufige Entwicklungen bei großen und überregional verflochtenen Betrieben bestimmt.

Den *Maschinenbau* kennzeichnet in Berlin ein leichter Beschäftigungsabbau bei deutlichem Umsatzwachstum während des letzten Jahrfünfts - sicherlich auch auf erhebliche investive Bemühungen zur Rationalisierung zurückzuführen. Insgesamt konnte dieser Bereich aber mit dem stark expansiven westdeutschen Maschinenbau nicht mithalten. Mit Blick auf die FuE-Aktivitäten hat sich die eher desolate Berliner Situation zum Ende der siebziger Jahre jedoch zwischenzeitlich entscheidend verändert: Durch eine weit überdurchschnittliche Ausweitung der FuE-Aufwendungen - bei allerdings äußerst geringem Ausgangsniveau - konnte die FuE-Intensität des Bundes erreicht werden. Getragen wurde dies durch eine Zunahme bei traditionell forschenden Betrieben sowie die erstmalige Aufnahme entsprechender Aktivitäten bei einigen anderen Betrieben. Dabei fallen allerdings große und überregional verflochtene Betriebsstätten mit einer äußerst niedrigen Forschungsintensität auf; größere Berliner Betriebe tragen hingegen entscheidend zum positiven Gesamtbild dieses Bereiches bei.

Erfreulich erscheinen die Entwicklungen in vergleichsweise kleineren Bereichen wie *Fahrzeugbau* und *Papierverarbeitung*, wo nunmehr nennenswerte FuE-Aktivitäten zu verzeichnen sind. Der Bereich *Büromaschinen/ADV* ist aufgrund von Sonderbewegungen nur sehr schwer einzuschätzen. Wichtig bleibt indes, daß die großen, überregional verflochtenen Betriebe hier keine Forschungsstätten unterhalten.

Die **Situation von Forschung und Entwicklung** stellt sich schon auf dieser Betrachtungsebene weniger günstig dar. Aber auch im größenklassenspezifischer Betrachtung zeigen sich ganz generell erhebliche Probleme: Die Analysen deuten darauf hin, daß kleine und mittlere Berliner Unternehmen in weitaus geringeren Umfang als in den übrigen Bundesländern und vergleichbaren Ballungen innovative Aktivitäten aufweisen. Zugleich fällt Berlin auch bei der Großindustrie im Bundesvergleich deutlich zurück, weil überregional verflochtene Betriebe ihre FuE- Aktivitäten teilweise zurückgefahren und teilweise sogar ganz eingestellt haben.

Gerade mit Blick auf größere Betriebe gewinnt ein weiterer Aspekt an Bedeutung: Berliner Unternehmen des verarbeitenden Gewerbes beteiligen sich nur wenig an den Fachprogrammen des BMFT. Dies läßt den Schluß zu, daß - trotz regionaler Nähe zu einer Vielzahl von wissenschaftlichen Einrichtungen - längerfristig angelegte, qualitativ hochwertige "Vorlauf"-Forschungen hier weitaus geringer vertreten als im übrigen Bundesgebiet oder anderen Agglomerationen. Die industrielle Forschungslandschaft wird in Berlin wohl eher durch marktnahe und anwendungsorientierte Entwicklungsforschungen bestimmt, die einen geringeren technologischen Neuheitsgehalt aufweisen; "Technologiesprünge" wie im Bund sind aus diesem Potential kaum zu erwarten.

### 2.2.2    Anknüpfungspunkte für staatliches Handeln

Den Analysen zufolge dürfte unter Berücksichtigung bereichs- und größenklassenspezifischer Gesichtspunkte das Potential forschungsrelevanter Betriebe im verarbeitenden Gewerbe in enger Sicht - regelmäßige und intensive Aktivitäten - auf etwa 450 Betriebe zu veranschlagen sein. In weiter Sichtweise - sporadische Aktivitäten - treten weitere 100 kleine und mittlere Betriebe sowie eine nur schwer abzuschätzende Zahl von Kleinstbetrieben hinzu. Im BMWi/IHK-Programm wurden zwar knapp 150 solcher Kleinstbetriebe gefördert, darin dürften allerdings auch Mehrfachförderungen enthalten sein. Einmal 100 solcher Unternehmen unterstellt, würde sich das Gesamtpotential auf 650 forschungsrelevante Betriebe beziffern lassen, von denen derzeit knapp die Hälfte tatsächlich Forschung und Entwicklung betreibt. Der weiteren Erschließung des Potentials gilt mithin besonderes Augenmerk.

Die Untersuchungen belegen, daß sich die Problemfelder zwischen der Großindustrie sowie kleinen und mittleren Unternehmen deutlich unterscheiden. Damit bieten beide

Gruppen völlig andere Ansatzpunkte für spezifische Hilfestellungen; sie lassen sich zugleich durch regionalpolitische Maßnahmen in unterschiedlichem Maße erreichen.

Der **großindustrielle Bereich** Berlins weist - die Analysen belegen dies - in starkem Maße Abhängigkeiten von zentralen Entscheidungsträgern auf. In der Regel wird das FuE-Budget zwar hier mit Blick auf die Produktpalette geplant, die Entscheidung und Verantwortung erfolgt jedoch im Unternehmen unter Berücksichtigung internationaler Zusammenhänge. Forschungspolitische **Weichenstellungen** entziehen sich damit weitestgehend regionaler Einflußnahme.

Bei einer Zuordnung von anwendungsorientierten Forschungseinrichtungen zu örtlichen Betriebsstätten ergeben sich für eine aktive Regionalpolitik in dem Maße Ansätze, wie es gelingt, zukunftsträchtige und innovationsstarke Produktlinien in die Stadt zu ziehen. Hier spielen sicherlich finanzielle Vergünstigungen eine wichtige Rolle, Bedeutung kommt indes auch dem Umfeld zu: Erschließung und Nutzbarmachung des regionalen Potentials an Wissen und Fähigkeiten sowie ein wirtschaftsfreundliches und innovationsorientiertes Klima. In diesem Zusammenhang kann zentralen Forschungseinrichtungen eine Pilotfunktion zukommen. Gelingt ein solches "Einwerben", lassen sich Standortentscheidungen für neue Produktlinien wiederum leichter und effektiver beeinflussen.

Die Anknüpfungspunkte eines solchen Handelns sind sicher im informellen Bereich zu suchen: Ansiedlungen der Vergangenheit gelangen in hohem Maße durch interpersonelle Kontakte und Verabredungen. Finanzielle Zusagen konnten dabei die Entscheidungsfindung erheblich beeinflussen, wobei sich der Finanzaspekt weit über den Ansiedlungszeitpunkt hinausreicht. Vor diesem Hintergrund mußte Berlin mit der Rückführung der Investitionszulage speziell im Forschungsbereich einen erheblichen Nachteil in seiner Standortqualität hinnehmen.

Anders ist die Situation bei **kleinen und mittleren Unternehmen** zu beurteilen. Ihre in den Befragungen zum Ausruck kommenden Schwierigkeiten sind zwar genereller Art - gelten mithin für westdeutsche Betriebe dieser Größenordnung ebenfalls -; als Reflex der besonderen Berliner Situation kumulieren und akzentuieren sich hier jedoch einzelne Problemfelder. Zugleich ergibt sich aber auch eine Vielzahl von Möglichkeiten staatlichen Handelns.

Ein erster Problemkomplex ist unter dem Stichwort "Schwellenangst" zu subsumieren: Die geringe Kapitalausstattung kleiner und mittlerer Unternehmen (KMU) läßt vielfach die Finanzierung von FuE-Aktivitäten aus Eigenmitteln kaum zu, aus laufenden Umsätzen sind solche Beträge ebenfalls nur selten zu bestreiten. Der **Einstieg in Forschung und Entwicklung** stellt zugleich einen entscheidenden Schritt dar, der aufgrund mangelnden Know-hows und fehlender Ressourcen mit erheblichen Risiken verbunden ist: Das Scheitern eines einzelnen Projektes kann schnell bis auf die Unternehmenssubstanz durchschlagen, eine Risikostreuung - wie bei großen Unternehmen - ist kaum möglich. In dieser Situation besteht für solche Unternehmen ein erheblicher Finanzbedarf, der durch eine erhöhte Förderung der ersten Projekte gemildert werden könnte. Damit sind zugleich deutliche Anreize für die Aufnahme von FuE-Aktivitäten gegeben.

Ein zweiter Komplex umfaßt die **Kontinuität betrieblicher FuE-Aktivitäten**. Kleinen und mittleren Unternehmen mit zumeist wenigen Produkten - insbesondere für Marktnischen - ist es kaum möglich, ständig FuE-Kapazitäten vorzuhalten. Als Ausweg bietet sich die Möglichkeit, das FuE-Personal nach Abschluß der Arbeiten in die Fertigung zu überführen und neue Projekte dann gegebenenfalls mit anderen Arbeitskräften zu beginnen. Da FuE-Aktivitäten grundsätzlich zukunftsorientiert sind, strahlen solche Aktivitäten in alle Bereiche unternehmerischer Entscheidung und zwingen dazu, sich mit künftigen Marktentwicklungen sowie der Konkurrenzsituation auseinanderzusetzen und für den Betrieb zukunftsträchtige Marktsegmente zu erschließen. Vor diesem Hintergrund kommt der weiteren Nutzung und Fortentwicklung des einmal gewonnenen Know-hows eine wichtige Bedeutung zu.

Zur Verstetigung und Kontinuität der FuE-Aktivitäten könnte einmal das Beratungsangebot intensiviert werden: Hilfestellung bei Entwicklung und Ausbau des Forschungsmanagements sowie Markt- und Produktberatung stehen dabei im Mittelpunkt. Zum anderen sollten vom Fördersystem finanzielle Anreize ausgehen, die zu einer Intensivierung betrieblicher Forschung beitragen.

Ein dritter Komplex zielt auf die **Umsetzungs- und Vermarktungsphase**. In der vorliegenden Analyse zeigte sich, daß insbesondere Kleinbetriebe häufig nicht in der Lage waren, abgeschlossene Projekte in konkrete Produkte umzusetzen und dann zu vermarkten. Zu einem Teil dürfte dies auf geänderte Absatzaussichten und neue Konkurrenzprodukte, ganz überwiegend aber auf finanzielle Restriktionen zurückzuführen sein.

In Gesprächen - im Rahmen dieser und anderer Untersuchungen - verwiesen Unternehmen immer wieder eindringlich auf ihre finanziellen Probleme in dieser heiklen Situation: Durch Forschungsarbeiten aufgebrauchte Eigenmittel und eine geringe Risikobereitschaft der Geschäftsbanken - beispielsweise zur Gewährung von Betriebsmittelkrediten - lassen es vielfach nicht zu, die entwickelten Produkte und Verfahren zu vermarkten. Staatlicher Hilfestellung wird damit eine entscheidende Bedeutung zugemessen: Zuwendungen zur Bestreitung der Kosten sowohl für Betriebs- und Produktionsmittel als auch für die Markteinführung mit Strategieplanung, Absatzorganisation und Werbung. Eine Stützung gerade in dieser Phase der Festigung und Expansion würde zu einer nachhaltigen Stärkung der Unternehmenskraft und Wettbewerbsfähigkeit führen. Diese Ausweitung müßte allerdings - wegen des damit verbundenen Aufwandes - auf finanzschwache, aber chancenreiche Betriebe beschränkt bleiben, bei denen sich Vermarktungsprobleme abzeichnen und damit verknüpft auch öffentliche Mittel für die Forschungsförderung verloren gehen könnten.

Letztlich bleibt als vierter Komplex die **Mobilisierung des heimischen Potentials** hervorzuheben. Berlin weist mit seiner Vielzahl von wissenschaftlichen Einrichtungen Standortvorteile auf, die auch zur Förderung von FuE der kleinen und mittleren Betriebe weiter erschlossen werden sollten. Dies setzt allerdings Vorstellungen über inhaltliche Strukturen und Stärken der wissenschaftlichen Einrichtungen Berlins voraus, insbesondere solcher für eher anwendungsorientierte Entwicklungsarbeiten. Anreize für solche Verbundforschungen durch verstärkte Zuwendungen würden dies sicherlich unterstützen. Eine weitere Strategie müßte darauf zielen, auch die interbetriebliche Zusammenarbeit zu intensivieren und betriebliche Kooperationen ebenfalls stärker zu fördern, nicht zuletzt zum Ausgleich unvermeidlicher Reibungsverluste.

**2.3     Innovationsförderung in Berlin: Bestandsaufnahme und Wertung**

**2.3.1     Berlinspezifische Maßnahmen des Bundes**

**2.3.1.1   Berlin-Präferenz im Rahmen der direkten Projektförderung**

Zur Förderung von Forschung und Entwicklung wurde von der Bundesregierung ein breites Förderspektrum entwickelt, das teilweise mit besonderen Konditionen für Berlin versehen ist. Dazu gehört auch die **Berlin-Präferenz im Rahmen der direkten Projektförderung**, die - im Rahmen der hier durchgeführten Wirkungsanalyse - als wichtiger Beitrag zur Entwicklung von Forschung und Entwicklung in der Stadt angesehen wird. Dabei konnte der im Verhältnis zur Grundförderung eher geringe Bonus von 10 vH zwar keine grundlegenden Entscheidungen induzieren, gleichwohl gab er im Zusammenspiel mit anderen Präferenzen - wie konkrete Beispiele belegen - den Ausschlag für die Aufnahme von FuE-Projekten sowie die Ansiedlung von zentralen FuE-Einrichtungen großer Unternehmen. Mit Blick auf die geringe Ausschöpfung des Programms durch Berliner Betriebe und deren grundlegende Problemsituation wurde im Vorbericht eine Akzentuierung des Förderprofils vorgeschlagen:

1.  Im interregionalen Wettbewerb um die **Ansiedlung neuer Forschungseinrichtungen** der gewerblichen Wirtschaft sollte die Attraktivität Berlins gestärkt werden. Für solche Neugründungen erscheint die Gewährung einer Zusatzförderung, die über den 10 vH-Bonus hinausgeht, für den schwierigen Anfangszeitraum von etwa fünf Jahren durchaus angemessen. Dies würde Berlin einen merklichen Vorsprung geben.

2.  Zur **Intensivierung der regionalen FuE-Aktivitäten** bietet sich an, die Stellung gerade der kleinen und mittleren Unternehmen zu stärken. Das Bemühen sollte darauf gerichtet sein, weitere Inzentive für die Gründung betrieblicher Forschungseinrichtungen zu geben und das anfangs besonders hohe Risiko zu mindern. Dazu könnten die ersten Projekte noch stärker als bislang gefördert werden, und zwar degressiv gestaffelt.

3.  Als Anreiz für eine **verstärkte Zusammenarbeit** von Betrieben untereinander sowie mit wissenschaftlichen Einrichtungen sollte der Bonus in diesen Fällen

deutlich aufgestockt werden. Dabei erscheint es durchaus zweckmäßig, zur Intensivierung überregionaler Kooperationen eine Zusatzförderung auch dann zu gewähren, wenn der Partner nicht in der Stadt ansässig ist. Eine solche Ausgestaltung - ähnlich wie die Förderung der Verbundforschung in bundesdeutschen und EG-Programmen - zielt auf eine stärkere Einbettung der Regionalwirtschaft in die gesamte Volkswirtschaft und soll heimischen Unternehmen den Anschluß erleichtern.

Mit der zwischenzeitlichen Entscheidung zur unveränderten Beibehaltung der Berlin-Präferenz wurde ein Schritt in die richtige Richtung getan; wegen des zentralen Stellenwertes und der regionalen Bedeutung der durch das BMFT geförderten innovationsstarken Forschungsvorhaben bleibt indes zu bedenken, ob landesspezifische Maßnahmen das BMFT-Programm flankieren, stützen und verstärken könnten.

### 2.3.1.2 BMWi/IHK-Programm

Als weitere Bundesmaßnahme, allerdings gesondert für Berlin, wurde das **"Programm zur Förderung von Forschung und Entwicklung bei kleinen und mittleren Unternehmen"** aufgelegt. Dieses BMWi/IHK-Programm hat Anreize und Impulse gegeben, die zu einer Belebung der Innovationsbereitschaft und -tätigkeit führten mit entsprechenden Rückwirkungen auf die Sicherung bestehender sowie die Schaffung neuer und hochwertiger Arbeitsplätze. Entlastungen vom finanziellen Risiko sowie eine wirtschaftnahe und flexible Handhabung des Instrumentrariums ließen zudem eine breite Akzeptanz seitens der Zielgruppen entstehen. Das bei allen Förderungen bestehende Problem von Mitnahmeeffekten scheint - soweit die Befragung ein Urteil zuläßt - nicht übermäßig ausgeprägt zu sein. Die deutliche Betonung von Entlastungseffekten und Anreizen durch die Unternehmen sowie die projektgebundene Verwendung der Mittel weisen darauf hin, daß die mit dem Programm angestrebten Ziele weitgehend erreicht wurden. Dem Vorschlag des DIW zur Weiterführung der Maßnahme wurde inzwischen im Grundsatz entsprochen. In der Diskussion sind derzeit Empfehlungen des DIW für eine attraktivere und den betrieblichen Bedürfnissen stärker entsprechende Ausgestaltung des Programms.

Im Vordergrund stehen dabei Überlegungen über eine **Ausweitung des Begünstigten-kreises**. Die Analysen zur Berlin-Präferenz im Rahmen der direkten Projektförderung deuten darauf hin, daß in immer stärkerem Maße Betriebe des dienstleistenden Gewerbes marktfähige Produkte und Verfahren entwickeln, die auch bundesweit durchaus konkurrenzfähig sind und zu einer deutlichen Belebung der Berliner Forschungslandschaft beigetragen haben. Vor dem Hintergrund einer wachsenden Arbeitsteilung in der Wirtschaft mit der Ausgliederung von ehemals unternehmenseigenen Forschungsarbeiten sowie der verstärkten Inanspruchnahme externer Forschungseinrichtungen - Labors und Ingenieurbüros als Beispiel - sollte das Programm zeitgemäß angepaßt werden: Eine Ausweitung des Begünstigtenkreises auf alle Unternehmen des gewerblichen Bereiches würde diesem Gedanken Rechnung tragen; zugleich wären mit der Integration insbesondere dienstleistender Unternehmen Impulse und "Synergieeffekte" für den gesamten Unternehmensbereich zu erwarten.

Allerdings stellt sich die Frage, ob solche dienstleistenden Unternehmen - mit Blick auf die Ziele dieser Maßnahme - nur dann gefördert werden sollten, wenn die Forschungen ausschließlich auf den heimischen Markt gerichtet sind. Da ein solcher Nachweis vor Beginn der FuE-Aktivitäten vielfach nicht möglich sein dürfte, sollte die Fixierung auf eine regionale Vermarktung mit entsprechenden Produktionseffekten nicht zwingend sein, dieser Aspekt flexibel gehandhabt werden; vor allem deshalb, weil die überregionale Konkurrenzfähigkeit Berliner Betriebe bei Produkt- und Verfahrensentwicklungen nicht nur wünschenswert, sondern dringend erforderlich erscheint.

Im einzelnen wird vorgeschlagen:

- Ausweitung der Begünstigtenkreise auf die produktionsorientierten Dienstleistungen.

- Deutlich erhöhte Förderung bei der erstmaligen Aufnahme betrieblicher FuE-Aktivitäten.

- Erhöhte Förderung von Kooperationen, insbesondere der gewerblichen Unternehmen mit wissenschaftlichen Einrichtungen im Land Berlin, um der gewerblichen Wirtschaft stärker die vielfältigen wissenschaftlichen Einrichtungen zu erschließen.

- In Einzelfällen eine Förderung über die bisherige Entwicklungsphase hinaus bis zur Markterschließung und -einführung, wenn die Umsetzung der Forschungsergebnisse sonst als gefährdet erscheint.

In diesem Zusammenhang sollte ganz generell erwogen werden, rückzahlbare Darlehen wieder vermehrt zu bewilligen und damit die rückläufige Entwicklung in diesem Bereich umzukehren. Dies umso mehr, als der zu versteuernde Zuschuß - wenn Gewinne entstehen - zu gut 40 vH dem Betrieb wieder verlorengeht. Im übrigen entsprechen rückzahlbare Darlehen dem unternehmerischen Selbsthilfegedanken und dem Subsidiaritätsprinzip stärker als verlorene Zuschüsse, die allerdings im Verwaltungsverfahren einfacher zu handhaben sind.

Ein Teil der an dieser Stelle genannten Vorschläge ist in anderen Bundesländern bereits realisiert worden: Der Begünstigtenkreis ist auf dienstleistende Unternehmen ausgedehnt worden; erhöhte Förderungen von Kooperationen zwischen Betrieben und Wissenschaft werden bereits gewährt; vereinzelt reicht die Förderung bis in die Vermarktungsphase; als Alternative zu verlorenen Zuschüssen besteht auch die Möglichkeit von Darlehensgewährungen (s.a. synoptische Darstellung).

## 2.3.2     Maßnahmen des Landes

Die vier Berliner Strukturprogramme zur Förderung von Innovationen und Arbeitsplätzen wurden bereits im Rahmen einer Wirkungsanalyse umfassend dokumentiert und bewertet (Hornschild/Müller, 1987). An dieser Stelle bleibt lediglich zu prüfen, inwieweit diese Maßnahmen dem hier abgeleiteten Anforderungsprofil entsprechen und ob weiterer Handlungsbedarf besteht.

Unter **finanziellen Gesichtspunkten** werden mit dem *Innovationsfonds* solche Vorhaben gefördert, die mit einem hohen Risiko behaftet sind. Seine Tätigkeit wurde als insgesamt erfolgreich, in der Ausgestaltung als verbesserungsfähig angesehen. Wichtig erscheint nach wie vor, daß diese Förderung nicht nur auf die Forschungsarbeiten abstellt, sondern auch die Umsetzung und Vermarktung einbezieht. Eine finanzielle

Synopse: Förderung von Forschung und Entwicklung gewerblicher Unternehmen in den Bundesländern
Stand 01.01.1988 ohne Spezialprogramme (Energieversorgung, Förderung strukturschwacher Gebiete, Bürgschaften)

| | Zweck | | | | Berechtigte | | Art und Höhe der Förderung | | | |
| | | | | | | | Darlehen | | | |
| | Risikominderung | ohne staatl. Hilfe nicht möglich | technologisch neue Produkte/ Verfahren | bessere Kapitalversorgung | im verarbeitenden Gewerbe | in der gewerblichen Wirtschaft | verlorener Zuschuß | rückzahlbar | bedingt rückzahlbar | Beteiligungen |
|---|---|---|---|---|---|---|---|---|---|---|
| **BADEN-WÜRTTEMBERG** | | | | | | | | | | |
| - Entwicklungsvorhaben von KMU's | x | x | | | | x | 50 | | | |
| - Einsatz moderner Technologien | x | | x | | x | | 15[1]/50[2] | | | |
| - Externes Entwicklungsmanagement | | | | | | | 3) | | | |
| - Technologieorientierte Unternehmensgründung | | | x | | | x | x | x | | x |
| - Wirtschaftsförderungsprogramm | | | | x | | x | | | | x |
| **BAYERN** | | | | | | | | | | |
| - Innovationsförderungsprogramm | | | | | | | 40 | | x | |
| - Technologieeinführungsprogramm | | | x | | | x | 50 | | x | |
| - Mittelstandskreditprogramm | | | x | x | | x | | | | x |
| **BERLIN** | | | | | | | | | | |
| - Innovationsfonds | x | | x | | | x | | x | x | x |
| - Technologieförderung | | | | | | x | x | | | |
| **BREMEN** | | | | | | | | | | |
| - FuE Projektförderung | | | x | | x | | x | | | |
| - FuE Verbundprogramm | Kooperation Wirtschaft/Wissenschaft | | | | x | | 30 - 75 | | | |
| **HAMBURG** | | | | | | | | | | |
| - Förderung von FuE | | | | | | | 50 | | | |
| - Innovationsförderprogramm | | | x | | | | x[4] | | | |
| - Beteiligungsprogramm | | | | x | | | | | | x |
| **HESSEN** | | | | | | | | | | |
| - Beteiligungsprogramm | | | x | x | | | | | | x |
| **NIEDERSACHSEN** | | | | | | | | | | |
| - Technologieprogramm | | | x | | | x | 50 | | | |
| - Technologieprogramm | Kooperation Wirtschaft/Wissenschaft | | | | | x | 75 | | | |
| **NORDRHEIN-WESTFALEN** | | | | | | | | | | |
| - Technologieprogramm | | | x | | | x | 50 | | | |
| **RHEINLAND-PFALZ** | | | | | | | | | | |
| - Technologieprogramm | | | x | | | x | 50 | | | |
| **SAARLAND** | | | | | | | | | | |
| - Forschungs- und Technologieprogramm | | | x | | | x | 40 | | | |
| - FuE-Zuschuß | | | | | | | 30[5] | | | |
| - Innovationsförderung | | | x | x | | x | | | | x |
| **SCHLESWIG-HOLSTEIN** | | | | | | | | | | |
| - Neue Technologien | | | x | | | x | 50 | | | |
| - Förderung von FuE-Arbeiten | x | x | | | | x | 50 | | | |

1) Für Ausrüstungen. - 2) Kosten der Anpassung und Einführung. - 3) Beratungszuschuß für vier Stunden je Monat. - 4) Max. 300 TDM zu den Investitionskosten. - 5) Für Investitionen.

Förderung der *Technologieberatung* zielt zudem auf Defizite im betrieblichen Informationsbedarf.

Mit **Realtransfers** wurde das Programm *Innovationsassistent* als durchaus erfolgreich hervorgehoben, auch wenn "Mitnahmen" zu verzeichnen waren und Änderungen vorgeschlagen wurden. Nach wie vor erscheint diese Maßnahme wichtig: Ihre Aufgaben ist primär die Unterstützung des strukturellen Wandels in den Betrieben und der Aufbruch verkrusteter Strukturen. Wie eine Wirkungsanalyse zur Forschungspersonal-Zuwachsförderung (Arbeitsgruppe ZF, 1989) zeigt, ist ein solcher Ansatz durchaus richtig und kann - bei ausreichender Qualifikation der Assistenten - zu einem "Knowhow-Schub" im Unternehmen führen und dessen längerfristige Innovations- und Wettbewerbsfähigkeit sichern.

Neben dem personengebundenen Technologietransfer und der Verbesserung der betrieblichen Qualifikationsstruktur der Arbeitskräfte sollte darüber hinaus der Arbeitsmarkteffekt nicht vernachlässigt werden. Nach dem Auslaufen des erfolgreichen Bundesprogramms darf die Maßnahme "Innovationsassistent" nicht zur Disposition stehen, vielmehr gilt es, dieses Programm stärker in Wirtschaft und Wissenschaft zu verankern.

In diesem Kontext sind auch die Gründer- und Technologiezentren zu sehen, und als besondere Maßnahme die Technologie-Vermittlungs-Agentur (TVA). Allerdings deuten Klagen aus der Wirtschaft darauf hin, daß der Technologietransfer noch immer Defizite aufweist.

## 2.4    Fazit

### 2.4.1    Handlungsrahmen

Schlüssige Konzepte, die aus einer strukturell benachteiligten Region ein dynamisches Innovationszentrum formen, sind in Wissenschaft und Forschung nicht erkennbar. Gleichwohl zeigen sich Möglichkeiten und Ansätze für eine Verbesserung der Rahmenbedingungen und der betriebsindividuellen Förderung von Forschung und Entwicklung. Eine effektive Innovationspolitik kann grundsätzlich nur integraler

Bestandteil einer übergreifenden Stadtpolitik sein. Daraus resultieren **Anforderungen an die Politik,** zur Sicherung der Lebensfähigkeit und Attraktivität Berlins sowie im Vergleich zu den wachstumsintensiven Agglomerationen die generellen Rahmenbedingungen weiter zu verbessern, insbesondere mit Blick auf die nach wie vor bestehenden geographisch-politischen Standortnachteile.

Die **Wissenschaftspolitik** sollte generell über die eigentlichen hochschulpolitischen Ziele hinaus zu einer weiteren Öffnung der Forschungseinrichtungen beitragen, um vorhandene Potentiale - in der Forschung und in der Wirtschaft - zu erschließen und zu verknüpfen. Förderungen von anwendungsorientierten Forschungen sowie von technologischen Schlüsselbereichen mit Bezug zur bestehenden und angestrebten Wirtschaftsstruktur gewinnen dabei an Bedeutung. Zugleich sollten auch die Klagen der Wirtschaft über einen Mangel an qualifizierten Arbeitskräften berücksichtigt werden, und zwar durch praxisnahe Ausbildungsgänge und nachfragegerechte Qualifizierung in der universitären und nicht-universitären Aus- und Weiterbildung.

Mit Blick auf die **Großindustrie** stehen Bemühungen im Mittelpunkt, die Ansiedlung zentraler Forschungseinrichtungen sowie produktionsorientierter Forschungsbereiche zu erreichen und damit Kristallisationspunkte zu bilden. Dies erfordert ebenso finanzielle Anreize wie den Ausbau informeller Beziehungsgeflechte. Dazu gehört auch der Versuch, zukunftsträchtige und innovationsstarke Produktlinien durch Ausbau universitärer Forschungsschwerpunkte aus diesem Unternehmenskreis einzuwerben.

Für **kleine und mittlere Betriebe** sind Bestandspflege und Expansion gleichermaßen wichtig. Zur Aktivierung und Stärkung des bestehenden Potentials sollten vermehrt Anreize für die Aufnahme von FuE-Aktivitäten gegeben und zugleich Kooperationen und Verbundforschungen stärker gefördert werden. Angesichts der besonderen Problemsituation dieses Unternehmenskreises darf sich eine finanzielle Förderung nicht allein auf die engeren Forschungsaktivitäten stützen, sondern muß auch Hemmnisse bis zur Markterschließung mit berücksichtigen. Als flankierende Maßnahmen gilt es zudem das Informationsangebot zu verbessern und das Fördersystem zu bündeln und transparenter zu gestalten. Dem Informationsaspekt dient auch ein Ausbau von Arbeitskreisen und Beratungsförderungen.

Bei Neugründungen gilt das besondere Augenmerk dem endogenen Potential an Gründern, denen durch Finanz- und Beratungshilfen wirksam geholfen werden muß. Das Einwerben von zukunftsorientierten Unternehmern und Betrieben nach Berlin muß schließlich durch weitere Maßnahmen - wie Beratung, Grundstücksbeschaffung - gestützt werden.

Der **EG-Binnenmarkt** ab 1992 impliziert Risiken und Chancen für das Berliner Unternehmenspotential. Mit den Direktinvestitionen von Ausländern in der Stadt sowie der "Übernahmewelle" von Betrieben sind schon jetzt Effekte zu erwarten, die zu einer Veränderung des wirtschaftlichen Klimas sowie einem Abbau emotionaler Barrieren führen können. Dies darf nicht ohne Rückwirkungen auf Forschung und Entwicklung in der Stadt bleiben. Zugleich sollten die Rahmenbedingungen für eine Beteiligung an EG-weiten Forschungsprogrammen sowie internationalen Kooperationen weiter ausgebaut werden.

### 2.4.2 Empfehlungen

Ein Förderkonzept aus einem Guß würde sicherlich einen optimalen Rahmen für Wirtschaft und Staat darstellen. Während sich aber historisch gewachsene Maßnahmen des Landes noch zusammenführen ließen, ist dies für Bundesprogramme aus fiskalpolitischen Gründen nicht möglich; wenngleich - die gegenwärtige Diskussion um das BMWi/IHK-Programm zeigt dies - durchaus konzeptionelle Gestaltungsspielräume im gegenseitigen Einvernehmen genutzt werden können. Damit müssen landesspezifische Maßnahmen darauf gerichtet sein, die positiven Ansätze dieser Programme weiter zu akzentuieren und so Wirkungen in der gewünschten Richtung zu verstärken. Dazu sind grundsätzlich zwei Wege möglich.

Eine **erste Alternative** besteht darin, landeseigene Maßnahmen zu initiieren, die partiell ansetzen. Mit Blick auf die Großbetriebe sowie den Erhalt, den Ausbau und das Einwerben von zentralen Forschungseinrichtungen steht nach wie vor der Ausbau von wirtschaftsnahen wissenschaftlichen Einrichtungen im Mittelpunkt. Verstärkte Förderung von regionalwirtschaftlich bedeutenden Technologien und Wissenschaftsrichtungen sowie die Betonung von Verbundforschungen bilden hier Ansatzpunkte, die auch auf eine Intensivierung der in Berlin offensichtlich weniger vertretenen Grundlagenforschung im gewerblichen Bereich zielen sollten. Der finanzielle Rahmen müßte dabei sowohl Projektförderungen umfassen als auch infrastrukturelle Hilfen, die nach der Rückführung der Investitionszulage noch dringlicher wurden.

Ansatzpunkte für die Förderung von kleinen und mittleren Unternehmen bestehen bereits in vielen Programmen. Angesichts einer positiven Grundeinstellung sollte das Programm "Innovationsassistent" und "Mittelstandsassistent" stärker belebt werden, insbesondere durch eine verbesserte und wirtschaftsnahe Ausbildung dieser Assistenten. Die Stellung der Technologie-Vermittlungs-Agentur (TVA) als zentrale Beratungsinstitution und "Anlaufstelle" für Wirtschaft und Wissenschaft müßte generell gestärkt werden. Eine Bündelung der Aktivitäten mit TU-Transfer und FU-Transfer wäre dafür sicherlich sehr hilfreich. Zugleich sollte die TVA auch verstärkt als Vermittler von Partnern für Kooperationen sowie für Verbundforschungen eingesetzt werden.

Das im Ansatz auf eine zentrale Schwachstelle der Betriebe gerichtete Beratungsprogramm leidet derzeit offensichtlich unter mangelnder Qualität eines Großteils angebotener Beratungsleistung. Dies kann nicht verwundern, da diese Berufssparte keinerlei Reglementierungen aufweist. Hier bleiben Kammern und Verbände aufgerufen, eigene und qualifizierte Beratungskapazitäten - nach Leistung aus dem Landes-Programm entgolten - aufzubauen. Zugleich müßte das Programm ausgeweitet werden auf die Kriterien Forschungsmanagement, Markt- und Technikanalysen sowie strategische Absatzplanung und deren Durchführung.

Ein zu initiierendes Förderprogramm könnte schließlich auf Lücken im bestehenden System zielen: Zusätzliche Anreize zur Aufnahme von FuE-Aktivitäten, Zusatzförderungen für Kooperationen und Verbundforschungen, Hilfen bei der Umsetzung und Vermarktung von Forschungsergebnissen.

Als **zweite Alternative** bietet sich der Versuch einer Bündelung an. Schon in seiner Evaluierung der Strukturprogramme hat das DIW angeführt, daß Förderungen einerseits dann besonders effizient sind, wenn die Maßnahmen Gestaltungsspielräume für betriebsindividuelle Lösungsansätze bieten und zugleich wirtschaftsnah konzipiert sind. Zum anderen lassen sich die an der Schnittstelle zwischen Staat und Wirtschaft allgemein auftretenden Probleme mit Förderansätzen in Form von Fonds vergleichsweise gut lösen und schließen Mitnahmeeffekte weitgehend aus.

Der bestehende Innovationsfonds - bislang auf die Förderung anspruchsvoller Vorhaben gerichtet - bietet dafür gute Ansatzpunkte. Denkbar wäre eine Ausweitung seiner Aktivitäten auf den gesamten Forschungsbereich oder die Auflage eines zweiten Technologiefonds für weniger innovative Entwicklungsvorhaben. Die jeweiligen Ziele bleiben indes unverändert:

Zum einen könnte dieser Fonds Informationsfunktionen übernehmen, womit Förderverluste durch die Tätigkeit vielfach nicht ausreichend qualifizierter Berater vermieden würden. Diese Beratung sollte sowohl die Prüfung der Vorhaben (gegebenenfalls durch Externe) unter technischen und kaufmännischen Gesichtspunkten umfassen als auch die Erstellung von realistischen Finanzplänen und die Koordinierung von Förder- und Finanzmitteln. Ihre Aufgabe bestünde zugleich darin, spezifisches Know-how für ein effizientes Forschungsmanagement zu vermitteln und durch Begleitung bis zur Markterschließung und -festigung zu sichern - nicht zuletzt durch regelmäßige Berichterstattungen des Geförderten. Zum anderen müßte dieser Fonds fehlendes Kapital durch Fondsmittel ersetzen, wobei Zuschüsse, Darlehen und Beteiligungen möglich erscheinen und nach Betriebsgröße und Finanzbedarf unterschiedlich zu beurteilen sind.

In diesem Zusammenhang bliebe auch zu diskutieren, ob dieser Fonds verselbständigt und aus der öffentlichen Verwaltung ausgegliedert werden sollte. Eine Trennung von Risikokapital - durch Beteiligungen der öffentlichen Hand sowie von Kammern und Verbänden - und Geschäftskapital - finanziert aus Bearbeitungsentgelten - würde die Effektivität dieser Institution sichern helfen. Damit übernähme dieser Fonds zwar klassische Bankfunktionen, die Realität zeigt indes, daß Geschäftsbanken ganz generell kaum in der Lage sind, Forschungsprojekte in ihren Inhalten und ihrem Finanzbedarf zu überblicken; selbst Investitions- und Betriebsmittelfinanzierungen können oder wollen sie aus Kostengesichtspunkten - insbesondere bei kleineren Vorhaben - vielfach nicht übernehmen.

Vor diesem Hintergrund wäre zu überlegen, ob sich die nicht technologieorientierten Senatsinitiativen der Strukturprogramme auf den bestehenden Sonderfonds übertragen lassen, der mit der Ausweitung seinen Charakter als "Feuerwehrfonds" verlöre und in seinen Aktivitäten breiter angelegt wäre. Insgesamt beständen dann in der Stadt ein oder zwei Fonds zur regionalen Technologieförderung, ein Mittelstandsfonds für die umfassende betriebliche Förderung außerhalb solcher Aktivitäten sowie die TVA als Transferstelle. Als finanzielle Basis könnten die Mittel der bestehenden Programme in diese Maßnahmen eingehen.

# Literaturverzeichnis

Arbeitsgruppe BerlinFG: Karl Brenke, Alexander Eickelpasch, Kurt Geppert, Sabine Kroker-Stille, Gerhard Neckermann, Peter Ring, Dieter Vesper: Wirkungsanalyse der Berlinförderung. Manuskript. Berlin 1989.

Arbeitsgruppe PKZ: Gerhard Becher, Dietmar Edler, Gisela Gielow, Rainer Herden, Kurt Hornschild, Stefan Kuhlmann, Uwe Kuntze, Frieder Meyer-Krahmer, Günter Walter: Personalkostenzuschüsse: Strukturentwicklung, Beschäftigungswirkungen und Konsequenzen für die Innovationspolitik. Manuskript. Karlsruhe/Berlin 1989.

Arbeitsgruppe ZF: Gerhard Becher, Gisela Gielow, Kurt Hornschild, Frieder Meyer-Krahmer, Uwe Kuntze: Wirkungsanalyse der Forschungspersonal-Zuwachsförderung. Berlin/Karlsruhe 1989.

Franz-Josef Bade: Regionale Beschäftigungsentwicklung und produktionsorientierte Dienstleistungen. Sonderheft des DIW, Nr. 143/1987.

Gerhard Becher, Wolfgang Weibert, O. Pfirrmann: Innovierende kleine und mittlere Unternehmen in Berlin (West) und Technologieförderprogramme in den Bundesländern. Manuskript. Karlsruhe 1989.

Burkhard Dreher: Forschung und Entwicklung in der Berliner Industrie, Sonderheft des DIW, Nr. 124/1978.

Kurt Hornschild: Präferenzregelung der Forschungs- und Entwicklungsförderung in Berlin. Sonderheft des DIW, Nr. 142/1985.

Kurt Hornschild, Uwe Müller: Förderung von Innovationen und Arbeitsplätzen im Rahmen der Berliner Strukturprogramme - eine Erfolgskontrolle. Beiträge zur Strukturforschung des DIW, Heft 98/1987.

Kurt Hornschild: Forschung und Entwicklung im verarbeitenden Gewerbe von Berlin (West). Beiträge zur Strukturforschung des DIW, Nr. 76/1983.

Ifo, Meta II, 1988: Horst Panzhofer, Heinz Schmalholz, Lothar Scholz, Jörg Bentel: Innovation, Wachstum und Beschäftigte. Manuskript. München 1988.

Ifo, Inno 1988: Innovationsbericht 1986/87. Manuskript. München 1988.

Stifterverband 1988: Helga Echterhoff-Severitt, Christoph Grenzmann, Ellen Menner, Rüdiger Marquardt, Angelika Weißburger, Joachim Wudtke: Forschung und Entwicklung in der Wirtschaft 1985. Manuskript. Essen 1988.

Tabelle A 1:  VERZEICHNIS DER AGGLOMERATIONEN

| Agglomerationen | | Kreis-kennziffer | Kreisname | Bevölkerung an 31.12. 1983 | Beschäftigte 1984 | Bevölkerungsdichte 31.12. 1983 je qkm |
|---|---|---|---|---|---|---|
| Hamburg | Kern: | 2000 | Hamburg Hgst. | 1609531 | 715517 | 2132,7 |
| | Rand: | 1053 | Lauenburg Hgt. | 157901 | 31141 | 125,0 |
| | | 1056 | Pinneberg | 260183 | 66271 | 392,9 |
| | | 1060 | Segeberg | 214031 | 54655 | 159,2 |
| | | 1062 | Stormarn | 193992 | 47922 | 255,2 |
| | | 3353 | Harburg | 191345 | 30421 | 153,8 |
| | | 3359 | Stade | 167588 | 40060 | 128,4 |
| Bremen | Kern: | 4011 | Bremen | 540442 | 231144 | 1654,1 |
| | Rand: | 3356 | Osterholz | 94497 | 16156 | 145,2 |
| | | 3361 | Verden | 112117 | 27748 | 142,3 |
| | | 3401 | Delmenhorst KrfSt | 71574 | 18098 | 1148,1 |
| | | 3403 | Oldenburg KrfSt | 138972 | 52960 | 1351,1 |
| | | 3458 | Oldenburg | 99272 | 17793 | 93,4 |
| | | 3461 | Wesermarsch | 92253 | 25903 | 112,3 |
| | | 4012 | Bremerhaven | 134491 | 49994 | 1760,9 |
| Hannover | Kern: | 3201 | Hannover KrfSt | 523033 | 279127 | 2564,5 |
| | Rand: | 3253 | Hannover | 547061 | 109871 | 262,4 |
| Ruhr | Kern: | 5112 | Duisburg KrfSt | 536402 | 191579 | 2303,9 |
| | | 5113 | Essen KrfSt | 631608 | 216624 | 3004,2 |
| | | 5119 | Oberhausen KrfSt | 225139 | 65798 | 2922,7 |
| | | 5512 | Bottrop KrfSt | 112909 | 25746 | 1122,4 |
| | | 5513 | Gelsenkirchen KrfSt | 293329 | 95462 | 2797,9 |
| | | 5911 | Bochum KrfSt | 389044 | 125647 | 2676,2 |
| | | 5913 | Dortmund KrfSt | 589955 | 205207 | 2105,6 |
| | | 5916 | Herne KrfSt | 178234 | 50184 | 3429,3 |
| | Rand: | 5170 | Wesel | 414537 | 104161 | 397,8 |
| | | 5362 | Recklinghausen | 625607 | 154405 | 823,3 |
| | | 5914 | Hagen KrfSt | 210897 | 74668 | 1115,3 |
| | | 5915 | Ennepe-Ruhr-Kreis | 339095 | 105045 | 831,0 |
| | | 5954 | Märtischer Kreis | 415959 | 142122 | 392,8 |
| | | 5978 | Unna | 389955 | 95524 | 719,1 |
| Rhein | Kern: | 5111 | Düsseldorf KrfSt | 575805 | 329860 | 2652,5 |
| | | 5114 | Krefeld KrfSt | 221072 | 91914 | 1607,7 |
| | | 5117 | Mülheim KrfSt | 175885 | 50885 | 1927,1 |
| | | 5120 | Remscheid KrfSt | 124325 | 47807 | 1666,3 |
| | | 5122 | Solingen KrfSt | 160111 | 53874 | 1789,5 |
| | | 5124 | Wuppertal KrfSt | 383775 | 137663 | 2279,5 |
| | | 5158 | Mettmann | 478562 | 137097 | 1175,5 |
| | | 5315 | Köln KrfSt | 940663 | 405358 | 2321,9 |
| | | 5316 | Leverkusen KrfSt | 156721 | 73507 | 1987,6 |
| | Rand: | 5162 | Mönchengladbach KrfSt | 257636 | 111200 | 1511,1 |
| | | 5166 | Neuss | 406279 | 81848 | 704,7 |
| | | 5182 | Viersen | 260834 | 66833 | 463,7 |
| | | 5314 | Bonn KrfSt | 291509 | 116753 | 2062,8 |
| | | 5362 | Erftkreis | 402231 | 98228 | 570,7 |
| | | 5378 | Rheinisch-Bergischer-Kreis | 247368 | 56560 | 563,4 |
| | | 5382 | Rhein-Sieg-Kreis | 474201 | 96444 | 411,1 |
| Rhein-Main | Kern: | 6411 | Darmstadt KrfSt | 136790 | 85777 | 1117,9 |
| | | 6412 | Frankfurt a. M. KrfSt | 610244 | 429330 | 2454,6 |
| | | 6413 | Offenbach a. M. KrfSt | 107884 | 45568 | 2406,0 |
| | | 6414 | Wiesbaden KrfSt | 270044 | 109677 | 1325,6 |
| | | 6436 | Main-Taunus-Kreis | 200594 | 51194 | 902,0 |
| | | 6438 | Offenbach | 247758 | 86114 | 827,4 |
| | | 7315 | Mainz KrfSt | 187080 | 88693 | 1914,3 |
| | Rand: | 6432 | Darmstadt-Dieburg | 250615 | 48863 | 380,7 |
| | | 6433 | Gross-Gerau | 230229 | 58443 | 508,2 |
| | | 6434 | Hochtaunuskreis | 206433 | 53651 | 428,2 |
| | | 6435 | Main-Kinzig-Kreis | 363888 | 102737 | 260,3 |
| | | 6439 | Rheingau-Taunus-Kreis | 165612 | 35643 | 204,1 |
| | | 6440 | Wetteraukreis | 252618 | 57345 | 229,5 |
| | | 7339 | Mainz-Bingen | 160819 | 34068 | 265,6 |
| | | 9661 | Aschaffenburg KrfSt | 59576 | 35065 | 952,1 |
| | | 9671 | Aschaffenburg | 149270 | 37689 | 213,5 |
| Rhein-Neckar | Kern: | 7311 | Frankenthal (Pfalz) KrfSt | 43713 | 17380 | 997,1 |
| | | 7314 | Ludwigshafen KrfSt | 156697 | 94920 | 2012,8 |
| | | 8221 | Heidelberg KrfSt | 133437 | 64987 | 1226,1 |
| | | 8222 | Mannheim KrfSt | 299042 | 157875 | 2056,2 |
| | | 8431 | Bergstraße | 239253 | 53001 | 332,5 |
| | Rand: | 7318 | Speyer KrfSt | 43865 | 19977 | 1030,4 |
| | | 7319 | Worms KrfSt | 72928 | 24879 | 670,9 |
| | | 7338 | Ludwigshafen | 127156 | 16085 | 467,1 |
| | | 8226 | Rhein-Neckar-Kreis | 466815 | 113431 | 439,6 |
| Karlsruhe | Kern: | 8212 | Karlsruhe KrfSt | 268389 | 134869 | 1553,0 |
| | | 8231 | Pforzheim KrfSt | 104660 | 55762 | 1070,0 |
| | Rand: | 7334 | Germersheim | 101918 | 29043 | 220,0 |
| | | 8215 | Karlsruhe | 360979 | 95272 | 332,8 |
| | | 8236 | Enzkreis | 163542 | 40072 | 284,9 |
| Stuttgart | Kern: | 8111 | Stuttgart KrfSt | 567020 | 332203 | 2737,4 |
| | Rand: | 8115 | Böblingen | 307547 | 104374 | 497,7 |
| | | 8116 | Esslingen | 455784 | 157814 | 710,3 |
| | | 8117 | Göppingen | 229413 | 77719 | 357,1 |
| | | 8118 | Ludwigsburg | 431392 | 135517 | 627,7 |
| | | 8119 | Rems-Murr-Kreis | 354456 | 110173 | 413,0 |
| | | 8121 | Heilbronn KrfSt | 110000 | 57880 | 1109,6 |
| | | 8125 | Heilbronn | 248261 | 62233 | 225,8 |
| | | 8416 | Tübingen | 177347 | 51231 | 341,6 |
| München | Kern: | 9162 | München KrfSt | 1283457 | 636319 | 4135,0 |
| | Rand: | 9184 | München | 257892 | 91679 | 386,2 |
| | | 9174 | Dachau | 103413 | 20015 | 179,2 |
| | | 9175 | Ebersberg | 97281 | 18318 | 177,1 |
| | | 9177 | Erding | 87702 | 19783 | 100,7 |
| | | 9178 | Freising | 118593 | 33978 | 148,0 |
| | | 9179 | Fürstenfeldbruck | 174686 | 28550 | 401,8 |
| | | 9188 | Starnberg | 109210 | 26889 | 223,8 |
| | | 9761 | Augsburg KrfSt | 246685 | 122665 | 1676,4 |
| | | 9771 | Aichach-Friedberg | 98617 | 21417 | 129,1 |
| Nürnberg | Kern: | 9562 | Erlangen KrfSt | 101655 | 62163 | 1320,7 |
| | | 9563 | Fürth KrfSt | 98868 | 42330 | 1560,7 |
| | | 9564 | Nürnberg KrfSt | 474290 | 253000 | 2553,2 |
| | | 9474 | Forchheim | 96671 | 19605 | 150,4 |
| | Rand: | 9565 | Schwabach KrfSt | 35339 | 12141 | 868,1 |
| | | 9572 | Erlangen-Höchstadt | 103855 | 22585 | 183,8 |
| | | 9573 | Fürth | 92819 | 16160 | 301,7 |
| | | 9574 | Nürnberger Land | 147942 | 39047 | 184,8 |
| | | 9576 | Roth | 104199 | 20255 | 116,4 |
| Berlin | Kern: | 11000 | Berlin (West) | 1854502 | 709671 | 3862,7 |

Tabelle B1: Betriebe im verarbeitenden Gewerbe von Berlin nach Wirtschaftszweigen: Grundgesamtheit des DIW und Meldekreis des Statistischen
Landesamtes Berlin - Stand: Ende September 1987 -

| SYPRO-<br>Nr. | Wirtschaftszweig<br>----------------<br>Wirtschaftsgruppe | Zahl der Betriebe | | |
|---|---|---|---|---|
| | | Meldekr.<br>Statist.<br>Landesamt | Melde-<br>kreis<br>DIW | Abweich.<br>DIW zu<br>StaLa |
| | Grundstoff- u. Produktionsg. | 123 | 125 | 2 |
| 25 | Steine, Erden | 27 | 25 | -2 |
| 27 | Eisen, Stahl | 3 | 3 | |
| 28 | NE-Metalle | 10 | 11 | 1 |
| 29 | Giessereien | 11 | 12 | 1 |
| 301/3 | Ziehereien | 5 | 6 | 1 |
| 40,22 | Chemie, Oelverarb. | 55 | 56 | 1 |
| 53 | Holzbearbeitung | 3 | 3 | |
| 55 | Papiererzeugung | 1 | 1 | |
| 59 | Gummiverarbeitung | 8 | 8 | |
| | Investitionsgueter | 472 | 444 | -28 |
| 302 | Stahlverformung | 30 | 34 | 4 |
| 31 | Stahlbau | 45 | 39 | -6 |
| 32 | Maschinenbau | 88 | 81 | -7 |
| 33,34 | Fahrzeug-, Schiffbau | 54 | 51 | -3 |
| 36 | Elektrotechnik | 151 | 146 | -5 |
| 37 | Feinm./Optik | 55 | 48 | -7 |
| 38 | EBM-Waren | 36 | 34 | -2 |
| 50 | Bueroa./ADV | 13 | 11 | -2 |
| | Verbrauchsgueter | 260 | 257 | -3 |
| 39 | Musikinstr. | 9 | 9 | |
| 51,52 | Feinkeramik, Glas | 7 | 8 | 1 |
| 54 | Holzverarbeitung | 18 | 20 | 2 |
| 56 | Papierverarbeitung | 32 | 33 | 1 |
| 57 | Druck | 65 | 63 | -2 |
| 58 | Kunststoffverarb. | 43 | 41 | -2 |
| 62 | Leder | 3 | 5 | 2 |
| 63 | Textil | 36 | 32 | -4 |
| 64 | Bekleidung | 45 | 44 | -1 |
| 65 | Reparaturen | 2 | 2 | |
| | Nahrungs- u. Genussmittel | 175 | 164 | -11 |
| 68 | Ernaehrung | 167 | 156 | -11 |
| 69 | Tabak | 8 | 8 | |
| | Verarbeitendes Gewerbe insg. | 1030 | 990 | -40 |

Quellen: Unternehmensbefragung des DIW; Berichterstattung des
Statistischen Landesamtes Berlin über Betriebe und Beschäftigte
im verarbeitenden Gewerbe.

Tabelle B2: Betriebe im verarbeitenden Gewerbe von Berlin nach
Betriebsgrößenklassen: Grundgesamtheit des DIW
und Meldekreis des Statistischen Landesamtes Berlin
- Stand: Ende September 1987 -

| Betriebe mit ... Beschäftigten | Zahl der Betriebe | | |
|---|---|---|---|
| | Meldekr. Statist. Landesamt | Melde- kreis DIW | Abweich. DIW zu StaLa |
| bis 49 | 502 | 476 | -26 |
| 50 bis 99 | 241 | 233 | -8 |
| 100 bis 199 | 145 | 143 | -2 |
| 200 bis 499 | 91 | 87 | -4 |
| 500 bis 999 | 24 | 24 | |
| 1000 und mehr | 27 | 27 | |
| I N S G E S A M T | 1030 | 990 | -40 |

Quellen: Unternehmensbefragung des DIW; Berichterstattung des Statistischen Landesamtes Berlin über Betriebe und
Beschäftigte im verarbeitenden Gewerbe.

Tabelle B3: Betriebe und Beschäftigte im verarbeitenden Gewerbe von Berlin nach Wirtschaftszweigen im Jahre 1987:
Betriebskonzept und modifiziertes Betriebskonzept *)

| SYPRO-Nr. | Wirtschaftszweig Wirtschaftsgruppe | Betriebe | | | Beschäftigte | | |
|---|---|---|---|---|---|---|---|
| | | Betriebs-konzept | modifiz. Betriebs-konzept | Diffe-renz | Betriebs-konzept | modifiz. Betriebs-konzept | Diffe-renz |
| | Grundstoff- u. Produktionsg. | 125 | 122 | -3 | 18573 | 18573 | |
| 25 | Steine, Erden | 25 | 23 | -2 | 1911 | 1911 | |
| 27 | Eisen, Stahl | 3 | 3 | | 587 | 587 | |
| 28 | NE-Metalle | 11 | 11 | | 1160 | 1160 | |
| 29 | Giessereien | 12 | 12 | | 877 | 877 | |
| 301/3 | Ziehereien | 6 | 6 | | 313 | 313 | |
| 40.22 | Chemie, Oelverarb. | 56 | 55 | -1 | 12695 | 12695 | |
| 53 | Holzbearbeitung | 3 | 3 | | 278 | 278 | |
| 55 | Papiererzeugung | 1 | 1 | | 221 | 221 | |
| 59 | Gummiverarbeitung | 8 | 8 | | 531 | 531 | |
| | Investitionsgueter | 444 | 422 | -22 | 100783 | 101085 | 302 |
| 302 | Stahlverformung | 34 | 33 | -1 | 1993 | 1993 | |
| 31 | Stahlbau | 39 | 39 | | 3856 | 3856 | |
| 32 | Maschinenbau | 81 | 81 | | 15107 | 15107 | |
| 33.34 | Fahrzeug-, Schiffbau | 51 | 43 | -8 | 10813 | 10668 | -145 |
| 36 | Elektrotechnik | 146 | 133 | -13 | 57727 | 58174 | 447 |
| 37 | Feinm./Optik | 48 | 48 | | 3367 | 3367 | |
| 38 | EBM-Waren | 34 | 34 | | 4169 | 4169 | |
| 50 | Buerom./ADV | 11 | 11 | | 3751 | 3751 | |
| | Verbrauchsgueter | 257 | 248 | -9 | 22711 | 22409 | -302 |
| 39 | Musikinstr. | 9 | 9 | | 442 | 442 | |
| 51,52 | Feinkeramik, Glas | 8 | 7 | -1 | 1456 | 1154 | -302 |
| 54 | Holzverarbeitung | 20 | 20 | | 706 | 706 | |
| 56 | Papierverarbeitung | 33 | 32 | -1 | 4506 | 4553 | 47 |
| 57 | Druck | 63 | 61 | -2 | 5117 | 5070 | -47 |
| 58 | Kunststoffverarb. | 41 | 41 | | 3561 | 3561 | |
| 62 | Leder | 5 | 5 | | 180 | 180 | |
| 63 | Textil | 32 | 28 | -4 | 3492 | 3492 | |
| 64 | Bekleidung | 44 | 43 | -1 | 3161 | 3161 | |
| 65 | Reparaturen | 2 | 2 | | 90 | 90 | |
| | Nahrungs- u. Genussmittel | 164 | 160 | -4 | 20002 | 20002 | |
| 68 | Ernaehrung | 156 | 152 | -4 | 15547 | 15547 | |
| 69 | Tabak | 8 | 8 | | 4455 | 4455 | |
| | Verarbeitendes Gewerbe insg. | 990 | 952 | -38 | 162069 | 162069 | |

*) Modifiziertes Betriebskonzept: Zusammenfassung mehrerer Berliner Betriebe eines Unternehmens zu einem Betrieb.
Quellen: Unternehmensbefragung des DIW; Berichterstattung des Statistischen Landesamtes Berlin über Betriebe und Beschäftigte.

Tabelle B4: Betriebe und Beschäftigte im verarbeitenden Gewerbe von Berlin nach Betriebsgrößenklassen
im Jahre 1987: Betriebskonzept und modifiziertes Betriebskonzept *)

| Betriebe mit ... Beschäftigten | Betriebe | | | Beschäftigte | | |
|---|---|---|---|---|---|---|
| | Betriebs-konzept | modifiz. Betriebs-konzept | Diffe-renz | Betriebs-konzept | modifiz. Betriebs-konzept | Diffe-renz |
| bis  49 | 476 | 461 | -15 | 14323 | 13808 | -515 |
| 50 bis  99 | 233 | 224 | -9 | 16165 | 15506 | -659 |
| 100 bis 199 | 143 | 138 | -5 | 19914 | 19340 | -574 |
| 200 bis 499 | 87 | 84 | -3 | 26864 | 25873 | -991 |
| 500 bis 999 | 24 | 21 | -3 | 17554 | 15438 | -2116 |
| 1000 und mehr | 27 | 24 | -3 | 67249 | 72104 | 4855 |
| I N S G E S A M T | 990 | 952 | -38 | 162069 | 162069 | |

*) Modifiziertes Betriebskonzept: Zusammenfassung mehrerer Berliner Betriebe eines Unter-
nehmens zu einem Betrieb.
Quellen: Unternehmensbefragung des DIW; Berichterstattung des Statistischen Landesamtes Berlin
über Betriebe und Beschäftigte.

Tabelle B5: Forschungs- und Entwicklungsaktivitäten im verarbeitenden Gewerbe von Berlin nach Wirtschaftszweigen im Jahre 1987: Betriebe und Beschäftigte

| SYPRO- Nr. | Wirtschaftszweig / Wirtschaftsgruppe | Betriebe | | | Beschäftigte | | |
|---|---|---|---|---|---|---|---|
| | | ins-gesamt | mit FuE | Anteil in vH | ins-gesamt | in Betrieben mit FuE | Anteil in vH |
| | Grundstoff- u. Produktionsg. | 122 | 32 | 26 | 18573 | 11064 | 60 |
| 25 | Steine, Erden | 23 | 2 | 9 | 1911 | 1178 | 62 |
| 27 | Eisen, Stahl | 3 | | | 587 | | |
| 28 | NE-Metalle | 11 | 1 | 9 | 1160 | 197 | 17 |
| 29 | Giessereien | 12 | | | 877 | | |
| 301/3 | Ziehereien | 6 | | | 313 | | |
| 40,22 | Chemie, Oelverarb. | 55 | 27 | 49 | 12695 | 9556 | 75 |
| 53 | Holzbearbeitung | 3 | | | 278 | | |
| 55 | Papiererzeugung | 1 | | | 221 | | |
| 59 | Gummiverarbeitung | 8 | 2 | 25 | 531 | 133 | 25 |
| | Investitionsgueter | 422 | 155 | 37 | 101085 | 77101 | 76 |
| 302 | Stahlverformung | 33 | 2 | 6 | 1993 | 391 | 20 |
| 31 | Stahlbau | 34 | 7 | 18 | 3856 | 2078 | 54 |
| 32 | Maschinenbau | 81 | 44 | 54 | 15107 | 13209 | 87 |
| 33,34 | Fahrzeug-, Schiffbau | 43 | 8 | 19 | 10668 | 5405 | 51 |
| 36 | Elektrotechnik | 133 | 68 | 51 | 58174 | 51456 | 88 |
| 37 | Feinm./Optik | 48 | 16 | 33 | 3367 | 2161 | 64 |
| 38 | EBM-Waren | 34 | 4 | 12 | 4169 | 1256 | 30 |
| 50 | Bueroa./ADV | 11 | 6 | 55 | 3751 | 1145 | 31 |
| | Verbrauchsgueter | 248 | 22 | 9 | 22409 | 4360 | 19 |
| 39 | Musikinstr. | 9 | 1 | 11 | 442 | 69 | 16 |
| 51,52 | Feinkeramik, Glas | 7 | 3 | 43 | 1154 | 653 | 57 |
| 54 | Holzverarbeitung | 20 | 1 | 5 | 706 | 39 | 6 |
| 56 | Papierverarbeitung | 32 | 3 | 9 | 4553 | 1893 | 42 |
| 57 | Druck | 61 | 4 | 7 | 5070 | 229 | 5 |
| 58 | Kunststoffverarb. | 41 | 5 | 12 | 3561 | 372 | 10 |
| 62 | Leder | 5 | 1 | 20 | 180 | 41 | 23 |
| 63 | Textil | 28 | 4 | 14 | 3492 | 1064 | 30 |
| 64 | Bekleidung | 43 | | | 3161 | | |
| 65 | Reparaturen | 2 | | | 90 | | |
| | Nahrungs- u. Genussmittel | 160 | 16 | 10 | 20002 | 3448 | 17 |
| 68 | Ernaehrung | 152 | 16 | 11 | 15547 | 3448 | 22 |
| 69 | Tabak | 8 | | | 4455 | | |
| | Verarbeitendes Gewerbe insg. | 952 | 225 | 24 | 162069 | 95973 | 59 |

Quelle: Unternehmensbefragung des DIW.

Tabelle B6: Forschungs- und Entwicklungsaktivitäten im verarbeitenden Gewerbe von Berlin nach Betriebsgrößenklassen im Jahre 1987: Betriebe und Beschäftigte

| Betriebe mit ... Beschäftigten | Betriebe | | | Beschäftigte | | |
|---|---|---|---|---|---|---|
| | ins- gesamt | mit FuE | Anteil in vH | ins- gesamt | in Betrieben mit FuE | Anteil in vH |
| bis 49 | 461 | 54 | 12 | 13808 | 1909 | 14 |
| 50 bis 99 | 224 | 61 | 27 | 15506 | 4305 | 28 |
| 100 bis 199 | 138 | 43 | 31 | 19340 | 5971 | 31 |
| 200 bis 499 | 84 | 39 | 46 | 25873 | 11819 | 46 |
| 500 bis 999 | 21 | 11 | 52 | 15438 | 8593 | 56 |
| 1000 und mehr | 24 | 17 | 71 | 72104 | 63376 | 88 |
| I N S G E S A M T | 952 | 225 | 24 | 162069 | 95973 | 59 |

Quelle: Unternehmensbefragung des DIW.

Tabelle B7: Befragung im verarbeitenden Gewerbe von Berlin im Jahre 1988: Repräsentation der Betriebe*) und forschenden Betriebe nach Wirtschaftszweigen

| SYPRO-Nr. Wirtschaftszweig Wirtschaftsgruppe | Betriebe Basis ins-gesamt | mit FuE | Beteiligte ins-gesamt | mit FuE | Beteiligte in vH der Basis ins-gesamt | mit FuE | Beschäftigte in Betrieben Basis ins-gesamt | mit FuE | Beteiligte ins-gesamt | mit FuE | Beteiligte in vH der Basis ins-gesamt | mit FuE |
|---|---|---|---|---|---|---|---|---|---|---|---|---|
| Grundstoff- u. Produktionsg. | 122 | 32 | 117 | 27 | 95.9 | 84.4 | 18573 | 11064 | 18037 | 10528 | 97.1 | 95.2 |
| 25 Steine. Erden | 23 | 2 | 23 | 2 | 100.0 | 100.0 | 1911 | 1178 | 1911 | 1178 | 100.0 | 100.0 |
| 27 Eisen. Stahl | 3 | | 3 | | | | 587 | | 587 | | | |
| 28 NE-Metalle | 11 | 1 | 11 | 1 | 100.0 | 100.0 | 1160 | 197 | 1160 | 197 | 100.0 | 100.0 |
| 29 Giessereien | 12 | | 12 | | | | 877 | | 877 | | | |
| 301/3 Ziehereien | 6 | | 6 | | | | 313 | | 313 | | | |
| 40.22 Chemie. Oelverarb. | 55 | 27 | 50 | 22 | 90.9 | 81.5 | 12695 | 9556 | 12159 | 9020 | 95.8 | 94.4 |
| 53 Holzbearbeitung | 3 | | 3 | | | | 278 | | 278 | | | |
| 55 Papiererzeugung | 1 | | 1 | | | | 221 | | 221 | | | |
| 59 Gummiverarbeitung | 8 | 2 | 8 | 2 | 100.0 | 100.0 | 531 | 133 | 531 | 133 | 100.0 | 100.0 |
| Investitionsgueter | 422 | 155 | 389 | 122 | 92.2 | 78.7 | 101085 | 77101 | 90867 | 66883 | 89.9 | 86.7 |
| 302 Stahlverformung | 33 | 2 | 33 | 2 | 100.0 | 100.0 | 1993 | 391 | 1993 | 391 | 100.0 | 100.0 |
| 31 Stahlbau | 39 | 7 | 38 | 6 | 97.4 | 85.7 | 3856 | 2078 | 3809 | 2031 | 98.8 | 97.7 |
| 32 Maschinenbau | 81 | 44 | 75 | 38 | 92.6 | 86.4 | 15107 | 13209 | 14148 | 12250 | 93.7 | 92.7 |
| 33.34 Fahrzeug-. Schiffbau | 43 | 8 | 40 | 5 | 93.0 | 62.5 | 10668 | 5405 | 7032 | 1769 | 65.9 | 32.7 |
| 36 Elektrotechnik | 133 | 68 | 115 | 50 | 86.5 | 73.5 | 58174 | 51456 | 52964 | 46246 | 91.0 | 89.9 |
| 37 Feinm./Optik | 48 | 16 | 45 | 13 | 93.8 | 81.3 | 3367 | 2161 | 3194 | 1988 | 94.9 | 92.0 |
| 38 EBM-Waren | 34 | 4 | 33 | 3 | 97.1 | 75.0 | 4169 | 1256 | 4054 | 1141 | 97.2 | 90.8 |
| 50 Bueroa./ADV | 11 | 6 | 10 | 5 | 90.9 | 83.3 | 3751 | 1145 | 3673 | 1067 | 97.9 | 93.2 |
| Verbrauchsgueter | 248 | 22 | 247 | 21 | 99.6 | 95.5 | 22409 | 4340 | 22365 | 4316 | 99.8 | 99.0 |
| 39 Musikinstr. | 9 | 1 | 9 | 1 | 100.0 | 100.0 | 442 | 69 | 442 | 69 | 100.0 | 100.0 |
| 51.52 Feinkeramik. Glas | 7 | 3 | 7 | 3 | 100.0 | 100.0 | 1154 | 653 | 1154 | 653 | 100.0 | 100.0 |
| 54 Holzverarbeitung | 20 | 1 | 20 | 1 | 100.0 | 100.0 | 706 | 39 | 706 | 39 | 100.0 | 100.0 |
| 56 Papierverarbeitung | 32 | 3 | 32 | 3 | 100.0 | 100.0 | 4553 | 1893 | 4553 | 1893 | 100.0 | 100.0 |
| 57 Druck | 61 | 4 | 60 | 3 | 98.4 | 75.0 | 5070 | 229 | 5026 | 185 | 99.1 | 80.8 |
| 58 Kunststoffverarb. | 41 | 5 | 41 | 5 | 100.0 | 100.0 | 3561 | 372 | 3561 | 372 | 100.0 | 100.0 |
| 62 Leder | 5 | 1 | 5 | 1 | 100.0 | 100.0 | 180 | 41 | 180 | 41 | 100.0 | 100.0 |
| 63 Textil | 28 | 4 | 28 | 4 | 100.0 | 100.0 | 3492 | 1064 | 3492 | 1064 | 100.0 | 100.0 |
| 64 Bekleidung | 43 | | 43 | | | | 3161 | | 3161 | | | |
| 65 Reparaturen | 2 | | 2 | | | | 90 | | 90 | | | |
| Nahrungs- u. Genussmittel | 160 | 16 | 157 | 13 | 98.1 | 81.3 | 20002 | 3448 | 19509 | 2955 | 97.5 | 85.7 |
| 68 Ernaehrung | 152 | 16 | 149 | 13 | 98.0 | 81.3 | 15547 | 3448 | 15054 | 2955 | 96.8 | 85.7 |
| 69 Tabak | 8 | | 8 | | | | 4455 | | 4455 | | | |
| Verarbeitendes Gewerbe insg. | 952 | 225 | 910 | 183 | 95.6 | 81.3 | 162069 | 95973 | 150778 | 84682 | 93.0 | 88.2 |

*) Modifiziertes Betriebskonzept: Zusammenfassung mehrerer Berliner Betriebe eines Unternehmens zu einem Betrieb.
Quelle: Unternehmensbefragung des DIW.

Tabelle 88: Befragung im verarbeitenden Gewerbe von Berlin im Jahre 1988: Repräsentation der Betriebe nach Betriebsgrößenklassen

| Betriebe mit ... Beschäftigten | Betriebe | | | | | | Beschäftigte in Betrieben | | | | | |
|---|---|---|---|---|---|---|---|---|---|---|---|---|
| | Basis | | Beteiligte | | Beteiligte in vH der Basis | | Basis | | Beteiligte | | Beteiligte in vH der Basis | |
| | ins-gesamt | mit FuE | ins-gesamt | mit FuE | ins-gesamt | mit FuE | ins-gesamt | mit FuE | ins-gesamt | mit FuE | ins-gesamt | mit FuE |
| bis 49 | 461 | 54 | 449 | 42 | 97.4 | 77.8 | 13808 | 1909 | 13380 | 1481 | 96.9 | 77.6 |
| 50 bis 99 | 224 | 61 | 211 | 48 | 94.2 | 78.7 | 15506 | 4305 | 14537 | 3336 | 93.8 | 77.5 |
| 100 bis 199 | 138 | 43 | 131 | 36 | 94.9 | 83.7 | 19340 | 5971 | 18255 | 4886 | 94.4 | 81.8 |
| 200 bis 499 | 84 | 39 | 76 | 31 | 90.5 | 79.5 | 25873 | 11819 | 23461 | 9407 | 90.7 | 79.6 |
| 500 bis 999 | 21 | 11 | 21 | 11 | 100.0 | 100.0 | 15438 | 8593 | 15438 | 8593 | 100.0 | 100.0 |
| 1000 und mehr | 24 | 17 | 22 | 15 | 91.7 | 88.2 | 72104 | 63376 | 65707 | 56979 | 91.1 | 89.9 |
| INSGESAMT | 952 | 225 | 910 | 183 | 95.6 | 81.3 | 162069 | 95973 | 150778 | 84682 | 93.0 | 88.2 |

*) Modifiziertes Betriebskonzept: Zusammenfassung mehrerer Berliner Betriebe eines Unternehmens zu einem Betrieb.
Quelle: Unternehmensbefragung des DIW.

Tabelle B9: Aufwendungen für Forschung und Entwicklung im verarbeitenden Gewerbe von Berlin nach Wirtschaftszweigen
in den Jahren 1977 bis 1987

| SYPRO-<br>Nr.<br><br>Wirtschaftszweig<br>-----------------<br>Wirtschaftsgruppe | | Aufwand in TDM | | | | | | | |
|---|---|---|---|---|---|---|---|---|---|
| | | 1977 | 1978 | 1979 | 1980 | 1981 | 1985 | 1986 | 1987 |
| | Grundstoff- u. Produktionsg. | 230515 | 249044 | 265564 | 263345 | 280119 | 381056 | 409865 | 447068 |
| 25 | Steine. Erden | 4891 | 4508 | 4845 | 5914 | 7323 | 6950 | 6690 | 5990 |
| 27 | Eisen, Stahl | | | | | | | | |
| 28 | NE-Metalle | | | | 1396 | 1247 | 600 | 685 | 715 |
| 29 | Giessereien | | 7 | | | | | | |
| 301/3 | Ziehereien | 128 | 153 | 252 | 704 | 708 | | | |
| 40 | Chemie | 225226 | 244167 | 260139 | 255069 | 270568 | 373076 | 402050 | 439903 |
| 53 | Holzbearbeitung | 210 | 110 | 221 | 111 | | | | |
| 55 | Papiererzeugung | 60 | 65 | 69 | 73 | 103 | | | |
| 59 | Gummi | | 34 | 38 | 78 | 170 | 430 | 440 | 460 |
| | Investitionsgueter | 384245 | 424114 | 485909 | 548397 | 617260 | 623293 | 667581 | 678259 |
| 302 | Stahlverformung | 149 | 157 | 173 | 268 | 1282 | 7280 | 7360 | 2070 |
| 31 | Stahlbau | 2385 | 3008 | 2520 | 3801 | 9108 | 3318 | 3728 | 2885 |
| 32 | Maschinenbau | 22385 | 27024 | 39056 | 47503 | 54499 | 66380 | 69916 | 73127 |
| 33.34 | Fahrzeug-/Schiffbau | 3403 | 3642 | 4939 | 5484 | 7113 | 11682 | 12464 | 13168 |
| 36 | Elektrotechnik | 339972 | 370324 | 417566 | 466181 | 517575 | 514705 | 550339 | 555959 |
| 37 | Feinm./Optik | 7897 | 8912 | 9626 | 11021 | 11906 | 7906 | 9638 | 11926 |
| 38 | EBM-Waren | 1030 | 1183 | 1867 | 2544 | 2618 | 4502 | 5451 | 6244 |
| 50 | Bueroa./ADV | 7024 | 9864 | 10162 | 11595 | 13159 | 7520 | 8685 | 12880 |
| | Verbrauchsgueter | 5305 | 6478 | 6808 | 7036 | 6779 | 12407 | 13236 | 20411 |
| 39 | Musikinstr. | 963 | 1066 | 1204 | 1197 | 1363 | 150 | 180 | 180 |
| 51.52 | Feinkeramik/Glas | 1411 | 1543 | 1684 | 1854 | 1823 | 856 | 1213 | 980 |
| 54 | Holzverarb. | 1 | | | 66 | | 9 | 9 | 9 |
| 56 | Papierverarb | 79 | 86 | 214 | 218 | 358 | 7349 | 6795 | 13540 |
| 57 | Druck | 321 | 343 | 367 | 337 | 360 | 2400 | 2935 | 3483 |
| 58 | Kunststoffverarb. | 1734 | 2596 | 2436 | 2400 | 1693 | 625 | 730 | 959 |
| 62 | Leder | 96 | 101 | 107 | 112 | 130 | 63 | 59 | |
| 63 | Textil | 700 | 743 | 796 | 852 | 1052 | 955 | 1315 | 1260 |
| 64 | Bekleidung | | | | | | | | |
| 65 | Reparaturen | | | | | | | | |
| | Nahrungs- u. Genussmittel | 1677 | 1737 | 2082 | 2871 | 4903 | 1753 | 2409 | 2902 |
| 68 | Ernaehrung | 1677 | 1737 | 2082 | 2871 | 4903 | 1753 | 2409 | 2902 |
| 69 | Tabak | | | | | | | | |
| | Verarbeitendes Gewerbe insg. | 621742 | 681373 | 760363 | 821649 | 909061 | 1018509 | 1093091 | 1148640 |

Quelle: Hochgerechnete Ergebnisse von Unternehmensbefragungen des DIW.

Tabelle B9a: Aufwendungen für Forschung und Entwicklung im verarbeitenden Gewerbe von Berlin nach Wirtschaftszweigen in den Jahren 1977 bis 1987: Veränderungen

| SYPRO-Nr. | Wirtschaftszweig / Wirtschaftsgruppe | Veränderung in vH | | | | Durchschnittliche jährliche Veränderung in vH | | | |
|---|---|---|---|---|---|---|---|---|---|
| | | 1977/81 | 1981/85 | 1985/87 | 1977/87 | 1977/81 | 1981/85 | 1985/87 | 1977/87 |
| | Grundstoff- u. Produktionsg. | 21.5 | 36.0 | 17.3 | 93.9 | 5.0 | 8.0 | 8.3 | 6.8 |
| 25 | Steine, Erden | 49.7 | -5.1 | -13.8 | 22.5 | 10.6 | -1.3 | -7.2 | 2.0 |
| 27 | Eisen, Stahl | | | | | | | | |
| 28 | NE-Metalle | | -51.9 | 19.2 | | | -16.7 | 9.2 | |
| 29 | Giessereien | | | | | | | | |
| 301/3 | Ziehereien | 453.1 | | | | 53.4 | | | |
| 40 | Chemie | 20.1 | 37.9 | 17.9 | 95.3 | 4.7 | 8.4 | 8.6 | 6.9 |
| 53 | Holzbearbeitung | | | | | | | | |
| 55 | Papiererzeugung | 71.7 | | | | 14.5 | | | |
| 59 | Gummi | | 152.9 | 7.0 | | | 26.1 | 3.4 | |
| | Investitionsgueter | 60.6 | 1.0 | 8.8 | 76.5 | 12.6 | 0.2 | 4.3 | 5.8 |
| 302 | Stahlverformung | 760.4 | 467.9 | -71.6 | 1289.3 | 71.3 | 54.4 | -46.7 | 30.1 |
| 31 | Stahlbau | 281.9 | -63.6 | -13.1 | 21.0 | 39.8 | -22.3 | -6.8 | 1.9 |
| 32 | Maschinenbau | 143.5 | 21.8 | 10.2 | 226.7 | 24.9 | 5.1 | 5.0 | 12.6 |
| 33.34 | Fahrzeug-/Schiffbau | 109.0 | 64.2 | 12.7 | 287.0 | 20.2 | 13.2 | 6.2 | 14.5 |
| 36 | Elektrotechnik | 52.2 | -0.6 | 8.0 | 63.5 | 11.1 | -0.1 | 3.9 | 5.0 |
| 37 | Feinm./Optik | 50.8 | -33.6 | 50.8 | 51.0 | 10.8 | -9.7 | 22.8 | 4.2 |
| 38 | EBM-Waren | 154.2 | 72.0 | 38.7 | 506.2 | 26.3 | 14.5 | 17.8 | 19.7 |
| 50 | Buerom./ADV | 87.3 | -42.9 | 71.3 | 83.4 | 17.0 | -13.1 | 30.9 | 6.3 |
| | Verbrauchsgueter | 27.8 | 83.0 | 64.5 | 284.8 | 6.3 | 16.3 | 28.3 | 14.4 |
| 39 | Musikinstr. | 41.5 | -89.0 | 20.0 | -81.3 | 9.1 | -42.4 | 9.5 | -15.4 |
| 51.52 | Feinkeramik/Glas | 29.2 | -53.0 | 14.5 | -30.5 | 6.6 | -17.2 | 7.0 | -3.6 |
| 54 | Holzverarb. | | | | 800.0 | | | | 24.6 |
| 56 | Papierverarb | 353.2 | 1952.8 | 84.2 | 17039.2 | 45.9 | 112.9 | 35.7 | 67.3 |
| 57 | Druck | 12.1 | 566.7 | 45.1 | 985.0 | 2.9 | 60.7 | 20.5 | 26.9 |
| 58 | Kunststoffverarb. | -2.4 | -63.1 | 53.4 | -44.7 | -0.6 | -22.1 | 23.9 | -5.8 |
| 62 | Leder | 35.4 | -51.5 | | -100.0 | 7.9 | -16.6 | | |
| 63 | Textil | 50.3 | -9.2 | 31.9 | 80.0 | 10.7 | -2.4 | 14.9 | 6.1 |
| 64 | Bekleidung | | | | | | | | |
| 65 | Reparaturen | | | | | | | | |
| | Nahrungs- u. Genussmittel | 192.4 | -64.2 | 65.5 | 73.0 | 30.8 | -22.7 | 28.7 | 5.6 |
| 68 | Ernaehrung | 192.4 | -64.2 | 65.5 | 73.0 | 30.8 | -22.7 | 28.7 | 5.6 |
| 69 | Tabak | | | | | | | | |
| | Verarbeitendes Gewerbe insg. | 46.2 | 12.0 | 12.8 | 84.7 | 10.0 | 2.9 | 6.2 | 6.3 |

Quelle: Hochgerechnete Ergebnisse von Unternehmensbefragungen des DIW.

Tabelle B10: Aufwendungen für Forschung und Entwicklung in a u s g e w ä h l t e n  B e t r i e b e n *) des verarbeitenden
Gewerbes von Berlin nach Wirtschaftszweigen in den Jahren 1977 bis 1987

| SYPRO-Nr. | Wirtschaftszweig / Wirtschaftsgruppe | Aufwand in TDM | | | | | | | |
|---|---|---|---|---|---|---|---|---|---|
| | | 1977 | 1978 | 1979 | 1980 | 1981 | 1985 | 1986 | 1987 |
| | Grundstoff- u. Produktionsg. | 228453 | 246070 | 262291 | 265417 | 273121 | 374373 | 401527 | 436863 |
| 25 | Steine, Erden | 4891 | 4508 | 4845 | 5914 | 7323 | 6950 | 6690 | 5990 |
| 27 | Eisen, Stahl | | | | | | | | |
| 28 | NE-Metalle | | | | 686 | 617 | 600 | 685 | 715 |
| 29 | Giessereien | | | | | | | | |
| 301/3 | Ziehereien | | | | | | | | |
| 40 | Chemie | 223292 | 241353 | 257118 | 258555 | 264908 | 366793 | 394122 | 430128 |
| 53 | Holzbearbeitung | 210 | 110 | 221 | 111 | | | | |
| 55 | Papiererzeugung | 60 | 65 | 69 | 73 | 103 | | | |
| 59 | Gummi | | 34 | 38 | 78 | 170 | 30 | 30 | 30 |
| | Investitionsgueter | 279845 | 308503 | 360071 | 399257 | 452044 | 558015 | 594311 | 599406 |
| 302 | Stahlverformung | 227 | 263 | 210 | 294 | 1192 | 7280 | 7360 | 2070 |
| 31 | Stahlbau | 1662 | 1848 | 1056 | 1300 | 8550 | 2838 | 3338 | 2277 |
| 32 | Maschinenbau | 16648 | 20347 | 30086 | 36026 | 40301 | 59287 | 62272 | 64030 |
| 33.34 | Fahrzeug-/Schiffbau | 1500 | 1964 | 2753 | 3535 | 5446 | 11220 | 11943 | 12628 |
| 36 | Elektrotechnik | 247995 | 270152 | 310331 | 339628 | 376740 | 461746 | 490692 | 492228 |
| 37 | Feinm./Optik | 6043 | 6718 | 7159 | 7945 | 8476 | 6564 | 8081 | 10288 |
| 38 | EBM-Waren | 940 | 1065 | 1640 | 2195 | 2170 | 3740 | 4440 | 5440 |
| 50 | Bueros./ADV | 4830 | 6146 | 6836 | 8334 | 9169 | 5340 | 6185 | 10445 |
| | Verbrauchsgueter | 2150 | 2412 | 2636 | 2903 | 3249 | 10017 | 10326 | 15643 |
| 39 | Musikinstr. | 537 | 570 | 622 | 658 | 711 | 150 | 180 | 180 |
| 51.52 | Feinkeramik/Glas | 175 | 186 | 198 | 210 | 247 | 856 | 1213 | 980 |
| 54 | Holzverarb. | 1 | | | 61 | | 9 | 9 | 9 |
| 56 | Papierverarb | 21 | 23 | 66 | 67 | 114 | 7349 | 6795 | 11990 |
| 57 | Druck | 277 | 296 | 317 | 291 | 311 | 400 | 535 | 870 |
| 58 | Kunststoffverarb. | 350 | 500 | 538 | 661 | 750 | 335 | 415 | 604 |
| 62 | Leder | 96 | 101 | 107 | 112 | 130 | 63 | 59 | |
| 63 | Textil | 693 | 736 | 788 | 843 | 986 | 855 | 1120 | 1010 |
| 64 | Bekleidung | | | | | | | | |
| 65 | Reparaturen | | | | | | | | |
| | Nahrungs- u. Genussmittel | 1482 | 1540 | 1834 | 2524 | 4286 | 1043 | 1349 | 1593 |
| 68 | Ernaehrung | 1482 | 1540 | 1834 | 2524 | 4286 | 1043 | 1349 | 1593 |
| 69 | Tabak | | | | | | | | |
| | Verarbeitendes Gewerbe insg. | 511930 | 558525 | 626832 | 670101 | 732700 | 943448 | 1007513 | 1053505 |

*) Betriebe, die sich an den DIW-Erhebungen der Jahre 1982 und 1988 beteiligt und für mindestens ein Jahr FuE-Auf-
wendungen ausgewiesen haben.
Quelle: Hochgerechnete Ergebnisse von Unternehmensbefragungen des DIW.

Tabelle B10a: Aufwendungen für Forschung und Entwicklung in a u s g e w ä h l t e n  B e t r i e b e n *) des verarbeitenden
Gewerbes von Berlin nach Wirtschaftszweigen in den Jahren 1977 bis 1987: Veränderungen

| SYPRO- Nr. | Wirtschaftszweig / Wirtschaftsgruppe | Veränderung in vH | | | | Durchschnittliche jährliche Veränderung in vH | | | |
|---|---|---|---|---|---|---|---|---|---|
| | | 1977/81 | 1981/85 | 1985/87 | 1977/87 | 1977/81 | 1981/85 | 1985/87 | 1977/87 |
| | Grundstoff- u. Produktionsg. | 19.6 | 37.1 | 16.7 | 91.2 | 4.6 | 8.2 | 8.0 | 6.7 |
| 25 | Steine, Erden | 49.7 | -5.1 | -13.8 | 22.5 | 10.6 | -1.3 | -7.2 | 2.0 |
| 27 | Eisen, Stahl | | | | | | | | |
| 28 | NE-Metalle | | -2.8 | 19.2 | | | -0.7 | 9.2 | |
| 29 | Giessereien | | | | | | | | |
| 301/3 | Ziehereien | | | | | | | | |
| 40 | Chemie | 18.6 | 38.5 | 17.3 | 92.6 | 4.4 | 8.5 | 8.3 | 6.8 |
| 53 | Holzbearbeitung | | | | | | | | |
| 55 | Papiererzeugung | 71.7 | | | | 14.5 | | | |
| 59 | Gummi | | -82.4 | | | | -35.2 | | |
| | Investitionsgueter | 61.5 | 23.4 | 7.4 | 114.2 | 12.7 | 5.4 | 3.6 | 7.9 |
| 302 | Stahlverformung | 425.1 | 510.7 | -71.6 | 811.9 | 51.4 | 57.2 | -46.7 | 24.7 |
| 31 | Stahlbau | 414.4 | -66.8 | -19.8 | 37.0 | 50.6 | -24.1 | -10.4 | 3.2 |
| 32 | Maschinenbau | 142.1 | 47.1 | 8.0 | 284.6 | 24.7 | 10.1 | 3.9 | 14.4 |
| 33,34 | Fahrzeug-/Schiffbau | 263.1 | 106.0 | 12.5 | 741.9 | 38.0 | 19.8 | 6.1 | 23.7 |
| 36 | Elektrotechnik | 51.9 | 22.6 | 6.6 | 98.5 | 11.0 | 5.2 | 3.2 | 7.1 |
| 37 | Feinm./Optik | 40.3 | -22.6 | 56.7 | 70.2 | 8.8 | -6.2 | 25.2 | 5.5 |
| 38 | EBM-Waren | 130.9 | 72.4 | 45.5 | 478.7 | 23.3 | 14.6 | 20.6 | 19.2 |
| 50 | Buerom./ADV | 89.8 | -41.8 | 95.6 | 116.3 | 17.4 | -12.6 | 39.9 | 8.0 |
| | Verbrauchsgueter | 51.1 | 208.3 | 56.2 | 627.6 | 10.9 | 32.5 | 25.0 | 22.0 |
| 39 | Musikinstr. | 32.4 | -78.9 | 20.0 | -66.5 | 7.3 | -32.2 | 9.5 | -10.4 |
| 51,52 | Feinkeramik/Glas | 41.1 | 246.6 | 14.5 | 460.0 | 9.0 | 36.4 | 7.0 | 18.8 |
| 54 | Holzverarb. | | | | 800.0 | | | | 24.6 |
| 56 | Papierverarb | 442.9 | 6346.5 | 63.2 | 56995.2 | 52.6 | 183.4 | 27.7 | 88.7 |
| 57 | Druck | 12.3 | 28.6 | 117.5 | 214.1 | 2.9 | 6.5 | 47.5 | 12.1 |
| 58 | Kunststoffverarb. | 114.3 | -55.3 | 80.3 | 72.6 | 21.0 | -18.2 | 34.3 | 5.6 |
| 62 | Leder | 35.4 | -51.5 | | | 7.9 | -16.6 | | |
| 63 | Textil | 42.3 | -13.3 | 18.1 | 45.7 | 9.2 | -3.5 | 8.7 | 3.8 |
| 64 | Bekleidung | | | | | | | | |
| 65 | Reparaturen | | | | | | | | |
| | Nahrungs- u. Genussmittel | 189.2 | -75.7 | 52.7 | 7.5 | 30.4 | -29.8 | 23.6 | 0.7 |
| 68 | Ernaehrung | 189.2 | -75.7 | 52.7 | 7.5 | 30.4 | -29.8 | 23.6 | 0.7 |
| 69 | Tabak | | | | | | | | |
| | Verarbeitendes Gewerbe insg. | 43.1 | 28.8 | 11.7 | 105.8 | 9.4 | 6.5 | 5.7 | 7.5 |

*) Betriebe, die sich an den DIW-Erhebungen der Jahre 1982 und 1988 beteiligt und für mindestens ein Jahr FuE-Auf-
wendungen ausgewiesen haben.
Quelle: Hochgerechnete Ergebnisse von Unternehmensbefragungen des DIW.

Tabelle B11: Aufwendungen für Forschung und Entwicklung im verarbeitenden Gewerbe von Berlin nach Wirtschaftszweigen in den Jahren 1977 bis 1987 zu Preisen von 1977 *)

| SYPRO-Nr. Wirtschaftszweig / Wirtschaftsgruppe | Aufwand in TDM | | | | | | | |
|---|---|---|---|---|---|---|---|---|
| | 1977 | 1978 | 1979 | 1980 | 1981 | 1985 | 1986 | 1987 |
| Grundstoff- u. Produktionsg. | 230515 | 245976 | 257174 | 245035 | 253369 | 299466 | 319651 | 341695 |
| 25 Steine, Erden | 4891 | 4452 | 4692 | 5503 | 6624 | 5462 | 5217 | 4578 |
| 27 Eisen, Stahl | | | | | | | | |
| 28 NE-Metalle | | | | 1299 | 1128 | 472 | 534 | 546 |
| 29 Giessereien | | 7 | | | | | | |
| 301/3 Ziehereien | 128 | 151 | 244 | 655 | 640 | | | |
| 40 Chemie | 225226 | 241159 | 251920 | 237334 | 244730 | 293194 | 313556 | 336219 |
| 53 Holzbearbeitung | 210 | 109 | 214 | 103 | | | | |
| 55 Papiererzeugung | 60 | 64 | 67 | 68 | 93 | | | |
| 59 Gummi | | 34 | 37 | 73 | 154 | 338 | 343 | 352 |
| Investitionsgueter | 384245 | 418889 | 470557 | 510267 | 558315 | 489836 | 520642 | 518395 |
| 302 Stahlverformung | 149 | 155 | 168 | 249 | 1160 | 5721 | 5740 | 1582 |
| 31 Stahlbau | 2385 | 2971 | 2440 | 3537 | 8238 | 2608 | 2907 | 2205 |
| 32 Maschinenbau | 22385 | 26691 | 37822 | 44200 | 49295 | 52167 | 54527 | 55891 |
| 33.34 Fahrzeug-/Schiffbau | 3403 | 3597 | 4783 | 5103 | 6434 | 9181 | 9721 | 10064 |
| 36 Elektrotechnik | 339972 | 365762 | 404373 | 433767 | 468149 | 404498 | 429206 | 424921 |
| 37 Feinm./Optik | 7897 | 8802 | 9322 | 10255 | 10769 | 6213 | 7517 | 9115 |
| 38 EBM-Waren | 1030 | 1168 | 1808 | 2367 | 2368 | 3538 | 4251 | 4772 |
| 50 Buerom./ADV | 7024 | 9742 | 9841 | 10789 | 11902 | 5910 | 6773 | 9844 |
| Verbrauchsgueter | 5305 | 6398 | 6593 | 6547 | 6132 | 9750 | 10323 | 15600 |
| 39 Musikinstr. | 963 | 1053 | 1166 | 1114 | 1233 | 118 | 140 | 138 |
| 51.52 Feinkeramik/Glas | 1411 | 1524 | 1631 | 1725 | 1649 | 673 | 946 | 749 |
| 54 Holzverarb. | 1 | | | 61 | | 7 | 7 | 7 |
| 56 Papierverarb | 79 | 85 | 207 | 203 | 324 | 5775 | 5299 | 10349 |
| 57 Druck | 321 | 339 | 355 | 314 | 326 | 1886 | 2289 | 2662 |
| 58 Kunststoffverarb. | 1734 | 2564 | 2359 | 2233 | 1531 | 491 | 569 | 733 |
| 62 Leder | 96 | 100 | 104 | 104 | 118 | 50 | 46 | |
| 63 Textil | 700 | 734 | 771 | 793 | 952 | 751 | 1026 | 963 |
| 64 Bekleidung | | | | | | | | |
| 65 Reparaturen | | | | | | | | |
| Nahrungs- u. Genussmittel | 1677 | 1716 | 2016 | 2671 | 4435 | 1378 | 1879 | 2218 |
| 68 Ernaehrung | 1677 | 1716 | 2016 | 2671 | 4435 | 1378 | 1879 | 2218 |
| 69 Tabak | | | | | | | | |
| Verarbeitendes Gewerbe insg. | 621742 | 672979 | 736340 | 764519 | 822250 | 800430 | 852495 | 877908 |

*) Deflator: Preisindex Bruttowertschöpfung im verarbeitenden Gewerbe von Berlin.
Quelle: Hochgerechnete Ergebnisse von Unternehmensbefragungen des DIW.

| SYPRO-Nr. Wirtschaftszweig Wirtschaftsgruppe | Veränderung in vH | | | | Durchschnittliche jährliche Veränderung in vH | | | |
|---|---|---|---|---|---|---|---|---|
| | 1977/81 | 1981/85 | 1985/87 | 1977/87 | 1977/81 | 1981/85 | 1985/87 | 1977/87 |
| Grundstoff- u. Produktionsg. | 9.9 | 18.2 | 14.1 | 48.2 | 2.4 | 4.3 | 6.8 | 4.0 |
| 25 Steine, Erden | 35.4 | -17.5 | -16.2 | -6.4 | 7.9 | -4.7 | -8.4 | -0.7 |
| 27 Eisen, Stahl | | | | | | | | |
| 28 NE-Metalle | | -58.2 | 15.9 | | | -19.6 | 7.7 | |
| 29 Giessereien | | | | | | | | |
| 301/3 Ziehereien | 400.3 | | | | 49.6 | | | |
| 40 Chemie | 8.7 | 19.8 | 14.7 | 49.3 | 2.1 | 4.6 | 7.1 | 4.1 |
| 53 Holzbearbeitung | | | | | | | | |
| 55 Papiererzeugung | 55.3 | | | | 11.6 | | | |
| 59 Gummi | | 119.8 | 4.0 | | | 21.8 | 2.0 | |
| Investitionsgueter | 45.3 | -12.3 | 5.8 | 34.9 | 9.8 | -3.2 | 2.9 | 3.0 |
| 302 Stahlverformung | 678.2 | 393.4 | -72.3 | 961.8 | 67.0 | 49.0 | -47.4 | 26.6 |
| 31 Stahlbau | 245.4 | -68.3 | -15.4 | -7.5 | 36.3 | -25.0 | -8.0 | -0.8 |
| 32 Maschinenbau | 120.2 | 5.8 | 7.1 | 149.7 | 21.8 | 1.4 | 3.5 | 9.6 |
| 33,34 Fahrzeug-/Schiffbau | 89.1 | 42.7 | 9.6 | 195.7 | 17.3 | 9.3 | 4.7 | 11.5 |
| 36 Elektrotechnik | 37.7 | -13.6 | 5.0 | 25.0 | 8.3 | -3.6 | 2.5 | 2.3 |
| 37 Feinm./Optik | 36.4 | -42.3 | 46.7 | 15.4 | 8.1 | -12.8 | 21.1 | 1.4 |
| 38 EBM-Waren | 129.9 | 49.4 | 34.9 | 363.3 | 23.1 | 10.6 | 16.1 | 16.6 |
| 50 Bueroa./ADV | 69.5 | -50.3 | 66.6 | 40.2 | 14.1 | -16.1 | 29.1 | 3.4 |
| Verbrauchsgueter | 15.6 | 59.0 | 60.0 | 194.1 | 3.7 | 12.3 | 26.5 | 11.4 |
| 39 Musikinstr. | 28.0 | -90.4 | 16.7 | -85.7 | 6.4 | -44.4 | 8.0 | -17.7 |
| 51,52 Feinkeramik/Glas | 16.9 | -59.2 | 11.3 | -46.9 | 4.0 | -20.1 | 5.5 | -6.1 |
| 54 Holzverarb. | | | -2.7 | 587.9 | | | -1.4 | 21.3 |
| 56 Papierverarb | 309.9 | 1683.6 | 79.2 | 12999.6 | 42.3 | 105.5 | 33.9 | 62.8 |
| 57 Druck | 1.4 | 479.2 | 41.1 | 729.3 | 0.4 | 55.1 | 18.8 | 23.6 |
| 58 Kunststoffverarb. | -11.7 | -67.9 | 49.2 | -57.7 | -3.1 | -24.7 | 22.2 | -8.3 |
| 62 Leder | 22.5 | -57.9 | | | 5.2 | -19.4 | | |
| 63 Textil | 35.9 | -21.1 | 28.3 | 37.6 | 8.0 | -5.8 | 13.3 | 3.2 |
| 64 Bekleidung | | | | | | | | |
| 65 Reparaturen | | | | | | | | |
| Nahrungs- u. Genussmittel | 164.4 | -68.9 | 61.0 | 32.3 | 27.5 | -25.3 | 26.9 | 2.8 |
| 68 Ernaehrung | 164.4 | -68.9 | 61.0 | 32.3 | 27.5 | -25.3 | 26.9 | 2.8 |
| 69 Tabak | | | | | | | | |
| Verarbeitendes Gewerbe insg. | 32.2 | -2.7 | 9.7 | 41.2 | 7.2 | -0.7 | 4.7 | 3.5 |

*) Deflator: Preisindex Bruttowertschöpfung ia verarbeitenden Gewerbe von Berlin.
Quelle: Hochgerechnete Ergebnisse von Unternehmensbefragungen des DIW.

Tabelle B12: Struktur der Aufwendungen für Forschung und Entwicklung im verarbeitenden Gewerbe von Berlin nach Wirtschaftszweigen: Durchschnitt 1986 bis 1987

| Zweig / Nr. Wirtschaftszweig Wirtschaftsgruppe | Aufwendungen insgesamt in Mill. DM | davon in VH: Interne Aufwendungen | und zwar für Personal | Material | Ausruestung | Bauten | Externe Aufwendungen |
|---|---|---|---|---|---|---|---|
| Grundstoff-, Produktionsgueter | 428.0 | 99.9 | 51.3 | 25.5 | 12.1 | .1 | 11.1 |
| 25 Steine, Erden | 6.3 | 96.4 | 39.4 | 53.9 | 5.1 | | 1.6 |
| 27 Eisen, Stahl | .7 | 95.7 | 93.6 | 2.1 | | | 4.3 |
| 28 NE-Metalle | | | | | | | |
| 29 Giessereien | | | | | | | |
| 201/3 Ziehereien | | | | | | | |
| 40,22 Chemie, Oelverarb. | 421.0 | 88.7 | 51.3 | 25.1 | 12.2 | .1 | 11.3 |
| 53 Holzbearbeitung | | | | | | | |
| 55 Papiererzeugung | | | | | | | |
| 59 Gummiverarbeitung | .4 | 92.2 | 85.6 | 6.7 | | | 7.8 |
| Investitionsgueter | 672.9 | 94.4 | 52.7 | 24.1 | 7.6 | | 5.6 |
| 302 Stahlverformung | 4.7 | 100.0 | 8.4 | 1.5 | 90.1 | | 18.1 |
| 31 Stahlbau | 3.3 | 81.9 | 70.3 | 8.7 | 2.9 | | 11.8 |
| 32 Maschinenbau | 71.5 | 88.2 | 63.5 | 16.6 | 8.1 | | 1.7 |
| 33,34 Fahrzeug-, Schiffbau | 12.8 | 98.3 | 80.9 | 7.3 | 10.1 | | 4.5 |
| 36 Elektrotechnik | 553.1 | 95.5 | 62.6 | 26.4 | 6.4 | | 1.5 |
| 37 Feinm./Optik | 10.8 | 98.5 | 71.9 | 12.0 | 14.7 | | 7.4 |
| 38 EBM-Waren | 5.8 | 92.6 | 65.5 | 16.2 | 10.8 | | 7.4 |
| 50 Buerom./ADV | 10.6 | 73.2 | 47.9 | 6.7 | 18.6 | | 26.8 |
| Verbrauchsgueter | 16.6 | 98.4 | 41.1 | 9.5 | 43.4 | 4.4 | 1.6 |
| 39 Musikinstr. | 1.2 | 100.0 | 100.0 | | | | |
| 51,52 Feinkeramik, Glas | 1.1 | 100.0 | 39.1 | 30.2 | 30.1 | 1.6 | |
| 54 Holzverarbeitung | | 100.0 | 100.0 | | | | |
| 56 Papierverarbeitung | 10.2 | 99.0 | 27.3 | 5.9 | 59.4 | 6.4 | 1.0 |
| 57 Druck | 3.2 | 98.1 | 76.7 | 6.5 | 14.8 | | 1.9 |
| 58 Kunststoffverarb. | .8 | 90.1 | 58.3 | 13.3 | 18.4 | | 9.9 |
| 62 Leder | | 100.0 | 72.9 | 10.2 | 16.9 | | |
| 63 Textil | 1.3 | 98.4 | 43.2 | 26.5 | 23.3 | 5.4 | 1.6 |
| 64 Bekleidung | | | | | | | |
| 65 Reparaturen | | | | | | | |
| Nahrungs- u. Genussmittel | 2.7 | 66.3 | 51.3 | 11.5 | 20.5 | 2.9 | 13.7 |
| 68 Ernaehrung | 2.7 | 66.3 | 51.3 | 11.5 | 20.5 | 2.9 | 13.7 |
| 69 Tabak | | | | | | | |
| Industrie insgesamt | 1120.9 | 92.3 | 58.0 | 24.4 | 9.9 | .1 | 7.7 |

Quelle: Hochgerechnete Unternehmensbefragung des DIW.

191

Tabelle B13: Struktur der Aufwendungen für Forschung und Entwicklung im verarbeitenden Gewerbe von Berlin nach Betriebsgrößenklassen: Durchschnitt 1986 bis 1987

| Unternehmen mit ... Beschaeftigten | Aufwendungen insgesamt in Mill. DM | davon in vH: Interne Aufwendungen | und zwar fuer: Personal | Material | Ausruestung | Bauten | Externe Aufwendungen |
|---|---|---|---|---|---|---|---|
| bis 49 | 14.6 | 83.2 | 66.0 | 12.3 | 9.9 |  | 11.8 |
| 50 - 99 | 34.3 | 84.1 | 61.7 | 9.3 | 13.1 | .1 | 15.9 |
| 100 - 199 | 39.6 | 96.0 | 58.9 | 14.7 | 21.6 | .8 | 4.0 |
| 200 - 499 | 61.5 | 94.8 | 65.7 | 16.1 | 12.9 | .1 | 5.2 |
| 500 - 999 | 60.4 | 87.6 | 62.0 | 16.8 | 8.8 |  | 12.4 |
| 1000 u.m. | 910.1 | 92.7 | 56.9 | 26.6 | 9.1 | .1 | 7.3 |
| Industrie insgesamt | 1120.9 | 92.3 | 58.0 | 24.4 | 9.9 | .1 | 7.7 |
| davon: |  |  |  |  |  |  |  |
| bis 99 | 49.1 | 85.4 | 63.0 | 10.2 | 12.1 | .1 | 14.6 |
| 100 - 499 | 101.3 | 95.3 | 63.0 | 15.6 | 16.3 | .4 | 4.7 |
| 500 u.m. | 970.5 | 92.4 | 57.2 | 26.0 | 9.1 | .1 | 7.6 |

Quelle: Hochgerechnete Unternehmensbefragung des DIW.

**Tabelle B14: Entwicklung des Anteils externer Aufwendungen für Forschung und Entwicklung im verarbeitenden Gewerbe von Berlin in den Jahren 1977 bis 1987**

| SYPRO-Nr. Wirtschaftszweig Wirtschaftsgruppe | Externe Aufwendungen in vH aller Aufwendungen | | | | | | |
|---|---|---|---|---|---|---|---|
| | 1977 | 1978 | 1979 | 1980 | 1981 | 1986 | 1987 |
| Grundstoff- u. Produktionsg. | 6.6 | 7.1 | 6.5 | 7.5 | 9.1 | 12.0 | 10.4 |
| 25 Steine, Erden | | | | | | 1.5 | 1.7 |
| 27 Eisen, Stahl | | | | | | | |
| 28 NE-Metalle | | | | 7.9 | 10.4 | 4.4 | 4.2 |
| 29 Giessereien | | 100.0 | | | | | |
| 301/3 Ziehereien | | | | 29.0 | 30.2 | | |
| 40 Chemie | 6.7 | 7.2 | 6.6 | 7.6 | 9.2 | 12.2 | 10.5 |
| 53 Holzbearbeitung | | | | | | | |
| 55 Papiererzeugung | | | | | 24.3 | | |
| 59 Gummi | | | | | | 6.8 | 8.7 |
| Investitionsgueter | 1.3 | 1.4 | 1.7 | 4.9 | 4.8 | 5.6 | 5.6 |
| 302 Stahlverformung | | | | | 11.2 | | |
| 31 Stahlbau | | | 2.7 | 3.7 | | 14.6 | 22.6 |
| 32 Maschinenbau | 2.7 | 2.4 | 2.9 | 13.0 | 10.7 | 12.7 | 10.9 |
| 33,34 Fahrzeug-/Schiffbau | 28.0 | 20.4 | 16.3 | 11.0 | 7.7 | 1.4 | 2.0 |
| 36 Elektrotechnik | 0.8 | 0.9 | 1.1 | 3.7 | 3.9 | 4.5 | 4.5 |
| 37 Feinm./Optik | 13.6 | 13.9 | 13.3 | 13.3 | 12.7 | 1.6 | 1.3 |
| 38 EBM-Waren | 4.4 | 13.9 | 24.7 | 35.7 | 16.8 | 7.7 | 7.2 |
| 50 Buerom./ADV | | 2.0 | 0.6 | 1.2 | 3.8 | 30.2 | 24.5 |
| Verbrauchsgueter | 0.1 | 0.1 | 0.5 | 0.7 | 1.8 | 0.5 | 2.3 |
| 39 Musikinstr. | | | 2.2 | 3.3 | 4.4 | | |
| 51,52 Feinkeramik/Glas | 0.2 | 0.2 | 0.2 | 0.2 | 1.5 | | |
| 54 Holzverarb. | | | | | | | |
| 56 Papierverarb | | | | | | 0.3 | 1.4 |
| 57 Druck | | | | | | 0.9 | 2.9 |
| 58 Kunststoffverarb. | | | | | | | 17.5 |
| 62 Leder | | | | | | | |
| 63 Textil | | | | | 1.8 | 1.5 | 1.6 |
| 64 Bekleidung | | | | | | | |
| 65 Reparaturen | | | | | | | |
| Nahrungs- u. Genussmittel | 10.3 | 10.6 | 9.4 | 19.9 | 13.0 | 14.9 | 12.8 |
| 68 Ernaehrung | 10.3 | 10.6 | 9.4 | 19.9 | 13.0 | 14.9 | 12.8 |
| 69 Tabak | | | | | | | |
| Verarbeitendes Gewerbe insg. | 3.5 | 3.8 | 3.6 | 5.9 | 6.3 | 8.0 | 7.4 |

Quelle: Hochgerechnete Ergebnisse von Unternehmensbefragungen des DIW.

Tabelle B15: Finanzierungsstruktur der Aufwendungen für Forschung und Entwicklung im verarbeitenden Gewerbe nach Wirtschaftszweigen: Durchschnitt 1985 - 1987 - in vH der Gesamtaufwendungen -

| SYPRO NR. | Wirtschaftszweig Wirtschaftsgruppe | Unternehmensmittel aus eigenem Unternehmen | Auftragsforschung | insgesamt | Oeffentl. Mittel | Sonstige Mittel | besondere Mittel zur Investitionsfinanzierung Invest. zulage | ERP-Kredite | Oeffentl. Zuschuesse |
|---|---|---|---|---|---|---|---|---|---|
| | Grundstoff-, Produktionsgueter | 95.3 | | 95.9 | .6 | .7 | 2.7 | .1 | |
| 25 | Steine, Erden | 93.2 | | 93.2 | | | 1.7 | 5.1 | |
| 27 | Eisen, Stahl | 91.4 | 6.6 | 100.0 | | | | | |
| 29 | NE-Metalle | | | | | | | | |
| 29 | Giessereien | | | | | | | | |
| 301/3 | Ziehereien | | | | | | | | |
| 40,22 | Chemie, Oelverarb. | 95.9 | | 95.9 | .6 | .7 | 2.7 | .1 | |
| 53 | Holzbearbeitung | | | | | | | | |
| 55 | Papiererzeugung | | | | | | | | |
| 59 | Gummiverarbeitung | 100.0 | | 100.0 | | | | | |
| | Investitionsgueter | 89.0 | .4 | 89.4 | 7.7 | .1 | 2.4 | .4 | .1 |
| 302 | Stahlverformung | 53.3 | | 53.3 | 18.6 | | 28.1 | | |
| 31 | Stahlbau | 67.8 | 7.6 | 75.4 | 23.4 | | 1.2 | | |
| 32 | Maschinenbau | 92.9 | | 92.9 | 3.9 | .2 | 2.8 | .3 | |
| 33,34 | Fahrzeug-, Schiffbau | 76.9 | 18.7 | 95.6 | .9 | | 3.4 | | |
| 36 | Elektrotechnik | 89.3 | | 89.3 | 8.2 | .1 | 2.0 | .4 | |
| 37 | Feinm./Optik | 87.3 | | 87.3 | 6.4 | | 2.7 | 3.5 | .1 |
| 38 | EBM-Waren | 87.1 | 3.4 | 90.5 | 4.3 | | 3.1 | .6 | .1 |
| 50 | buerom./ADV | 84.2 | | 84.2 | 9.7 | | 6.1 | | 1.4 |
| | Verbrauchsgueter | 86.6 | | 86.6 | .3 | | 12.2 | .8 | |
| 39 | Musikinstr. | 100.0 | | 100.0 | | | 12.6 | | |
| 51,52 | Feinkeramik, Glas | 87.4 | | 87.4 | | | 12.6 | | |
| 54 | Holzverarbeitung | 100.0 | | 100.0 | | | 15.0 | | |
| 56 | Papierverarbeitung | 85.0 | | 85.0 | | | 15.0 | | |
| 57 | Druck | 94.1 | | 94.1 | | .4 | 5.9 | | |
| 58 | Kunststoffverarb. | 92.3 | | 92.3 | | | 7.3 | | |
| 62 | Leder | 59.3 | | 59.3 | 33.9 | | 6.8 | | |
| 63 | Textil | 75.2 | | 75.2 | 3.8 | | 10.2 | 10.9 | |
| 64 | Bekleidung | | | | | | | | |
| 65 | Reparaturen | | | | | | | | |
| | Nahrungs- u. Genussmittel | 84.9 | | 84.9 | .9 | | 7.5 | 6.7 | |
| 68 | Ernaehrung | 84.9 | | 84.9 | .9 | | 7.5 | 6.7 | |
| 69 | Tabak | | | | | | | | |
| | Industrie insgesamt | 91.6 | .3 | 91.8 | 4.8 | .3 | 2.7 | | .3 |

Quelle: Hochgerechnete Unternehmensbefragung des DIW.

Tabelle B16: Finanzierungsstruktur der Aufwendungen für Forschung und Entwicklung im verarbeitenden Gewerbe nach Betriebsgrößenklassen: Durchschnitt 1985 - 1987 - in vH der Gesamtaufwendungen -

| Unternehmen mit ... Beschaeftigten | Unternehmensmittel aus | | | Oeffentl. Mittel | Sonstige Mittel | Besondere Mittel zur Investitionsfinanzierung | | |
|---|---|---|---|---|---|---|---|---|
| | eigenem Unternehmen | Auftrags- forschung | insgesamt | | | Invest. zulage | ERP- Kredite | Oeffentl. Zuschuesse |
| bis 49 | 90.1 | .5 | 90.6 | 3.6 | 1.0 | 3.5 | 1.2 | — |
| 50 - 99 | 84.3 | — | 84.3 | 10.6 | — | 4.6 | .5 | — |
| 100 - 199 | 81.7 | .2 | 82.1 | 6.8 | 1.1 | 7.2 | 2.8 | — |
| 200 - 499 | 91.3 | — | 91.3 | 2.9 | .2 | 4.8 | .8 | — |
| 500 - 999 | 94.0 | .7 | 94.7 | 2.4 | — | 2.4 | .3 | .2 |
| 1000 u.m. | 92.1 | .3 | 92.4 | 4.3 | .3 | 2.2 | .2 | .0 |
| Industrie insgesamt | 91.6 | .3 | 91.8 | 4.8 | .3 | 2.7 | .3 | .0 |
| davon: | | | | | | | | |
| bis 99 | 86.0 | .2 | 86.2 | 8.5 | .3 | 4.2 | .7 | — |
| 100 - 499 | 87.6 | .1 | 87.7 | 4.4 | .6 | 5.7 | 1.6 | — |
| 500 u.m. | 92.2 | .3 | 92.5 | 4.7 | .3 | 2.3 | .2 | .1 |

Quelle: Hochgerechnete Unternehmensbefragung des DIW.

Tabelle B17: Aufwendungen für Forschung und Entwicklung je Beschäftigten (FuE-Intensität) im verarbeitenden Gewerbe von Berlin nach Wirtschaftszweigen in den Jahren 1977 bis 1987

| SYPRO-Nr. | Wirtschaftszweig / Wirtschaftsgruppe | FuE-Intensität in DM | | | | | | | |
|---|---|---|---|---|---|---|---|---|---|
| | | 1977 | 1978 | 1979 | 1980 | 1981 | 1985 | 1986 | 1987 |
| | Grundstoff- u. Produktionsg. | 11298 | 12499 | 13526 | 13498 | 15961 | 21054 | 22181 | 24071 |
| 25 | Steine, Erden | 1433 | 1486 | 1689 | 2076 | 3053 | 3870 | 3630 | 3134 |
| 27 | Eisen, Stahl | | | | | | | | |
| 28 | NE-Metalle | | | | 765 | 851 | 513 | 568 | 616 |
| 29 | Giessereien | | 4 | | | | | | |
| 301/3 | Ziehereien | 344 | 451 | 808 | 2395 | 2632 | | | |
| 40,22 | Chemie, Min.oel. | 19505 | 21545 | 23062 | 22876 | 24709 | 30600 | 32095 | 34652 |
| 53 | Holzbearbeitung | 438 | 217 | 406 | 204 | | | | |
| 55 | Papiererzeugung | 250 | 262 | 284 | 308 | 448 | | | |
| 59 | Gummi | | 58 | 66 | 137 | 304 | 726 | 772 | 866 |
| | Investitionsgueter | 3194 | 3609 | 4278 | 4809 | 5614 | 6133 | 6538 | 6710 |
| 302 | Stahlverformung | 103 | 106 | 117 | 180 | 724 | 3584 | 3597 | 1039 |
| 31 | Stahlbau | 526 | 718 | 635 | 954 | 2206 | 864 | 954 | 748 |
| 32 | Maschinenbau | 1074 | 1343 | 1970 | 2424 | 2894 | 4260 | 4393 | 4841 |
| 33,34 | Fahrzeug-/Schiffbau | 249 | 273 | 454 | 498 | 640 | 1149 | 1209 | 1234 |
| 36 | Elektrotechnik | 5032 | 5569 | 6411 | 7123 | 8304 | 8797 | 9431 | 9557 |
| 37 | Feinm./Optik | 1785 | 2045 | 2084 | 2331 | 3340 | 2338 | 2783 | 3542 |
| 38 | EBM-Waren | 217 | 254 | 385 | 518 | 578 | 1065 | 1284 | 1498 |
| 50 | Bueroo./ADV | 2305 | 3470 | 3597 | 4034 | 3572 | 1937 | 2242 | 3434 |
| | Verbrauchsgueter | 186 | 233 | 247 | 262 | 270 | 582 | 601 | 911 |
| 39 | Musikinstr. | 875 | 1441 | 1703 | 1691 | 2031 | 362 | 421 | 407 |
| 51,52 | Feinkeramik/Glas | 1083 | 1158 | 1241 | 1369 | 1384 | 923 | 1153 | 849 |
| 54 | Holzverarb. | | | | 38 | | 12 | 13 | 13 |
| 56 | Papierverarb | 25 | 24 | 61 | 58 | 90 | 1792 | 1521 | 2974 |
| 57 | Druck | 47 | 50 | 54 | 50 | 54 | 488 | 588 | 687 |
| 58 | Kunststoffverarb. | 591 | 915 | 808 | 845 | 650 | 197 | 205 | 269 |
| 62 | Leder | 558 | 627 | 673 | 742 | 963 | 387 | 345 | 0 |
| 63 | Textil | 171 | 189 | 199 | 224 | 320 | 272 | 391 | 361 |
| 64 | Bekleidung | | | | | | | | |
| 65 | Reparaturen | | | | | | | | |
| | Nahrungs- u. Genussmittel | 73 | 76 | 92 | 127 | 211 | 85 | 118 | 145 |
| 68 | Ernaehrung | 87 | 93 | 113 | 157 | 261 | 108 | 151 | 187 |
| 69 | Tabak | | | | | | | | |
| | Verarbeitendes Gewebe insg. | 3232 | 3625 | 4146 | 4489 | 5171 | 6296 | 6705 | 7087 |

Quelle: Hochgerechnete Ergebnisse von Unternehmensbefragungen des DIW.

Tabelle B17a: Aufwendungen für Forschung und Entwicklung je Beschäftigten (FuE-Intensität) im verarbeitenden Gewerbe von Berlin nach Wirtschaftszweigen in den Jahren 1977 bis 1987: Veränderungen

| SYPRO-Nr. Wirtschaftszweig Wirtschaftsgruppe | Veränderung in vH | | | | Durchschnittliche jährliche Veränderung in vH | | | |
|---|---|---|---|---|---|---|---|---|
| | 1977/81 | 1981/85 | 1985/87 | 1977/87 | 1977/81 | 1981/85 | 1985/87 | 1977/87 |
| Grundstoff- u. Produktionsg. | 41.3 | 31.9 | 14.3 | 113.1 | 9.0 | 7.2 | 6.9 | 7.9 |
| 25 Steine, Erden | 113.1 | 26.8 | -19.0 | 118.8 | 20.8 | 6.1 | -10.0 | 8.1 |
| 27 Eisen, Stahl | | | | | | | | |
| 28 NE-Metalle | | -39.7 | 20.1 | | | -11.9 | 9.6 | |
| 29 Giessereien | | | | | | | | |
| 301/3 Ziehereien | 664.9 | | | | 66.3 | | | |
| 40,22 Chemie, Min.oel. | 26.7 | 23.8 | 13.2 | 77.7 | 6.1 | 5.5 | 6.4 | 5.9 |
| 53 Holzbearbeitung | | | | | | | | |
| 55 Papiererzeugung | 79.1 | | | | 15.7 | | | |
| 59 Gummi | | 139.3 | 19.3 | | | 24.4 | 9.2 | |
| Investitionsgueter | 75.8 | 9.2 | 9.4 | 110.1 | 15.1 | 2.2 | 4.6 | 7.7 |
| 302 Stahlverformung | 600.0 | 394.9 | -71.0 | 903.8 | 62.7 | 49.2 | -46.2 | 25.9 |
| 31 Stahlbau | 319.7 | -60.9 | -13.4 | 42.3 | 43.1 | | -6.9 | 3.6 |
| 32 Maschinenbau | 169.6 | 47.2 | 13.6 | 350.9 | 28.1 | 10.1 | 6.6 | 16.3 |
| 33,34 Fahrzeug-/Schiffbau | 157.7 | 79.4 | 7.4 | 396.7 | 26.7 | 15.7 | 3.7 | 17.4 |
| 36 Elektrotechnik | 65.0 | 5.9 | 8.6 | 89.9 | 13.3 | 1.5 | 4.2 | 6.6 |
| 37 Feinm./Optik | 87.1 | -30.0 | 51.5 | 98.4 | 16.9 | -8.5 | 23.1 | 7.1 |
| 38 EBM-Waren | 165.8 | 84.2 | 40.7 | 588.8 | 27.7 | 16.5 | 18.6 | 21.3 |
| 50 Buerom./ADV | 54.9 | -45.8 | 77.3 | 49.0 | 11.6 | -14.2 | 33.2 | 4.1 |
| Verbrauchsgueter | 45.5 | 115.5 | 56.4 | 390.3 | 9.8 | 21.2 | 25.1 | 17.2 |
| 39 Musikinstr. | 132.2 | -82.2 | 12.4 | -53.4 | 23.4 | -35.0 | 6.0 | -7.4 |
| 51,52 Feinkeramik/Glas | 27.8 | -33.3 | -8.0 | -21.6 | 6.3 | -9.6 | -4.1 | -2.4 |
| 54 Holzverarb. | | | 2.3 | | | | 1.1 | |
| 56 Papierverarb | 265.9 | 1883.7 | 66.0 | 11946.0 | 38.3 | 111.0 | 28.8 | 61.5 |
| 57 Druck | 15.5 | 799.3 | 40.7 | 1361.7 | 3.7 | | 18.6 | 30.8 |
| 58 Kunststoffverarb. | 10.1 | -69.8 | 37.0 | -54.4 | 2.4 | -25.8 | 17.0 | -7.6 |
| 62 Leder | 72.5 | -59.9 | | | 14.6 | -20.4 | | |
| 63 Textil | 86.8 | -15.0 | 32.6 | 110.6 | 16.9 | -4.0 | 15.1 | 7.7 |
| 64 Bekleidung | | | | | | | | |
| 65 Reparaturen | | | | | | | | |
| Nahrungs- u. Genussmittel | 190.8 | -59.9 | 71.6 | 99.9 | 30.6 | -20.4 | 31.0 | 7.2 |
| 68 Ernaehrung | 198.3 | -58.7 | 73.6 | 113.7 | 31.4 | -19.9 | 31.8 | 7.9 |
| 69 Tabak | | | | | | | | |
| Verarbeitendes Gewebe insg. | 60.0 | 21.8 | 12.6 | 119.3 | 12.5 | 5.0 | 6.1 | 8.2 |

Quelle: Hochgerechnete Ergebnisse von Unternehmensbefragungen des DIW.

Tabelle B18: Aufwendungen für Forschung und Entwicklung je Beschäftigten (FuE-Intensität) im verarbeitenden Gewerbe von Berlin nach Betriebsgrößenklassen in den Jahren 1985 bis 1987

| Betriebe mit ... Beschäftigten | FuE-Intensitäten in DM | | | Jährliche Veränderung in vH | | |
|---|---|---|---|---|---|---|
| | 1985 | 1986 | 1987 | 1985/86 | 1986/87 | Durchschn. 1985/87 |
| bis 49 | 794 | 992 | 1130 | 25 | 14 | 19 |
| 50 bis 99 | 1604 | 1906 | 2526 | 19 | 33 | 26 |
| 100 bis 199 | 1928 | 2080 | 2048 | 8 | -2 | 3 |
| 200 bis 499 | 2000 | 2235 | 2508 | 12 | 12 | 12 |
| 500 bis 999 | 3456 | 3671 | 4041 | 6 | 10 | 8 |
| 1000 und mehr | 11683 | 12343 | 12856 | 6 | 4 | 5 |
| I N S G E S A M T | 6296 | 6705 | 7087 | 6 | 6 | 6 |

Quelle: Unternehmensbefragung des DIW.

Tabelle B19: Aufwendungen für Forschung und Entwicklung je Beschäftigten (FuE-Intensität) im verarbeitenden Gewerbe von Berlin nach Wirtschaftszweigen in den Jahren 1977 bis 1987 zu Preisen von 1977

| SYPRO- Nr. | Wirtschaftszweig Wirtschaftsgruppe | Reale FuE-Intensität | | | | | | | |
|---|---|---|---|---|---|---|---|---|---|
| | | 1977 | 1978 | 1979 | 1980 | 1981 | 1985 | 1986 | 1987 |
| | Grundstoff- u. Produktionsg. | 11298 | 12345 | 13099 | 12559 | 14437 | 16546 | 17299 | 18397 |
| 25 | Steine, Erden | 1433 | 1468 | 1636 | 1931 | 2761 | 3041 | 2831 | 2396 |
| 27 | Eisen, Stahl | | | | | | | | |
| 28 | NE-Metalle | | | | 712 | 769 | 403 | 443 | 471 |
| 29 | Giessereien | | 4 | | | | | | |
| 301/3 | Ziehereien | 344 | 446 | 782 | 2228 | 2381 | | | |
| 40,22 | Chemie, Min.oel. | 19505 | 21279 | 22333 | 21286 | 22350 | 24048 | 25030 | 26484 |
| 53 | Holzbearbeitung | 438 | 214 | 393 | 190 | | | | |
| 55 | Papiererzeugung | 250 | 259 | 275 | 287 | 405 | | | |
| 59 | Gummi | | 57 | 63 | 127 | 275 | 571 | 602 | 662 |
| | Investitionsgueter | 3194 | 3564 | 4143 | 4475 | 5078 | 4820 | 5099 | 5128 |
| 302 | Stahlverformung | 103 | 104 | 113 | 167 | 655 | 2817 | 2805 | 794 |
| 31 | Stahlbau | 526 | 709 | 615 | 887 | 1996 | 679 | 744 | 572 |
| 32 | Maschinenbau | 1074 | 1326 | 1908 | 2256 | 2618 | 3348 | 3426 | 3700 |
| 33,34 | Fahrzeug-/Schiffbau | 249 | 269 | 440 | 464 | 579 | 903 | 943 | 943 |
| 36 | Elektrotechnik | 5032 | 5501 | 6209 | 6628 | 7511 | 6914 | 7355 | 7304 |
| 37 | Feinm./Optik | 1785 | 2020 | 2018 | 2169 | 3021 | 1838 | 2171 | 2707 |
| 38 | EBM-Waren | 217 | 251 | 373 | 482 | 523 | 837 | 1001 | 1145 |
| 50 | Bueroma./ADV | 2305 | 3427 | 3484 | 3754 | 3231 | 1522 | 1749 | 2624 |
| | Verbrauchsgueter | 186 | 230 | 239 | 244 | 244 | 458 | 469 | 696 |
| 39 | Musikinstr. | 875 | 1423 | 1649 | 1573 | 1837 | 285 | 328 | 311 |
| 51,52 | Feinkeramik/Glas | 1083 | 1143 | 1202 | 1274 | 1252 | 726 | 899 | 649 |
| 54 | Holzverarb. | | | | 35 | | 10 | 10 | 10 |
| 56 | Papierverarb | 25 | 24 | 59 | 54 | 82 | 1408 | 1186 | 2273 |
| 57 | Druck | 47 | 50 | 52 | 46 | 49 | 384 | 459 | 525 |
| 58 | Kunststoffverarb. | 591 | 903 | 783 | 786 | 588 | 155 | 160 | 206 |
| 62 | Leder | 558 | 620 | 652 | 690 | 871 | 304 | 269 | |
| 63 | Textil | 171 | 187 | 192 | 208 | 289 | 214 | 305 | 276 |
| 64 | Bekleidung | | | | | | | | |
| 65 | Reparaturen | | | | | | | | |
| | Nahrungs- u. Genussmittel | 73 | 75 | 89 | 118 | 191 | 66 | 92 | 111 |
| 68 | Ernaehrung | 87 | 92 | 110 | 146 | 236 | 84 | 118 | 143 |
| 69 | Tabak | | | | | | | | |
| | Verarbeitendes Gewerbe insg. | 3232 | 3580 | 4015 | 4177 | 4677 | 4948 | 5229 | 5417 |

Quelle: Hochgerechnete Ergebnisse von Unternehmensbefragungen des DIW.

Tabelle B19a: Aufwendungen für Forschung und Entwicklung je Beschäftigten (FuE-Intensität) im verarbeitenden Gewerbe von Berlin nach Wirtschaftszweigen in den Jahren 1977 bis 1987 zu Preisen von 1977: Veränderungen

| SYPRO-Nr. / Wirtschaftszweig / Wirtschaftsgruppe | Veränderung in vH | | | | Durchschnittliche jährliche Veränderung in vH | | | |
|---|---|---|---|---|---|---|---|---|
| | 1977/81 | 1981/85 | 1985/87 | 1977/87 | 1977/81 | 1981/85 | 1985/87 | 1977/87 |
| Grundstoff- u. Produktionsg. | 27.8 | 14.6 | 11.2 | 62.8 | 6.3 | 3.5 | 5.4 | 5.0 |
| 25 Steine, Erden | 92.7 | 10.1 | -21.2 | 67.2 | 17.8 | 2.4 | -11.2 | 5.3 |
| 27 Eisen, Stahl | | | | | | | | |
| 28 NE-Metalle | | -47.6 | 16.8 | | | -14.9 | 8.1 | |
| 29 Giessereien | | | | | | | | |
| 301/3 Ziehereien | 591.9 | | | | 62.2 | -100.0 | | -100.0 |
| 40.22 Chemie, Min.oel. | 14.6 | 7.6 | 10.1 | 35.8 | 3.5 | 1.8 | 4.9 | 3.1 |
| 53 Holzbearbeitung | | | | | -100.0 | | | -100.0 |
| 55 Papiererzeugung | 62.0 | | | | 12.8 | -100.0 | | -100.0 |
| 59 Gummi | | 107.9 | 16.0 | | | 20.1 | 7.7 | |
| Investitionsgueter | 59.0 | -5.1 | 6.4 | 60.5 | 12.3 | -1.3 | 3.1 | 4.8 |
| 302 Stahlverformung | 533.1 | 330.0 | -71.8 | 667.2 | 58.6 | 44.0 | -46.9 | 22.6 |
| 31 Stahlbau | 279.6 | -66.0 | -15.7 | 8.8 | 39.6 | -23.6 | -8.2 | 0.8 |
| 32 Maschinenbau | 143.8 | 27.9 | 10.5 | 244.6 | 25.0 | 6.3 | 5.1 | 13.2 |
| 33,34 Fahrzeug-/Schiffbau | 133.1 | 55.9 | 4.5 | 279.6 | 23.6 | 11.7 | 2.2 | 14.3 |
| 36 Elektrotechnik | 49.3 | -8.0 | 5.6 | 45.2 | 10.5 | -2.1 | 2.8 | 3.8 |
| 37 Feinm./Optik | 69.2 | -39.2 | 47.3 | 51.6 | 14.0 | -11.7 | 21.4 | 4.3 |
| 38 EBM-Waren | 140.4 | 60.0 | 36.8 | 426.5 | 24.5 | 12.5 | 17.0 | 18.1 |
| 50 Bueros./ADV | 40.2 | -52.9 | 72.4 | 13.8 | 8.8 | -17.2 | 31.3 | 1.3 |
| Verbrauchsgueter | 31.6 | 87.2 | 52.1 | 274.8 | 7.1 | 17.0 | 23.3 | 14.1 |
| 39 Musikinstr. | 110.1 | -84.5 | 9.3 | -64.4 | 20.4 | -37.3 | 4.6 | -9.8 |
| 51,52 Feinkeramik/Glas | 15.6 | -42.0 | -10.6 | -40.1 | 3.7 | -12.7 | -5.4 | -5.0 |
| 54 Holzverarb. | | | -0.5 | | | | -0.3 | |
| 56 Papierverarb | 231.0 | 1623.6 | 61.4 | 9106.8 | 34.9 | 103.8 | 27.0 | 57.2 |
| 57 Druck | 4.5 | 681.4 | 36.9 | 1017.2 | 1.1 | 67.2 | 17.0 | 27.3 |
| 58 Kunststoffverarb. | -0.4 | -73.7 | 33.2 | -65.1 | -0.1 | -28.4 | 15.4 | -10.0 |
| 62 Leder | 56.1 | -65.1 | -100.0 | -100.0 | 11.8 | -23.2 | -100.0 | -100.0 |
| 63 Textil | 68.9 | -26.1 | 28.9 | 60.9 | 14.0 | -7.3 | 13.6 | 4.9 |
| 64 Bekleidung | | | | | | | | |
| 65 Reparaturen | | | | | | | | |
| Nahrungs- u. Genussmittel | 163.0 | -65.2 | 66.9 | 52.8 | 27.3 | -23.2 | 29.2 | 4.3 |
| 68 Ernaehrung | 169.8 | -64.2 | 68.8 | 63.3 | 28.2 | -22.6 | 29.9 | 5.0 |
| 69 Tabak | | | | | | | | |
| Verarbeitendes Gewerbe insg. | 44.7 | 5.8 | 9.5 | 67.6 | 9.7 | 1.4 | 4.6 | 5.3 |

Quelle: Hochgerechnete Ergebnisse von Unternehmensbefragungen des DIW.

Tabelle B20: Aufwendungen für Forschung und Entwicklung je Beschäftigten (FuE-Intensität) in f o r s c h e n d e n  Betrieben des verarbeitenden Gewerbes
nach Wirtschaftszweigen und Betriebsgrößenklassen - in den Jahren 1985 bis 1987
- in TDM -

| SYPRO-Nr. Wirtschaftszweig Wirtschaftsgruppe | Intensität in forschenden Betrieben mit ... Beschäftigten - Durchschnitt 1985 bis 1987 - | | | | | | | nachrichtlich: insgesamt | | |
|---|---|---|---|---|---|---|---|---|---|---|
| | 20-49 | 50-99 | 100-199 | 200-499 | 500-999 | 1000 u.m | insgesamt | 1985 | 1986 | 1987 |
| Grundstoff- u. Produktionsg. | 15.5 | 6.1 | 6.9 | 14.4 | | 50.0 | 37.8 | 35.6 | 37.4 | 40.4 |
| 25 Steine, Erden | | 1.8 | | | | 6.4 | 6.0 | 6.8 | 6.3 | 5.1 |
| 27 Eisen, Stahl | | | | | | | | | | |
| 28 NE-Metalle | | | 2.9 | | | | 2.9 | 2.5 | 2.8 | 3.6 |
| 29 Giessereien | | | | | | | | | | |
| 301/3 Ziehereien | | | | | | | | | | |
| 40,22 Chemie, Oelverarb. | 18.0 | 6.5 | 7.9 | 14.4 | | 56.6 | 42.8 | 40.1 | 42.2 | 46.0 |
| 53 Holzbearbeitung | | | | | | | | | | |
| 55 Papiererzeugung | | | | | | | | | | |
| 59 Gummiverarbeitung | 0.9 | | 3.9 | | | | 3.2 | 2.9 | 3.2 | 3.5 |
| Investitionsgueter | 7.2 | 7.9 | 7.5 | 5.9 | 6.6 | 9.3 | 8.5 | 8.0 | 8.6 | 8.8 |
| 302 Stahlverformung | | | 33.7 | 1.2 | | | 14.2 | 19.1 | 18.3 | 5.3 |
| 31 Stahlbau | 3.9 | 3.2 | 9.2 | 0.8 | 1.0 | | 1.6 | 1.6 | 1.8 | 1.4 |
| 32 Maschinenbau | 9.2 | 6.0 | 6.4 | 3.9 | 8.3 | 1.9 | 5.1 | 4.9 | 5.0 | 5.5 |
| 33,34 Fahrzeug-, Schiffbau | 4.6 | 3.7 | 1.3 | | | 2.3 | 2.4 | 2.3 | 2.4 | 2.4 |
| 36 Elektrotechnik | 8.3 | 7.1 | 6.9 | 9.0 | 7.8 | 10.9 | 10.4 | 9.9 | 10.6 | 10.8 |
| 37 Feinm./Optik | 4.8 | 5.2 | 5.6 | 0.2 | 6.0 | | 4.5 | 3.7 | 4.3 | 5.5 |
| 38 EBM-Waren | | 5.2 | 7.8 | | 3.5 | | 4.3 | 3.5 | 4.3 | 5.0 |
| 50 Bueroa./ADV | 4.9 | 43.1 | 0.7 | 4.6 | | | 8.3 | 6.3 | 7.4 | 11.2 |
| Verbrauchsgueter | 1.4 | 8.9 | 2.3 | 1.2 | | 5.5 | 3.8 | 3.2 | 3.3 | 4.7 |
| 39 Musikinstr. | | 2.5 | | | | | 2.5 | 2.3 | 2.6 | 2.6 |
| 51,52 Feinkeramik, Glas | 2.8 | | | 1.5 | | | 1.6 | 1.4 | 1.9 | 1.5 |
| 54 Holzverarbeitung | 0.2 | | | | | | 0.2 | 0.3 | 0.3 | 0.2 |
| 56 Papierverarbeitung | | 1.2 | 5.2 | | | 5.5 | 5.3 | 4.7 | 3.9 | 7.2 |
| 57 Druck | 1.3 | 18.8 | | | | | 13.4 | 12.1 | 12.8 | 15.2 |
| 58 Kunststoffverarb. | 1.6 | 7.4 | 0.9 | | | | 2.2 | 1.9 | 2.1 | 2.6 |
| 62 Leder | 1.0 | | | | | | 1.0 | 1.7 | 1.4 | |
| 63 Textil | | 3.4 | | 1.0 | | | 1.2 | 0.9 | 1.4 | 1.2 |
| 64 Bekleidung | | | | | | | | | | |
| 65 Reparaturen | | | | | | | | | | |
| Nahrungs- u. Genussmittel | 2.2 | 1.4 | 1.9 | 0.5 | | 0.2 | 0.7 | 0.5 | 0.7 | 0.8 |
| 68 Ernaehrung | 2.2 | 1.4 | 1.9 | 0.5 | | 0.2 | 0.7 | 0.5 | 0.7 | 0.8 |
| 69 Tabak | | | | | | | | | | |
| Verarbeitendes Gewerbe insg. nachrichtlich | 7.1 | 7.3 | 6.6 | 4.9 | 6.6 | 14.0 | 11.3 | 10.6 | 11.3 | 12.0 |
| Industrie insgesamt 1985 | 5.9 | 5.8 | 6.4 | 4.3 | 6.2 | 13.3 | 10.6 | | | |
| 1986 | 7.3 | 6.8 | 6.8 | 5.0 | 6.4 | 14.1 | 11.3 | | | |
| 1987 | 8.2 | 9.1 | 6.6 | 5.5 | 7.3 | 14.6 | 12.0 | | | |

Quelle: Hochgerechnete Ergebnisse der Unternehmensbefragung des DIW.

Tabelle B21: Aufwendungen für Forschung und Entwicklung je Beschäftigten (FuE-Intensität) in
a u s g e w ä h l t e n   B e t r i e b e n *)  des verarbeitenden Gewerbes von Berlin
nach Wirtschaftszweigen in den Jahren 1977 bis 1987

| SYPRO- | Wirtschaftszweig | FuE-Inten- | Durchschnittliche jährliche | | | |
| Nr. | --------------- | sität | Veränderung in vH | | | |
| | Wirtschaftsgruppe | 1987 | | | | |
| | | in DM | 1977/81 | 1981/85 | 1985/87 | 1977/87 |
| | Grundstoff- u. Produktionsg | 40574 | 6.1 | 7.3 | 6.6 | 6.7 |
| 25 | Steine, Erden | 7332 | 17.2 | 18.3 | -14.6 | 10.5 |
| 27 | Eisen, Stahl | | | | | |
| 28 | NE-Metalle | 3629 | | -5.2 | 20.0 | |
| 29 | Giessereien | | | | | |
| 301/3 | Ziehereien | | | | | |
| 40 | Chemie | 46335 | 5.1 | 5.2 | 7.2 | 5.5 |
| 53 | Holzbearbeitung | | | | | |
| 55 | Papiererzeugung | | 25.7 | | | |
| 59 | Gummi | 286 | | 15.3 | | |
| | Investitionsgueter | 8799 | 12.5 | 6.1 | 4.2 | 8.2 |
| 302 | Stahlverformung | 2410 | -12.0 | 61.7 | -45.9 | 1.8 |
| 31 | Stahlbau | 1096 | 37.6 | -24.5 | -11.4 | -0.9 |
| 32 | Maschinenbau | 5619 | 24.7 | 14.6 | 5.8 | 16.7 |
| 33,34 | Fahrzeug-/Schiffba | 2304 | -24.0 | 21.8 | 2.2 | -2.6 |
| 36 | Elektrotechnik | 11096 | 11.2 | 5.0 | 4.3 | 7.3 |
| 37 | Feinm./Optik | 4956 | 5.3 | -7.1 | 25.0 | 3.6 |
| 38 | EBM-Waren | 4530 | -32.2 | 12.1 | 22.5 | -6.7 |
| 50 | Buerom./ADV | 15543 | 14.8 | -13.4 | 38.3 | 6.4 |
| | Verbrauchsgueter | 3338 | 7.5 | -26.8 | 19.8 | -5.8 |
| 39 | Musikinstr. | 1132 | 13.6 | -18.6 | | -3.1 |
| 51,52 | Feinkeramik/Glas | 1184 | 10.7 | -22.2 | 4.4 | -5.0 |
| 54 | Holzverarb. | 108 | | | | |
| 56 | Papierverarb | 6219 | | 45.6 | 17.4 | |
| 57 | Druck | 4307 | 1.4 | 7.5 | 33.9 | 9.7 |
| 58 | Kunststoffverarb. | 4377 | 25.0 | -30.7 | 38.3 | 0.7 |
| 62 | Leder | | | 47.5 | | |
| 63 | Textil | 800 | 7.5 | -6.9 | 15.5 | 2.9 |
| 64 | Bekleidung | | | | | |
| 65 | Reparaturen | | | | | |
| | Nahrungs- u. Genussmittel | 484 | -30.0 | 25.7 | 29.1 | |
| 68 | Ernaehrung | 484 | -30.0 | 25.7 | 29.1 | |
| 69 | Tabak | | | | | |
| | Verarbeitendes Gewrbe insg. | 12128 | 9.0 | 7.1 | 5.8 | 7.6 |

*) Betriebe, die sich an den DIW-Erhebungen der Jahre 1982 und 1988 beteiligt und für min-
destens ein Jahr Aufwendungen ausgewiesen haben.
Quelle: Hochgerechnete Ergebnisse von Unternehmensbefragungen des DIW.

Tabelle B22: Vollzeitbeschäftigte in Forschung und Entwicklung im verarbeitenden Gewerbe von Berlin nach Wirtschaftszweigen in den Jahren 1977 bis 1987

| SYPRO-Nr. Wirtschaftszweig Wirtschaftsgruppe | FuE-Beschäftigte in Personen | | | | | | Durchschnittliche jährliche Veränderung in vH | | | |
|---|---|---|---|---|---|---|---|---|---|---|
| | 1977 | 1979 | 1981 | 1985 | 1986 | 1987 | 1977/81 | 1981/85 | 1985/87 | 1977/87 |
| Grundstoff- u. Produktionsg. | 1771 | 1793 | 1900 | 2204 | 2264 | 2351 | 1.8 | 3.8 | 3.3 | 2.9 |
| 25 Steine, Erden | 103 | 120 | 128 | 61 | 51 | 51 | 5.7 | -16.9 | -8.6 | -6.7 |
| 27 Eisen, Stahl | | | | | | | | | | |
| 28 NE-Metalle | 3 | 3 | 16 | 5 | 6 | 7 | 47.0 | -25.5 | 18.3 | 7.2 |
| 29 Giessereien | | | | | | | | | | |
| 301/3 Ziehereien | 1 | 2 | 2 | | | | 18.9 | -100.0 | | -100.0 |
| 40,22 Chemie, Oelverarb. | 1663 | 1668 | 1752 | 2134 | 2203 | 2289 | 1.3 | 5.0 | 3.6 | 3.2 |
| 53 Holzbearbeitung | | | | | | | | | | |
| 55 Papiererzeugung | | | | | | | | | | |
| 59 Gummiverarbeitung | | | 1 | 4 | 4 | 4 | | 33.9 | | |
| Investitionsgueter | 4012 | 4422 | 4550 | 4378 | 4527 | 4639 | 3.2 | -1.0 | 2.9 | 1.5 |
| 30/2 Stahlverformung | | | 2 | 1 | | 2 | | -17.8 | 41.4 | |
| 31 Stahlbau | 16 | 20 | 42 | 30 | 32 | 12 | 27.2 | -7.9 | -36.8 | -2.8 |
| 32 Maschinenbau | 248 | 382 | 418 | 454 | 459 | 467 | 13.9 | 2.1 | 1.4 | 6.5 |
| 33,34 Fahrzeug-, Schiffbau | 38 | 48 | 67 | 102 | 107 | 112 | 15.3 | 11.2 | 4.8 | 11.5 |
| 36 Elektrotechnik | 3440 | 3699 | 3737 | 3631 | 3764 | 3870 | 2.1 | -0.7 | 3.2 | 1.2 |
| 37 Feinm./Optik | 180 | 164 | 175 | 89 | 91 | 99 | -0.7 | -15.6 | 5.5 | -5.8 |
| 38 EBM-Waren | 19 | 28 | 23 | 18 | 25 | 31 | 5.4 | -6.4 | 31.2 | 5.0 |
| 50 Bueroa./ADV | 72 | 82 | 86 | 53 | 49 | 46 | 4.5 | -11.4 | -6.8 | -4.4 |
| Verbrauchsgueter | 102 | 134 | 181 | 37 | 39 | 41 | 15.5 | -32.8 | 5.3 | -8.7 |
| 39 Musikinstr. | 18 | 18 | 18 | 3 | 4 | 4 | | -36.0 | 15.5 | -13.9 |
| 51,52 Feinkeramik, Glas | 19 | 20 | 19 | 3 | 4 | 5 | | -37.0 | 29.1 | -12.5 |
| 54 Holzverarbeitung | | | | | | | | | | |
| 56 Papierverarbeitung | 28 | 56 | 111 | 4 | 4 | 6 | 41.4 | -56.5 | 22.5 | -14.2 |
| 57 Druck | 7 | 7 | 6 | 23 | 23 | 23 | -4.5 | 38.8 | | 11.9 |
| 58 Kunststoffverarb. | 18 | 24 | 15 | 1 | 1 | 1 | -4.5 | -49.1 | | -25.1 |
| 62 Leder | | | | 1 | 1 | | | | -100.0 | |
| 63 Textil | 12 | 10 | 12 | 2 | 2 | 2 | | -35.8 | | -16.2 |
| 64 Bekleidung | | | | | | | | | | |
| 65 Reparaturen | | | | | | | | | | |
| Nahrungs- u. Genussmittel | 46 | 46 | 74 | 12 | 11 | 11 | 12.4 | -36.4 | -4.3 | -13.4 |
| 68 Ernaehrung | 46 | 46 | 74 | 12 | 11 | 11 | 12.4 | -36.4 | -4.3 | -13.4 |
| 69 Tabak | | | | | | | | | | |
| Verarbeitendes Gewerbe insg. | 5931 | 6396 | 6705 | 6631 | 6841 | 7042 | 3.1 | -0.3 | 3.1 | 1.7 |

Quelle: Hochgerechnete Ergebnisse von Unternehmensbefragungen des DIW.

Tabelle B23: Vollzeitbeschäftigte in Forschung und Entwicklung im verarbeitenden Gewerbe von Berlin nach Betriebsgrößenklassen in den Jahren 1985 bis 1987

| Unternehmen mit ... Beschäftigten | 1985 | 1986 | 1987 | Durchschnitt 1985 - 87 | Jaehrliche Veraenderung 1985-86 / 1986-87 in vH | |
|---|---|---|---|---|---|---|
| | in Personen (Mannjahren) | | | | | |
| bis 49 | 53 | 52 | 51 | 52 | -2.1 | -1.5 |
| 50 - 99 | 167 | 188 | 205 | 187 | 12.6 | 8.7 |
| 100 - 199 | 259 | 268 | 261 | 263 | 3.5 | -2.6 |
| 200 - 499 | 423 | 420 | 453 | 432 | -.7 | 7.9 |
| 500 - 999 | 419 | 439 | 455 | 438 | 4.8 | 3.6 |
| 1000 u.m. | 5308 | 5474 | 5618 | 5467 | 3.1 | 2.6 |
| Industrie insgesamt | 6629 | 6641 | 7043 | 6838 | 3.2 | 3.0 |
| davon: | | | | | | |
| bis 99 | 221 | 241 | 256 | 239 | 9.0 | 6.4 |
| 100 - 499 | 682 | 688 | 714 | 695 | -.9 | 3.8 |
| 500 u.m. | 5727 | 5913 | 6073 | 5904 | 3.2 | 2.7 |

Quelle: Hochgerechnete Unternehmensbefragung des DIW.

Tabelle B24: Teilzeitbeschäftigte*) in Forschung und Entwicklung im verarbeitenden Gewerbe von Berlin nach Wirtschaftszweigen in den Jahren 1977 bis 1987

| SYPRO-Nr. Wirtschaftszweig Wirtschaftsgruppe | FuE-Arbeitsvolumen in Mannjahren | | | | | | Durchschnittliche jährliche Veränderung in vH | | | |
|---|---|---|---|---|---|---|---|---|---|---|
| | 1977 | 1979 | 1981 | 1985 | 1986 | 1987 | 1977/81 | 1981/85 | 1985/87 | 1977/87 |
| Grundstoff- u. Produktionsg. | 66 | 47 | 54 | 43 | 46 | 47 | -4.9 | -5.6 | 4.5 | -3.4 |
| 25 Steine, Erden | | | | 9 | 7 | 7 | | | -11.8 | |
| 27 Eisen, Stahl | | | | | | | | | | |
| 28 NE-Metalle | | | | | | | | | | |
| 29 Giessereien | | | | | | | | | | |
| 301/3 Ziehereien | 1 | | 10 | | | | 77.8 | -100.0 | | -100.0 |
| 40.22 Chemie, Oelverarb. | 59 | 35 | 36 | 34 | 39 | 40 | -11.7 | -1.4 | 8.5 | -3.9 |
| 53 Holzbearbeitung | 1 | 1 | | | | | -100.0 | | | -100.0 |
| 55 Papiererzeugung | | 2 | 2 | | | | | -100.0 | | |
| 59 Gummiverarbeitung | 5 | 6 | 6 | | | | 5.7 | -100.0 | | -100.0 |
| Investitionsgueter | 231 | 293 | 337 | 249 | 290 | 226 | 9.9 | -7.3 | -4.7 | -0.2 |
| 302 Stahlverformung | 4 | 4 | 15 | 4 | 3 | 4 | | -28.6 | | |
| 31 Stahlbau | 1 | 10 | 14 | 12 | 11 | 13 | 82.1 | -2.9 | 4.1 | 26.6 |
| 32 Maschinenbau | 58 | 75 | 85 | 70 | 71 | 79 | 9.9 | -4.7 | 6.2 | 3.1 |
| 33,34 Fahrzeug-, Schiffbau | 6 | 6 | 4 | 6 | 6 | 2 | -6.9 | 8.4 | -42.3 | -10.1 |
| 36 Elektrotechnik | 116 | 132 | 135 | 130 | 167 | 91 | 3.8 | -0.9 | -16.3 | -2.4 |
| 37 Feinm./Optik | 25 | 30 | 31 | 13 | 14 | 14 | 5.7 | -19.7 | 3.8 | -5.6 |
| 38 EBM-Waren | 4 | 6 | 10 | 2 | 2 | 3 | 22.5 | -33.2 | 22.5 | -3.9 |
| 50 Bueromasch./ADV | 16 | 30 | 43 | 12 | 16 | 20 | 27.5 | -27.3 | 29.1 | 2.1 |
| Verbrauchsgueter | 29 | 41 | 36 | 41 | 44 | 50 | 5.7 | 3.4 | 10.4 | 5.7 |
| 39 Musikinstr. | 1 | 1 | 1 | | | | | -100.0 | | -100.0 |
| 51,52 Feinkeramik, Glas | 4 | 5 | 5 | 1 | 1 | 1 | 5.7 | -33.1 | | -12.9 |
| 54 Holzverarbeitung | 1 | | | | | | -100.0 | | | -100.0 |
| 56 Papierverarbeitung | | 2 | 2 | 31 | 33 | 37 | | 102.2 | 9.2 | |
| 57 Druck | 1 | 1 | 1 | 1 | 1 | 3 | | -5.2 | 73.2 | 9.2 |
| 58 Kunststoffverarb. | 12 | 21 | 12 | 3 | 4 | 4 | | -29.2 | 15.5 | -10.4 |
| 62 Leder | 3 | 3 | 3 | | | | 0.0 | -100.0 | | -100.0 |
| 63 Textil | 6 | 7 | 12 | 5 | 5 | 5 | 16.4 | -19.2 | | -2.5 |
| 64 Bekleidung | | | | | | | | | | |
| 65 Reparaturen | | | | | | | | | | |
| Nahrungs- u. Genussmittel | 19 | 19 | 25 | 7 | 8 | 9 | 7.8 | -27.4 | 13.4 | -7.0 |
| 68 Ernaehrung | 19 | 19 | 25 | 7 | 8 | 9 | 7.8 | -27.4 | 13.4 | -7.0 |
| 69 Tabak | | | | | | | | | | |
| Verarbeitendes Gewerbe insg. | 345 | 400 | 452 | 340 | 388 | 332 | 7.0 | -6.9 | -1.2 | -0.4 |

*) Nur vorübergehend mit FuE-Aktivitäten befaßtes Personal.
Quelle: Hochgerechnete Ergebnisse von Unternehmensbefragungen des DIW.

Tabelle B25:  Teilzeitbeschäftigte in Forschung und Entwicklung im verarbeitenden Gewerbe von Berlin nach Betriebsgrößenklassen in den Jahren 1985 bis 1987

| Unternehmen mit ... Beschaeftigten | 1985 | 1986 | 1987 | Durchschnitt 1985 - 87 | Jaehrliche Veraenderung in vH | |
|---|---|---|---|---|---|---|
| | | | | | 1985-86 | 1986-87 |
| | in Personen (Mannjahren) | | | | | |
| bis 49 | 62 | 70 | 68 | 67 | 13.3 | -3.0 |
| 50 - 99 | 53 | 57 | 67 | 59 | 8.4 | 16.2 |
| 100 - 199 | 26 | 27 | 30 | 28 | 3.1 | 9.6 |
| 200 - 499 | 44 | 49 | 55 | 49 | 11.4 | 12.6 |
| 500 - 999 | 21 | 16 | 23 | 20 | -23.2 | 43.9 |
| 1000 u.m. | 136 | 169 | 88 | 131 | 24.4 | -48.1 |
| Industrie insgesamt | 341 | 388 | 330 | 353 | 13.7 | -15.0 |
| davon: | | | | | | |
| bis 99 | 115 | 128 | 135 | 126 | 11.0 | 5.6 |
| 100 - 499 | 70 | 76 | 85 | 77 | 8.3 | 11.5 |
| 500 u.m. | 156 | 185 | 110 | 150 | 18.2 | -40.2 |

Quelle: Hochgerechnete Unternehmensbefragung des DIW.

Tabelle B26: Voll- und Teilzeitbeschäftigte*) in Forschung und Entwicklung im verarbeitenden Gewerbe von Berlin nach Wirtschaftszweigen in den Jahren 1977 bis 1987

| SYPRO-Nr. Wirtschaftszweig Wirtschaftsgruppe | FuE-Arbeitsvolumen (Personen/Mannjahre) | | | | | | Durchschnittliche jährliche Veränderung in vH | | | |
|---|---|---|---|---|---|---|---|---|---|---|
| | 1977 | 1979 | 1981 | 1985 | 1986 | 1987 | 1977/81 | 1981/85 | 1985/87 | 1977/87 |
| Grundstoff- u. Produktionsg. | 1837 | 1840 | 1954 | 2247 | 2310 | 2398 | 1.6 | 3.6 | 3.3 | 2.7 |
| 25 Steine, Erden | 103 | 120 | 128 | 70 | 58 | 58 | 5.7 | -14.0 | -9.0 | -5.5 |
| 27 Eisen, Stahl | | | | | | | | | | |
| 28 NE-Metalle | 3 | 3 | 16 | 5 | 6 | 7 | 47.0 | -25.5 | 18.3 | 7.2 |
| 29 Giessereien | | | | | | | | | | |
| 301/3 Ziehereien | 2 | 5 | 12 | | | | 56.5 | -100.0 | | -100.0 |
| 40,22 Chemie, Oelverarb. | 1723 | 1703 | 1788 | 2168 | 2242 | 2329 | 0.9 | 4.9 | 3.6 | 3.1 |
| 53 Holzbearbeitung | 1 | 1 | | | | | -100.0 | | | -100.0 |
| 55 Papiererzeugung | | | 2 | 2 | | | | -100.0 | | |
| 59 Gummiverarbeitung | 5 | 6 | 7 | 4 | 4 | 4 | 10.7 | -14.4 | 0.0 | -2.2 |
| Investitionsgueter | 4244 | 4716 | 4887 | 4627 | 4817 | 4865 | 3.6 | -1.4 | 2.5 | 1.4 |
| 302 Stahlverformung | 4 | 4 | 18 | 5 | 3 | 6 | 41.4 | -27.0 | 9.5 | 3.2 |
| 31 Stahlbau | 17 | 29 | 55 | 42 | 43 | 25 | 33.9 | -6.6 | -22.8 | 3.8 |
| 32 Maschinenbau | 306 | 457 | 502 | 524 | 530 | 546 | 13.2 | 1.1 | 2.1 | 6.0 |
| 33,34 Fahrzeug-, Schiffbau | 43 | 54 | 71 | 108 | 113 | 114 | 13.0 | 11.1 | 2.7 | 10.1 |
| 36 Elektrotechnik | 3556 | 3831 | 3872 | 3761 | 3931 | 3961 | 2.2 | -0.7 | 2.6 | 1.1 |
| 37 Feinm./Optik | 205 | 194 | 207 | 102 | 105 | 113 | 0.2 | -16.2 | 5.3 | -5.8 |
| 38 EBM-Waren | 23 | 33 | 33 | 20 | 27 | 34 | 9.3 | -12.1 | 30.4 | 3.8 |
| 50 Bueroa./ADV | 88 | 113 | 129 | 65 | 65 | 66 | 9.9 | -15.7 | 0.8 | -2.9 |
| Verbrauchsgueter | 131 | 175 | 217 | 78 | 83 | 91 | 13.5 | -22.6 | 8.0 | -3.5 |
| 39 Musikinstr. | 19 | 19 | 19 | 3 | 4 | 4 | | -37.0 | 15.5 | -14.4 |
| 51,52 Feinkeramik, Glas | 23 | 25 | 24 | 4 | 5 | 6 | 1.1 | -36.1 | 22.5 | -12.6 |
| 54 Holzverarbeitung | 1 | | | | | | | | | |
| 56 Papierverarbeitung | 28 | 58 | 113 | 35 | 37 | 43 | 42.0 | -25.4 | 10.8 | 4.4 |
| 57 Druck | 9 | 9 | 7 | 24 | 24 | 26 | -3.8 | 34.0 | 4.1 | 11.6 |
| 58 Kunststoffverarb. | 30 | 45 | 27 | 4 | 5 | 5 | -2.6 | -37.9 | 11.8 | -16.4 |
| 62 Leder | 3 | 3 | 3 | 1 | 1 | | | -23.9 | -100.0 | -100.0 |
| 63 Textil | 18 | 17 | 24 | 7 | 7 | 7 | 6.7 | -26.1 | | -9.1 |
| 64 Bekleidung | | | | | | | | | | |
| 65 Reparaturen | | | | | | | | | | |
| Nahrungs- u. Genussmittel | 65 | 65 | 99 | 19 | 19 | 20 | 11.1 | -33.8 | 2.6 | -11.1 |
| 68 Ernaehrung | 65 | 65 | 99 | 19 | 19 | 20 | 11.1 | -33.8 | 2.6 | -11.1 |
| 69 Tabak | | | | | | | | | | |
| Verarbeitendes Gewerbe insg. | 6276 | 6796 | 7157 | 6971 | 7229 | 7374 | 3.3 | -0.7 | 2.8 | 1.6 |

*) Nur vorübergehend mit FuE-Aktivitäten befaßtes Personal.
Quelle: Hochgerechnete Ergebnisse von Unternehmensbefragungen des DIW.

Tabelle B27: Voll- und Teilzeitbeschäftigte in Forschung und Entwicklung im verarbeitenden Gewerbe von Berlin nach Betriebsgrößenklassen in den Jahren 1985 bis 1987

| Unternehmen mit ... Beschaeftigten | 1985 | 1986 | 1987 | Durchschnitt 1985 - 87 | Jaehrliche Veraenderung in vH | |
|---|---|---|---|---|---|---|
| | in Personen (Mannjahren) | | | | 1985-86 | 1986-87 |
| bis 49 | 116 | 123 | 120 | 119 | 6.2 | -2.3 |
| 50 - 99 | 220 | 246 | 271 | 246 | 11.6 | 10.4 |
| 100 - 199 | 285 | 295 | 291 | 290 | 3.5 | -1.5 |
| 200 - 499 | 467 | 469 | 508 | 481 | .4 | 8.4 |
| 500 - 999 | 440 | 455 | 478 | 457 | 3.5 | 5.0 |
| 1000 u.m. | 5444 | 5642 | 5706 | 5597 | 3.7 | 1.1 |
| Industrie insgesamt | 6971 | 7230 | 7373 | 7191 | 3.7 | 2.0 |
| davon: | | | | | | |
| bis 99 | 336 | 368 | 391 | 365 | 9.7 | 6.2 |
| 100 - 499 | 752 | 764 | 799 | 771 | 1.6 | 4.6 |
| 500 u.m. | 5883 | 6097 | 6183 | 6055 | 3.6 | 1.4 |

Quelle: Hochgerechnete Unternehmensbefragung des DIW.

Tabelle B28: Anteil der Beschäftigten in Forschung und Entwicklung an allen Beschäftigten (FuE-Personalquote) im verarbeitenden
Gewerbe von Berlin in den Jahren 1977 bis 1987

| SYPRO-Nr. | Wirtschaftszweig / Wirtschaftsgruppe | FuE-Personalquote in vH | | | | | | Veränderung in Prozentpunkten | |
|---|---|---|---|---|---|---|---|---|---|
| | | 1977 | 1979 | 1981 | 1985 | 1986 | 1987 | 1977/87 | 1981/87 |
| | Grundstoff- u. Produktionsg. | 9.0 | 9.4 | 11.1 | 12.4 | 12.5 | 12.9 | 3.9 | 1.8 |
| 25 | Steine, Erden | 3.0 | 4.2 | 5.3 | 3.9 | 3.1 | 3.0 | | -2.3 |
| 27 | Eisen, Stahl | | | | | | | | |
| 28 | NE-Metalle | 0.2 | 0.2 | 1.1 | 0.4 | 0.5 | 0.6 | 0.4 | -0.5 |
| 29 | Giessereien | | | | | | | | |
| 301/3 | Ziehereien | 0.5 | 0.6 | 4.5 | | | | -0.5 | -4.5 |
| 40,22 | Chemie, Oelverarb. | 14.9 | 15.1 | 16.3 | 17.8 | 17.9 | 18.3 | 3.4 | 2.0 |
| 53 | Holzbearbeitung | 0.2 | 0.2 | | | | | -0.2 | |
| 55 | Papiererzeugung | | 0.8 | 0.9 | | | | | -0.9 |
| 59 | Gummiverarbeitung | 0.9 | 1.1 | 1.3 | 0.7 | 0.7 | 0.8 | -0.1 | -0.6 |
| | Investitionsgueter | 3.5 | 4.2 | 4.4 | 4.6 | 4.7 | 4.8 | 1.3 | 0.4 |
| 302 | Stahlverformung | 0.3 | 0.3 | 1.0 | 0.2 | 0.1 | 0.3 | | -0.7 |
| 31 | Stahlbau | 0.4 | 0.7 | 1.3 | 1.1 | 1.1 | 0.6 | 0.3 | -0.7 |
| 32 | Maschinenbau | 1.5 | 2.3 | 2.7 | 3.4 | 3.3 | 3.6 | 2.1 | 0.9 |
| 33,34 | Fahrzeug-, Schiffbau | 0.3 | 0.5 | 0.6 | 1.1 | 1.1 | 1.1 | 0.8 | 0.4 |
| 36 | Elektrotechnik | 5.3 | 5.9 | 6.2 | 6.4 | 6.7 | 6.8 | 1.5 | 0.6 |
| 37 | Feinm./Optik | 4.6 | 4.2 | 5.8 | 3.0 | 3.0 | 3.4 | -1.3 | -2.4 |
| 38 | EBM-Waren | 0.5 | 0.7 | 0.7 | 0.5 | 0.6 | 0.8 | 0.3 | 0.1 |
| 50 | Bueroa./ADV | 2.9 | 4.0 | 3.5 | 1.7 | 1.7 | 1.8 | -1.1 | -1.7 |
| | Verbrauchsgueter | 0.5 | 0.6 | 0.9 | 0.4 | 0.4 | 0.4 | -0.1 | -0.5 |
| 39 | Musikinstr. | 1.7 | 2.7 | 2.8 | 0.7 | 0.9 | 0.9 | -0.8 | -1.9 |
| 51,52 | Feinkeramik, Glas | 1.8 | 1.7 | 1.8 | 0.4 | 0.5 | 0.5 | -1.2 | -1.3 |
| 54 | Holzverarbeitung | | | | | | | | |
| 56 | Papierverarbeitung | 0.9 | 1.6 | 2.9 | 0.9 | 0.8 | 0.9 | 0.1 | -1.9 |
| 57 | Druck | 0.1 | 0.1 | 0.1 | 0.5 | 0.5 | 0.5 | 0.4 | 0.4 |
| 58 | Kunststoffverarb. | 1.0 | 1.5 | 1.0 | 0.1 | 0.1 | 0.1 | -0.9 | -0.9 |
| 62 | Leder | 1.7 | 1.9 | 2.2 | 0.6 | 0.6 | | -1.7 | -2.2 |
| 63 | Textil | 0.4 | 0.4 | 0.7 | 0.2 | 0.2 | 0.2 | -0.2 | -0.5 |
| 64 | Bekleidung | | | | | | | | |
| 65 | Reparaturen | | | | | | | | |
| | Nahrungs- u. Genussmittel | 0.3 | 0.3 | 0.4 | 0.1 | 0.1 | 0.1 | -0.2 | -0.3 |
| 68 | Ernaehrung | 0.3 | 0.3 | 0.5 | 0.1 | 0.1 | 0.1 | -0.2 | -0.4 |
| 69 | Tabak | | | | | | | | |
| | Verarbeitendes Gewerbe insg. | 3.3 | 3.7 | 4.1 | 4.3 | 4.4 | 4.5 | 1.3 | 0.5 |

Quelle: Hochgerechnete Ergebnisse von Unternehmensbefragungen des DIW.

Tabelle B29: Anteil der Beschäftigten für Forschung und Entwicklung an allen Beschäftigten im verarbeitenden
Gewerbe von Berlin nach Betriebsgrößenklassen in den Jahren 1985 bis 1987
- in vH -

| Unternehmen mit ... Beschaeftigten | 1985 | 1986 | 1987 | Durchschnitt 1985 - 87 | Jaehrliche Veraenderung 1985-86 | 1986-87 |
|---|---|---|---|---|---|---|
| bis 49 | .6 | .7 | .9 | .8 | 7.0 | -.3 |
| 50 - 99 | 1.4 | 1.6 | 1.7 | 1.6 | 9.8 | 10.1 |
| 100 - 199 | 1.5 | 1.5 | 1.5 | 1.5 | .8 | -2.0 |
| 200 - 499 | 1.8 | 1.8 | 2.0 | 1.9 | .6 | 8.7 |
| 500 - 999 | 2.8 | 2.7 | 3.1 | 2.9 | 1.8 | 8.2 |
| 1000 u.m. | 7.6 | 7.8 | 7.9 | 7.8 | 3.1 | 1.5 |
| Industrie insgesamt | 4.3 | 4.4 | 4.5 | 4.4 | 2.9 | 2.6 |
| davon: | | | | | | |
| bis 99 | 1.1 | 1.2 | 1.3 | 1.2 | 9.2 | 7.1 |
| 100 - 499 | 1.7 | 1.7 | 1.8 | 1.7 | 2.5 | 4.5 |
| 500 u.m. | 6.7 | 6.9 | 7.1 | 6.9 | 2.9 | 2.3 |

Quelle: Hochgerechnete Unternehmensbefragung des DIW.

Tabelle B30: Qualifikationsstruktur der Beschäftigten in Forschung und Entwicklung im verarbeitenden Gewerbe von Berlin nach Wirtschaftszweigen: 1987

| SYPRO Nr. | Wirtschaftszweig / Wirtschaftsgruppe | Vollzeitbeschaeftigte Wissenschaftler, Ingenieure | Techniker, Laboranten | Facharbeiter, Sonstige | Teilzeitbeschaeftigte Wissenschaftler, Ingenieure | Techniker, Laboranten | Facharbeiter, Sonstige | Voll- und Teilzeitbeschaeftigte Wissenschaftler, Ingenieure | Techniker, Laboranten | Facharbeiter, Sonstige |
|---|---|---|---|---|---|---|---|---|---|---|
| | **Grundstoff-, Produktionsgueter** | | | | | | | | | |
| 25 | Steine, Erden | 29.7 | 34.1 | 36.2 | 20.2 | 38.1 | 41.7 | 29.5 | 34.2 | 36.3 |
| 27 | Eisen, Stahl | 21.6 | 39.2 | 39.2 | | 7.0 | 93.0 | 18.9 | 35.2 | 45.8 |
| 28 | NE-Metalle | 71.4 | 28.6 | | | | | 71.4 | 28.6 | |
| 29 | Giessereien | | | | | | | | | |
| 301/3 | Ziehereien | | | | | | | | | |
| 40,22 | Chemie, Oelverarb. | 29.6 | 34.0 | 36.3 | 24.0 | 43.5 | 32.5 | 29.5 | 34.2 | 36.3 |
| 53 | Holzbearbeitung | | | | | | | | | |
| 55 | Papiererzeugung | | | | | | | | | |
| 59 | Gummiverarbeitung | 75.0 | 25.0 | | | 100.0 | | 72.0 | 28.0 | |
| | **Investitionsgueter** | 51.9 | 25.2 | 22.9 | 39.7 | 30.2 | 30.1 | 51.4 | 25.4 | 23.2 |
| 302 | Stahlverformung | 100.0 | | | 25.0 | 54.2 | 20.8 | 50.0 | 36.1 | 13.9 |
| 31 | Stahlbau | 66.7 | | 33.3 | 21.9 | 23.9 | 54.2 | 43.5 | 12.4 | 44.1 |
| 32 | Maschinenbau | 54.6 | 26.8 | 18.7 | 39.0 | 38.0 | 23.0 | 52.3 | 28.4 | 19.3 |
| 33,34 | Fahrzeug-, Schiffbau | 61.5 | 23.2 | 15.2 | 57.5 | 34.3 | 8.2 | 61.5 | 23.4 | 15.1 |
| 36 | Elektrotechnik | 52.2 | 24.5 | 23.3 | 36.7 | 22.8 | 40.5 | 51.9 | 24.4 | 23.7 |
| 37 | Feinm./Optik | 32.4 | 34.6 | 33.0 | 23.0 | 50.4 | 26.6 | 31.2 | 36.6 | 32.2 |
| 39 | EBM-Waren | 34.6 | 43.6 | 21.8 | 20.0 | 60.0 | 20.0 | 33.6 | 44.7 | 21.7 |
| 50 | Buerom./ADV | 26.1 | 52.2 | 21.7 | 83.8 | 13.7 | 2.6 | 43.3 | 40.7 | 16.0 |
| | **Verbrauchsgueter** | 75.6 | 19.5 | 4.9 | 76.9 | 7.9 | 15.2 | 76.3 | 13.2 | 10.5 |
| 39 | Musikinstr. | 25.0 | 75.0 | | | | | 25.0 | 75.0 | |
| 51,52 | Feinkeramik, Glas | 60.0 | 20.0 | 20.0 | | 100.0 | | 54.5 | 27.3 | 18.2 |
| 54 | Holzverarbeitung | | | | 88.8 | 100.0 | | | 100.0 | |
| 56 | Papierverarbeitung | 50.0 | 33.3 | 16.7 | | .2 | 11.0 | 83.3 | 4.9 | 11.8 |
| 57 | Druck | 95.7 | 4.3 | | | 31.3 | 68.7 | 84.0 | 7.6 | 8.4 |
| 58 | Kunststoffverarb. | 100.0 | | | 37.2 | 30.2 | 32.6 | 50.9 | 23.6 | 25.5 |
| 62 | Leder | | | | | | 100.0 | | | 100.0 |
| 63 | Textil | 50.0 | 50.0 | | 80.0 | 18.5 | 1.5 | 71.9 | 27.0 | 1.1 |
| 64 | Bekleidung | | | | | | | | | |
| 65 | Reparaturen | | | | | | | | | |
| | **Nahrungs- u. Genussmittel** | 31.4 | 54.7 | 13.9 | 49.0 | 35.7 | 15.3 | 39.4 | 46.1 | 14.5 |
| 68 | Ernaehrung | 31.4 | 54.7 | 13.9 | 49.0 | 35.7 | 15.3 | 39.4 | 46.1 | 14.5 |
| 69 | Tabak | | | | | | | | | |
| | **Industrie insgesamt** | 44.6 | 28.2 | 27.2 | 42.8 | 28.1 | 29.1 | 44.5 | 28.2 | 27.3 |

Quelle: Hochgerechnete Unternehmensbefragung des DIW.

Tabelle B31: Qualifikationsstruktur der Beschäftigten in Forschung und Entwicklung im verarbeitenden Gewerbe
von Berlin nach Betriebsgrößenklassen: 1987

| Unternehmen mit ... Beschaeftigten | Vollzeitbeschaeftigte | | | Teilzeitbeschaeftigte | | | Voll- und Teilzeitbeschaeftigte | | |
|---|---|---|---|---|---|---|---|---|---|
| | Wissen-schaftler, Ingenieure | Techniker, Laboranten | Fach-arbeiter, Sonstige | Wissen-schaftler, Ingenieure | Techniker, Laboranten | Fach-arbeiter, Sonstige | Wissen-schaftler, Ingenieure | Techniker, Laboranten | Fach-arbeiter, Sonstige |
| bis 49 | 70.5 | 24.0 | 5.5 | 34.7 | 22.3 | 43.0 | 50.1 | 23.0 | 26.9 |
| 50 - 99 | 54.9 | 33.7 | 11.4 | 54.6 | 31.5 | 13.9 | 54.8 | 33.2 | 12.0 |
| 100 - 199 | 48.3 | 36.9 | 14.9 | 32.8 | 30.6 | 36.6 | 46.7 | 36.2 | 17.1 |
| 200 - 499 | 48.6 | 32.0 | 19.4 | 33.7 | 34.5 | 31.8 | 47.0 | 32.2 | 20.7 |
| 500 - 999 | 53.6 | 25.3 | 21.1 | 46.3 | 45.6 | 8.1 | 53.3 | 26.2 | 20.5 |
| 1000 u.m. | 42.8 | 27.6 | 29.7 | 48.3 | 20.8 | 30.9 | 42.8 | 27.5 | 29.7 |
| Industrie insgesamt | 44.6 | 28.2 | 27.2 | 42.8 | 28.1 | 29.1 | 44.5 | 28.2 | 27.3 |
| davon: | | | | | | | | | |
| bis 99 | 58.0 | 31.8 | 10.2 | 44.5 | 26.8 | 28.6 | 53.4 | 30.1 | 16.6 |
| 100 - 499 | 48.5 | 33.8 | 17.7 | 33.4 | 33.1 | 33.5 | 46.9 | 33.7 | 19.4 |
| 500 u.m. | 43.6 | 27.4 | 29.0 | 47.9 | 25.9 | 26.2 | 43.7 | 27.4 | 29.0 |

Quelle: Hochgerechnete Unternehmensbefragung des DIW.

Tabelle B32: Qualifikationsstruktur der Beschäftigten in Forschung und Entwicklung im verarbeitenden Gewerbe von Berlin in den Jahren 1977 bis 1987:
Anteil einzelner Qualifikationsgruppen an allen FuE-Beschäftigten in vH

| | Vollzeitbeschäftigte | | | Teilzeitbeschäftigte | | | Voll- und Teilzeitbeschäftigte | | |
|---|---|---|---|---|---|---|---|---|---|
| | Wissen-schaftl., Ingeni. | Technik., Facharb., Labo-ranten | Sonstige | Wissen-schaftl., Ingeni. | Technik., Facharb., Labo-ranten | Sonstige | Wissen-schaftl., Ingeni. | Technik., Facharb., Labo-ranten | Sonstige |
| **Verarbeitendes Gewerbe insg.** | | | | | | | | | |
| 1977 | 35.1 | 22.3 | 42.6 | 24.9 | 48.2 | 26.8 | 34.6 | 23.7 | 41.7 |
| 1979 | 35.2 | 22.6 | 41.7 | 32.5 | 37.6 | 29.9 | 35.4 | 23.5 | 41.1 |
| 1981 | 36.8 | 22.9 | 40.3 | 34.1 | 34.3 | 31.5 | 36.7 | 23.6 | 39.7 |
| 1985 | 42.5 | 29.9 | 27.6 | 38.1 | 29.7 | 32.2 | 42.3 | 29.9 | 27.9 |
| 1986 | 43.3 | 29.4 | 27.3 | 37.6 | 30.2 | 32.3 | 43.0 | 29.4 | 27.6 |
| 1987 | 44.6 | 28.2 | 27.2 | 42.8 | 28.1 | 29.1 | 44.5 | 28.2 | 27.3 |
| **Veränderung in Prozentpunkten** | | | | | | | | | |
| 1977/87 | 9.5 | 5.9 | -15.4 | 17.9 | -20.1 | 2.3 | 9.9 | 4.5 | -14.4 |

Quelle: Hochgerechnete Ergebnisse von Unternehmensbefragungen des DIW.

Tabelle B33: Forschungsschwerpunkte von Berliner Betrieben des verarbeitenden Gewerbes nach
Wirtschaftszweigen: Überblick

| SYPRO-Nr. | Wirtschaftszweig Wirtschaftsgruppe | Zahl forsch. Betriebe | davon mit Forschungsschwer- punkt in vH | | |
|---|---|---|---|---|---|
| | | | Produkt- inno- vation | Prozeß- inno- vation | Büro- inno- vation |
| | Grundstoff- u. Produktionsg. | 32 | 100 | 44 | 28 |
| 25 | Steine, Erden | 2 | 100 | 50 | 50 |
| 27 | Eisen, Stahl | | | | |
| 28 | NE-Metalle | 1 | 100 | 100 | 100 |
| 29 | Giessereien | | | | |
| 301/3 | Ziehereien | | | | |
| 40,22 | Chemie, Oelverarb. | 27 | 100 | 41 | 26 |
| 53 | Holzbearbeitung | | | | |
| 55 | Papiererzeugung | | | | |
| 59 | Gummiverarbeitung | 2 | 100 | 50 | |
| | Investitionsgueter | 155 | 96 | 68 | 46 |
| 302 | Stahlverformung | 2 | 50 | 100 | |
| 31 | Stahlbau | 7 | 100 | 86 | |
| 32 | Maschinenbau | 44 | 98 | 61 | 43 |
| 33,34 | Fahrzeug-, Schiffbau | 8 | 100 | 88 | 50 |
| 36 | Elektrotechnik | 68 | 96 | 71 | 57 |
| 37 | Feinm./Optik | 16 | 94 | 50 | 38 |
| 38 | EBM-Waren | 4 | 100 | 100 | 100 |
| 50 | Buerom./ADV | 6 | 100 | 50 | |
| | Verbrauchsgueter | 22 | 95 | 68 | 32 |
| 39 | Musikinstr. | 1 | 100 | | |
| 51,52 | Feinkeramik, Glas | 3 | 67 | 33 | 33 |
| 54 | Holzverarbeitung | 1 | 100 | 100 | |
| 56 | Papierverarbeitung | 3 | 100 | 100 | 67 |
| 57 | Druck | 4 | 100 | 75 | 75 |
| 58 | Kunststoffverarb. | 5 | 100 | 80 | 20 |
| 62 | Leder | 1 | 100 | | |
| 63 | Textil | 4 | 100 | 75 | |
| 64 | Bekleidung | | | | |
| 65 | Reparaturen | | | | |
| | Nahrungs- u. Genussmittel | 16 | 75 | 94 | 56 |
| 68 | Ernaehrung | 16 | 75 | 94 | 56 |
| 69 | Tabak | | | | |
| | Verarbeitendes Gewerbe insg. | 225 | 95 | 66 | 43 |

Quelle: Hochgerechnete Ergebnisse der Unternehmensbefragung des DIW.

Tabelle B34: Forschungsschwerpunkte von Berliner Betrieben des verarbeitenden
Gewerbes nach Betriebsgrößenklassen: Überblick

| Betriebe mit ... Beschäftigten | Zahl forsch. Betriebe | davon mit Forschungsschwer- punkt in vH | | |
|---|---|---|---|---|
| | | Produkt- inno- vation | Prozeß- inno- vation | Büro- inno- vation |
| bis 49 | 54 | 94 | 54 | 33 |
| 50 bis 99 | 61 | 98 | 57 | 30 |
| 100 bis 199 | 43 | 95 | 74 | 51 |
| 200 bis 499 | 39 | 87 | 74 | 51 |
| 500 bis 999 | 11 | 100 | 73 | 45 |
| 1000 und mehr | 17 | 100 | 94 | 82 |
| I N S G E S A M T | 225 | 95 | 66 | 43 |

Quelle: Hochgerechnete Ergebnisse der Unternehmensbefragung des DIW.

**Tabelle B35: Forschungsschwerpunkte von Berliner Betrieben des verarbeitenden Gewerbes nach Wirtschaftszweigen: Produktinnovationen**

**- Betriebe mit Produktinnovationen in vH aller forschenden Betriebe -**

| SYPRO-Nr. | Wirtschaftszweig / Wirtschaftsgruppe | Produktinnovationen mit Schwerpunkt | | | | und zwar für | | |
|---|---|---|---|---|---|---|---|---|
| | | neue Materialien | neue Vorprodukte | Modifikation | neue Produkte | Nachfolgeprodukte | erweit. Produktpalette | neues Produktprogamm |
| | Grundstoff- u. Produktionsg. | 22 | 25 | 69 | 91 | 47 | 56 | 31 |
| 25 | Steine, Erden | 50 | | 100 | 50 | 50 | 50 | 50 |
| 27 | Eisen, Stahl | | | | | | | |
| 28 | NE-Metalle | | | 100 | 100 | 100 | 0 | 100 |
| 29 | Giessereien | | | | | | | |
| 301/3 | Ziehereien | | | | | | | |
| 40,22 | Chemie, Oelverarb. | 22 | 30 | 63 | 93 | 44 | 63 | 26 |
| 53 | Holzbearbeitung | | | | | | | |
| 55 | Papiererzeugung | | | | | | | |
| 59 | Gummiverarbeitung | | | 100 | 100 | 50 | | 50 |
| | Investitionsgueter | 14 | 12 | 81 | 80 | 70 | 48 | 35 |
| 302 | Stahlverformung | | | 50 | | 50 | | |
| 31 | Stahlbau | | | 57 | 57 | 57 | 29 | 43 |
| 32 | Maschinenbau | 11 | 7 | 86 | 80 | 68 | 39 | 34 |
| 33,34 | Fahrzeug-, Schiffbau | 63 | 50 | 100 | 50 | 50 | 63 | 50 |
| 36 | Elektrotechnik | 16 | 12 | 78 | 84 | 72 | 53 | 40 |
| 37 | Feinm./Optik | 6 | 19 | 75 | 88 | 81 | 69 | 13 |
| 38 | EBM-Waren | | | 75 | 100 | 25 | 75 | 75 |
| 50 | Buerom./ADV | | | 100 | 100 | 100 | 17 | 17 |
| | Verbrauchsgueter | 36 | 5 | 64 | 45 | 55 | 45 | 55 |
| 39 | Musikinstr. | | | 100 | | | 100 | |
| 51,52 | Feinkeramik, Glas | 33 | | 33 | 33 | 67 | | 33 |
| 54 | Holzverarbeitung | | | | | 100 | | 100 |
| 56 | Papierverarbeitung | 33 | | 67 | 67 | 33 | 67 | 67 |
| 57 | Druck | | | 50 | 50 | 25 | 50 | 75 |
| 58 | Kunststoffverarb. | 60 | 20 | 60 | 60 | 40 | 60 | 20 |
| 62 | Leder | 100 | | 100 | 100 | 100 | | 100 |
| 63 | Textil | 50 | | 100 | 25 | 100 | 50 | 75 |
| 64 | Bekleidung | | | | | | | |
| 65 | Reparaturen | | | | | | | |
| | Nahrungs- u. Genussmittel | | | 69 | 56 | 31 | 25 | 44 |
| 68 | Ernaehrung | | | 69 | 56 | 31 | 25 | 44 |
| 69 | Tabak | | | | | | | |
| | Verarbeitendes Gewerbe insg. | 16 | 12 | 76 | 76 | 62 | 48 | 37 |

Quelle: Hochgerechnete Ergebnisse der Unternehmensbefragung des DIW.

Tabelle B36: Forschungsschwerpunkte von Berliner Betrieben des verarbeitenden Gewerbes nach Betriebsgrößenklassen:
Produktinnovationen  – Betriebe mit Produktinnovationen in vH aller forschenden Betriebe –

| Betriebe mit ... Beschäftigten | Produktinnovationen mit Schwerpunkt und zwar für | | | | | | | |
|---|---|---|---|---|---|---|---|---|
| | neue Mate- rialien | neue Vorpro- dukte | Modi- fika- tion | neue Pro- dukte | | Nachfol- folge- produkte | erweit. Produkt- palette | neues Produkt- progamm |
| bis  49 | 22 | 20 | 70 | 67 | | 57 | 37 | 35 |
| 50 bis  99 | 18 | 11 | 77 | 77 | | 64 | 54 | 30 |
| 100 bis 199 | 12 | 7 | 79 | 79 | | 51 | 49 | 35 |
| 200 bis 499 | 10 | | 69 | 74 | | 64 | 41 | 38 |
| 500 bis 999 | | | 91 | 91 | | 82 | 64 | 36 |
| 1000 und mehr | 29 | 35 | 100 | 94 | | 82 | 65 | 71 |
| I N S G E S A M T | 16 | 12 | 77 | 76 | | 62 | 48 | 37 |

Quelle: Hochgerechnete Ergebnisse der Unternehmensbefragung des DIW.

**Tabelle B37:** Forschungsschwerpunkte von Berliner Betrieben des verarbeitenden Gewerbes nach Wirtschaftszweigen: Prozeßinnovationen in der Fertigung  - Betriebe mit Prozeßinnovationen in vH aller forschenden Betriebe -

| SYPRO-Nr. | Wirtschaftszweig / Wirtschaftsgruppe | Prozeßinnovationen mit Schwerpunkt neue Fertig. technik. | technisch organis. Struktur | und zwar für Änder. Fertig. tiefe | Steig. Flexibi- lität | Verring. Lohn- kosten | Senkung Materi- alverbr. | Energie- verbr. | Verbess. Arbeits- beding. | Umwelt- schutz- maßnahm. |
|---|---|---|---|---|---|---|---|---|---|---|
| | Grundstoff- u. Produktionsg. | 28 | 13 | 6 | 19 | 25 | 25 | 16 | 13 | 22 |
| 25 | Steine. Erden | 50 | | | | 50 | 50 | | 50 | 50 |
| 27 | Eisen. Stahl | | | | | | | | | |
| 28 | NE-Metalle | 100 | 100 | | | | | | | |
| 29 | Giessereien | | | | | | | | | |
| 301/3 | Ziehereien | | | | | | | | | |
| 40.22 | Chemie. Oelverarb. | 26 | 11 | 7 | 19 | 22 | 22 | 19 | 11 | 22 |
| 53 | Holzbearbeitung | | | | | | | | | |
| 55 | Papiererzeugung | | | | | | | | | |
| 59 | Gummiverarbeitung | | | | 50 | 50 | 50 | | | |
| | Investitionsgueter | 59 | 25 | 18 | 41 | 46 | 23 | 11 | 22 | 20 |
| 302 | Stahlverformung | 100 | | 50 | 50 | 50 | | | | 50 |
| 31 | Stahlbau | 86 | | 14 | 29 | 14 | | | | 29 |
| 32 | Maschinenbau | 43 | 27 | 18 | 41 | 41 | 27 | 14 | 16 | 16 |
| 33.34 | Fahrzeug-, Schiffbau | 63 | 88 | 25 | 50 | 88 | 88 | 50 | 50 | 50 |
| 36 | Elektrotechnik | 69 | 22 | 19 | 43 | 51 | 24 | 7 | 24 | 16 |
| 37 | Feinm./Optik | 50 | 19 | 6 | 25 | 31 | 6 | 13 | 19 | 25 |
| 38 | EBM-Waren | 25 | 25 | | 75 | 75 | | | 100 | 50 |
| 50 | Buerom./ADV | 50 | | 33 | 50 | 17 | | | | |
| | Verbrauchsgueter | 59 | 23 | 18 | 50 | 27 | 18 | 9 | 32 | 27 |
| 39 | Musikinstr. | | | | | | | | | |
| 51,52 | Feinkeramik. Glas | 33 | | 33 | 33 | 33 | 33 | | | |
| 54 | Holzverarbeitung | 100 | | | 100 | 100 | | | | 100 |
| 56 | Papierverarbeitung | 33 | 67 | 67 | 33 | | 33 | | 33 | |
| 57 | Druck | 75 | | | 75 | | | | 50 | 50 |
| 58 | Kunststoffverarb. | 80 | 40 | 20 | 40 | 60 | 20 | 20 | 60 | 40 |
| 62 | Leder | | | | | | | | | |
| 63 | Textil | 75 | 25 | | 75 | 25 | 25 | 25 | 25 | 25 |
| 64 | Bekleidung | | | | | | | | | |
| 65 | Reparaturen | | | | | | | | | |
| | Nahrungs- u. Genussmittel | 88 | 25 | 6 | 31 | 50 | 19 | 44 | 31 | 13 |
| 68 | Ernaehrung | 88 | 25 | 6 | 31 | 50 | 19 | 44 | 31 | 13 |
| 69 | Tabak | | | | | | | | | |
| | Verarbeitendes Gewerbe insg. | 56 | 23 | 16 | 38 | 41 | 23 | 14 | 22 | 20 |

Quelle: Hochgerechnete Ergebnisse der Unternehmensbefragung des DIW.

Tabelle B38: Forschungsschwerpunkte von Berliner Betrieben des verarbeitenden Gewerbes nach Betriebsgrößenklassen: Prozeßinnovationen
in der Fertigung  - Betriebe mit Prozeßinnovationen in vH aller forschenden Betriebe -

| Betriebe mit ... Beschäftigten | Prozessinnovationen mit Schwerpunkt | | | | | | | | |
|---|---|---|---|---|---|---|---|---|---|
| | neue | | und zwar zur | | | | | | |
| | Fertig. technik. | technisch organis. Struktur | Änder. Fertig. tiefe | Steig. Flexibi- lität | Verring. Lohn- kosten | Senkung | | Verbess. Arbeits- beding. | Umwelt- schutz- maßnahm. |
| | | | | | | Materi- alverbr. | Energie- verbr. | | |
| bis 49 | 44 | 22 | 7 | 39 | 28 | 19 | 11 | 20 | 17 |
| 50 bis 99 | 49 | 21 | 15 | 30 | 30 | 15 | 11 | 15 | 18 |
| 100 bis 199 | 58 | 21 | 7 | 44 | 44 | 16 | 9 | 21 | 12 |
| 200 bis 499 | 67 | 13 | 15 | 31 | 49 | 26 | 18 | 23 | 18 |
| 500 bis 999 | 64 | 45 | 27 | 45 | 73 | 27 | 9 | 27 | 36 |
| 1000 und mehr | 88 | 41 | 59 | 65 | 82 | 71 | 35 | 53 | 59 |
| I N S G E S A M T | 56 | 23 | 16 | 38 | 41 | 23 | 14 | 22 | 20 |

Quelle: Hochgerechnete Ergebnisse der Unternehmensbefragung des DIW.

219

Tabelle B39: Forschungsschwerpunkte von Berliner Betrieben des verarbeitenden Gewerbes nach Wirtschaftszweigen: Prozeßinnovationen
in Büro und Verwaltung
- Betriebe mit Büroinnovationen in vH aller forschenden Betriebe -

| SYPRO-Nr. Wirtschaftszweig / Wirtschaftsgruppe | Schwerpunkt Büroinnovationen, und zwar | | |
|---|---|---|---|
| | Daten-verar-beitung | Text-verar-beitung | Kommuni-kations-technik |
| Grundstoff- u. Produktionsg. | 28 | 13 | 9 |
| 25 Steine, Erden | 50 | | |
| 27 Eisen, Stahl | | | |
| 28 NE-Metalle | 100 | | |
| 29 Giessereien | | | |
| 301/3 Ziehereien | | | |
| 40,22 Chemie. Oelverarb. | 26 | 15 | 11 |
| 53 Holzbearbeitung | | | |
| 55 Papiererzeugung | | | |
| 59 Gummiverarbeitung | | | |
| Investitionsgueter | 46 | 31 | 17 |
| 302 Stahlverformung | | | |
| 31 Stahlbau | | | |
| 32 Maschinenbau | 43 | 30 | 20 |
| 33,34 Fahrzeug-, Schiffbau | 50 | | 25 |
| 36 Elektrotechnik | 56 | 41 | 16 |
| 37 Feinm./Optik | 38 | 38 | 25 |
| 38 EBM-Waren | 100 | 25 | 25 |
| 50 Bueroma./ADV | | | |
| Verbrauchsgueter | 32 | 23 | 14 |
| 39 Musikinstr. | | | |
| 51,52 Feinkeramik, Glas | 33 | | |
| 54 Holzverarbeitung | | | |
| 56 Papierverarbeitung | 67 | 33 | |
| 57 Druck | 75 | 75 | 50 |
| 58 Kunststoffverarb. | 20 | 20 | 20 |
| 62 Leder | | | |
| 63 Textil | | | |
| 64 Bekleidung | | | |
| 65 Reparaturen | | | |
| Nahrungs- u. Genussmittel | 38 | 6 | 25 |
| 68 Ernaehrung | 38 | 6 | 25 |
| 69 Tabak | | | |
| Verarbeitendes Gewerbe insg. | 41 | 26 | 16 |

Quelle: Hochgerechnete Ergebnisse der Unternehmensbefragung des DIW.

Tabelle B40: Forschungsschwerpunkte von Berliner Betrieben des verarbeitenden Gewerbes nach Betriebsgrößenklassen; Prozeßinnovationen in Büro und Verwaltung
- Betriebe mit Büroinnovationen in vH aller forschenden Betriebe -

| Betriebe mit ... Beschäftigten | Schwerpunkt Büroinnovationonen, und zwar | | |
|---|---|---|---|
| | Daten-verar-beitung | Text-verar-beitung | Kommuni-kations-technik |
| bis 49 | 33 | 26 | 11 |
| 50 bis 99 | 28 | 18 | 15 |
| 100 bis 199 | 51 | 23 | 14 |
| 200 bis 499 | 46 | 33 | 26 |
| 500 bis 999 | 45 | 45 | 27 |
| 1000 und mehr | 76 | 29 | 18 |
| I N S G E S A M T | 41 | 26 | 16 |

Quelle: Hochgerechnete Ergebnisse der Unternehmensbefragung des DIW.

Tabelle B41: Schwierigkeiten bei FuE-Aktivitäten in Berliner Betrieben des verarbeitenden Gewerbes
nach Wirtschaftszweigen: überblick
- Antworten in vH aller forschenden Betriebe -

| SYPRO-Nr. | Wirtschaftszweig Wirtschaftsgruppe | Zahl forsch. Betriebe | davon mit Schwierigkeiten | | | |
|---|---|---|---|---|---|---|
| | | | kaum oder nicht | ja | und zwar wesentl. | wichtige |
| | Grundstoff- u. Produktionsg. | 32 | 72 | 28 | 25 | 16 |
| 25 | Steine, Erden | 2 | 50 | 50 | 50 | 50 |
| 27 | Eisen, Stahl | | | | | |
| 28 | NE-Metalle | 1 | 100 | | | |
| 29 | Giessereien | | | | | |
| 301/3 | Ziehereien | | | | | |
| 40,22 | Chemie, Min.oel. | 27 | 70 | 30 | 26 | 15 |
| 53 | Holzbearbeitung | | | | | |
| 55 | Papiererzeugung | | | | | |
| 59 | Gummi | 2 | 100 | | | |
| | Investitionsgueter | 155 | 37 | 63 | 43 | 48 |
| 302 | Stahlverformung | 2 | | 100 | | 100 |
| 31 | Stahlbau | 7 | 43 | 57 | 57 | 43 |
| 32 | Maschinenbau | 44 | 36 | 64 | 43 | 50 |
| 33,34 | Fahrzeug-/Schiffbau | 8 | | 100 | 63 | 75 |
| 36 | Elektrotechnik | 68 | 38 | 62 | 43 | 44 |
| 37 | Feinm./Optik | 16 | 44 | 56 | 44 | 44 |
| 38 | EBM-Waren | 4 | 75 | 25 | 25 | 25 |
| 50 | Bueroa./ADV | 6 | 50 | 50 | 17 | 50 |
| | Verbrauchsgueter | 22 | 45 | 55 | 41 | 27 |
| 39 | Musikinstr. | 1 | | | | |
| 51,52 | Feinkeramik/Glas | 3 | 33 | 67 | 67 | 33 |
| 54 | Holzverarb. | 1 | | | | |
| 56 | Papierverarb | 3 | 67 | 33 | | 33 |
| 57 | Druck | 4 | 25 | 75 | 50 | 25 |
| 58 | Kunststoffverarb. | 5 | 60 | 40 | 40 | 20 |
| 62 | Leder | 1 | | 100 | 100 | 100 |
| 63 | Textil | 4 | 25 | 75 | 50 | 25 |
| 64 | Bekleidung | | | | | |
| 65 | Reparaturen | | | | | |
| | Nahrungs- u. Genussmittel | 16 | 63 | 38 | 31 | 31 |
| 68 | Ernaehrung | 16 | 63 | 38 | 31 | 31 |
| 69 | Tabak | | | | | |
| | Verarbeitendes Gewerbe insg. | 225 | 45 | 55 | 39 | 40 |

Quellen: Hochgerechnete Ergebnisse der Unternehmensbefragung des DIW, Statistisches
Landesamt Berlin.

222

Tabelle B42: Schwierigkeiten bei FuE-Aktivitäten in Berliner Betrieben des verarbeitenden
Gewerbes nach Betriebsgrößenklassen: Überblick
- Antworten in vH aller forschenden Betriebe -

| Betriebe mit ... Beschäftigten | Zahl forsch. Betriebe | kaum oder nicht | davon mit Schwierigkeiten | | |
|---|---|---|---|---|---|
| | | | ja | und zwar wesentl. | wichtige |
| bis 49 | 54 | 39 | 61 | 52 | 41 |
| 50 bis 99 | 61 | 48 | 52 | 30 | 41 |
| 100 bis 199 | 43 | 58 | 42 | 30 | 30 |
| 200 bis 499 | 39 | 38 | 62 | 51 | 36 |
| 500 bis 999 | 11 | 27 | 73 | 64 | 64 |
| 1000 und mehr | 17 | 47 | 53 | 12 | 53 |
| I N S G E S A M T | 225 | 45 | 55 | 39 | 40 |

Quellen: Hochgerechnete Ergebnisse der Unternehmensbefragung des DIW,
Statistisches Landesamt Berlin.

223

Tabelle B43: Schwierigkeiten bei FuE-Aktivitäten in Berliner Betrieben des verarbeitenden Gewerbes nach Wirtschaftszweigen: Erhebliche Restriktionen - Betriebe mit erheblichen Sfchwierigkeiten in vH aller forschenden Betriebe -

| SYPRO-Nr. / Wirtschaftszweig / Wirtschaftsgruppe | Insgesamt | Erhebliche Schwierigkeiten durch | | | | | | |
|---|---|---|---|---|---|---|---|---|
| | | Finanzier.Probl. | | Unsicherk. über | | Arbeitskräfteprobleme durch | | |
| | | fehlend. Eigenkapital | Engpässe Fremdkapital | finanz. Risiko | techn. Risiko | Mangel Innov. Bereit. | Arbeits-kräfte-mangel | allgem. Organis. |
| Grundstoff- u. Produktionsg. | 25 | | | 3 | 3 | | | 3 |
| 25 Steine, Erden | 50 | | | | | | | |
| 27 Eisen, Stahl | | | | | | | | |
| 28 NE-Metalle | | | | | | | | |
| 29 Giessereien | | | | | | | | |
| 301/3 Ziehereien | | | | | | | | |
| 40,22 Chemie, Oelverarb. | 26 | | | 4 | 4 | | | 4 |
| 53 Holzbearbeitung | | | | | | | | |
| 55 Papiererzeugung | | | | | | | | |
| 59 Gummiverarbeitung | | | | | | | | |
| Investitionsgueter | 43 | 10 | 8 | 4 | 3 | 3 | 17 | 5 |
| 302 Stahlverformung | | | | | | | | |
| 31 Stahlbau | 57 | 14 | | | | | 29 | |
| 32 Maschinenbau | 43 | 14 | 7 | 2 | 2 | 7 | 23 | |
| 33,34 Fahrzeug-, Schiffbau | 63 | 13 | 13 | 25 | | | | |
| 36 Elektrotechnik | 43 | 6 | 10 | 4 | 1 | 3 | 21 | 6 |
| 37 Feinm./Optik | 44 | 25 | 13 | | 13 | | 6 | 19 |
| 38 EBM-Waren | 25 | | | | | | | |
| 50 Buerom./ADV | 17 | | | | | | | |
| Verbrauchsgueter | 41 | 14 | 9 | 9 | 5 | 14 | 14 | |
| 39 Musikinstr. | | | | | | | | |
| 51,52 Feinkeramik, Glas | 67 | 33 | | | | | 33 | |
| 54 Holzverarbeitung | | | | | | | | |
| 56 Papierverarbeitung | | | | | | | | |
| 57 Druck | 50 | | | | | 50 | | |
| 58 Kunststoffverarb. | 40 | 20 | | 20 | 20 | | 20 | |
| 62 Leder | 100 | 100 | 100 | | | 100 | 100 | |
| 63 Textil | 50 | | | 25 | 25 | | | |
| 64 Bekleidung | | | | | | | | |
| 65 Reparaturen | | | | | | | | |
| Nahrungs- u. Genussmittel | 31 | | | | | | 6 | 6 |
| 68 Ernaehrung | 31 | | | | | | 6 | 6 |
| 69 Tabak | | | | | | | | |
| Verarbeitendes Gewerbe insg. | 39 | 8 | 7 | 4 | 3 | 4 | 14 | 4 |

Quelle: Hochgerechnete Ergebnisse der Unternehmensbefragung des DIW.

Fortsetzung Seite 2

Tabelle B43: Schwierigkeiten bei FuE-Aktivitäten in Berliner Betrieben des verarbeitenden Gewerbes nach Wirtschaftszweigen: Erhebliche Restriktionen  - Betriebe mit erheblichen Schwierigkeiten in vH aller forschender Betriebe -

| SYPRO-Nr. | Wirtschaftszweig Wirtschaftsgruppe | Insgesamt | Erhebliche Schwierigkeiten durch | | | | |
|---|---|---|---|---|---|---|---|
| | | | Probleme in der Einf.von Innovat. | Produkt-umsetz. | feh. Innovationsbereitschaft bei Kunden | Liefer. | gesetzl. Vorschrift. |
| | Grundstoff- u. Produktionsg. | 25 | | 3 | 3 | 6 | 16 |
| 25 | Steine. Erden | 50 | | 50 | | 50 | 50 |
| 27 | Eisen, Stahl | | | | | | |
| 28 | NE-Metalle | | | | | | |
| 29 | Giessereien | | | | | | |
| 301/3 | Ziehereien | | | | | | |
| 40,22 | Chemie. Oelverarb. | 26 | | | 4 | 4 | 15 |
| 53 | Holzbearbeitung | | | | | | |
| 55 | Papiererzeugung | | | | | | |
| 59 | Gummiverarbeitung | | | | | | |
| | Investitionsgueter | 43 | 1 | 8 | 3 | 3 | 5 |
| 302 | Stahlverformung | | | | | | |
| 31 | Stahlbau | 57 | | | 14 | | |
| 32 | Maschinenbau | 43 | | 7 | 5 | | 16 |
| 33,34 | Fahrzeug-. Schiffbau | 63 | | | | | |
| 36 | Elektrotechnik | 43 | 1 | 9 | 1 | 7 | |
| 37 | Feinm./Optik | 44 | | 6 | | | |
| 38 | EBM-Waren | 25 | | 25 | | | |
| 50 | Buerom./ADV | 17 | 17 | 17 | | | |
| | Verbrauchsgueter | 41 | 9 | 9 | | | |
| 39 | Musikinstr. | | | | | | |
| 51,52 | Feinkeramik, Glas | 67 | | | | | |
| 54 | Holzverarbeitung | | | | | | |
| 56 | Papierverarbeitung | | | | | | |
| 57 | Druck | 50 | | | | | |
| 58 | Kunststoffverarb. | 40 | | 20 | | | |
| 62 | Leder | 100 | 100 | | | | |
| 63 | Textil | 50 | 25 | 25 | | | |
| 64 | Bekleidung | | | | | | |
| 65 | Reparaturen | | | | | | |
| | Nahrungs- u. Genussmittel | 31 | | 6 | | 6 | |
| 68 | Ernaehrung | 31 | | 6 | | 6 | |
| 69 | Tabak | | | | | | |
| | Verarbeitendes Gewerbe insg. | 39 | 2 | 7 | 2 | 4 | 5 |

Quelle: Hochgerechnete Ergebnisse der Unternehmensbefragung des DIW.

Seite 1

Tabelle B44: Schwierigkeiten bei FuE-Aktivitäten in Berliner Betrieben des verarbeitenden Gewerbes nach Betriebsgrößenklassen; Erhebliche Restriktionen - Betriebe mit erheblichen Schwierigkeiten in vH aller forschenden Betriebe -

| Betriebe mit ... Beschäftigten | Insge- samt | Erhebliche Schwierigkeiten durch | | | | | | |
|---|---|---|---|---|---|---|---|---|
| | | Finanzier.Probl. | | Unsicherk. über | | Arbeitskräfteproblem durch | | |
| | | fehlend. Eigen- kapital | Engpässe Fremd- kapital | finanz. Risiko | techn. Risiko | Mangel Innov. Bereit. | Arbeits- kräfte- mangel | allgem. Organis. |
| bis 49 | 52 | 17 | 11 | 6 | 2 | 6 | 9 | 6 |
| 50 bis 99 | 30 | 8 | 7 | 2 | 5 | 5 | 8 | 3 |
| 100 bis 199 | 30 | 7 | 2 | | 2 | | 14 | 2 |
| 200 bis 499 | 51 | 3 | 10 | 13 | 3 | 5 | 28 | 8 |
| 500 bis 999 | 64 | 9 | | | | | 27 | |
| 1000 und mehr | 12 | | | | | | 6 | |
| I N S G E S A M T | 39 | 8 | 7 | 4 | 3 | 4 | 14 | 4 |

Quelle: Hochgerechnete Ergebnisse der Unternehmensbefragung des DIW.

Fortsetzung Seite 2

226

Tabelle B44: Schwierigkeiten bei FuE-Aktivitäten in Berliner Betrieben des verarbeitenden Gewerbes nach Betriebsgrößenklassen: Erhebliche Restriktionen - Betriebe mit erheblichen Schwierigkeiten in vH aller forschenden Betriebe -

| Betriebe mit ... Beschäftigten | Insge-samt | Erhebliche Schwierigkeiten durch | | | | |
|---|---|---|---|---|---|---|
| | | Probleme in der Einf.von Innovat. | Produkt-umsetz. | feh. Innovations-bereitschaft bei Kunden | Liefer. | gesetzl. Vor-schrift. |
| bis  49 | 52 | 4 | 11 | | 6 | 7 |
| 50 bis  99 | 30 | 2 | 5 | 3 | | 5 |
| 100 bis 199 | 30 | | 2 | 2 | 5 | 2 |
| 200 bis 499 | 49 | | 5 | 5 | 5 | 3 |
| 500 bis 999 | 64 | 9 | 27 | | | 18 |
| 1000 und mehr | 12 | | | | | |
| I N S G E S A M T | 39 | 2 | 7 | 2 | 4 | 5 |

Quelle: Hochgerechnete Ergebnisse der Unternehmensbefragung des DIW.

Tabelle B45: Schwierigkeiten bei FuE-Aktivitäten in Berliner Betrieben des verarbeitenden Gewerbes nach Wirtschaftszweigen: Wichtige Restriktionen – Betriebe mit wichtigen Schwierigkeiten in vH aller forschenden Betriebe –

Seite 1

| SYPRO-Nr. | Wirtschaftszweig / Wirtschaftsgruppe | Insgesamt | und zwar Schwierigkeiten durch | | | | | | |
|---|---|---|---|---|---|---|---|---|---|
| | | | Finanzier.Probl. | | Unsicherk. über | | Arbeitskräfteprobleme durch | | |
| | | | fehlend. Eigenkapital | Engpässe Fremdkapital | finanz. Risiko | techn. Risiko | Mangel Innov. Bereit. | Arbeitskräftemangel | allgem. Organis. |
| | Grundstoff- u. Produktionsg. | 16 | | | 3 | 3 | | 16 | 3 |
| 25 | Steine, Erden | 50 | | | | | | 50 | |
| 27 | Eisen, Stahl | | | | | | | | |
| 28 | NE-Metalle | | | | | | | | |
| 29 | Giessereien | | | | | | | | |
| 301/3 | Ziehereien | | | | | | | | |
| 40,22 | Chemie, Oelverarb. | 15 | | | 4 | 4 | | 15 | 4 |
| 53 | Holzbearbeitung | | | | | | | | |
| 55 | Papiererzeugung | | | | | | | | |
| 59 | Gummiverarbeitung | | | | | | | | |
| | Investitionsgueter | 48 | 16 | 6 | 17 | 13 | 3 | 17 | 10 |
| 302 | Stahlverformung | 100 | 50 | 50 | | | | 50 | |
| 31 | Stahlbau | 43 | 29 | | | | | | |
| 32 | Maschinenbau | 50 | 20 | 5 | 16 | 14 | 9 | 20 | 7 |
| 33,34 | Fahrzeug-, Schiffbau | 75 | 25 | | 13 | 25 | | 63 | 13 |
| 36 | Elektrotechnik | 44 | 10 | 6 | 15 | 10 | 1 | 16 | 18 |
| 37 | Feinm./Optik | 44 | 19 | 19 | 38 | 25 | | | |
| 38 | EBM-Waren | 25 | | | 25 | 25 | | | |
| 50 | Buerom./ADV | 50 | 17 | | 17 | | | 17 | |
| | Verbrauchsgueter | 27 | | 5 | 9 | 5 | | 5 | |
| 39 | Musikinstr. | | | | | | | | |
| 51,52 | Feinkeramik, Glas | 33 | | | 33 | 33 | | | |
| 54 | Holzverarbeitung | | | | | | | | |
| 56 | Papierverarbeitung | 33 | | | | | | | |
| 57 | Druck | 25 | | | | | | 25 | |
| 58 | Kunststoffverarb. | 20 | | 20 | | | | | |
| 62 | Leder | 100 | | | 100 | | | | |
| 63 | Textil | 25 | | | | | | | |
| 64 | Bekleidung | | | | | | | | |
| 65 | Reparaturen | | | | | | | | |
| | Nahrungs- u. Genussmittel | 31 | | | 6 | 6 | 6 | 6 | 6 |
| 68 | Ernaehrung | 31 | | | 6 | 6 | 6 | 6 | 6 |
| 69 | Tabak | | | | | | | | |
| | Verarbeitendes Gewerbe insg. | 40 | 11 | 5 | 13 | 10 | 3 | 15 | 8 |

Quelle: Hochgerechnete Ergebnisse der Unternehmensbefragung des DIW.

Fortsetzung Seite 2

**Tabelle B45: Schwierigkeiten bei FuE-Aktivitäten in Berliner Betrieben des verarbeitenden Gewerbes nach Wirtschaftszweigen: Wichtige Restriktionen**
**- Betriebe mit wichtigen Schwierigkeiten in vH aller forschender Betriebe -**

| SYPRO-Nr. / Wirtschaftszweig / Wirtschaftsgruppe | Insge-samt | und zwar Schwierigkeiten durch | | | | |
| --- | --- | --- | --- | --- | --- | --- |
| | | Probleme in der | | feh. Innovations-bereitschaft bei | | gesetzl. Vor-schrift. |
| | | Einf.von Innovat. | Produkt-umsetz. | Kunden | Liefer. | |
| Grundstoff- u. Produktionsg. | 16 | 6 | 6 | 6 | | |
| 25  Steine, Erden | 50 | 50 | | | | |
| 27  Eisen, Stahl | | | | | | |
| 28  NE-Metalle | | | | | | |
| 29  Giessereien | | | | | | |
| 301/3  Ziehereien | | | | | | |
| 40,22  Chemie, Oelverarb. | 15 | 4 | 7 | 7 | | |
| 53  Holzbearbeitung | | | | | | |
| 55  Papiererzeugung | | | | | | |
| 59  Gummiverarbeitung | | | | | | |
| Investitionsgueter | 48 | 12 | 10 | 8 | 5 | 4 |
| 302  Stahlverformung | 100 | | | | | |
| 31  Stahlbau | 43 | | 14 | | | |
| 32  Maschinenbau | 50 | 14 | 5 | 9 | 11 | |
| 33,34  Fahrzeug-, Schiffbau | 75 | 13 | 25 | 50 | 13 | |
| 36  Elektrotechnik | 44 | 16 | 16 | 6 | 3 | 9 |
| 37  Feinm./Optik | 44 | | | | | |
| 38  EBM-Waren | 25 | | | 25 | | |
| 50  Bueroa./ADV | 50 | | | | | |
| Verbrauchsgueter | 27 | 14 | 9 | 14 | 5 | 5 |
| 39  Musikinstr. | | | | | | |
| 51,52  Feinkeramik, Glas | 33 | 33 | | 33 | | |
| 54  Holzverarbeitung | | | | | | |
| 56  Papierverarbeitung | 33 | 33 | | 33 | | |
| 57  Druck | 25 | | | | | |
| 58  Kunststoffverarb. | 20 | | | 20 | 20 | 20 |
| 62  Leder | 100 | | 100 | | | |
| 63  Textil | 25 | 25 | 25 | | | |
| 64  Bekleidung | | | | | | |
| 65  Reparaturen | | | | | | |
| Nahrungs- u. Genussmittel | 31 | 6 | 13 | | 6 | 6 |
| 68  Ernaehrung | 31 | 6 | 13 | | 6 | 6 |
| 69  Tabak | | | | | | |
| Verarbeitendes Gewerbe insg. | 40 | 11 | 10 | 8 | 4 | 4 |

Quelle: Hochgerechnete Ergebnisse der Unternehmensbefragung des DIW.

Tabelle B46: Schwierigkeiten bei FuE-Aktivitäten in Berliner Betrieben des verarbeitenden Gewerbes nach Betriebsgrößenklassen: Wichtige Restriktionen
- Betriebe mit wichtigen Schwierigkeiten in vH aller forschenden Betriebe -

Seite 1

| Betriebe mit ... Beschäftigten | Insge-samt | Finanzier.Probl. | | Schwierigkeiten, und zwar durch Unsicherk. über | | Arbeitskräfteprobleme durch | | |
|---|---|---|---|---|---|---|---|---|
| | | fehlend. Eigen-kapital | Engpässe Fremd-kapital | finanz. Risiko | techn. Risiko | Mangel Innov. Bereit. | Arbeits-kräfte-mangel | allgem. Organis. |
| bis 49 | 41 | 11 | 7 | 20 | 13 | 4 | 15 | 7 |
| 50 bis 99 | 41 | 16 | 10 | 16 | 11 | 5 | 15 | 5 |
| 100 bis 199 | 30 | 7 | 5 | 7 | 2 | 2 | 7 | 12 |
| 200 bis 499 | 36 | 8 | | 8 | 10 | | 15 | 8 |
| 500 bis 999 | 64 | 9 | | 18 | 27 | | 9 | 27 |
| 1000 und mehr | 53 | 12 | | 6 | | | 41 | |
| I N S G E S A M T | 40 | 11 | 5 | 13 | 10 | 3 | 15 | 8 |

Quelle: Hochgerechnete Ergebnisse der Unternehmensbefragung des DIW.

Fortsetzung Seite 2

230

Tabelle B46: Schwierigkeiten bei FuE-Aktivitäten in Berliner Betrieben des verarbeitenden Gewerbes nach
Betriebsgrößenklassen: Wichtige Restriktionen
- Betriebe mit wichtigen Schwierigkeiten in vH aller forschenden Betriebe -

Seite 2

| Betriebe mit ... Beschäftigten | Insge- samt | Schwierigkeiten, und zwar durch | | | | |
|---|---|---|---|---|---|---|
| | | Probleme in der | | feh. Innovations- | | gesetzl. |
| | | Einf.von Innovat. | Produkt- umsetz. | bereitschaft bei Kunden | Liefer. | Vor- schrift. |
| bis 49 | 41 | 2 | 9 | 9 | 6 | 4 |
| 50 bis 99 | 41 | 11 | 11 | 5 | 5 | 2 |
| 100 bis 199 | 30 | 12 | 9 | 5 | 5 | 2 |
| 200 bis 499 | 36 | 15 | 10 | 10 | | 10 |
| 500 bis 999 | 64 | 18 | 18 | 9 | 18 | |
| 1000 und mehr | 53 | 18 | | 18 | | |
| I N S G E S A M T | 40 | 11 | 10 | 8 | 4 | 4 |

Quelle: Hochgerechnete Ergebnisse der Unternehmensbefragung des DIW.

231

Tabelle B47: Mangel an FuE-Personal aus der Sicht von Berliner Betrieben des verarbeitenden Gewerbes nach Wirtschaftszweigen  - Antwortende Betriebe in vH aller forschenden Betriebe -

| SYPRO-Nr. | Wirtschaftszweig / Wirtschaftsgruppe | keine freien Stellen | Kein Arbeitskräftemangel | | | Schwierigkeiten, freie Stellen zu besetzen | | | | |
|---|---|---|---|---|---|---|---|---|---|---|
| | | | insgesamt | Bedarfsdeckung auf Arbeitsmarkt | durch betr. Ausb. | insgesamt | und zwar weil keine Bewerber | zu hohe Gehaltsforder. | ungenüg. Berufserfahr. | fehlende Qualif./ Spezial. |
| | Grundstoff- u. Produktionsg. | 47 | 19 | 19 | | 34 | 16 | 6 | 19 | 19 |
| 25 | Steine, Erden | 50 | | | | 50 | 50 | | | 50 |
| 27 | Eisen, Stahl | | | | | | | | | |
| 28 | NE-Metalle | | 100 | 100 | | | | | | |
| 29 | Giessereien | | | | | | | | | |
| 301/3 | Ziehereien | | | | | | | | | |
| 40,22 | Chemie, Oelverarb. | 44 | 19 | 19 | | 37 | 15 | 7 | 22 | 19 |
| 53 | Holzbearbeitung | | | | | | | | | |
| 55 | Papiererzeugung | | | | | | | | | |
| 59 | Gummiverarbeitung | 100 | | | | | | | | |
| | Investitionsgueter | 30 | 26 | 21 | 8 | 44 | 8 | 6 | 21 | 36 |
| 302 | Stahlverformung | 50 | 50 | 50 | | | | | | |
| 31 | Stahlbau | 29 | 29 | 29 | 14 | 43 | | | 14 | 43 |
| 32 | Maschinenbau | 32 | 9 | 9 | | 59 | 2 | 7 | 30 | 50 |
| 33,34 | Fahrzeug-, Schiffbau | 25 | 50 | | 50 | 25 | 25 | | 25 | |
| 36 | Elektrotechnik | 26 | 29 | 28 | 6 | 44 | 13 | 10 | 18 | 37 |
| 37 | Feinm./Optik | 44 | 31 | 31 | 6 | 25 | | | 13 | 25 |
| 38 | EBM-Waren | | 75 | | 75 | 25 | 25 | | 25 | |
| 50 | Bueroa./ADV | 33 | 33 | 33 | | 33 | | | 17 | 33 |
| | Verbrauchsgueter | 36 | | 23 | 5 | 41 | | 14 | 14 | 32 |
| 39 | Musikinstr. | | | | | 100 | | 100 | | |
| 51,52 | Feinkeramik, Glas | | 33 | 33 | | 67 | | | 33 | 67 |
| 54 | Holzverarbeitung | 100 | | | | | | | | |
| 56 | Papierverarbeitung | 33 | | | | 67 | | 33 | 33 | 67 |
| 57 | Druck | 50 | | | | 50 | | 25 | | 25 |
| 58 | Kunststoffverarb. | 60 | 20 | 20 | | 20 | | | 20 | 20 |
| 62 | Leder | | | | | 100 | | | | 100 |
| 63 | Textil | 25 | 75 | 75 | 25 | | | | | |
| 64 | Bekleidung | | | | | | | | | |
| 65 | Reparaturen | | | | | | | | | |
| | Nahrungs- u. Genussmittel | 69 | 13 | 6 | 6 | 19 | | | | 19 |
| 68 | Ernaehrung | 69 | 13 | 6 | 6 | 19 | | | | 19 |
| 69 | Tabak | | | | | | | | | |
| | Verarbeitendes Gewerbe insg. | 36 | 24 | 20 | 7 | 40 | 8 | 7 | 18 | 32 |

Quelle: Hochgerechnete Ergebnisse der Unternehmensbefragung des DIW.

Tabelle B48: Mangel an FuE-Personal aus der Sicht von Berliner Betrieben des verarbeitenden Gewerbes nach Betriebsgrößenklassen
- Antwortende Betriebe in vH aller forschenden Betriebe -

| Betriebe mit ... Beschäftigten | keine freien Stellen | Kein Arbeitskräftemangel | | | Schwierigkeiten, freie Stellen zu besetzen | | | | |
|---|---|---|---|---|---|---|---|---|---|
| | | insgesamt | Bedarfsdeckung auf Arbeitsmarkt | durch betr. Ausb. | insgesamt | und zwar weil keine Bewerber | zu hohe Gehaltsforder. | ungenüg. Berufserfahr. | fehlende Qualif./ Spezial. |
| bis 49 | 44 | 31 | 22 | 15 | 24 | 2 | 4 | 9 | 20 |
| 50 bis 99 | 39 | 26 | 23 | 3 | 34 | 5 | 3 | 16 | 25 |
| 100 bis 199 | 37 | 23 | 19 | 7 | 40 | 7 | 2 | 16 | 28 |
| 200 bis 499 | 28 | 26 | 26 | 5 | 46 | 5 | 10 | 26 | 46 |
| 500 bis 999 | 18 | 9 | 9 | | 73 | 27 | 18 | 45 | 55 |
| 1000 und mehr | 18 | | | | 82 | 35 | 24 | 24 | 59 |
| I N S G E S A M T | 36 | 24 | 20 | 7 | 40 | 8 | 7 | 18 | 32 |

Quelle: Hochgerechnete Ergebnisse der Unternehmensbefragung des DIW.

233

Tabelle B49: Neue FuE-Mitarbeiter bei Berliner Betrieben des verarbeitenden Gewerbes
nach Wirtschaftszweigen
- Neue FuE-Mitarbeiter in vH aller forschenden Betriebe -

| SYPRO-Nr. | Wirtschaftszweig / Wirtschaftsgruppe | Zahl forsch. Betriebe | davon mit neuen Mitarbeitern (in vH) und zwar | | |
|---|---|---|---|---|---|
| | | | ins-gesamt | aus Berlin | aus and. Regionen |
| | Grundstoff- u. Produktionsg. | 32 | 59 | 38 | 22 |
| 25 | Steine, Erden | 2 | 50 | 50 | |
| 27 | Eisen, Stahl | | | | |
| 28 | NE-Metalle | 1 | 100 | | 100 |
| 29 | Giessereien | | | | |
| 301/3 | Ziehereien | | | | |
| 40,22 | Chemie, Oelverarb. | 27 | 63 | 41 | 22 |
| 53 | Holzbearbeitung | | | | |
| 55 | Papiererzeugung | | | | |
| 59 | Gummiverarbeitung | 2 | | | |
| | Investitionsgueter | 155 | 71 | 59 | 12 |
| 302 | Stahlverformung | 2 | 50 | 50 | |
| 31 | Stahlbau | 7 | 43 | 14 | 29 |
| 32 | Maschinenbau | 44 | 66 | 59 | 7 |
| 33,34 | Fahrzeug-, Schiffbau | 8 | 63 | 38 | 25 |
| 36 | Elektrotechnik | 68 | 81 | 65 | 16 |
| 37 | Feinm./Optik | 16 | 56 | 50 | 6 |
| 38 | EBM-Waren | 4 | 100 | 100 | |
| 50 | Buerom./ADV | 6 | 67 | 67 | |
| | Verbrauchsgueter | 22 | 55 | 32 | 23 |
| 39 | Musikinstr. | 1 | 100 | | 100 |
| 51,52 | Feinkeramik, Glas | 3 | 100 | 67 | 33 |
| 54 | Holzverarbeitung | 1 | | | |
| 56 | Papierverarbeitung | 3 | 67 | 33 | 33 |
| 57 | Druck | 4 | 50 | 50 | |
| 58 | Kunststoffverarb. | 5 | 40 | 20 | 20 |
| 62 | Leder | 1 | | | |
| 63 | Textil | 4 | 50 | 25 | 25 |
| 64 | Bekleidung | | | | |
| 65 | Reparaturen | | | | |
| | Nahrungs- u. Genussmittel | 16 | 31 | 31 | |
| 68 | Ernaehrung | 16 | 31 | 31 | |
| 69 | Tabak | | | | |
| | Verarbeitendes Gewerbe insg. | 225 | 65 | 51 | 14 |

Quelle: Hochgerechnete Ergebnisse der Unternehmensbefragung des DIW.

Tabelle B50: Neue FuE-Mitarbeiter bei Berliner Betrieben des verarbeitenden
Gewerbes nach Betriebsgrößenklassen
- neue FuE-Mitarbeiter in vH aller forschenden Betriebe -

| Betriebe mit ... Beschäftigten | Zahl forsch. Betriebe | davon mit neuen Mitarbeitern (in vH) und zwar | | |
|---|---|---|---|---|
| | | ins- gesamt | aus Berlin | aus and. Regionen |
| bis 49 | 54 | 46 | 33 | 13 |
| 50 bis 99 | 61 | 61 | 48 | 13 |
| 100 bis 199 | 43 | 70 | 56 | 14 |
| 200 bis 499 | 39 | 77 | 59 | 18 |
| 500 bis 999 | 11 | 82 | 55 | 27 |
| 1000 und mehr | 17 | 88 | 88 | |
| I N S G E S A M T | 225 | 65 | 51 | 14 |

Quelle: Hochgerechnete Ergebnisse der Unternehmensbefragung des DIW.

235

Tabelle B51: Probleme bei der Umsetzung von Forschungsergebnissen in Berliner Betrieben des verarbeitenden Gewerbes nach Wirtschaftszweigen - Antwortende Betriebe in vH aller forschenden Betriebe -

| SYPRO-Nr. | Wirtschaftszweig ------- Wirtschaftsgruppe | keine Probleme | Umsetzungsprobleme bestanden und zwar wegen | | | | | |
|---|---|---|---|---|---|---|---|---|
| | | | insgesamt | techn. Probleme | zu hohe Entwick.-kosten | generell Finanz.-probleme | schnelle Konkur.-produkte | geändert. Absatz-aussicht. |
| | Grundstoff- u. Produktionsg. | 53 | 47 | 22 | 6 | | 16 | 22 |
| 25 | Steine, Erden | 50 | 50 | | | | | 50 |
| 27 | Eisen, Stahl | | | | | | | |
| 28 | NE-Metalle | | 100 | | | | 100 | |
| 29 | Giessereien | | | | | | | |
| 301/3 | Ziehereien | | | | | | | |
| 40,22 | Chemie, Oelverarb. | 56 | 44 | 26 | 7 | | 11 | 19 |
| 53 | Holzbearbeitung | | | | | | | |
| 55 | Papiererzeugung | | | | | | | |
| 59 | Gummiverarbeitung | 50 | 50 | | | | 50 | 50 |
| | Investitionsgueter | 57 | 43 | 14 | 13 | 5 | 10 | 24 |
| 302 | Stahlverformung | 100 | | | | | | |
| 31 | Stahlbau | 86 | 14 | | | | | 14 |
| 32 | Maschinenbau | 68 | 32 | 7 | 9 | 2 | 7 | 27 |
| 33,34 | Fahrzeug-, Schiffbau | 25 | 75 | | 50 | | 13 | |
| 36 | Elektrotechnik | 46 | 54 | 22 | 15 | 9 | 18 | 26 |
| 37 | Feinm./Optik | 56 | 44 | 19 | 13 | | | 25 |
| 38 | EBM-Waren | 100 | | | | | | |
| 50 | Buerom./ADV | 67 | 33 | | | | | 33 |
| | Verbrauchsgueter | 64 | 36 | 18 | 18 | 5 | 14 | 9 |
| 39 | Musikinstr. | 100 | | | | | | |
| 51,52 | Feinkeramik, Glas | 67 | 33 | 33 | 33 | | 33 | |
| 54 | Holzverarbeitung | 100 | | | | | | |
| 56 | Papierverarbeitung | 33 | 67 | | 33 | | 33 | |
| 57 | Druck | 75 | 25 | | | | | |
| 58 | Kunststoffverarb. | 60 | 40 | 20 | 20 | | 20 | 20 |
| 62 | Leder | | 100 | 100 | | 100 | | |
| 63 | Textil | 75 | 25 | 25 | 25 | | | 25 |
| 64 | Bekleidung | | | | | | | |
| 65 | Reparaturen | | | | | | | |
| | Nahrungs- u. Genussmittel | 75 | 25 | | | | 13 | 13 |
| 68 | Ernaehrung | 75 | 25 | | | | 13 | 13 |
| 69 | Tabak | | | | | | | |
| | Verarbeitendes Gewerbe insg. | 58 | 42 | 14 | 12 | 4 | 12 | 21 |

Quelle: Hochgerechnete Ergebnisse der Unternehmensbefragung des DIW.

Tabelle B52: Probleme bei der Umsetzung von Forschungsergebnissen in Berliner Betrieben des verarbeitenden
Gewerbes nach Betriebsgrößenklassen - Antwortende Betriebe in vH aller forschenden Betriebe -

| Betriebe mit ... Beschäftigten | keine Probleme | Umsetzungsprobleme bestanden und zwar wegen | | | | | |
|---|---|---|---|---|---|---|---|
| | | Ins- gesamt | techn. Probleme | zu hohe Entwick.- kosten | generell Finanz.- probleme | schnelle Konkur.- produkte | geändert. Absatz- aussicht. |
| bis 49 | 65 | 35 | 17 | 4 | 6 | 7 | 19 |
| 50 bis 99 | 67 | 33 | 8 | 10 | | 8 | 16 |
| 100 bis 199 | 58 | 42 | 14 | 7 | | 9 | 21 |
| 200 bis 499 | 51 | 49 | 26 | 23 | 8 | 23 | 15 |
| 500 bis 999 | 55 | 45 | 18 | 18 | 9 | 18 | 36 |
| 1000 und mehr | 24 | 76 | | 24 | 6 | 12 | 53 |
| INSGESAMT | 58 | 42 | 14 | 12 | 4 | 12 | 21 |

Quelle: Hochgerechnete Ergebnisse der Unternehmensbefragung des DIW.

Tabelle B53: Forschungsinduzierte wesentliche Änderungen in der Produktion bei Berliner Betrieben des verarbeitenden Gewerbes nach Wirtschaftszweigen

| SYPRO-Nr. | Wirtschaftszweig / Wirtschaftsgruppe | Zahl forsch. Betriebe | davon mit wesentlichen Änderungen (in vH) und zwar in der | | Produktpalette | |
|---|---|---|---|---|---|---|
| | | | ins-gesamt | Ferti-gung | insge-samt | generell neu |
| | Grundstoff- u. Produktionsg. | 32 | 78 | 31 | 72 | 41 |
| 25 | Steine, Erden | 2 | 100 | 50 | 100 | 50 |
| 27 | Eisen, Stahl | | | | | |
| 28 | NE-Metalle | 1 | 100 | 100 | 100 | 100 |
| 29 | Giessereien | | | | | |
| 301/3 | Ziehereien | | | | | |
| 40,22 | Chemie, Min.oel. | 27 | 78 | 26 | 70 | 41 |
| 53 | Holzbearbeitung | | | | | |
| 55 | Papiererzeugung | | | | | |
| 59 | Gummi | 2 | 50 | 50 | 50 | |
| | Investitionsgueter | 155 | 86 | 46 | 81 | 46 |
| 302 | Stahlverformung | 2 | 50 | | 50 | |
| 31 | Stahlbau | 7 | 43 | 14 | 29 | 14 |
| 32 | Maschinenbau | 44 | 89 | 41 | 80 | 43 |
| 33,34 | Fahrzeug-/Schiffbau | 8 | 50 | 38 | 25 | 13 |
| 36 | Elektrotechnik | 68 | 96 | 56 | 96 | 57 |
| 37 | Feinm./Optik | 16 | 94 | 50 | 81 | 50 |
| 38 | EBM-Waren | 4 | 25 | 25 | 25 | 25 |
| 50 | Bueroa./ADV | 6 | 100 | 33 | 100 | 50 |
| | Verbrauchsgueter | 22 | 95 | 50 | 77 | 23 |
| 39 | Musikinstr. | 1 | | | | |
| 51,52 | Feinkeramik/Glas | 3 | 100 | 33 | 67 | 33 |
| 54 | Holzverarb. | 1 | 100 | 100 | | |
| 56 | Papierverarb | 3 | 100 | 67 | 67 | 33 |
| 57 | Druck | 4 | 100 | 50 | 100 | 50 |
| 58 | Kunststoffverarb. | 5 | 100 | 60 | 80 | 20 |
| 62 | Leder | 1 | 100 | 0 | 100 | |
| 63 | Textil | 4 | 100 | 50 | 100 | |
| 64 | Bekleidung | | | | | |
| 65 | Reparaturen | | | | | |
| | Nahrungs- u. Genussmittel | 16 | 63 | 56 | 31 | 13 |
| 68 | Ernaehrung | 16 | 63 | 56 | 31 | 13 |
| 69 | Tabak | | | | | |
| | Verarbeitendes Gewerbe insg. | 225 | 84 | 45 | 76 | 41 |

Quellen: Hochgerechnete Befragungsergebnisse des DIW, Statistisches Landesamt Berlin.

**Tabelle B54:** Forschungsinduzierte wesentliche Änderungen in der Produktion bei Berliner
Betrieben des verarbeitenden Gewerbes nach Betriebsgrößenklassen

| Betriebe mit ... Beschäftigten | Zahl forsch. Betriebe | davon mit wesentlichen Änderungen und zwar in der Produktpalette | | | |
|---|---|---|---|---|---|
| | | insgesamt | Ferti- gung | insge- samt | generell neu |
| bis 49 | 54 | 81 | 41 | 74 | 37 |
| 50 bis 99 | 61 | 87 | 43 | 77 | 39 |
| 100 bis 199 | 43 | 81 | 47 | 67 | 37 |
| 200 bis 499 | 39 | 85 | 33 | 79 | 41 |
| 500 bis 999 | 11 | 100 | 64 | 91 | 55 |
| 1000 und mehr | 17 | 82 | 76 | 76 | 59 |
| I N S G E S A M T | 225 | 84 | 45 | 76 | 41 |

Quelle: Hochgerechnete Ergebnisse der Unternehmensbefragung des DIW, Statistisches
Landesamt Berlin.

239

Tabelle B55: Externe Forschungen in Berliner Betrieben des verarbeitenden Gewerbes nach Wirtschaftszweigen: überblick

| SYPRO-Nr. | Wirtschaftszweig / Wirtschaftsgruppe | Zahl forsch. Betriebe | davon mit externen Forschungen in vH | | |
|---|---|---|---|---|---|
| | | | insgesamt | und zwar Forsch.-koop. | Auftr.-forsch. |
| | Grundstoff- u. Produktionsg. | 32 | 44 | 25 | 31 |
| 25 | Steine, Erden | 2 | 50 | 50 | 50 |
| 27 | Eisen, Stahl | | | | |
| 28 | NE-Metalle | 1 | 100 | | 100 |
| 29 | Giessereien | | | | |
| 301/3 | Ziehereien | | | | |
| 40,22 | Chemie, Min.oel. | 27 | 41 | 26 | 26 |
| 53 | Holzbearbeitung | | | | |
| 55 | Papiererzeugung | | | | |
| 59 | Gummi | 2 | 50 | | 50 |
| | Investitionsgueter | 155 | 63 | 39 | 43 |
| 302 | Stahlverformung | 2 | 50 | 50 | |
| 31 | Stahlbau | 7 | 71 | 57 | 29 |
| 32 | Maschinenbau | 44 | 66 | 39 | 48 |
| 33,34 | Fahrzeug-/Schiffbau | 8 | 50 | 13 | 38 |
| 36 | Elektrotechnik | 68 | 66 | 43 | 47 |
| 37 | Feinm./Optik | 16 | 44 | 25 | 25 |
| 38 | EBM-Waren | 4 | 50 | 25 | 50 |
| 50 | Buerom./ADV | 6 | 83 | 50 | 50 |
| | Verbrauchsgueter | 22 | 45 | 32 | 32 |
| 39 | Musikinstr. | 1 | | | |
| 51,52 | Feinkeramik/Glas | 3 | | | |
| 54 | Holzverarb. | 1 | | | |
| 56 | Papierverarb | 3 | 100 | 67 | 100 |
| 57 | Druck | 4 | 50 | 25 | 25 |
| 58 | Kunststoffverarb. | 5 | 80 | 60 | 40 |
| 62 | Leder | 1 | | | |
| 63 | Textil | 4 | 25 | 25 | 25 |
| 64 | Bekleidung | | | | |
| 65 | Reparaturen | | | | |
| | Nahrungs- u. Genussmittel | 16 | 50 | 31 | 25 |
| 68 | Ernaehrung | 16 | 50 | 31 | 25 |
| 69 | Tabak | | | | |
| | Verarbeitendes Gewerbe insg. | 225 | 58 | 36 | 39 |

Quellen: Hochgerechnete Ergebnisse der Unternehmensbefragung des DIW.

Tabelle B56: Externe Forschungen in Berliner Betrieben des verarbeitenden Gewerbes nach Betriebsgrößenklassen: Überblick

| Betriebe mit ... Beschäftigten | Zahl forsch. Betriebe | davon mit externen Forschungen in vH | | |
|---|---|---|---|---|
| | | ins- gesamt | und zwar Forsch.- koop. | Auftr.- forsch. |
| bis 49 | 54 | 44 | 26 | 26 |
| 50 bis 99 | 61 | 59 | 31 | 41 |
| 100 bis 199 | 43 | 53 | 23 | 37 |
| 200 bis 499 | 39 | 62 | 41 | 38 |
| 500 bis 999 | 11 | 100 | 82 | 82 |
| 1000 und mehr | 17 | 71 | 71 | 53 |
| I N S G E S A M T | 225 | 58 | 36 | 39 |

Quelle: Hochgerechnete Ergebnisse der Unternehmensbefragung des DIW.

Tabelle B57: Externe Forschungen bei Berliner Betrieben des verarbeitenden Gewerbes nach Wirtschaftszweigen: Kooperationen und Partner  - Kooperierende Betriebe in vH aller forschenden Betriebe -

Seite 1

| SYPRO-Nr. | Wirtschaftszweig / Wirtschaftsgruppe | Forschungskooperationen mit | | | | | | | |
|---|---|---|---|---|---|---|---|---|---|
| | | unternehmenseigenen Betrieben | | | | unternehmensfremden Betrieben | | | |
| | | in Berlin | im Bund*) | im Ausland | ins-gesamt | in Berlin | im Bund*) | im Ausland | ins-gesamt |
| | Grundstoff- u. Produktionsg. | | 13 | 13 | 13 | 3 | 3 | 6 | 9 |
| 25 | Steine, Erden | | 50 | 50 | 50 | | | | |
| 27 | Eisen, Stahl | | | | | | | | |
| 28 | NE-Metalle | | | | | | | | |
| 29 | Giessereien | | | | | | | | |
| 301/3 | Ziehereien | | | | | | | | |
| 40,22 | Chemie, Oelverarb. | | 11 | 11 | 11 | 4 | 4 | 7 | 11 |
| 53 | Holzbearbeitung | | | | | | | | |
| 55 | Papiererzeugung | | | | | | | | |
| 59 | Gummiverarbeitung | | | | | | | | |
| | Investitionsgueter | 4 | 10 | 3 | 13 | 11 | 7 | 3 | 14 |
| 302 | Stahlverformung | | | | | 50 | | | 50 |
| 31 | Stahlbau | | 14 | | 14 | 43 | 14 | | 43 |
| 32 | Maschinenbau | 5 | 11 | 7 | 16 | 7 | 2 | 2 | 9 |
| 33,34 | Fahrzeug-, Schiffbau | | | | | | 13 | | 13 |
| 36 | Elektrotechnik | 6 | 12 | 1 | 16 | 13 | 9 | 3 | 16 |
| 37 | Feinm./Optik | | | 6 | 6 | 6 | 6 | 6 | 6 |
| 38 | EBM-Waren | | 25 | | 25 | | 25 | 25 | 25 |
| 50 | Buerom./ADV | | | | | | | | |
| | Verbrauchsgueter | 9 | 9 | | 18 | | | | |
| 39 | Musikinstr. | | | | | | | | |
| 51,52 | Feinkeramik, Glas | | | | | | | | |
| 54 | Holzverarbeitung | | | | | | | | |
| 56 | Papierverarbeitung | | 67 | | 67 | | | | |
| 57 | Druck | | | | | | | | |
| 58 | Kunststoffverarb. | 20 | | | 20 | | | | |
| 62 | Leder | | | | | | | | |
| 63 | Textil | 25 | | | 25 | | | | |
| 64 | Bekleidung | | | | | | | | |
| 65 | Reparaturen | | | | | | | | |
| | Nahrungs- u. Genussmittel | | | | | | 13 | | 13 |
| 68 | Ernaehrung | | | | | | 13 | | 13 |
| 69 | Tabak | | | | | | | | |
| | Verarbeitendes Gewerbe insg. | 4 | 9 | 4 | 12 | 8 | 6 | 3 | 12 |

*) übriges Bundesgebiet ohne Berlin.
Quelle: Hochgerechnete Ergebnisse der Unternehmensbefragung des DIW.

Fortsetzung Seite 2

Tabelle B57: Externe Forschungen bei Berliner Betrieben des verarbeitenden Gewerbes nach Wirtschaftszweigen: Kooperationen und Partner  - Kooperierende Betriebe in vH aller forschenden Betriebe -

| SYPRO-Nr. / Wirtschaftszweig / Wirtschaftsgruppe | Forschungskooperationen mit | | | | | | | |
|---|---|---|---|---|---|---|---|---|
| | techn.Beratern, Ingenieurbüros | | | | wissenschaftlichen Einrichtungen | | | |
| | in Berlin | im Bund*) | im Ausland | ins-gesamt | in Berlin | im Bund*) | im Ausland | ins-gesamt |
| Grundstoff- u. Produktionsg. | 3 | 6 | 3 | 6 | 3 | 6 | 3 | 6 |
| 25 Steine, Erden | | | | | | | | 50 |
| 27 Eisen, Stahl | | | | | | | | |
| 28 NE-Metalle | | | | | | | | |
| 29 Giessereien | | | | | | | | |
| 301/3 Ziehereien | | | | | | | | |
| 40,22 Chemie, Oelverarb. | 4 | 7 | 4 | 7 | 4 | 7 | 4 | 7 |
| 53 Holzbearbeitung | | | | | | | | |
| 55 Papiererzeugung | | | | | | | | |
| 59 Gummiverarbeitung | | | | | | | | |
| Investitionsgueter | 3 | 2 | 1 | 4 | 19 | 7 | 3 | 21 |
| 302 Stahlverformung | | | | | 50 | | | 50 |
| 31 Stahlbau | | | | | 14 | 29 | | 29 |
| 32 Maschinenbau | 2 | | | 2 | 20 | 7 | | 20 |
| 33,34 Fahrzeug-, Schiffbau | | | | | | | | 13 |
| 36 Elektrotechnik | 1 | 3 | | 3 | 18 | 6 | 1 | 21 |
| 37 Feinm./Optik | 6 | 6 | 6 | 6 | 19 | 13 | 19 | 19 |
| 38 EBM-Waren | | | | | | | | 0 |
| 50 Bueroa./ADV | 33 | | | 33 | 50 | | | 50 |
| Verbrauchsgueter | 5 | 9 | 5 | 14 | 14 | | | 14 |
| 39 Musikinstr. | | | | | | | | |
| 51,52 Feinkeramik, Glas | | | | | | | | |
| 54 Holzverarbeitung | | | | | | | | |
| 56 Papierverarbeitung | | | 33 | 33 | | | | |
| 57 Druck | | | | | 25 | | | 25 |
| 58 Kunststoffverarb. | | 20 | | 20 | 40 | | | 40 |
| 62 Leder | | | | | | | | |
| 63 Textil | 25 | 25 | | 25 | | | | |
| 64 Bekleidung | | | | | | | | |
| 65 Reparaturen | | | | | | | | |
| Nahrungs- u. Genussmittel | 6 | | | 6 | 13 | 6 | | 13 |
| 68 Ernaehrung | 6 | | | 6 | 13 | 6 | | 13 |
| 69 Tabak | | | | | | | | |
| Verarbeitendes Gewerbe insg. | 4 | 3 | 1 | 5 | 16 | 6 | 2 | 18 |

*) übriges Bundesgebiet ohne Berlin.
Quelle: Hochgerechnete Ergebnisse der Unternehmensbefragung des DIW.

Tabelle B5B: Externe Forschungen bei Berliner Betrieben des verarbeitenden Gewerbes nach Betriebsgrößenklassen: Kooperationen und Partner - Kooperierende Betriebe in vH aller forschenden Betriebe -

Seite 1

| Betriebe mit ... Beschäftigten | Forschungskooperationen mit | | | | | | | |
|---|---|---|---|---|---|---|---|---|
| | unternehmenseigenen Betrieben | | | | unternehmensfremden Betrieben | | | |
| | in Berlin | im Bund*) | im Ausland | ins- gesamt | in Berlin | im Bund*) | im Ausland | ins- gesamt |
| bis 49 | 2 | 7 | 2 | 9 | 6 | 2 | 4 | 7 |
| 50 bis 99 | 2 | | | 2 | 8 | 7 | 2 | 11 |
| 100 bis 199 | | 9 | 5 | 12 | 2 | | | 2 |
| 200 bis 499 | 13 | 8 | | 15 | 8 | 5 | 0 | 8 |
| 500 bis 999 | | 36 | 18 | 36 | 27 | 36 | 18 | 64 |
| 1000 und mehr | 6 | 35 | 24 | 41 | 18 | 18 | 12 | 29 |
| I N S G E S A M T | 4 | 9 | 4 | 12 | 8 | 6 | 3 | 12 |

*) übriges Bundesgebiet ohne Berlin.
Quelle: Hochgerechnete Ergebnisse der Unternehmensbefragung des DIW.

Fortzetzung Seite 2

Tabelle B5B: Externe Forschungen bei Berliner Betrieben des verarbeitenden Gewerbes nach Betriebsgrößenklassen: Kooperationen
und Partner - Kooperierende Betriebe in vH aller forschenden Betriebe -

| Betriebe mit ... Beschäftigten | Forschungskooperationen mit | | | | | | | |
|---|---|---|---|---|---|---|---|---|
| | techn.Beratern, Ingenieurbüros | | | | wissenschaftlichen Einrichtungen | | | |
| | in Berlin | im Bund*) | im Ausland | ins- gesamt | | in Berlin | im Bund*) | im Ausland | ins- gesamt |
| bis 49 | 2 | 4 | 4 | 4 | | 17 | 2 | 4 | 17 |
| 50 bis 99 | 7 | 3 | | 8 | | 11 | 5 | | 15 |
| 100 bis 199 | | 2 | | 2 | | 14 | 7 | 2 | 14 |
| 200 bis 499 | 5 | 3 | | 5 | | 15 | 8 | | 21 |
| 500 bis 999 | | | | | | 27 | 9 | | 27 |
| 1000 und mehr | 6 | 6 | 6 | 12 | | 24 | 18 | 12 | 29 |
| I N S G E S A M T | 4 | 3 | 1 | 5 | | 16 | 6 | 2 | 18 |

*) übriges Bundesgebiet ohne Berlin.
Quelle: Hochgerechnete Ergebnisse der Unternehmensbefragung des DIW.

Tabelle B59: Externe Forschungen bei Berliner Betrieben des verarbeitenden Gewerbes nach Wirtschaftszweigen: Forschungsaufträge an Auftragnehmer - Betriebe mit Forschungsaufträgen in vH aller forschenden Betriebe -

Seite 1

| SYPRO-Nr. | Wirtschaftszweig Wirtschaftsgruppe | Forschungsaufträge an | | | | | | | |
|---|---|---|---|---|---|---|---|---|---|
| | | unternehmenseigene Betriebe | | | | unternehmensfremde Betriebe | | | |
| | | in Berlin | im Bund*) | im Ausland | insgesamt | in Berlin | im Bund*) | im Ausland | insgesamt |
| | Grundstoff- u. Produktionsg. | 3 | 3 | | 3 | | | | |
| 25 | Steine, Erden | | | | | | | | |
| 27 | Eisen, Stahl | | | | | | | | |
| 28 | NE-Metalle | 100 | 100 | | 100 | | | | |
| 29 | Giessereien | | | | | | | | |
| 301/3 | Ziehereien | | | | | | | | |
| 40,22 | Chemie, Oelverarb. | | | | | | | | |
| 53 | Holzbearbeitung | | | | | | | | |
| 55 | Papiererzeugung | | | | | | | | |
| 59 | Gummiverarbeitung | | | | | | | | |
| | Investitionsgueter | 2 | 6 | | 8 | 10 | 5 | 2 | 14 |
| 302 | Stahlverformung | | | | | | | | |
| 31 | Stahlbau | | 29 | | 29 | 14 | 14 | | 14 |
| 32 | Maschinenbau | | 11 | | 11 | 16 | 5 | 5 | 20 |
| 33,34 | Fahrzeug-, Schiffbau | | | | | 25 | | | 25 |
| 36 | Elektrotechnik | 4 | 3 | | 6 | 6 | 6 | 1 | 12 |
| 37 | Feinm./Optik | | | | | | | | |
| 38 | EBM-Waren | | 25 | | 25 | 25 | 25 | | 50 |
| 50 | Buerom./ADV | | | | | | | | |
| | Verbrauchsgueter | 5 | 9 | | 14 | 5 | 9 | | 14 |
| 39 | Musikinstr. | | | | | | | | |
| 51,52 | Feinkeramik, Glas | | | | | | | | |
| 54 | Holzverarbeitung | | | | | | | | |
| 56 | Papierverarbeitung | | 67 | | 67 | | 33 | | 33 |
| 57 | Druck | | | | | | | | |
| 58 | Kunststoffverarb. | | | | | 20 | | | 20 |
| 62 | Leder | | | | | | | | |
| 63 | Textil | 25 | | | 25 | | 25 | | 25 |
| 64 | Bekleidung | | | | | | | | |
| 65 | Reparaturen | | | | | | | | |
| | Nahrungs- u. Genussmittel | | | | | | | 6 | 6 |
| 68 | Ernaehrung | | | | | | | 6 | 6 |
| 69 | Tabak | | | | | | | | |
| | Verarbeitendes Gewerbe insg. | 2 | 6 | | 7 | 7 | 4 | 2 | 12 |

*) übriges Bundesgebiet ohne Berlin.
Quelle: Hochgerechnete Ergebnisse der Unternehmensbefragung des DIW.

Fortzetzung Seite 2

Tabelle B59: Externe Forschungen bei Berliner Betrieben des verarbeitenden Gewerbes nach Wirtschaftszweigen: Forschungsaufträge an Auftragnehmer - Betriebe mit Forschungsaufträgen in vH aller forschenden Betriebe -

| SYPRO-Nr. Wirtschaftszweig Wirtschaftsgruppe | Forschungsaufträge an | | | | | | | |
|---|---|---|---|---|---|---|---|---|
| | techn.Berater, Ingenieurbüros | | | | wissenschaftliche Einrichtungen | | | |
| | in Berlin | im Bund*) | im Ausland | ins-gesamt | in Berlin | im Bund*) | im Ausland | ins-gesamt |
| Grundstoff- u. Produktionsg. | 9 | 9 | 3 | 13 | 25 | 22 | 16 | 25 |
| 25 Steine, Erden | 50 | 50 | | 50 | 50 | 50 | | 50 |
| 27 Eisen, Stahl | | | | | | | | |
| 28 NE-Metalle | | | | | 100 | | | 100 |
| 29 Giessereien | | | | | | | | |
| 301/3 Ziehereien | | | | | | | | |
| 40,22 Chemie. Oelverarb. | 7 | 7 | 4 | 11 | 19 | 19 | 19 | 19 |
| 53 Holzbearbeitung | | | | | | | | |
| 55 Papiererzeugung | | | | | | | | |
| 59 Gummiverarbeitung | | | | | 50 | 50 | 0 | 50 |
| Investitionsgueter | 18 | 10 | 1 | 25 | 18 | 9 | 1 | 21 |
| 302 Stahlverformung | | | | | | | | |
| 31 Stahlbau | 14 | | | 14 | 14 | 14 | | 14 |
| 32 Maschinenbau | 18 | 11 | 2 | 27 | 27 | 14 | | 30 |
| 33,34 Fahrzeug-, Schiffbau | 25 | | | 25 | 0 | 13 | | 13 |
| 36 Elektrotechnik | 16 | 13 | | 24 | 16 | 9 | | 21 |
| 37 Feinm./Optik | 13 | 13 | | 25 | 6 | | | 6 |
| 38 EBM-Waren | 50 | | | 50 | 50 | | 25 | 50 |
| 50 Buerom./ADV | 33 | | | 33 | 17 | | | 17 |
| Verbrauchsgueter | 9 | | 5 | 14 | 9 | | | 9 |
| 39 Musikinstr. | | | | | | | | |
| 51,52 Feinkeramik, Glas | | | | | | | | |
| 54 Holzverarbeitung | | | | | | | | |
| 56 Papierverarbeitung | | | 33 | 33 | | | | |
| 57 Druck | 25 | | | 25 | 25 | | | 25 |
| 58 Kunststoffverarb. | | | | | 20 | | | 20 |
| 62 Leder | | | | | | | | |
| 63 Textil | 25 | 25 | 0 | 25 | | | | |
| 64 Bekleidung | | | | | | | | |
| 65 Reparaturen | | | | | | | | |
| Nahrungs- u. Genussmittel | 19 | | 6 | 19 | | 13 | | 13 |
| 68 Ernaehrung | 19 | | 6 | 19 | | 13 | | 13 |
| 69 Tabak | | | | | | | | |
| Verarbeitendes Gewerbe insg. | 16 | 8 | 2 | 22 | 17 | 10 | 3 | 20 |

*) übriges Bundesgebiet ohne Berlin.
Quelle: Hochgerechnete Ergebnisse der Unternehmensbefragung des DIW.

Tabelle B60: Externe Forschungen bei Berliner Betrieben des verarbeitenden Gewerbes nach Betriebsgrößenklassen: Forschungsaufträge an Auftragnehmer - Betriebe mit Forschungsaufträgen in vH aller forschenden Betriebe -

| Betriebe mit ... Beschäftigten | Forschungsaufträge an | | | | | | | |
|---|---|---|---|---|---|---|---|---|
| | unternehmenseigene Betriebe | | | | unternehmensfremde Betriebe | | | |
| | in Berlin | im Bund*) | im Ausland | ins-gesamt | in Berlin | im Bund*) | im Ausland | ins-gesamt |
| bis 49 | | | | | 11 | 4 | | 13 |
| 50 bis 99 | 2 | 2 | | 2 | 7 | 3 | | 10 |
| 100 bis 199 | 2 | 5 | | 5 | 2 | 2 | 2 | 9 |
| 200 bis 499 | 8 | 8 | | 15 | 5 | | | 8 |
| 500 bis 999 | | 36 | | 36 | 27 | 27 | 27 | 45 |
| 1000 und mehr | | 18 | | 18 | | 6 | | 6 |
| I N S G E S A M T | 2 | 6 | | 7 | 7 | 4 | 2 | 12 |

*) übriges Bundesgebiet ohne Berlin.
Quelle: Hochgerechnete Ergebnisse der Unternehmensbefragung des DIW.

Fortsetzung Seite 2

Tabelle B60: Externe Forschungen bei Berliner Betrieben des verarbeitenden Gewerbes nach Betriebsgrößenklassen; Forschungsaufträge an Auftragnehmer - Betriebe mit Forschungsaufträgen in vH aller forschenden Betriebe -

| Betriebe mit ... Beschäftigten | Forschungsaufträge an | | | | | | | |
|---|---|---|---|---|---|---|---|---|
| | techn.Berater, Ingenieurbüros | | | | wissenschaftliche Einrichtungen | | | |
| | in Berlin | im Bund*) | im Ausland | ins-gesamt | in Berlin | im Bund*) | im Ausland | ins-gesamt |
| bis 49 | 13 | | | 13 | 6 | 4 | | 9 |
| 50 bis 99 | 18 | 13 | | 28 | 13 | 5 | 2 | 16 |
| 100 bis 199 | 7 | 2 | 2 | 9 | 21 | 16 | 5 | 23 |
| 200 bis 499 | 18 | 10 | | 21 | 18 | 15 | 3 | 23 |
| 500 bis 999 | 45 | 9 | 9 | 55 | 64 | 18 | 9 | 64 |
| 1000 und mehr | 18 | 29 | 12 | 41 | 24 | 18 | 6 | 24 |
| I N S G E S A M T | 16 | 8 | 2 | 22 | 17 | 10 | 3 | 20 |

*) übriges Bundesgebiet ohne Berlin.
Quelle: Hochgerechnete Ergebnisse der Unternehmensbefragung des DIW.

Tabelle B61: Betriebe mit Grundlagenforschung im verarbeitenden Gewerbe von Berlin nach Wirtschaftszweigen

| SYPRO-Nr. | Wirtschaftszweig / Wirtschaftsgruppe | Zahl forsch. Betriebe | davon mit ... Grundlagenforschung (in vH) sowie mit | | | | | GF-Anteil*) in vH |
|---|---|---|---|---|---|---|---|---|
| | | | ins-gesamt | Kooperationen ins-gesamt | Kooperationen wissen. Einricht. | Auftragsforschung ins-gesamt | Auftragsforschung wissen. Einricht. | |
| | Grundstoff- u. Produktionsg. | 32 | 22 | 13 | 3 | 19 | 13 | 9.3 |
| 25 | Steine, Erden | 2 | 50 | 50 | | 50 | 50 | 9.7 |
| 27 | Eisen, Stahl | | | | | | | |
| 28 | NE-Metalle | 1 | 100 | | | 100 | 100 | 10.0 |
| 29 | Giessereien | | | | | | | |
| 301/3 | Ziehereien | | | | | | | |
| 40,22 | Chemie, Min.oel. | 27 | 19 | 11 | 4 | 15 | 7 | 9.3 |
| 53 | Holzbearbeitung | | | | | | | |
| 55 | Papiererzeugung | | | | | | | |
| 59 | Gummi | 2 | | | | | | |
| | Investitionsgueter | 155 | 12 | 4 | 3 | 6 | 2 | 4.3 |
| 302 | Stahlverformung | 2 | | | | | | |
| 31 | Stahlbau | 7 | 14 | | | | | 2.1 |
| 32 | Maschinenbau | 44 | 14 | 7 | 7 | 9 | 5 | 0.8 |
| 33,34 | Fahrzeug-/Schiffbau | 8 | | | | | | |
| 36 | Elektrotechnik | 68 | 15 | 4 | 3 | 7 | | 5.2 |
| 37 | Feinm./Optik | 16 | | | | | | |
| 38 | EBM-Waren | 4 | | | | | | |
| 50 | Buerom./ADV | 6 | 17 | | | 17 | 17 | 1.1 |
| | Verbrauchsgueter | 22 | 5 | | | 5 | 5 | 0.6 |
| 39 | Musikinstr. | 1 | | | | | | |
| 51,52 | Feinkeramik/Glas | 3 | | | | | | |
| 54 | Holzverarb. | 1 | | | | | | |
| 56 | Papierverarb | 3 | | | | | | |
| 57 | Druck | 4 | 25 | | | 25 | 25 | 3.3 |
| 58 | Kunststoffverarb. | 5 | | | | | | |
| 62 | Leder | 1 | | | | | | |
| 63 | Textil | 4 | | | | | | |
| 64 | Bekleidung | | | | | | | |
| 65 | Reparaturen | | | | | | | |
| | Nahrungs- u. Genussmittel | 16 | 6 | 6 | 6 | | | 2.3 |
| 68 | Ernaehrung | 16 | 6 | 6 | 6 | | | 2.3 |
| 69 | Tabak | | | | | | | |
| | Verarbeitendes Gewerbe insg. | 225 | 12 | 5 | 3 | 8 | 4 | 6.2 |

*)GF-Anteil = Anteil der Aufwendungen für Grundlagenforschung in vH aller FuE-Aufwendungen.
Quellen: Hochgerechnete Befragungsergebnisse des DIW, Statistisches Landesamt Berlin.

Tabelle B62: Betriebe mit Grundlagenforschung im verarbeitenden Gewerbe von Berlin nach Betriebsgrößenklassen

| Betriebe mit ... Beschäftigten | Zahl forsch. Betriebe | davon mit ... Grundlagenforschung in vH | sowie mit Kooperationen | | Auftragsforschung | | GF-Anteil) in vH |
|---|---|---|---|---|---|---|---|
| | | ins-gesamt | ins-gesamt | wissen. Einricht. | ins-gesamt | wissen. Einricht. | |
| bis 49 | 54 | 11 | 4 | 2 | 6 | 2 | 2.5 |
| 50 bis 99 | 61 | 13 | 5 | 2 | 10 | 3 | 1.1 |
| 100 bis 199 | 43 | 7 | 2 | 2 | 7 | 7 | 1.3 |
| 200 bis 499 | 39 | 5 | | | | | 0.3 |
| 500 bis 999 | 11 | | | | | | |
| 1000 und mehr | 17 | 47 | 29 | 24 | 29 | 12 | 7.5 |
| I N S G E S A M T | 225 | 12 | 5 | 3 | 8 | 4 | 6.2 |

*)GF-Anteil = Anteil der Aufwendungen für Grundlagenforschung in vH aller FuE-Aufwendungen.
Quelle: Hochgerechnete Ergebnisse der Unternehmensbefragung des DIW.

Tabelle B63: Einfluß staatlicher Forschungsförderung auf betriebliche FuE-Aktivitäten bei Berliner
Betrieben des verarbeitenden Gewerbes nach Wirtschaftszweigen
- Antwortende Betriebe in vH aller forschenden Betriebe -

| SYPRO-Nr. | Wirtschaftszweig / Wirtschaftsgruppe | FuE-Planung ist abhängig von staatlicher Förderung | | | | |
|---|---|---|---|---|---|---|
| | | nein | ja | und zwar mit... Bedeutung | | |
| | | | | eher gering. | erheb- licher | entschei- dender |
| | Grundstoff- u. Produktionsg. | 66 | 34 | 13 | 9 | 13 |
| 25 | Steine, Erden | 100 | | | | |
| 27 | Eisen, Stahl | | | | | |
| 28 | NE-Metalle | 100 | | | | |
| 29 | Giessereien | | | | | |
| 301/3 | Ziehereien | | | | | |
| 40,22 | Chemie, Oelverarb. | 59 | 41 | 15 | 11 | 15 |
| 53 | Holzbearbeitung | | | | | |
| 55 | Papiererzeugung | | | | | |
| 59 | Gummiverarbeitung | 100 | | | | |
| | Investitionsgueter | 52 | 48 | 12 | 28 | 8 |
| 302 | Stahlverformung | | 100 | 50 | | 50 |
| 31 | Stahlbau | 43 | 57 | 29 | 14 | 14 |
| 32 | Maschinenbau | 52 | 48 | 9 | 30 | 9 |
| 33,34 | Fahrzeug-, Schiffbau | 75 | 25 | | 25 | |
| 36 | Elektrotechnik | 49 | 51 | 12 | 34 | 6 |
| 37 | Feinm./Optik | 63 | 38 | 6 | 25 | 6 |
| 38 | EBM-Waren | 50 | 50 | 25 | | 25 |
| 50 | Bueroa./ADV | 67 | 33 | 17 | 17 | |
| | Verbrauchsgueter | 50 | 50 | 14 | 23 | 14 |
| 39 | Musikinstr. | | 100 | 100 | | |
| 51,52 | Feinkeramik, Glas | | 100 | | 67 | 33 |
| 54 | Holzverarbeitung | 100 | | | | |
| 56 | Papierverarbeitung | 67 | 33 | 33 | | |
| 57 | Druck | 50 | 50 | 25 | | 25 |
| 58 | Kunststoffverarb. | 60 | 40 | 20 | 20 | |
| 62 | Leder | | 100 | | | 100 |
| 63 | Textil | 75 | 25 | | 25 | |
| 64 | Bekleidung | | | | | |
| 65 | Reparaturen | | | | | |
| | Nahrungs- u. Genussmittel | 94 | 6 | | | 6 |
| 68 | Ernaehrung | 94 | 6 | | | 6 |
| 69 | Tabak | | | | | |
| | Verarbeitendes Gewerbe insg. | 57 | 43 | 11 | 23 | 9 |

Quelle: Hochgerechnete Ergebnisse der Unternehmensbefragung des DIW.

Tabelle B64: Einfluß staatlicher Forschungsförderung auf betriebliche FuE-Aktivitäten bei
Berliner Betrieben des verarbeitenden Gewerbes nach Betriebsgrößenklassen
- Antwortende Betriebe in vH aller forschenden Betriebe -

| Betriebe mit ... Beschäftigten | FuE-Planung ist abhängig von staatlicher Förderung | | | | |
|---|---|---|---|---|---|
| | nein | ja | und zwar mit... Bedeutung | | |
| | | | eher gering. | erheb- licher | entschei- dender |
| bis 49 | 54 | 46 | 9 | 26 | 11 |
| 50 bis 99 | 54 | 46 | 10 | 25 | 11 |
| 100 bis 199 | 51 | 49 | 19 | 23 | 7 |
| 200 bis 499 | 62 | 38 | 5 | 26 | 8 |
| 500 bis 999 | 64 | 36 | 18 | 18 | |
| 1000 und mehr | 76 | 24 | 12 | 6 | 6 |
| I N S G E S A M T | 57 | 43 | 11 | 23 | 9 |

Quelle: Hochgerechnete Ergebnisse der Unternehmensbefragung des DIW.

**Tabelle B65:** Bewertung staatlicher Forschungsförderung durch Berliner Betriebe des verarbeitenden Gewerbes nach Wirtschaftszweigen
- Antwortende Betriebe in vH aller forschenden Betriebe -

| SYPRO-Nr. | Wirtschaftszweig / Wirtschaftsgruppe | Keine Förderanträge gestellt und zwar weil | | | | Förderanträge gestellt und zwar mit | | | | |
|---|---|---|---|---|---|---|---|---|---|---|
| | | ins-gesamt | gering. Inform.-angebot | unübers. Förder-system | betriebl. Aufwand zu groß | ins-gesamt | pos. Erfah-rungen | neg. Erfah-rungen | und zwar wegen Verfahr.-mängel | Arbeits-aufwand |
| | Grundstoff- u. Produktionsg. | 56 | | 3 | 28 | 44 | 31 | 13 | 9 | 9 |
| 25 | Steine, Erden | 100 | | | 50 | | | | | |
| 27 | Eisen, Stahl | | | | | | | | | |
| 28 | NE-Metalle | 100 | | | 100 | | | | | |
| 29 | Giessereien | | | | | | | | | |
| 301/3 | Ziehereien | | | | | | | | | |
| 40,22 | Chemie, Oelverarb. | 48 | | 4 | 26 | 52 | 37 | 15 | 11 | 11 |
| 53 | Holzbearbeitung | | | | | | | | | |
| 55 | Papiererzeugung | | | | | | | | | |
| 59 | Gummiverarbeitung | 100 | | | | | | | | |
| | Investitionsgueter | 36 | | 4 | 14 | 64 | 48 | 16 | 10 | 10 |
| 302 | Stahlverformung | 50 | | | | 50 | | 50 | | |
| 31 | Stahlbau | 57 | | 14 | 14 | 43 | 43 | | | |
| 32 | Maschinenbau | 25 | | 2 | 7 | 75 | 57 | 18 | 11 | 11 |
| 33,34 | Fahrzeug-, Schiffbau | 50 | | | 50 | 50 | 13 | 38 | | 38 |
| 36 | Elektrotechnik | 37 | | 6 | 12 | 63 | 50 | 13 | 12 | 7 |
| 37 | Feinm./Optik | 44 | | | 19 | 56 | 38 | 19 | 6 | 13 |
| 38 | EBM-Waren | 50 | | | 50 | 50 | 25 | 25 | 25 | 25 |
| 50 | Buerom./ADV | 33 | | | | 67 | 67 | | | |
| | Verbrauchsgueter | 82 | 14 | 14 | 32 | 18 | 14 | 5 | 5 | 5 |
| 39 | Musikinstr. | 100 | | | 100 | | | | | |
| 51,52 | Feinkeramik, Glas | 100 | | | 33 | | | | | |
| 54 | Holzverarbeitung | 100 | | | | | | | | |
| 56 | Papierverarbeitung | 100 | 67 | 67 | 67 | | | | | |
| 57 | Druck | 50 | | | 50 | 50 | 50 | | | |
| 58 | Kunststoffverarb. | 80 | | | 20 | 20 | 20 | | | |
| 62 | Leder | 100 | 100 | 100 | | | | | | |
| 63 | Textil | 75 | | | | 25 | | 25 | 25 | 25 |
| 64 | Bekleidung | | | | | | | | | |
| 65 | Reparaturen | | | | | | | | | |
| | Nahrungs- u. Genussmittel | 81 | | | 19 | 19 | 13 | 6 | 6 | |
| 68 | Ernaehrung | 81 | | | 19 | 19 | 13 | 6 | 6 | |
| 69 | Tabak | | | | | | | | | |
| | Verarbeitendes Gewerbe insg. | 47 | 1 | 4 | 18 | 53 | 40 | 14 | 9 | 9 |

Quelle: Hochgerechnete Ergebnisse der Unternehmensbefragung des DIW.

Tabelle B66: Bewertung staatlicher Forschungsförderung durch Berliner Betriebe des verarbeitenden Gewerbes nach Betriebsgrößenklassen
- Antwortende Betriebe in vH aller forschenden Betriebe -

| Betriebe mit ... Beschäftigten | Keine Förderanträge gestellt und zwar weil | | | | | Förderanträge gestellt und zwar mit | | | und zwar wegen | |
|---|---|---|---|---|---|---|---|---|---|---|
| | ins- gesamt | gering. Inform.- angebot | unübers. Förder- system | betriebl. Aufwand zu groß | | ins- gesamt | pos. Erfah- rungen | neg. Erfah- rungen | Verfahr.- mängel | Arbeits- aufwand |
| bis 49 | 48 | 2 | 7 | 19 | | 52 | 43 | 9 | 6 | 7 |
| 50 bis 99 | 36 | | | 13 | | 64 | 48 | 16 | 13 | 13 |
| 100 bis 199 | 51 | 2 | 9 | 28 | | 49 | 37 | 12 | 7 | 5 |
| 200 bis 499 | 46 | | | 10 | | 54 | 31 | 23 | 10 | 10 |
| 500 bis 999 | 36 | | 9 | 18 | | 64 | 45 | 18 | 18 | 18 |
| 1000 und mehr | 76 | 6 | 6 | 24 | | 24 | 24 | | | |
| I N S G E S A M T | 47 | 1 | 4 | 18 | | 53 | 40 | 14 | 9 | 9 |

Quelle: Hochgerechnete Ergebnisse der Unternehmensbefragung des DIW.

255

| GYPRO-Nr. / Wirtschaftsgruppe | Zahl forsch. Betriebe | davon mit ... Budget in vH | | | | | | | | |
|---|---|---|---|---|---|---|---|---|---|---|
| Wirtschaftszweig | | zunehmendes | | | konstantes | | | abnehmendes | | |
| | | ins-gesamt | und zwar abh.*) | gef.**) | ins-gesamt | und zwar abh.*) | gef.**) | ins-gesamt | und zwar abh.*) | gef.**) |
| Grundstoff- u. Produktionsg. | 32 | 13 | 9 | 13 | 50 | 13 | 16 | 38 | 13 | 19 |
| 25 Steine, Erden | 2 | | | | 100 | | | | | |
| 27 Eisen, Stahl | | | | | | | | | | |
| 28 NE-Metalle | 1 | | | | 100 | | | | | |
| 29 Giessereien | | | | | | | | | | |
| 301/3 Ziehereien | | | | | | | | | | |
| 40,22 Chemie. Oelverarb. | 27 | 15 | 11 | 15 | 41 | 15 | 19 | 44 | 15 | 22 |
| 53 Holzbearbeitung | | | | | | | | | | |
| 55 Papiererzeugung | | | | | | | | | | |
| 59 Gummiverarbeitung | 2 | | | | 100 | | | | | |
| Investitionsgueter | 155 | 10 | 5 | 7 | 51 | 28 | 35 | 39 | 16 | 23 |
| 302 Stahlverformung | 2 | | | | | | | 100 | 100 | 50 |
| 31 Stahlbau | 7 | 29 | 14 | 14 | 57 | 29 | 29 | 14 | 14 | 14 |
| 32 Maschinenbau | 44 | 9 | 7 | 7 | 45 | 27 | 36 | 45 | 16 | 30 |
| 33,34 Fahrzeug-, Schiffbau | 8 | | | | 38 | 13 | 13 | 63 | 13 | 38 |
| 36 Elektrotechnik | 68 | 12 | 4 | 9 | 53 | 29 | 40 | 35 | 19 | 19 |
| 37 Feinm./Optik | 16 | 6 | 6 | 6 | 56 | 25 | 31 | 38 | 6 | 19 |
| 38 EBM-Waren | 4 | | | | 100 | 50 | 50 | | | |
| 50 Buerom./ADV | 6 | | | | 50 | 33 | 33 | 50 | | 33 |
| Verbrauchsgueter | 22 | 14 | 5 | | 36 | 18 | | 50 | 27 | 23 |
| 39 Musikinstr. | 1 | 100 | 100 | | | | | | | |
| 51,52 Feinkeramik, Glas | 3 | | | | 67 | 67 | | 33 | 33 | 33 |
| 54 Holzverarbeitung | 1 | 100 | | | | | | | | |
| 56 Papierverarbeitung | 3 | 33 | | | 33 | 33 | | 33 | | |
| 57 Druck | 4 | | | | 50 | | | 50 | 50 | 50 |
| 58 Kunststoffverarb. | 5 | | | | 40 | 20 | | 60 | 20 | 20 |
| 62 Leder | 1 | | | | | | | 100 | 100 | |
| 63 Textil | 4 | | | | 25 | | | 75 | 25 | 25 |
| 64 Bekleidung | | | | | | | | | | |
| 65 Reparaturen | | | | | | | | | | |
| Nahrungs- u. Genussmittel | 16 | 13 | | 6 | 75 | 6 | 13 | | | |
| 68 Ernaehrung | 16 | 13 | | 6 | 75 | 6 | 13 | | | |
| 69 Tabak | | | | | | | | | | |
| Verarbeitendes Gewerbe insg. | 225 | 11 | 5 | 7 | 51 | 23 | 28 | 37 | 16 | 21 |

*) abh. = Höhe der FuE-Aufwendungen ist abhängig von staatlicher Förderung
**) gef. = Betrieb mit öffentlicher FuE-Förderung
Quelle: Hochgerechnete Ergebnisse der Unternehmensbefragung des DIW.

Tabelle B68: Künftige Entwicklung der Aufwendungen für Forschung und Entwicklung im verarbeitenden Gewerbe von Berlin nach Betriebsgrößenklassen

| Betriebe mit ... Beschäftigten | Zahl forsch. Betriebe | davon mit ... Budget (in vH) | | | | | | | | |
|---|---|---|---|---|---|---|---|---|---|---|
| | | zunehmendem | | | konstantem | | | abnehmendem | | |
| | | ins-gesamt | und zwar abh.*) | gef.**) | ins-gesamt | und zwar abh.*) | gef.**) | ins-gesamt | und zwar abh.*) | gef.**) |
| bis 49 | 54 | 17 | 6 | 13 | 54 | 28 | 28 | 30 | 13 | 17 |
| 50 bis 99 | 61 | 13 | 11 | 11 | 36 | 18 | 23 | 49 | 18 | 33 |
| 100 bis 199 | 43 | 12 | 5 | 2 | 51 | 26 | 28 | 35 | 21 | 19 |
| 200 bis 499 | 39 | 3 | | 3 | 62 | 21 | 31 | 36 | 18 | 18 |
| 500 bis 999 | 11 | 9 | | | 64 | 27 | 45 | 27 | 9 | 18 |
| 1000 und mehr | 17 | | | | 65 | 24 | 24 | 35 | | 6 |
| I N S G E S A M T | 225 | 11 | 5 | 7 | 51 | 23 | 28 | 37 | 16 | 21 |

*) abh. = Höhe der FuE-Aufwendungen ist abhängig von staatlicher Förderung
**) gef. = Betrieb mit öffentlicher FuE-Förderung
Quelle: Hochgerechnete Ergebnisse der Unternehmensbefragung des DIW.

Tabelle B69: Künftige Forschungsschwerpunkte von Berliner Betrieben des verarbeitenden Gewerbes nach Wirtschaftszweigen: Überblick

| SYPRO-Nr. | Wirtschaftszweig / Wirtschaftsgruppe | Zahl forsch. Betriebe | davon mit Forschungsschwerpunkt in vH | | | |
|---|---|---|---|---|---|---|
| | | | insge-samt | Produkt-inno-vation | Prozeß-inno-vation | Büro-inno-vation |
| | Grundstoff- u. Produktionsg. | 32 | 100 | 100 | 44 | 31 |
| 25 | Steine, Erden | 2 | 100 | 100 | 50 | 50 |
| 27 | Eisen, Stahl | | | | | |
| 28 | NE-Metalle | 1 | 100 | 100 | 100 | 100 |
| 29 | Giessereien | | | | | |
| 301/3 | Ziehereien | | | | | |
| 40,22 | Chemie, Min.oel. | 27 | 100 | 100 | 41 | 30 |
| 53 | Holzbearbeitung | | | | | |
| 55 | Papiererzeugung | | | | | |
| 59 | Gummi | 2 | 100 | 100 | 50 | |
| | Investitionsgueter | 155 | 97 | 95 | 72 | 53 |
| 302 | Stahlverformung | 2 | 100 | 50 | 100 | |
| 31 | Stahlbau | 7 | 86 | 86 | 71 | |
| 32 | Maschinenbau | 44 | 98 | 98 | 59 | 48 |
| 33,34 | Fahrzeug-/Schiffbau | 8 | 100 | 100 | 100 | 88 |
| 36 | Elektrotechnik | 68 | 97 | 94 | 79 | 66 |
| 37 | Feinm./Optik | 16 | 100 | 94 | 56 | 38 |
| 38 | EBM-Waren | 4 | 100 | 100 | 100 | 75 |
| 50 | Buerom./ADV | 6 | 100 | 100 | 50 | |
| | Verbrauchsgueter | 22 | 86 | 82 | 64 | 45 |
| 39 | Musikinstr. | 1 | 100 | 100 | | |
| 51,52 | Feinkeramik/Glas | 3 | 100 | 67 | 67 | |
| 54 | Holzverarb. | 1 | 100 | 100 | 100 | |
| 56 | Papierverarb | 3 | 100 | 100 | 100 | 100 |
| 57 | Druck | 4 | 50 | 50 | 25 | 25 |
| 58 | Kunststoffverarb. | 5 | 80 | 80 | 60 | 60 |
| 62 | Leder | 1 | 100 | 100 | | |
| 63 | Textil | 4 | 100 | 100 | 75 | |
| 64 | Bekleidung | | | | | |
| 65 | Reparaturen | | | | | |
| | Nahrungs- u. Genussmittel | 16 | 100 | 63 | 94 | 38 |
| 68 | Ernaehrung | 16 | 100 | 63 | 94 | 38 |
| 69 | Tabak | | | | | |
| | Verarbeitendes Gewerbe insg. | 225 | 97 | 92 | 68 | 48 |

Quelle: Hochgerechnete Ergebnisse der Unternehmensbefragung des DIW.

Tabelle B70: Künftige Forschungsschwerpunkte von Berliner Betrieben des verarbeitenden Gewerbes nach Betriebsgrößenklassen: Überblick

| Betriebe mit ... Beschäftigten | Zahl forsch. Betriebe | insge- samt | davon mit Forschungsschwer- punkt in vH | | |
|---|---|---|---|---|---|
| | | | Produkt- inno- vation | Prozeß- inno- vation | Büro- inno- vation |
| bis 49 | 54 | 91 | 87 | 59 | 37 |
| 50 bis 99 | 61 | 98 | 55 | 59 | 39 |
| 100 bis 199 | 43 | 98 | 91 | 72 | 56 |
| 200 bis 499 | 39 | 100 | 92 | 77 | 46 |
| 500 bis 999 | 11 | 100 | 100 | 73 | 64 |
| 1000 und mehr | 17 | 100 | 94 | 100 | 88 |
| I N S G E S A M T | 225 | 97 | 92 | 68 | 48 |

Quelle: Hochgerechnete Ergebnisse der Unternehmensbefragung des DIW.

Tabelle B71: Künftige Bedeutung von Forschungskooperationen und Auftragsforschung aus der Sicht von Berliner Betrieben des verarbeitenden Gewerbes nach Wirtschaftszweigen

| SYPRO-Nr. Wirtschaftszweig / Wirtschaftsgruppe | Zahl forsch. Betriebe | insgesamt | davon sehen zunehmende Bedeutung in vH | | | |
|---|---|---|---|---|---|---|
| | | | untern.-eigene Betriebe | untern.-fremde Betriebe | Berater | wiss. Einricht. |
| Grundstoff- u. Produktionsg. | 32 | 28 | 13 | | 3 | 22 |
| 25 Steine, Erden | 2 | 50 | 50 | | 50 | 50 |
| 27 Eisen, Stahl | | | | | | |
| 28 NE-Metalle | 1 | 100 | 100 | | | 100 |
| 29 Giessereien | | | | | | |
| 301/3 Ziehereien | | | | | | |
| 40,22 Chemie, Min.oel. | 27 | 22 | 7 | | | 15 |
| 53 Holzbearbeitung | | | | | | |
| 55 Papiererzeugung | | | | | | |
| 59 Gummi | 2 | 50 | | | | 50 |
| Investitionsgueter | 155 | 37 | 7 | 13 | 17 | 19 |
| 302 Stahlverformung | 2 | | | | | |
| 31 Stahlbau | 7 | 14 | | | | 14 |
| 32 Maschinenbau | 44 | 39 | 11 | 16 | 11 | 20 |
| 33,34 Fahrzeug-/Schiffbau | 8 | 38 | 13 | 25 | 25 | 13 |
| 36 Elektrotechnik | 68 | 35 | 4 | 15 | 18 | 19 |
| 37 Feinm./Optik | 16 | 38 | 6 | 6 | 19 | 25 |
| 38 EBM-Waren | 4 | 25 | 25 | | 25 | 25 |
| 50 Buerom./ADV | 6 | 83 | | | 67 | 17 |
| Verbrauchsgueter | 22 | 27 | 14 | | 14 | 9 |
| 39 Musikinstr. | 1 | | | | | |
| 51,52 Feinkeramik/Glas | 3 | | | | | |
| 54 Holzverarb. | 1 | | | | | |
| 56 Papierverarb | 3 | 67 | 67 | | 33 | |
| 57 Druck | 4 | 50 | | | 25 | 50 |
| 58 Kunststoffverarb. | 5 | 20 | | | 20 | |
| 62 Leder | 1 | | | | | |
| 63 Textil | 4 | 25 | 25 | | | |
| 64 Bekleidung | | | | | | |
| 65 Reparaturen | | | | | | |
| Nahrungs- u. Genussmittel | 16 | 19 | 6 | | | 6 |
| 68 Ernaehrung | 16 | 19 | 6 | | | 6 |
| 69 Tabak | | | | | | |
| Verarbeitendes Gewerbe insg. | 225 | 33 | 8 | 9 | 14 | 18 |

Quelle: Hochgerechnete Befragungsergebnisse des DIW.

Tabelle B72: Künftige Bedeutung von Forschungskooperationen und Auftragsforschung aus der Sicht von Berliner Betrieben des verarbeitenden Gewerbes nach Betriebsgrößenklassen

| Betriebe mit ... Beschäftigten | Zahl forsch. Betriebe | ins- gesamt | davon sehen zunehmende Bedeutung in vH | | | |
| --- | --- | --- | --- | --- | --- | --- |
| | | | untern.- eigene Betriebe | untern.- fremde Betriebe | Berater | wiss. Einricht. |
| bis 49 | 54 | 28 | 2 | 11 | 13 | 11 |
| 50 bis 99 | 61 | 30 | 0 | 10 | 18 | 10 |
| 100 bis 199 | 43 | 35 | 14 | 2 | 9 | 21 |
| 200 bis 499 | 39 | 36 | 8 | 5 | 10 | 28 |
| 500 bis 999 | 11 | 64 | 36 | 27 | 18 | 36 |
| 1000 und mehr | 17 | 35 | 29 | 12 | 18 | 24 |
| I N S G E S A M T | 225 | 33 | 8 | 9 | 14 | 18 |

Quelle: Hochgerechnete Befragungsergebnisse des DIW.

Tabelle B73: Forschungsaktivitäten von Berliner Betrieben des verarbeitenden Gewerbes nach Unternehmenssitz und Wirtschaftszweigen

| SYPRO-Nr. | Wirtschaftszweig / Wirtschaftsgruppe | Betriebe insgesamt | davon in vH mit Sitz in Berlin | und FuE | mit Sitz außerh. Berlins | und FuE | Beschäftigte in Betrieben insgesamt | davon in vH mit Sitz in Berlin | und FuE | mit Sitz außerh. Berlins | und FuE |
|---|---|---|---|---|---|---|---|---|---|---|---|
| | Grundstoff- u. Produktionsg. | 122 | 61 | 16 | 39 | 10 | 18573 | 66 | 52 | 34 | 7 |
| 25 | Steine, Erden | 23 | 65 | 4 | 35 | 4 | 1911 | 82 | 57 | 18 | 5 |
| 27 | Eisen, Stahl | 3 | 67 | | 33 | | 587 | 20 | | 80 | |
| 28 | NE-Metalle | 11 | 36 | | 64 | 9 | 1160 | 10 | | 90 | 17 |
| 29 | Giessereien | 12 | 75 | | 25 | | 877 | 61 | | 39 | |
| 301/3 | Ziehereien | 6 | 83 | | 17 | | 313 | 68 | | 32 | |
| 40,22 | Chemie, Min.oel. | 55 | 60 | 33 | 40 | 16 | 12695 | 74 | 67 | 26 | 8 |
| 53 | Holzbearbeitung | 3 | 33 | | 67 | | 278 | 17 | | 83 | |
| 55 | Papiererzeugung | 1 | | | 100 | | 221 | | | 100 | |
| 59 | Gummi | 8 | 63 | 13 | 38 | 13 | 531 | 45 | 19 | 55 | 6 |
| | Investitionsgueter | 422 | 70 | 26 | 30 | 10 | 100783 | 28 | 17 | 72 | 59 |
| 302 | Stahlverformung | 33 | 76 | 6 | 24 | | 1993 | 71 | 20 | 29 | |
| 31 | Stahlbau | 39 | 82 | 8 | 18 | 10 | 3856 | 42 | 4 | 58 | 50 |
| 32 | Maschinenbau | 81 | 73 | 38 | 27 | 16 | 15107 | 39 | 31 | 61 | 56 |
| 33,34 | Fahrzeug-/Schiffbau | 43 | 63 | 7 | 37 | 12 | 10813 | 18 | 2 | 80 | 48 |
| 36 | Elektrotechnik | 133 | 67 | 39 | 33 | 12 | 57727 | 24 | 18 | 77 | 71 |
| 37 | Feinm./Optik | 48 | 79 | 27 | 21 | 6 | 3367 | 47 | 21 | 53 | 43 |
| 38 | EBM-Waren | 34 | 59 | 6 | 41 | 6 | 4169 | 22 | 5 | 78 | 25 |
| 50 | Bueromasch./ADV | 11 | 64 | 45 | 36 | 9 | 3751 | 23 | 18 | 77 | 13 |
| | Verbrauchsgueter | 248 | 75 | 8 | 25 | 1 | 22711 | 62 | 18 | 37 | 1 |
| 39 | Musikinstr. | 9 | 56 | | 44 | 11 | 442 | 54 | | 46 | 16 |
| 51,52 | Feinkeramik/Glas | 7 | 71 | 43 | 29 | | 1456 | 61 | 45 | 19 | |
| 54 | Holzverarb. | 20 | 95 | 5 | 5 | | 706 | 96 | 6 | 4 | |
| 56 | Papierverarb | 32 | 63 | 6 | 38 | 3 | 4506 | 70 | 39 | 31 | 3 |
| 57 | Druck | 61 | 82 | 7 | 18 | | 5117 | 57 | 4 | 42 | |
| 58 | Kunststoffverarb. | 41 | 63 | 10 | 37 | 2 | 3561 | 41 | 7 | 59 | 3 |
| 62 | Leder | 5 | 100 | 20 | | | 180 | 100 | 23 | | |
| 63 | Textil | 28 | 61 | 14 | 39 | | 3492 | 54 | 30 | 46 | |
| 64 | Bekleidung | 43 | 84 | | 16 | | 3161 | 83 | | 17 | |
| 65 | Reparaturen | 2 | 100 | | | | 90 | 100 | | | |
| | Nahrungs- u. Genussmittel | 160 | 64 | 5 | 36 | 5 | 20002 | 34 | 6 | 66 | 12 |
| 68 | Ernaehrung | 152 | 67 | 5 | 33 | 5 | 15547 | 43 | 7 | 57 | 15 |
| 69 | Tabak | 8 | 13 | | 88 | | 4455 | 2 | | 98 | |
| | Verarbeitendes Gewerbe insg. | 952 | 69 | 17 | 31 | 7 | 162069 | 38 | 20 | 62 | 39 |

Quelle: Ergebnisse der Unternehmensbefragung des DIW.

Tabelle B74: Forschungsaktivitäten von Berliner Betrieben des verarbeitenden Gewerbes nach Unternehmenssitz und Betriebsgrößenklassen

| Betriebe mit ... Beschäftigten | Betriebe | | | | | Beschäftigte in Betrieben | | | | |
|---|---|---|---|---|---|---|---|---|---|---|
| | ins- gesamt | davon in vH | | | | ins- gesamt | davon in vH | | | |
| | | mit Sitz in Berlin | und FuE | mit Sitz außerh. Berlins | und FuE | | mit Sitz in Berlin | und FuE | mit Sitz außerh. Berlins | und FuE |
| bis 49 | 461 | 80 | 10 | 20 | 2 | 13808 | 82 | 12 | 18 | 2 |
| 50 bis 99 | 224 | 73 | 23 | 27 | 4 | 15506 | 73 | 23 | 27 | 5 |
| 100 bis 199 | 138 | 56 | 18 | 44 | 13 | 17340 | 54 | 18 | 46 | 13 |
| 200 bis 499 | 84 | 45 | 32 | 55 | 14 | 25873 | 41 | 30 | 59 | 16 |
| 500 bis 999 | 21 | 24 | 14 | 76 | 38 | 15438 | 23 | 14 | 77 | 42 |
| 1000 und mehr | 24 | 21 | 21 | 79 | 50 | 72104 | 19 | 19 | 81 | 69 |
| INSGESAMT | 952 | 69 | 17 | 31 | 7 | 162069 | 38 | 20 | 62 | 39 |

Quelle: Ergebnisse der Unternehmensbefragung des DIW.

Tabelle B75: FuE-Aktivitäten **a u s g e w ä h l t e r  B e t r i e b e** des verarbeitenden Gewerbes von Berlin im Jahre 1987 nach Unternehmenssitz und Wirtschaftszweigen

| SYPRO-Nr. | Wirtschaftszweig Wirtschaftsgruppe | forschende Betriebe 1) mit Sitz | | FuE-Intensität 2) forschender Betriebe mit Sitz | | FuE-Personalquote 3) forschender Betriebe mit Sitz | |
|---|---|---|---|---|---|---|---|
| | | in Berlin | außerh. Berlins | in Berlin | außerh. Berlins | in Berlin | außerh. Berlins |
| | | | | - in DM - | | - in vH - | |
| | Grundstoff- u. Produktionsg. | 17 | 10 | 46083 | 8688 | 24.6 | 5.2 |
| 25 | Steine, Erden | 1 | 1 | 5349 | 1889 | 5.2 | 2.2 |
| 27 | Eisen, Stahl | | | | | | |
| 28 | NE-Metalle | | 1 | | 3629 | | 3.6 |
| 29 | Giessereien | | | | | | |
| 301/3 | Ziehereien | | | | | | |
| 40,22 | Chemie, Min.oel. | 15 | 7 | 51997 | 10962 | 27.4 | 6.1 |
| 53 | Holzbearbeitung | | | | | | |
| 55 | Papiererzeugung | | | | | | |
| 59 | Gummi | 1 | 1 | 4300 | 909 | 4.0 | |
| | Investitionsgueter | 84 | 38 | 9750 | 9014 | 7.5 | 6.3 |
| 302 | Stahlverformung | 2 | | 5294 | | 1.5 | |
| 31 | Stahlbau | 2 | 4 | 4292 | 1131 | 5.0 | 0.8 |
| 32 | Maschinenbau | 26 | 12 | 9737 | 3574 | 7.8 | 2.4 |
| 33,34 | Fahrzeug-/Schiffbau | 2 | 3 | 3597 | 3785 | 0.7 | 3.1 |
| 36 | Elektrotechnik | 36 | 14 | 9928 | 10978 | 8.3 | 7.6 |
| 37 | Feinm./Optik | 10 | 3 | 6139 | 5246 | 6.8 | 4.5 |
| 38 | EBM-Waren | 2 | 1 | 7664 | 4099 | 4.7 | 2.2 |
| 50 | Buerom./ADV | 4 | 1 | 17836 | 4646 | 6.6 | 5.2 |
| | Verbrauchsgueter | 18 | 3 | 4609 | 5758 | 2.0 | 2.3 |
| 39 | Musikinstr. | | 1 | | 2609 | | 5.8 |
| 51,52 | Feinkeramik/Glas | 3 | | 1501 | | 0.8 | |
| 54 | Holzverarb. | 1 | | 231 | | 0.0 | |
| 56 | Papierverarb | 2 | 1 | 6766 | 12810 | 2.3 | 1.7 |
| 57 | Druck | 3 | | 17946 | | 13.5 | |
| 58 | Kunststoffverarb. | 4 | 1 | 3587 | 458 | 1.6 | 0.8 |
| 62 | Leder | 1 | | | | | |
| 63 | Textil | 4 | | 1184 | | 0.7 | |
| 64 | Bekleidung | | | | | | |
| 65 | Reparaturen | | | | | | |
| | Nahrungs- u. Genussmittel | 7 | 6 | 1078 | 599 | 0.7 | 0.5 |
| 68 | Ernaehrung | 7 | 6 | 1078 | 599 | 0.7 | 0.5 |
| 69 | Tabak | | | | | | |
| | Verarbeitendes Gewerbe insg. | 126 | 57 | 21688 | 8697 | 12.6 | 6.0 |

1) Teilmenge forschender Betriebe, für die Detailinformationen vorliegen.
2) Aufwendungen für FuE je Beschäftigten.
3) Anteil der FuE-Beschäftigten an allen Beschäftigten.
Quelle: Ergebnisse der Unternehmensbefragung des DIW.

Tabelle B76: FuE-Aktivitäten a u s g e w ä h l t e r  B e t r i e b e  des verarbeitenden Gewerbes von Berlin im Jahre 1987
nach Unternehmenssitz und Betriebsgrößenklassen

| Betriebe mit ... Beschäftigten | forschende Betriebe 1) mit Sitz | | FuE-Intensität 2) forschender Betriebe mit Sitz | | FuE-Personalquote 3) forschender Betriebe mit Sitz | |
|---|---|---|---|---|---|---|
| | in Berlin | außerh. Berlins | in Berlin | außerh. Berlins | in Berlin | außerh. Berlins |
| | | | - in DM - | | - in vH - | |
| bis 49 | 37 | 5 | 5826 | 27661 | 5.2 | 12.2 |
| 50 bis 99 | 40 | 8 | 11091 | 3345 | 7.1 | 3.1 |
| 100 bis 199 | 21 | 15 | 6860 | 6087 | 4.6 | 5.1 |
| 200 bis 499 | 21 | 10 | 5981 | 3387 | 4.6 | 2.4 |
| 500 bis 999 | 3 | 8 | 13093 | 5344 | 10.4 | 4.0 |
| 1000 und mehr | 4 | 11 | 40076 | 9666 | 21.5 | 6.6 |
| I N S G E S A M T | 126 | 57 | 21688 | 8697 | 12.6 | 6.0 |

1) Teilmenge forschender Betriebe, für die Detailinformationen vorliegen.
2) Aufwendungen für FuE je Beschäftigten.
3) Anteil der FuE-Beschäftigten an allen Beschäftigten.
Quelle: Ergebnisse der Unternehmensbefragung des DIW.

Tabelle B77: Forschungsaktivitäten von Berliner Betrieben des verarbeitenden Gewerbes mit S i t z a u ß e r h a l b Berlins nach Wirtschaftszweigen

| SYPRO-Nr. | Wirtschaftszweig / Wirtschaftsgruppe | Zahl forsch. Betriebe | davon mit dem Ziel in vH Produktinnovation | | | | Verfahrensinnovation | | |
|---|---|---|---|---|---|---|---|---|---|
| | | | ins-gesamt | und zwar Weiter-entwickl. | neue Produkte Suche | Entwickl. | ins-gesamt | und zwar Weiter-entwickl. | neue Verfahr. |
| | Grundstoff- u. Produktionsg. | 10 | 90 | 90 | 30 | 60 | 60 | 50 | 40 |
| 25 | Steine, Erden | 1 | 100 | 100 | | | | | |
| 27 | Eisen, Stahl | | | | | | | | |
| 28 | NE-Metalle | 1 | 100 | 100 | 100 | 100 | 100 | 100 | 100 |
| 29 | Giessereien | | | | | | | | |
| 301/3 | Ziehereien | | | | | | | | |
| 40,22 | Chemie, Oelverarb. | 7 | 86 | 86 | 29 | 57 | 57 | 43 | 43 |
| 53 | Holzbearbeitung | | | | | | | | |
| 55 | Papiererzeugung | | | | | | | | |
| 59 | Gummiverarbeitung | 1 | 100 | 100 | | 100 | 100 | 100 | |
| | Investitionsgueter | 38 | 89 | 87 | 58 | 58 | 66 | 63 | 53 |
| 302 | Stahlverformung | | | | | | | | |
| 31 | Stahlbau | 4 | 50 | 25 | 50 | 25 | 50 | 25 | 25 |
| 32 | Maschinenbau | 12 | 100 | 100 | 50 | 58 | 58 | 58 | 42 |
| 33,34 | Fahrzeug-, Schiffbau | 3 | 100 | 100 | 67 | 67 | 100 | 100 | 67 |
| 36 | Elektrotechnik | 14 | 93 | 93 | 57 | 57 | 64 | 64 | 64 |
| 37 | Feinm./Optik | 3 | 67 | 67 | 67 | 67 | 100 | 100 | 67 |
| 38 | EBM-Waren | 1 | 100 | 100 | 100 | 100 | 100 | 100 | 100 |
| 50 | Buerom./ADV | 1 | 100 | 100 | 100 | 100 | | | |
| | Verbrauchsgueter | 3 | 33 | 33 | | 33 | | | |
| 39 | Musikinstr. | 1 | | | | | | | |
| 51,52 | Feinkeramik, Glas | | | | | | | | |
| 54 | Holzverarbeitung | | | | | | | | |
| 56 | Papierverarbeitung | 1 | 100 | 100 | | 100 | | | |
| 57 | Druck | | | | | | | | |
| 58 | Kunststoffverarb. | 1 | | | | | | | |
| 62 | Leder | | | | | | | | |
| 63 | Textil | | | | | | | | |
| 64 | Bekleidung | | | | | | | | |
| 65 | Reparaturen | | | | | | | | |
| | Nahrungs- u. Genussmittel | 6 | 67 | 67 | 67 | 50 | 100 | 100 | 50 |
| 68 | Ernaehrung | 6 | 67 | 67 | 67 | 50 | 100 | 100 | 50 |
| 69 | Tabak | | | | | | | | |
| | Verarbeitendes Gewerbe insg. | 57 | 84 | 82 | 51 | 56 | 65 | 61 | 47 |

Quelle: Unternehmensbefragung des DIW.

Tabelle B78: Forschungsaktivitäten von Berliner Betrieben des verarbeitenden Gewerbes mit S i t z  a u ß e r h a l b Berlins nach Betriebsgrößenklassen

| Betriebe mit ... Beschäftigten | Zahl forsch. Betriebe | davon mit dem Ziel in vH Produktinnovation | | | | Verfahrensinnovation | | |
|---|---|---|---|---|---|---|---|---|
| | | ins-gesamt | und zwar Weiter-entwickl. | neue Produkte Suche | Entwickl. | ins-gesamt | und zwar Weiter-entwickl. | neue Verfahr. |
| bis 49 | 5 | 100 | 100 | 60 | 80 | 60 | 60 | 40 |
| 50 bis 99 | 8 | 88 | 88 | 38 | 38 | 38 | 25 | 38 |
| 100 bis 199 | 15 | 80 | 73 | 47 | 53 | 60 | 53 | 33 |
| 200 bis 499 | 10 | 60 | 60 | 50 | 50 | 80 | 80 | 40 |
| 500 bis 999 | 8 | 88 | 88 | 50 | 50 | 50 | 50 | 50 |
| 1000 und mehr | 11 | 100 | 100 | 64 | 73 | 91 | 91 | 82 |
| I N S G E S A M T | 57 | 84 | 82 | 51 | 56 | 65 | 61 | 47 |

Quelle: Unternehmensbefragung des DIW.

Tabelle B79: Eigenverantwortlichkeit von Forschungsaktivitäten Berliner Betriebe des verarbeitenden Gewerbes mit S i t z  a u ß e r h a l b  Berlins nach Wirtschaftszweigen

| SYPRO-Nr. / Wirtschaftszweig / Wirtschaftsgruppe | forsch. Betriebe mit Sitz außerh. Berlins | davon mit eigener Verantwortung | | | | | |
|---|---|---|---|---|---|---|---|
| | | generell | orientiert an Produktlinie | Anwendung*) | Anweis. orient.**) | und zwar für eigen. Betrieb | auch fr. Betriebe |
| Grundstoff- u. Produktionsg | 10 | 20 | 40 | 30 | | | |
| 25 Steine, Erden | 1 | | | | 100 | | |
| 27 Eisen, Stahl | | | | | | | |
| 28 NE-Metalle | 1 | | 100 | | | | |
| 29 Giessereien | | | | | | | |
| 301/3 Ziehereien | | | | | | | |
| 40.22 Chemie. Oelverarb. | 7 | 14 | 43 | 29 | | | |
| 53 Holzbearbeitung | | | | | | | |
| 55 Papiererzeugung | | | | | | | |
| 59 Gummiverarbeitung | 1 | 100 | | | | | |
| Investitionsgueter | 38 | 29 | 42 | 3 | 16 | 11 | 8 |
| 302 Stahlverformung | | | | | | | |
| 31 Stahlbau | 4 | | | | 25 | 25 | |
| 32 Maschinenbau | 12 | 17 | 58 | | 25 | 8 | 17 |
| 33.34 Fahrzeug-, Schiffb | 3 | 67 | | | | | |
| 36 Elektrotechnik | 14 | 36 | 50 | 7 | 7 | 7 | 7 |
| 37 Feinm./Optik | 3 | 33 | 33 | | 33 | 33 | |
| 38 EBM-Waren | 1 | 100 | | | | | |
| 50 Buerom./ADV | 1 | | 100 | | | | |
| Verbrauchsgueter | 3 | 33 | 33 | 33 | | | |
| 39 Musikinstr. | 1 | 100 | | | | | |
| 51.52 Feinkeramik. Glas | | | | | | | |
| 54 Holzverarbeitung | | | | | | | |
| 56 Papierverarbeitung | 1 | | 100 | | | | |
| 57 Druck | | | | | | | |
| 58 Kunststoffverarb. | 1 | | | 100 | | | |
| 62 Leder | | | | | | | |
| 63 Textil | | | | | | | |
| 64 Bekleidung | | | | | | | |
| 65 Reparaturen | | | | | | | |
| Nahrungs- u. Genussmittel | 6 | 50 | 17 | | 33 | | 33 |
| 68 Ernaehrung | 6 | 50 | 17 | | 33 | | 33 |
| 69 Tabak | | | | | | | |
| 69 Tabak | | | | | | | |
| Verarbeitendes Gewerbe insg | 57 | 30 | 39 | 9 | 14 | 7 | 9 |

*) Grundlagen des Produktionsverfahrens werden vorgegeben.
**) Auf Anweisung innerhalb einer fixierten Aufgabenstellung.
Quelle: Befragungsergebnisse des DIW.

Tabelle B80: Eigenverantwortlichkeit von Forschungsaktivitäten Berliner Betriebe des verarbeitenden Gewerbes mit Sitz außerhalb Berlins nach Betriebsgrößenklassen

| Betriebe mit ... Beschäftigten | forsch. Betriebe mit Sitz außerh. Berlins | davon mit eigener Verantwortung in vH | | | | | |
|---|---|---|---|---|---|---|---|
| | | generell | orientiert an Produkt-linie | Anwen-dung*) | Anweis. orient.**) | und zwar für eigen. Betrieb | auch fr. Beriebe |
| bis 49 | 5 | 60 | 40 | | | | |
| 50 bis 99 | 8 | 38 | 50 | 13 | | | |
| 100 bis 199 | 15 | 20 | 33 | 20 | 13 | 13 | |
| 200 bis 499 | 10 | 20 | 30 | | 30 | 10 | 20 |
| 500 bis 999 | 8 | 25 | 50 | | 13 | | 13 |
| 1000 und mehr | 11 | 36 | 36 | 9 | 18 | 9 | 18 |
| I N S G E S A M T | 57 | 30 | 39 | 9 | 14 | 7 | 9 |

*) Grundlage des Produktionsverfahrens werden vorgegeben.
**) Auf Anweisung innerhalb einer fixierten Aufgabenstellung.
Quellen: Befragungsergebnisse des DIW.

Tabelle BB1: FuE-Budget von Berliner Betrieben des verarbeitenden Gewerbes mit S i t z
a u ß e r h a l b  Berlins nach Wirtschaftszweigen

| SYPRO-Nr. | Wirtschaftszweig Wirtschaftsgruppe | Zahl forsch. Betriebe | davon ist das FuE-Budget in vH | | |
|---|---|---|---|---|---|
| | | | im betr. Rahmen frei | geplant nur in Berlin | zentral fixiert |
| | Grundstoff- u. Produktionsg. | 10 | 10 | 50 | 20 |
| 25 | Steine, Erden | 1 | | 100 | |
| 27 | Eisen, Stahl | | | | |
| 28 | NE-Metalle | 1 | | 100 | |
| 29 | Giessereien | | | | |
| 301/3 | Ziehereien | | | | |
| 40,22 | Chemie, Oelverarb. | 7 | | 43 | 29 |
| 53 | Holzbearbeitung | | | | |
| 55 | Papiererzeugung | | | | |
| 59 | Gummiverarbeitung | 1 | 100 | | |
| | Investitionsgueter | 38 | 29 | 63 | 8 |
| 302 | Stahlverformung | | | | |
| 31 | Stahlbau | 4 | 25 | 25 | 25 |
| 32 | Maschinenbau | 12 | 17 | 83 | |
| 33,34 | Fahrzeug-, Schiffbau | 3 | 33 | 67 | 33 |
| 36 | Elektrotechnik | 14 | 29 | 71 | 7 |
| 37 | Feinm./Optik | 3 | 33 | 33 | |
| 38 | EBM-Waren | 1 | 100 | | |
| 50 | Buerom./ADV | 1 | 100 | | |
| | Verbrauchsgueter | 3 | 33 | 33 | 33 |
| 39 | Musikinstr. | 1 | 100 | | |
| 51,52 | Feinkeramik. Glas | | | | |
| 54 | Holzverarbeitung | | | | |
| 56 | Papierverarbeitung | 1 | | 100 | 100 |
| 57 | Druck | | | | |
| 58 | Kunststoffverarb. | 1 | | | |
| 62 | Leder | | | | |
| 63 | Textil | | | | |
| 64 | Bekleidung | | | | |
| 65 | Reparaturen | | | | |
| | Nahrungs- u. Genussmittel | 6 | 33 | 67 | |
| 68 | Ernaehrung | 6 | 33 | 67 | |
| 69 | Tabak | | | | |
| | Verarbeitendes Gewerbe insg. | 57 | 26 | 60 | 11 |

Quelle: Unternehmensbefragung des DIW.

Tabelle B82: FuE-Budget von Berliner Betrieben des verarbeitenden Gewerbes mit
Sitz außerhalb Berlins nach Betriebsgrößenklassen

| Betriebe mit ... Beschäftigten | Zahl forsch. Betriebe | davon ist das FuE-Budget in vH | | |
|---|---|---|---|---|
| | | im betr. Rahmen frei | geplant nur in Berlin | zentral fixiert |
| bis 49 | 5 | 20 | 40 | 20 |
| 50 bis 99 | 8 | 38 | 63 | |
| 100 bis 199 | 15 | 20 | 47 | 33 |
| 200 bis 499 | 10 | 40 | 50 | |
| 500 bis 999 | 8 | 13 | 75 | |
| 1000 und mehr | 11 | 27 | 82 | |
| I N S G E S A M T | 57 | 26 | 60 | 11 |

Quelle: Unternehmensbefragung des DIW.

Tabelle B83: Betriebe ohne Aktivitäten in Forschung und Entwicklung im verarbeitenden Gewerbe von Berlin nach Wirtschaftszweigen

| SYPRO-Nr. | Wirtschaftszweig Wirtschaftsgruppe | Zahl aller Betriebe | Betriebe ohne FuE-Aktivitäten absolut | Anteil in vH |
|---|---|---|---|---|
| | Grundstoff- u. Produktionsg. | 122 | 90 | 74 |
| 25 | Steine, Erden | 23 | 21 | 91 |
| 27 | Eisen, Stahl | 3 | 3 | 100 |
| 28 | NE-Metalle | 11 | 10 | 91 |
| 29 | Giessereien | 12 | 12 | 100 |
| 301/3 | Ziehereien | 6 | 6 | 100 |
| 40,22 | Chemie, Oelverarb. | 55 | 28 | 51 |
| 53 | Holzbearbeitung | 3 | 3 | 100 |
| 55 | Papiererzeugung | 1 | 1 | 100 |
| 59 | Gummiverarbeitung | 8 | 6 | 75 |
| | Investitionsgueter | 422 | 267 | 63 |
| 302 | Stahlverformung | 33 | 31 | 94 |
| 31 | Stahlbau | 39 | 32 | 82 |
| 32 | Maschinenbau | 81 | 37 | 46 |
| 33,34 | Fahrzeug-, Schiffbau | 43 | 35 | 81 |
| 36 | Elektrotechnik | 133 | 65 | 49 |
| 37 | Feinm./Optik | 48 | 32 | 67 |
| 38 | EBM-Waren | 34 | 30 | 88 |
| 50 | Bueroa./ADV | 11 | 5 | 45 |
| | Verbrauchsgueter | 248 | 226 | 91 |
| 39 | Musikinstr. | 9 | 8 | 89 |
| 51,52 | Feinkeramik, Glas | 7 | 4 | 57 |
| 54 | Holzverarbeitung | 20 | 19 | 95 |
| 56 | Papierverarbeitung | 32 | 29 | 91 |
| 57 | Druck | 61 | 57 | 93 |
| 58 | Kunststoffverarb. | 41 | 36 | 88 |
| 62 | Leder | 5 | 4 | 80 |
| 63 | Textil | 28 | 24 | 86 |
| 64 | Bekleidung | 43 | 43 | 100 |
| 65 | Reparaturen | 2 | 2 | 100 |
| | Nahrungs- u. Genussmittel | 160 | 144 | 90 |
| 68 | Ernaehrung | 152 | 136 | 89 |
| 69 | Tabak | 8 | 8 | 100 |
| | Verarbeitendes Gewerbe insg. | 952 | 727 | 76 |

Quelle: Ergebnisse der Unternehmensbefragung des DIW.

Tabelle BB4: Betriebe ohne Aktivitäten in Forschung und Entwicklung im verarbeitenden Gewerbe von Berlin nach Betriebsgrößenklassen

| Betriebe mit ... Beschäftigten | Zahl aller Betriebe | Betriebe ohne FuE-Aktivitäten absolut | Anteil in vH |
|---|---|---|---|
| bis 49 | 461 | 407 | 88 |
| 50 bis 99 | 224 | 163 | 73 |
| 100 bis 199 | 138 | 95 | 69 |
| 200 bis 499 | 84 | 45 | 54 |
| 500 bis 999 | 21 | 10 | 48 |
| 1000 und mehr | 24 | 7 | 29 |
| I N S G E S A M T | 952 | 727 | 76 |

Quelle: Ergebnisse der Unternehmensbefragung des DIW.

273

Tabelle B85: Bestimmungsgründe fehlender Aktivitäten in Forschung und Entwicklung im verarbeitenden Gewerbe
von Berlin nach Wirtschaftszweigen
- Antwortende Betriebe in vH aller Betriebe ohne FuE-Aktivitäten -

| SYPRO-Nr. | Wirtschaftszweig ――――――――――― Wirtschaftsgruppe | Markt-beobacht. ausreich. | Fertig. nach Kunden-anweis. | FuE erfolgt in Untern.-verbund | Innovat.-möglich. bestehen nicht | und zwar wegen Produk-ten | wegen Verfahr.-Technik |
|---|---|---|---|---|---|---|---|
| | Grundstoff- u. Produktionsg. | 37 | 31 | 28 | 19 | 13 | 12 |
| 25 | Steine, Erden | 52 | 19 | 19 | 14 | 5 | 14 |
| 27 | Eisen, Stahl | 67 | | 33 | 33 | 33 | 33 |
| 28 | NE-Metalle | 40 | 30 | 40 | 10 | | 10 |
| 29 | Giessereien | 42 | 50 | 8 | 17 | 17 | 8 |
| 301/3 | Ziehereien | 17 | 100 | | 50 | 17 | 50 |
| 40,22 | Chemie, Oelverarb. | 32 | 18 | 43 | 14 | 14 | 7 |
| 53 | Holzbearbeitung | | 33 | 33 | 67 | 67 | |
| 55 | Papiererzeugung | | | 100 | | | |
| 59 | Gummiverarbeitung | 17 | 50 | 17 | 17 | 17 | |
| | Investitionsgueter | 17 | 65 | 26 | 6 | 4 | 3 |
| 302 | Stahlverformung | 23 | 77 | 16 | 16 | 10 | 6 |
| 31 | Stahlbau | 28 | 75 | 9 | 6 | 6 | |
| 32 | Maschinenbau | 16 | 59 | 16 | | | |
| 33,34 | Fahrzeug-, Schiffbau | 20 | 57 | 26 | | | |
| 36 | Elektrotechnik | 14 | 54 | 42 | 8 | 5 | 6 |
| 37 | Feinm./Optik | 16 | 78 | 19 | 9 | 3 | 9 |
| 38 | EBM-Waren | 3 | 67 | 33 | 3 | 3 | |
| 50 | Buerom./ADV | 40 | 60 | 60 | | | |
| | Verbrauchsgueter | 42 | 47 | 10 | 14 | 11 | 11 |
| 39 | Musikinstr. | 63 | 38 | | | | |
| 51,52 | Feinkeramik, Glas | 25 | 25 | 25 | | | |
| 54 | Holzverarbeitung | 58 | 16 | | 42 | 37 | 37 |
| 56 | Papierverarbeitung | 55 | 28 | 10 | 17 | 14 | 14 |
| 57 | Druck | 33 | 63 | 5 | 9 | 4 | 9 |
| 58 | Kunststoffverarb. | 28 | 67 | 22 | 3 | | 3 |
| 62 | Leder | 50 | 25 | 0 | 25 | 25 | 25 |
| 63 | Textil | 54 | 21 | 25 | 25 | 21 | 8 |
| 64 | Bekleidung | 40 | 53 | 2 | 14 | 12 | 9 |
| 65 | Reparaturen | | 100 | | | | |
| | Nahrungs- u. Genussmittel | 56 | 5 | 24 | 38 | 34 | 19 |
| 68 | Ernaehrung | 59 | 5 | 20 | 40 | 36 | 20 |
| 69 | Tabak | | | 100 | | | |
| | Verarbeitendes Gewerbe insg. | 35 | 43 | 21 | 17 | 13 | 10 |

Quelle: Ergebnisse der Unternehmensbefragung des DIW.

Tabelle B86: Bestimmungsgründe fehlender Aktivitäten in Forschung und Entwicklung im verarbeitenden
Gewerbe von Berlin nach Betriebsgrößenklassen
- Antwortende Betriebe in vH aller Betriebe ohne FuE-Aktivitäten -

| Betriebe mit ... Beschäftigten | Markt-beobacht. ausreich. | Fertig. nach Kunden-anweis. | FuE erfolgt in Untern. verbund | Innovat.-möglich. bestehen nicht | und zwar Produk-ten | wegen Verfahr. Technik |
|---|---|---|---|---|---|---|
| bis 49 | 37 | 45 | 12 | 17 | 14 | 10 |
| 50 bis 99 | 34 | 52 | 17 | 16 | 13 | 8 |
| 100 bis 199 | 40 | 38 | 33 | 21 | 16 | 17 |
| 200 bis 499 | 20 | 16 | 67 | 9 | 4 | 7 |
| 500 bis 999 | 10 | 20 | 80 | | | |
| 1000 und mehr | | | 100 | | | |
| I N S G E S A M T | 35 | 43 | 21 | 17 | 13 | 10 |

Quelle: Ergebnisse der Unternehmensbefragung des DIW.

Tabelle B87: Entwicklung in a u s g e w ä h l t e n B e t r i e b e n mit und ohne FuE-Aktivitäten im verarbeitenden Gewerbe von Berlin nach Wirtschaftszweigen in den Jahren
1981 bis 1987

| SYPRO-Nr. | Wirtschaftszweig Wirtschaftsgruppe | Zahl der Betriebe | | Beschäftigtenentwicklung 1981 bis 1987 in vH | |
|---|---|---|---|---|---|
| | | ohne FuE | mit FuE | ohne FuE | mit FuE |
| | Verarbeitendes Gewerbe insg. darunter | 386 | 86 | -2.9 | 3.3 |
| 40,22 | Chemie, Oelverarb. | 14 | 10 | 11.6 | 17.8 |
| 302 | Stahlverformung | 14 | 2 | -0.9 | 60.2 |
| 32 | Maschinenbau | 11 | 18 | 15.9 | -11.0 |
| 36 | Elektrotechnik | 32 | 27 | -10.8 | 3.4 |
| 37 | Feinm./Optik | 16 | 11 | 4.3 | 6.6 |
| 38 | EBM-Waren | 20 | 3 | -2.2 | 4.5 |
| 50 | Buerom./ADV | 4 | 3 | 34.5 | 6.4 |

Quelle: Ergebnisse von Unternehmensbefragungen des DIW.

Tabelle B88: Entwicklung in a u s g e w ä h l t e n  B e t r i e b e n  mit und ohne FuE-Aktivitäten im verarbeitenden Gewerbe von Berlin nach Betriebsgrößenklassen in den Jahren 1981 bis 1987

| Betriebe mit ...<br><br>Beschäftigten | Zahl der Betriebe | | Beschäftigtenentwicklung 1981 bis 1987 in vH | |
|---|---|---|---|---|
| | ohne<br>FuE | mit<br>FuE | ohne<br>FuE | mit<br>FuE |
| 20 bis 49 | 202 | 16 | 8.1 | 35.3 |
| 50 bis 99 | 91 | 17 | 1.5 | 17.2 |
| 100 bis 199 | 51 | 19 | 0.7 | 5.4 |
| 200 bis 499 | 29 | 19 | 2.4 | -0.1 |
| 500 bis 999 | 8 | 3 | -10.8 | 11.6 |
| 1000 und mehr | 5 | 12 | -14.8 | 2.5 |
| I N S G E S A M T | 386 | 86 | -2.9 | 3.3 |

Quelle: Ergebnisse von Unternehmensbefragungen des DIW.

277

Tabelle C1: Direkte Projektförderung des BMFT in Berlin: Abgeschlossene Projekte von 1976 bis 1987
nach Wirtschaftszweigen und Fördervolumina

| Betriebe*) | Zahl der Projekte | Förder- fähige Kosten | Fördervolumen | | Durchschnittlicher | | Berliner Präferenz Vorspung |
| | | | Insgesamt | Bonus | Förder- satz | Bonus- satz | |
|---|---|---|---|---|---|---|---|
| | | | - in 1000 DM - | | | - in vH - | |
| | | | | | | | |
| | | | Verarbeitendes Gewerbe | | | | |
| | | | | | | | |
| AEG | 28 | 71022 | 38532 | 6416 | 54.3 | 9.0 | 20.0 |
| AVG-Altholz-Verwert. | 1 | 6712 | 2225 | 671 | 33.1 | 10.0 | 43.2 |
| Berthold AG | 6 | 12603 | 7562 | 1260 | 60.0 | 10.0 | 20.0 |
| Bogen GmbH | 3 | 1319 | 791 | 132 | 60.0 | 10.0 | 20.0 |
| Borsig GmbH | 2 | 6601 | 4601 | 660 | 69.7 | 10.0 | 16.7 |
| Bosch GmbH | 6 | 6908 | 4145 | 691 | 60.0 | 10.0 | 20.0 |
| Bosch-Siemens | 2 | 15615 | 9369 | 1561 | 60.0 | 10.0 | 20.0 |
| Chemulack | 2 | 966 | 538 | 97 | 55.7 | 10.0 | 21.9 |
| Daimler-Benz AG | 1 | 190 | 114 | 19 | 60.0 | 10.0 | 20.0 |
| DEPOGAS | 1 | 63 | 38 | 6 | 60.0 | 10.0 | 20.0 |
| DeTeWe | 2 | 1335 | 801 | 134 | 60.0 | 10.0 | 20.0 |
| Elektro-Thermit GmbH | 1 | 1991 | 1493 | 199 | 75.0 | 10.0 | 15.4 |
| Eternit AG | 1 | 1421 | 853 | 142 | 60.0 | 10.0 | 20.0 |
| Gerb Isolierung | 1 | 414 | 249 | 41 | 60.0 | 10.0 | 20.0 |
| G-Elit | 1 | 5833 | 3500 | 583 | 60.0 | 10.0 | 20.0 |
| Harbauer GmbH | 1 | 791 | 263 | 79 | 33.3 | 10.0 | 42.9 |
| Hasse u.Wrede | 1 | 223 | 134 | 22 | 60.0 | 10.0 | 20.0 |
| Herbst | 2 | 1469 | 1020 | 147 | 69.4 | 10.0 | 16.8 |
| Hevl | 2 | 2777 | 1960 | 278 | 70.6 | 10.0 | 16.5 |
| Hightrack GmbH | 1 | 3682 | 2209 | 368 | 60.0 | 10.0 | 20.0 |
| Jahn + Boness GmbH | 1 | 255 | 153 | 25 | 60.0 | 10.0 | 20.0 |
| Jahre GmbH | 3 | 139 | 139 | | 100.0 | | |
| Jung-Schleifm. | 2 | 150 | 75 | 15 | 50.0 | 10.0 | 25.0 |
| Knauer Geraetenbau | 1 | 377 | 226 | 38 | 60.0 | 10.0 | 20.0 |
| Krone AG | 2 | 3533 | 1767 | 353 | 50.0 | 10.0 | 25.0 |
| Lange GmbH | 1 | 1061 | 636 | 106 | 60.0 | 10.0 | 20.0 |
| Neumann GmbH | 1 | 1370 | 822 | 137 | 60.0 | 10.0 | 20.0 |
| Nieke Elektroapp. | 1 | 82 | 49 | 8 | 60.0 | 10.0 | 20.0 |
| Nixdorf | 9 | 28510 | 17302 | 2851 | 60.7 | 10.0 | 19.7 |
| O&K | 1 | 184 | 156 | 18 | 85.0 | 10.0 | 13.3 |
| PDT-Computer KG | 1 | 915 | 549 | 91 | 60.0 | 10.0 | 20.0 |
| Permutit GmbH | 1 | 870 | 522 | 87 | 60.0 | 10.0 | 20.0 |
| Roentgen-Technik | 1 | 877 | 526 | 88 | 60.0 | 10.0 | 20.0 |
| Schering AG | 13 | 49057 | 23667 | 4906 | 48.2 | 10.0 | 26.1 |
| Schmidt u.Haensch | 1 | 219 | 131 | 22 | 60.0 | 10.0 | 20.0 |
| Sedec GmbH | 2 | 6363 | 3818 | 636 | 60.0 | 10.0 | 20.0 |
| SEL AG | 2 | 3333 | 2000 | 333 | 60.0 | 10.0 | 20.0 |
| Siemens AG | 9 | 19340 | 11663 | 1934 | 60.3 | 10.0 | 19.9 |
| Silika Gel GmbH | 1 | 135 | 67 | 13 | 50.0 | 10.0 | 25.0 |
| Stock AG | 1 | 612 | 367 | 61 | 60.0 | 10.0 | 20.0 |
| Thyssen GmbH | 1 | 1009 | 673 | 101 | 66.7 | 10.0 | 17.6 |
| Tonindustrie GmbH | 1 | 424 | 255 | 42 | 60.0 | 10.0 | 20.0 |
| UKF | 1 | 163 | 98 | 16 | 60.0 | 10.0 | 20.0 |
| Uraphos Chemie | 1 | 588 | 294 | 59 | 50.0 | 10.0 | 25.0 |
| Vacuumschmelze GmbH | 1 | 1944 | 1166 | 194 | 60.0 | 10.0 | 20.0 |
| Vereinigte Kesselw. | 1 | 1185 | 711 | 118 | 60.0 | 10.0 | 20.0 |
| Werner und Kolb | 3 | 3193 | 1824 | 319 | 57.1 | 10.0 | 21.2 |
| | | | | | | | |
| Summe verarb.Gewerbe | 128 | 267823 | 150054 | 26082 | 56.0 | 9.7 | 21.0 |

Fortsetzung Seite 2

278

Tabelle C1: Direkte Projektförderung des BMFT in Berlin: Abgeschlossene Projekte von 1976 bis 1987
nach Wirtschaftszweigen und Fördervolumina

| Betriebe*) | Zahl der Projekte | Förder- fähige Kosten | Fördervolumen | | Durchschnittlicher | | Berliner Präferenz Vorsprung |
| | | | Insgesamt | Bonus | Förder- satz | Bonus- satz | |
|---|---|---|---|---|---|---|---|
| | | | - in 1000 DM - | | | - in vH - | |
| | | | Dienstleistungen | | | | |
| AEG GmbH u.CO KG | 3 | 2999 | 1473 | 300 | 49.1 | 10.0 | 25.6 |
| AID Elektronik GmbH | 3 | 921 | 921 | | 100.0 | | |
| Bildverarb. GmbH | 1 | 506 | 380 | 51 | 75.0 | 10.0 | 15.4 |
| Bormann-Ingenieurb. | 1 | 219 | 210 | 22 | 96.0 | 10.0 | 11.6 |
| BTS | 1 | 135 | 81 | 13 | 60.0 | 10.0 | 20.0 |
| BVC-Verkehrs-Consul. | 1 | 409 | 245 | 41 | 60.0 | 10.0 | 20.0 |
| C+S Computersysteme | 1 | 330 | 110 | 33 | 33.3 | 10.0 | 42.9 |
| Digital-Technik | 1 | 120 | 60 | 12 | 50.0 | 10.0 | 25.0 |
| EAB Energie-Anlagen | 7 | 17889 | 11294 | 1211 | 63.1 | 6.8 | 12.0 |
| E+S Energie | 1 | 524 | 524 | | 100.0 | | |
| Flaeschner u.Co | 1 | 308 | 185 | 31 | 60.0 | 10.0 | 20.0 |
| Gewu GmbH | 1 | 486 | 256 | 49 | 52.6 | 10.0 | 23.4 |
| GSD-Systemforsch. | 1 | 911 | 638 | 91 | 70.0 | 10.0 | 16.7 |
| IAV-Aggregatetechnik | 1 | 450 | 225 | 45 | 50.0 | 10.0 | 25.0 |
| IKO-Software | 1 | 768 | 461 | 77 | 60.0 | 10.0 | 20.0 |
| Krebskosmo-Chemie | 1 | 1455 | 873 | 146 | 60.0 | 10.0 | 20.0 |
| Lasec Datenbank | 1 | 43 | 43 | | 100.0 | | |
| Lechler-Ingenieurb. | 1 | 84 | 50 | 8 | 60.0 | 10.0 | 20.0 |
| Leiss GmbH | 1 | 805 | 483 | 80 | 60.0 | 10.0 | 20.0 |
| Mirekon-Datenanwend. | 3 | 10482 | 5441 | 1048 | 51.9 | 10.0 | 23.9 |
| Peine GmbH | 1 | 727 | 242 | 73 | 33.3 | 10.0 | 42.9 |
| Psi-Prozesssteuer. | 8 | 13019 | 8179 | 1210 | 62.8 | 9.3 | 17.4 |
| RGD-Unternehmensb. | 1 | 144 | 86 | 14 | 60.0 | 10.0 | 20.0 |
| RRP-Programmsysteme | 1 | 683 | 410 | 68 | 60.0 | 10.0 | 20.0 |
| Satz-Rechen-Zentrum | 3 | 2582 | 1193 | 258 | 46.2 | 10.0 | 27.6 |
| SNV-Nahverkehr GmbH | 1 | 6961 | 6961 | | 100.0 | | |
| STS-Systemtechnik | 1 | 202 | 121 | 20 | 60.0 | 10.0 | 20.0 |
| System-Elektronik | 1 | 355 | 213 | 35 | 60.0 | 10.0 | 20.0 |
| Technik Spezial | 1 | 276 | 166 | 28 | 60.0 | 10.0 | 20.0 |
| Techn.Verm.Agentur | 1 | 177 | 177 | | 100.0 | | |
| Thiede & Thiede | 1 | 877 | 745 | 88 | 85.0 | 10.0 | 13.3 |
| VDI/VDE | 23 | 55390 | 55390 | | 100.0 | | |
| Verlag Regelwerke | 2 | 2466 | 658 | 247 | 26.7 | 10.0 | 59.9 |
| VGU-Umwelttechnik | 1 | 310 | 177 | 31 | 57.0 | 10.0 | 21.3 |
| VW-Technische Daten | 1 | 398 | 199 | 40 | 50.0 | 10.0 | 25.0 |
| WKF-Consult Berat. | 2 | 510 | 306 | 51 | 60.0 | 10.0 | 20.0 |
| Wrona-Ingenieurb. | 2 | 930 | 811 | 3 | 87.2 | 0.3 | 0.4 |
| Summe Dienstleistungen | 83 | 125849 | 99987 | 5423 | 79.5 | 4.3 | 5.7 |

Fortsetzung Seite 3

Tabelle C1: Direkte Projektförderung des BMFT in Berlin: Abgeschlossene Projekte von 1976 bis 1987
nach Wirtschaftszweigen und Fördervolumina

| Betriebe*) | Zahl der Projekte | Förder-fähige Kosten | Fördervolumen | | Durchschnittlicher | | Berliner Präferenz Vorsprung |
|---|---|---|---|---|---|---|---|
| | | | Insgesamt | Bonus | Förder-satz | Bonus-satz | |
| | | | - in 1000 DM - | | - in vH - | | |
| | | | Sonstige | | | | |
| ATP-Photosynthese | 1 | 210 | 210 | | 100.0 | | |
| AWFI-Forsungsinst. | 20 | 18088 | 16664 | 1120 | 92.1 | 6.2 | 7.2 |
| Bekleidungs-Forsch. | 2 | 1504 | 1504 | | 100.0 | | |
| Berl.Entwässerungsw. | 2 | 1151 | 691 | 115 | 60.0 | 10.0 | 20.0 |
| BEWAG | 2 | 1963 | 1222 | 196 | 62.3 | 10.0 | 19.1 |
| Brauerei Versuchsan. | 3 | 1392 | 1392 | | 100.0 | | |
| BVG | 5 | 12102 | 10293 | 1206 | 85.0 | 10.0 | 13.3 |
| Chemie dokumentetion | 1 | 3079 | 3079 | | 100.0 | | |
| Ergonomic | 1 | 132 | 132 | | 100.0 | | |
| Heffe Versuchsan. | 1 | 683 | 478 | 68 | 70.0 | 10.0 | 16.7 |
| Inst.f.Zukunftsf. | 2 | 2992 | 2992 | | 100.0 | | |
| Patzer GmbH | 2 | 1112 | 824 | 111 | 74.1 | 10.0 | 15.6 |
| Schweisstechnik | 2 | 942 | 942 | | 100.0 | | |
| Spiritus Vers. | 8 | 9149 | 7462 | 503 | 81.6 | 5.5 | 7.2 |
| Stiftung Warentest | 5 | 5038 | 4983 | 17 | 98.9 | 0.3 | 0.3 |
| Wasserwerke | 4 | 9517 | 4960 | 952 | 52.1 | 10.0 | 23.7 |
| Summe Sonstige | 61 | 69054 | 57828 | 4290 | 83.7 | 6.2 | 8.0 |
| I N S G E S A M T | 272 | 462726 | 307869 | 35794 | 66.5 | 7.7 | 13.2 |

Durchschnittlicher Fördersatz: Förderung in vH der förderfähigen Kosten
Durchschnittlicher Bonussatz: Berlin-Bonus in vH der förderfähigen Kosten
Berliner Präferenz Vorsprung: Berlin-Bonus in vH der "normalen" Förderung
*) einschließlich Arbeitsgemeinschaften

Tabelle C 2:

### Fördervolumen Berliner Projekte aus den Jahren 1976 bis 1987 im Rahmen der direkten Projektförderung des BMFT je Betrieb und Beschäftigten nach Betriebsgrößenklassen

| | Zahl der Betriebe | Fördervolumen | | | |
| --- | --- | --- | --- | --- | --- |
| | | Mill. DM | Struktur in vH | je Betrieb in Mill. DM | je Beschäftigten in TDM |
| Kleine Betriebe | 22 | 35,7 | 11 | 1,6 | 37 |
| Mittlere Betriebe | 24 | 30,3 | 10 | 1,3 | 10 |
| Große Betriebe | 29 | 221,3 | 72 | 7,6 | 3 |
| nicht zurechenbar | 25 | 20,6 | 7 | 0,8 | - |
| Insgesamt | 100 | 307,9 | 100 | 3,1 | - |

Tabelle C 3:

Befragungsergebnisse[1]: Engpässe im Rahmen betrieblicher Forschungs- und Entwicklungsaktivitäten
- Zahl der Antworten -

| Wirtschaftszweig Betriebsgröße | Zahl der Betriebe | davon haben Schwierigkeiten bei der betrieblichen Forschungstätigkeit und zwar wegen | | | | | |
|---|---|---|---|---|---|---|---|
| | | nein | ja | Risiko | Arbeits-kräfte | Eigenkapital-mangel | Fremdkapital-mangel |
| Verarbeitendes Gewerbe | 25 | 10 | 15 | 11 | 4 | 2 | - |
| davon mit ... Beschäftigten | | | | | | | |
| *       bis   99 | 5 | 2 | 3 | 3 | - | 2 | - |
| **  100 bis  499 | 11 | 3 | 8 | 5 | 2 | - | - |
| *** 500 u.m. | 9 | 5 | 4 | 3 | 2 | - | - |
| Dienstleistungen | 22 | 14 | 8 | 2 | 3 | 6 | 1 |
| davon mit ... Beschäftigten | | | | | | | |
| *       bis    9 | 6 | 4 | 2 | 1 | 1 | 1 | 1 |
| **   10 bis   19 | 5 | 3 | 2 | 1 | 1 | 2 | - |
| **   20 bis   49 | 6 | 4 | 2 | - | 1 | 1 | - |
| ***  50 u.m. | 5 | 3 | 2 | - | - | 2 | - |
| Sonstige[2] | 10 | 3 | 7 | 4 | 3 | 1 | 2 |
| davon mit ... Beschäftigten | | | | | | | |
| *       bis   99 | 4 | - | 4 | 2 | 2 | - | - |
| **  100 bis  499 | 3 | 1 | 2 | 1 | - | 1 | 1 |
| *** 500 u.m. | 3 | 2 | 1 | 1 | 1 | - | 1 |
| INSGESAMT | 57 | 27 | 30 | 17 | 10 | 9 | 3 |
| davon | | | | | | | |
| *    Kleine Betriebe | 15 | 6 | 9 | 6 | 3 | 3 | 1 |
| **   Mittlere Betriebe | 25 | 11 | 14 | 7 | 4 | 4 | 1 |
| ***  Große Betriebe | 17 | 10 | 7 | 4 | 3 | 2 | 1 |

1) Befragung begünstigter Unternehmen im Rahmen der direkten Projektförderung des Bundesministers für Forschung und Technologie.
2) Forschungsorientierte Arbeitsgemeinschaften, Stiftungen und Verbände, öffentliche Versorgungsbetriebe.

282

Tabelle C 4:

Befragungsergebnisse[1]: Abhängigkeit betrieblicher Forschungs- und Entwicklungsaktivitäten
von staatlicher Forschungsförderung

- Zahl der Antworten -

| Wirtschaftszweig<br>Betriebsgröße | Zahl der Betriebe | davon sind abhängig von öffentlicher Förderung | | und zwar mit ... Bedeutung | | |
|---|---|---|---|---|---|---|
| | | nein | ja | geringer | erheblicher | entscheidender |
| **Verarbeitendes Gewerbe** | 25 | 8 | 17 | 4 | 13 | - |
| davon mit ... Beschäftigten | | | | | | |
| * bis 99 | 5 | 2 | 3 | - | 3 | - |
| ** 100 bis 499 | 11 | - | 11 | 2 | 9 | - |
| *** 500 u. m. | 9 | 6 | 3 | 2 | 1 | - |
| **Dienstleistungen** | 22 | 6 | 16 | - | 6 | 10 |
| davon mit ... Beschäftigten | | | | | | |
| * bis 9 | 6 | 2 | 4 | - | - | 4 |
| ** 10 bis 19 | 5 | - | 5 | - | 1 | 4 |
| ** 20 bis 49 | 6 | 1 | 5 | - | 4 | 1 |
| *** 50 u. m. | 5 | 3 | 2 | - | 1 | 1 |
| **Sonstige[2]** | 10 | - | 10 | - | 3 | 7 |
| davon mit ... Beschäftigten | | | | | | |
| * bis 99 | 4 | - | 4 | - | 2 | 2 |
| ** 100 bis 499 | 3 | - | 3 | - | - | 3 |
| *** 500 u. m. | 3 | - | 3 | - | 1 | 2 |
| **INSGESAMT** | 57 | 14 | 43 | 4 | 22 | 17 |
| davon | | | | | | |
| * Kleine Betriebe | 15 | 4 | 11 | - | 5 | 6 |
| ** Mittlere Betriebe | 25 | 1 | 24 | 2 | 14 | 8 |
| *** Große Betriebe | 17 | 9 | 8 | 2 | 3 | 3 |

1) Befragung begünstigter Unternehmen im Rahmen der direkten Projektförderung des Bundesministers für Forschung und Technologie. 2) Forschungsorientierte Arbeitsgemeinschaften, Stiftungen und Verbände, öffentliche Versorgungsbetriebe.

## Tabelle C 5:

Befragungsergebnisse[1]: Einfluß der direkten Projektförderung auf die Durchführung von Vorhaben
- Zahl der Antworten -

| Wirtschaftszweig / Betriebsgröße | Zahl der Betriebe | davon hat die Förderung die Projektdurchführung beeinflußt und zwar | | | |
|---|---|---|---|---|---|
| | | nein | ja | Projekt erst möglich gemacht | Finanzierung erleichtert |
| **Verarbeitendes Gewerbe** | 25 | 2 | 23 | 8 | 12 |
| davon mit ... Beschäftigten | | | | | |
| * bis 99 | 5 | - | 5 | 2 | 3 |
| ** 100 bis 499 | 11 | - | 11 | 4 | 6 |
| *** 500 u.m. | 9 | 2 | 7 | 2 | 3 |
| **Dienstleistungen** | 22 | 3 | 19 | 14 | 6 |
| davon mit ... Beschäftigten | | | | | |
| * bis 9 | 6 | 1 | 5 | 5 | - |
| ** 10 bis 19 | 5 | 1 | 4 | 4 | - |
| ** 20 bis 49 | 6 | - | 6 | 2 | 4 |
| *** 50 u.m. | 5 | 1 | 4 | 3 | 2 |
| **Sonstige[2]** | 10 | - | 10 | 7 | 3 |
| davon mit ... Beschäftigten | | | | | |
| * bis 99 | 4 | - | 4 | 2 | 1 |
| ** 100 bis 499 | 3 | - | 3 | 3 | 1 |
| *** 500 u.m. | 3 | - | 3 | 2 | 1 |
| **INSGESAMT** | 57 | 5 | 52 | 29 | 21 |
| davon | | | | | |
| * Kleine Betriebe | 15 | 1 | 14 | 9 | 4 |
| ** Mittlere Betriebe | 25 | 1 | 24 | 13 | 11 |
| *** Große Betriebe | 17 | 3 | 14 | 7 | 6 |

1) Befragung begünstigter Unternehmen im Rahmen der direkten Projektförderung des Bundesministers für Forschung und Technologie. 2) Forschungsorientierte Arbeitsgemeinschaften, Stiftungen und Verbände, öffentliche Versorgungsbetriebe.

Tabelle C 6:

Befragungsergebnisse[1]: Einfluß der Forschungsvorhaben auf betriebliche Beschäftigtenzahl, Kooperationen und Verlagerungen von Forschungs- und Entwicklungsaktivitäten

- Zahl der Antworten -

| Wirtschaftszweig Betriebsgröße | Zahl der Betriebe | davon haben die geförderten Projekte durchgeführt | | | |
|---|---|---|---|---|---|
| | | mit vorhandenen Arbeitskräften | mit zusätzlichen Arbeitskräften | durch Verlagerungen nach Berlin | in Kooperationen |
| Verarbeitendes Gewerbe | 25 | 16 | 9 | 1 | 12 |
| davon mit ... Beschäftigten | | | | | |
| *     bis   99 | 5 | 3 | 2 | - | 3 |
| **  100 bis  499 | 11 | 6 | 5 | - | 7 |
| *** 500 u.m. | 9 | 7 | 2 | 1 | 2 |
| Dienstleistungen | 22 | 15 | 7 | 3 | 12 |
| davon mit ... Beschäftigten | | | | | |
| *     bis    9 | 6 | 5 | 1 | 1 | 2 |
| **   10 bis  19 | 5 | 1 | 4 | 1 | 3 |
| **   20 bis  49 | 6 | 4 | 2 | - | 5 |
| ***  50 u.m. | 5 | 5 | - | 1 | 2 |
| Sonstige[2] | 10 | 7 | 3 | - | 8 |
| davon mit ... Beschäftigten | | | | | |
| *     bis   99 | 4 | 3 | 1 | - | 3 |
| **  100 bis  499 | 3 | 1 | 2 | - | 2 |
| *** 500 u.m. | 3 | 3 | - | - | 3 |
| INSGESAMT | 57 | 38 | 19 | 4 | 32 |
| davon | | | | | |
| *    Kleine Betriebe | 15 | 11 | 4 | 1 | 8 |
| **   Mittlere Betriebe | 25 | 12 | 13 | 1 | 17 |
| ***  Große Betriebe | 17 | 15 | 2 | 2 | 7 |

1) Befragung begünstigter Unternehmen im Rahmen der direkten Projektförderung des Bundesministers für Forschung und Technologie. 2) Forschungsorientierte Arbeitsgemeinschaften, Stiftungen und Verbände, öffentliche Versorgungsbetriebe.

# Tabelle C 7:

Befragungsergebnisse[1]: Umsetzung und Vermarktung betrieblicher Forschungsergebnisse

| Wirtschaftszweig Betriebsgröße | Zahl der Betriebe | davon haben die Forschungsarbeiten der geförderten Projekte zumindest teilweise | | | und zwar mit positiven Wirkungen auf Betriebsergebnisse | Verjüngung der Produktpalette | Ausweitung überregionaler Lieferungen | Lösung aus Abnehmerabhängigkeiten |
|---|---|---|---|---|---|---|---|---|
| | | abgeschlossen | in Produkte umgesetzt | bereits vermarktet | | | | |
| **Verarbeitendes Gewerbe** | 25 | 24 | 20 | 12 | 8 | 10 | 6 | 2 |
| davon mit ... Beschäftigten | | | | | | | | |
| * bis 99 | 5 | 5 | 4 | 1 | 1 | - | 1 | - |
| ** 100 bis 499 | 11 | 10 | 10 | 9 | 6 | 8 | 4 | 2 |
| *** 500 u.m. | 9 | 9 | 6 | 2 | 1 | 2 | 1 | - |
| **Dienstleistungen** | 22 | 19 | 15 | 10 | 8 | 4 | 4 | - |
| davon mit ... Beschäftigten | | | | | | | | |
| * bis 9 | 6 | 5 | 4 | 4 | 3 | 2 | 1 | - |
| ** 10 bis 19 | 5 | 4 | 3 | 2 | 2 | - | 2 | - |
| ** 20 bis 49 | 6 | 6 | 6 | 3 | 2 | 2 | 1 | - |
| *** 50 u.m. | 5 | 4 | 2 | 1 | 1 | - | - | - |
| **Sonstige[2]** | 10 | 10 | 9 | 5 | 3 | 2 | - | - |
| davon mit ... Beschäftigten | | | | | | | | |
| * bis 99 | 4 | 4 | 4 | 2 | 1 | 1 | - | - |
| ** 100 bis 499 | 3 | 3 | 2 | 1 | 1 | - | - | - |
| *** 500 u.m. | 3 | 3 | 3 | 2 | 1 | 1 | - | - |
| **INSGESAMT** | 57 | 53 | 44 | 27 | 19 | 16 | 10 | 2 |
| davon | | | | | | | | |
| * Kleine Betriebe | 15 | 14 | 12 | 7 | 5 | 3 | 2 | - |
| ** Mittlere Betriebe | 25 | 23 | 21 | 15 | 11 | 10 | 7 | 2 |
| *** Große Betriebe | 17 | 16 | 11 | 5 | 3 | 3 | 1 | - |

1) Befragung begünstigter Unternehmen im Rahmen der direkten Projektförderung des Bundesministers für Forschung und Technologie.
2) Forschungsorientierte Arbeitsgemeinschaften, Stiftungen und Verbände, öffentliche Versorgungsbetriebe.

Tabelle C 8.1:

Befragungsergebnisse[1]: Wirkung der Berlin-Präferenz im Rahmen der
direkten Projektförderung des BMFT auf die betriebliche Situation

- Zahl der Antworten -

| Wirtschaftszweig<br>Betriebsgröße | Zahl der Betriebe | davon hat der Berlin-Bonus | | |
| --- | --- | --- | --- | --- |
| | | keinerlei Wirkung gezeigt | Wirkung gezeigt | mit mindestens einem wesentlichen Effekt |
| Verarbeitendes Gewerbe | 25 | 6 | 17 | 11 |
| davon mit ... Beschäftigten | | | | |
| *         bis    99 | 5 | 1 | 4 | 2 |
| **  100 bis  499 | 11 | 1 | 10 | 8 |
| *** 500 u.m. | 9 | 4 | 3 | 1 |
| Dienstleistungen | 22 | 5 | 17 | 12 |
| davon mit ... Beschäftigten | | | | |
| *         bis     9 | 6 | 1 | 5 | 4 |
| **   10 bis   19 | 5 | 2 | 3 | 3 |
| **   20 bis   49 | 6 | - | 6 | 3 |
| ***  50 u.m. | 5 | 2 | 3 | 2 |
| Sonstige[2] | 10 | 2 | 8 | 4 |
| davon mit ... Beschäftigten | | | | |
| *         bis    99 | 4 | 1 | 3 | 2 |
| **  100 bis  499 | 3 | 1 | 2 | 1 |
| *** 500 u.m. | 3 | - | 3 | 1 |
| INSGESAMT | 57 | 13 | 42 | 27 |
| davon | | | | |
| *     Kleine Betriebe | 15 | 3 | 12 | 8 |
| **   Mittlere Betriebe | 25 | 4 | 21 | 15 |
| *** Große Betriebe | 17 | 6 | 9 | 4 |

1) Befragung begünstigter Unternehmen im Rahmen der direkten Projektförderung des Bundesministers für Forschung und Technologie. 2) Forschungsorientierte Arbeitsgemeinschaften, Stiftungen und Verbände, öffentliche Versorgungsbetriebe.

**Tabelle C 8.2:** Befragungsergebnisse[1]: Wirkungen der Berlin-Präferenz im Rahmen der direkten Projektförderung auf betriebliche Situation

| Wirtschaftszweig / Betriebsgröße | Zahl der Betriebe | die Entscheidung zur Projektdurchführung beeinflußt | | davon hat der Berlin-Bonus | | | | | |
| --- | --- | --- | --- | --- | --- | --- | --- | --- | --- |
| | | | | den letzten Anstoß zur FuE-Aktivität gegeben, der .. war | | ein ... intensiveres Angehen der Projekte ermöglicht | | ... mehr Eigenkapital für die Umsetzung der Ergebnisse gelassen | |
| | | wesentlich | teilweise | wesentlich | wichtig | wesentlich | teilweise | wesentlich | teilweise |
| **Verarbeitendes Gewerbe** | 25 | 7 | 8 | 1 | 4 | 7 | 5 | 3 | 8 |
| davon mit ... Beschäftigten | | | | | | | | | |
| *    bis  99 | 5 | 2 | 2 | 1 | 1 | 1 | 2 | - | 2 |
| **  100 bis 499 | 11 | 5 | 3 | - | 2 | 5 | 3 | 3 | 4 |
| *** 500 u.m. | 9 | - | 3 | - | 1 | 1 | - | - | 2 |
| **Dienstleistungen** | 22 | 4 | 7 | 2 | 9 | 5 | 8 | 4 | 6 |
| davon mit ... Beschäftigten | | | | | | | | | |
| *    bis  9 | 6 | 1 | 3 | 1 | 3 | 2 | 2 | 1 | 2 |
| **  10 bis  19 | 5 | 2 | - | - | 2 | 2 | 1 | - | 2 |
| **  20 bis  49 | 6 | 1 | 2 | 1 | 3 | - | 5 | 3 | 2 |
| *** 50 u.m. | 5 | - | 2 | - | 1 | 1 | - | - | - |
| **Sonstige[2]** | 10 | 3 | 4 | 2 | 4 | 3 | 2 | 1 | - |
| davon mit ... Beschäftigten | | | | | | | | | |
| *    bis  99 | 4 | 1 | 2 | 1 | 1 | 1 | 1 | - | - |
| **  100 bis 499 | 3 | 1 | - | - | 1 | 1 | - | - | - |
| *** 500 u.m. | 3 | 1 | 2 | 1 | 2 | 1 | 1 | 1 | - |
| **INSGESAMT** | 57 | 14 | 19 | 5 | 17 | 15 | 15 | 8 | 14 |
| davon | | | | | | | | | |
| *    Kleine Betriebe | 15 | 4 | 7 | 3 | 5 | 4 | 5 | 1 | 4 |
| **  Mittlere Betriebe | 25 | 9 | 5 | 1 | 8 | 8 | 9 | 6 | 8 |
| *** Große Betriebe | 17 | 1 | 7 | 1 | 4 | 3 | 1 | 1 | 2 |

1) Befragung begünstigter Unternehmen im Rahmen der direkten Projektförderung des Bundesministers für Forschung und Technologie.
2) Forschungsorientierte Arbeitsgemeinschaften, Stiftungen und Verbände, öffentliche Versorgungsbetriebe.

Tabelle C 9.1:

Befragungsergebnisse[1]: Betriebliche Einschätzungen zur Modifizierung der Berlin-Präferenz
im Rahmen der direkten Projektförderung des BMFT

- Zahl der Antworten -

| Wirtschaftszweig Betriebsgröße | Zahl der Betriebe | davon beurteilten die Vorschläge für eine erhöhte Förderung | | | | | | | | |
|---|---|---|---|---|---|---|---|---|---|---|
| | | kleiner und mittlerer Betriebe | | | bei Einstellung zusätzlichen Forschungspersonals | | | bei Konzentration auf ausgewählte Technologiebereiche | | |
| | | sehr gut | gut | schlecht | sehr gut | gut | schlecht | sehr gut | gut | schlecht |
| **Verarbeitendes Gewerbe** | 25 | 12 | 3 | 7 | 5 | 5 | 11 | 3 | 2 | 16 |
| davon mit ... Beschäftigten | | | | | | | | | | |
| * bis 99 | 5 | 3 | 2 | - | - | 1 | 3 | 1 | 1 | 1 |
| ** 100 bis 499 | 11 | 9 | - | 1 | 3 | 2 | 5 | 1 | 1 | 8 |
| *** 500 u.m. | 9 | - | 1 | 6 | 2 | 2 | 3 | 1 | - | 7 |
| **Dienstleistungen** | 22 | 11 | 4 | 2 | 5 | 4 | 8 | 10 | 5 | 3 |
| davon mit ... Beschäftigten | | | | | | | | | | |
| * bis 9 | 6 | 4 | - | - | 1 | 2 | 1 | 3 | 1 | 1 |
| ** 10 bis 19 | 5 | 2 | 1 | - | - | - | 2 | 1 | 1 | - |
| ** 20 bis 49 | 6 | 3 | 2 | - | 3 | 2 | 1 | 4 | 1 | 1 |
| *** 50 u.m. | 5 | 2 | 1 | 2 | 1 | - | 4 | 2 | 2 | 1 |
| **Sonstige[2]** | 10 | 1 | 3 | 4 | 1 | 2 | 5 | 2 | 2 | 4 |
| davon mit ... Beschäftigten | | | | | | | | | | |
| * bis 99 | 4 | 1 | 2 | 1 | - | 1 | 3 | - | 1 | 3 |
| ** 100 bis 499 | 3 | - | 1 | 1 | - | 1 | 1 | - | 1 | 1 |
| *** 500 u.m. | 3 | - | - | 2 | 1 | - | 1 | 2 | - | - |
| **INSGESAMT** | 57 | 24 | 10 | 13 | 11 | 11 | 24 | 15 | 9 | 23 |
| davon | | | | | | | | | | |
| * Kleine Betriebe | 15 | 8 | 4 | 1 | 1 | 4 | 7 | 4 | 3 | 5 |
| ** Mittlere Betriebe | 25 | 14 | 4 | 2 | 6 | 5 | 9 | 6 | 4 | 10 |
| *** Große Betriebe | 17 | 2 | 2 | 10 | 4 | 2 | 8 | 5 | 2 | 8 |

1) Befragung begünstigter Unternehmen im Rahmen der direkten Projektförderung des Bundesministers für Forschung und Technologie.
2) Forschungsorientierte Arbeitsgemeinschaften, Stiftungen und Verbände, öffentliche Versorgungsbetriebe.

**Tabelle C 9.2:**

Befragungsergebnisse[1]: Betriebliche Einschätzungen zur Modifizierung der Berlin-Präferenz im Rahmen der direkten Projektförderung des BMFT

- Zahl der Antworten -

| Wirtschaftszweig / Betriebsgröße | Zahl der Betriebe | davon beurteilten die Vorschläge für eine erhöhte Förderung bei Zusammenarbeit | | | | | |
| --- | --- | --- | --- | --- | --- | --- | --- |
| | | mit wissenschaftlichen Einrichtungen als | | | von Betrieben untereinander mit | | |
| | | sehr gut | gut | schlecht | sehr gut | gut | schlecht |
| **Verarbeitendes Gewerbe** | 25 | 5 | 5 | 10 | 3 | 10 | 8 |
| davon mit ... Beschäftigten | | | | | | | |
| *      bis    99 | 5 | 1 | 1 | 1 | 1 | 3 | - |
| **  100 bis  499 | 11 | 2 | 3 | 5 | 1 | 3 | 6 |
| *** 500 u.m. | 9 | 2 | 1 | 4 | 1 | 4 | 2 |
| **Dienstleistungen** | 22 | 5 | 7 | 6 | 8 | 4 | 6 |
| davon mit ... Beschäftigten | | | | | | | |
| *      bis    9 | 6 | 2 | 2 | - | 1 | 1 | 2 |
| **   10 bis  19 | 5 | - | 1 | 2 | 1 | 1 | 1 |
| **   20 bis  49 | 6 | 3 | 2 | 1 | 3 | 1 | 2 |
| *** 50 u.m. | 5 | - | 2 | 3 | 3 | 1 | 1 |
| **Sonstige**[2] | 10 | 6 | 3 | 1 | 2 | 4 | 2 |
| davon mit ... Beschäftigten | | | | | | | |
| *      bis    99 | 4 | 2 | 1 | 1 | 1 | 2 | 1 |
| **  100 bis  499 | 3 | 2 | 1 | - | 1 | 1 | 1 |
| *** 500 u.m. | 3 | 2 | 1 | - | - | 1 | - |
| **INSGESAMT** | 57 | 16 | 15 | 17 | 13 | 18 | 16 |
| davon | | | | | | | |
| *      Kleine Betriebe | 15 | 5 | 4 | 2 | 3 | 6 | 3 |
| **   Mittlere Betriebe | 25 | 7 | 7 | 8 | 6 | 6 | 10 |
| *** Große Betriebe | 17 | 4 | 4 | 7 | 4 | 6 | 3 |

1) Befragung begünstigter Unternehmen im Rahmen der direkten Projektförderung des Bundesministers für Forschung und Technologie.
2) Forschungsorientierte Arbeitsgemeinschaften, Stiftungen und Verbände, öffentliche Versorgungsbetriebe.

Tabelle C 10: Befragungsergebnisse[1]: Berliner Standortvorteile und -nachteile bei Forschungs- und Entwicklungsaktivitäten aus betrieblicher Sicht

| Wirtschaftszweig / Betriebsgröße | Zahl der Betriebe | davon sehen Vorteile bei | | | | Insgesamt überwiegen Vorteile | davon sehen Nachteile bei | | |
|---|---|---|---|---|---|---|---|---|---|
| | | Qualifizierten Arbeitskräften | Regionalen Forschungsimpulsen | Kooperationspotential | Synergieeffekten | | Qualifizierten Arbeitskräften | Regionalen Forschungsimpulsen | Kooperationspotential |
| **Verarbeitendes Gewerbe** | 25 | 13 | 14 | 10 | 14 | 9 | 10 | 11 | 7 |
| davon mit ... Beschäftigten | | | | | | | | | |
| *      bis 99 | 5 | 2 | 2 | - | 3 | 2 | 2 | 2 | 1 |
| **  100 bis 499 | 11 | 6 | 5 | 5 | 7 | 4 | 4 | 6 | 3 |
| *** 500 u.m. | 9 | 5 | 7 | 5 | 4 | 3 | 4 | 3 | 3 |
| **Dienstleistungen** | 22 | 17 | 16 | 18 | 16 | 13 | 3 | 7 | 9 |
| davon mit ... Beschäftigten | | | | | | | | | |
| *      bis 9 | 6 | 5 | 5 | 6 | 5 | 5 | - | 3 | 3 |
| **  10 bis 19 | 5 | 2 | 3 | 2 | 3 | 1 | 1 | 2 | 1 |
| **  20 bis 49 | 6 | 5 | 4 | 6 | 4 | 5 | 1 | 1 | 3 |
| *** 50 u.m. | 5 | 5 | 4 | 4 | 4 | 2 | 1 | 1 | 2 |
| **Sonstige**[2] | 10 | 8 | 7 | 8 | 5 | 5 | 1 | 1 | 4 |
| davon mit ... Beschäftigten | | | | | | | | | |
| *      bis 99 | 4 | 3 | 3 | 4 | 2 | 2 | 1 | - | 3 |
| **  100 bis 499 | 3 | 2 | 1 | 1 | 1 | 1 | - | 1 | 1 |
| *** 500 u.m. | 3 | 3 | 3 | 3 | 2 | 2 | - | - | - |
| **INSGESAMT** | 57 | 38 | 37 | 36 | 35 | 27 | 14 | 19 | 20 |
| davon | | | | | | | | | |
| *      Kleine Betriebe | 15 | 10 | 10 | 10 | 10 | 9 | 3 | 5 | 7 |
| **  Mittlere Betriebe | 25 | 15 | 13 | 14 | 15 | 11 | 6 | 10 | 8 |
| *** Große Betriebe | 17 | 13 | 14 | 12 | 11 | 7 | 5 | 4 | 5 |

1) Befragung begünstigter Unternehmen im Rahmen der direkten Projektförderung des Bundesministers für Forschung und Technologie.
2) Forschungsorientierte Arbeitsgemeinschaften, Stiftungen und Verbände, öffentliche Versorgungsbetriebe.

Tabelle C11: Projekt- und Foerdervolumen bewilligter Vorhaben im Rahmen des BMWi/IHK-Programms nach Wirtschaftszweigen und Zeitraeumen
- Zuordnung nach Bewilligungsjahren -

| Wirtschaftszweig | | Projektvolumen in TDM | | | | Zuwendungsvolumen in TDM | | | |
|---|---|---|---|---|---|---|---|---|---|
| | | 1969-76 | 1977-82 | 1983-87 | Insgesamt | 1969-76 | 1977-82 | 1983-87 | Insgesamt |
| EFD | Elektrotechn., Feinm.,Optik | 26701 | 29875 | 54275 | 110851 | 13325 | 12752 | 20251 | 46328 |
| SMM | Stahl-.Masch.Bau Metallverarb. | 34856 | 57568 | 31330 | 123754 | 17434 | 24524 | 13000 | 54958 |
| CHEM | Chemische Industrie | 5635 | 10901 | 12362 | 28898 | 2768 | 4738 | 4381 | 11887 |
| KGA | Kunstst.-.Gummi- Asbestverarb. | 489 | 1682 | 3155 | 5326 | 201 | 909 | 959 | 2069 |
| BGK | Bau.Steine.Glas Keramik | 2249 | 1160 | 951 | 4360 | 1125 | 771 | 349 | 2245 |
| NG | Nahrungs-, Genussmittel | 519 | 273 | 506 | 1298 | 260 | 91 | 169 | 520 |
| HPD | Holz,Papier, Druck | 2620 | 4126 | 45 | 6791 | 1286 | 1944 | -12 | 3218 |
| TEI | Textilbearb.- -verarbeitung | | 363 | 209 | 572 | | 121 | 125 | 246 |
| SUM | INSGESAMT | 73069 | 105948 | 102833 | 281850 | 36399 | 45850 | 39222 | 121471 |

| Wirtschaftszweig | | Projektvolumen Jahresdurchschnitte in TDM | | | | Durchschnittliche Foerderquote in vH | | | |
|---|---|---|---|---|---|---|---|---|---|
| | | 1969-76 | 1977-82 | 1983-87 | Insgesamt | 1969-76 | 1977-82 | 1983-87 | Insgesamt |
| EFD | Elektrotechn., Feinm.,Optik | 3338 | 4979 | 10855 | 5834 | 49.9 | 42.7 | 37.3 | 41.8 |
| SMM | Stahl-.Masch.Bau Metallverarb. | 4357 | 9595 | 6266 | 6513 | 50.0 | 42.6 | 41.5 | 44.4 |
| CHEM | Chemische Industrie | 704 | 1817 | 2472 | 1521 | 49.1 | 43.5 | 35.4 | 41.1 |
| KGA | Kunstst.-.Gummi- Asbestverarb. | 61 | 280 | 631 | 280 | 41.1 | 54.0 | 30.4 | 38.8 |
| BGK | Bau.Steine.Glas Keramik | 281 | 193 | 190 | 229 | 50.0 | 66.5 | 36.7 | 51.5 |
| NG | Nahrungs-, Genussmittel | 65 | 46 | 101 | 68 | 50.1 | 33.3 | 33.4 | 40.1 |
| HPD | Holz,Papier, Druck | 328 | 688 | 9 | 357 | 49.1 | 47.1 | | 47.4 |
| TEI | Textilbearb.- -verarbeitung | | 61 | 42 | 30 | | 33.3 | 59.8 | 43.0 |
| SUM | INSGESAMT | 9134 | 17658 | 20567 | 14834 | 49.8 | 43.3 | 38.1 | 43.1 |

Quelle: Industrie- und Handelskammer zu Berlin.

Tabelle C12: Struktur der Zuwendungen im Rahmen des BMWi/IHK-Programms
nach Zeitraeumen und Jahren
- Zuordnung nach Bewilligungsjahren -

| Jahr | Verlorener Zuschuss | Darlehen bedingt rueckz. | rueck- zahlbar | Insgesamt |
|------|------|------|------|------|
| | | in TDM | | |
| 1969-80 | 8740 | 48465 | 7701 | 64906 |
| 1981 | 9113 | 727 | 1629 | 11469 |
| 1982 | 3349 | 1848 | 1926 | 7123 |
| 1983 | 2395 | 4129 | 3960 | 10484 |
| 1984 | 5046 | 821 | 2426 | 8293 |
| 1985 | 7240 | 1140 | 936 | 9316 |
| 1986 | 4467 | 102 | 576 | 5145 |
| 1987 | 6571 | | 335 | 6906 |
| 1981-87 | 38181 | 8767 | 11788 | 58736 |
| 1969-87 | 46921 | 57232 | 19489 | 123642 |
| | | Struktur in vH | | |
| 1969-80 | 13 | 75 | 12 | 100 |
| 1981 | 79 | 6 | 14 | 100 |
| 1982 | 47 | 26 | 27 | 100 |
| 1983 | 23 | 39 | 38 | 100 |
| 1984 | 61 | 10 | 29 | 100 |
| 1985 | 78 | 12 | 10 | 100 |
| 1986 | 87 | 2 | 11 | 100 |
| 1987 | 95 | | 5 | 100 |
| 1981-87 | 65 | 15 | 20 | 100 |
| 1969-87 | 38 | 46 | 16 | 100 |

Quelle: Industrie- und Handelskammer zu Berlin.

Tabelle C13: Gefoerderte Betriebe im Rahmen des RMWi/IHK-Programms nach Betriebsgroessenklassen sowie Zeitraeumen und Jahren

| Jahr | Betriebe mit ... Beschaeftigten | | | | | | | | Insgesamt |
|---|---|---|---|---|---|---|---|---|---|
| | bis 9 | 10-19 | 20-49 | 50-99 | 100-199 | 200-299 | 300-499 | 500 u.m. | |
| 1969-81 | 57 | 30 | 59 | 46 | 40 | 13 | 11 | 6 | 262 |
| 1982 | 2 | 2 | 2 | 4 | 1 | | | | 9 |
| 1983 | 8 | 5 | 2 | 4 | 2 | | 2 | 1 | 19 |
| 1984 | 5 | 7 | 3 | 2 | 3 | 1 | 1 | | 19 |
| 1985 | 5 | | 4 | 2 | 2 | 1 | | | 20 |
| 1986 | 2 | | | 1 | | 2 | | | 9 |
| 1987 | 5 | 1 | 1 | 1 | | | | | 8 |
| 1982-87 | 27 | 15 | 12 | 14 | 8 | 4 | 3 | 1 | 84 |
| 1969-87 | 84 | 45 | 71 | 60 | 48 | 17 | 14 | 7 | 346 |
| | | | | Struktur in vH | | | | | |
| 1969-81 | 22 | 11 | 23 | 18 | 15 | 5 | 4 | 2 | 100 |
| 1982 | 22 | 11 | 11 | 44 | 11 | | | | 100 |
| 1983 | 42 | 26 | 11 | 21 | 11 | | 22 | 5 | 100 |
| 1984 | 26 | 35 | 15 | 11 | 16 | 5 | 5 | | 100 |
| 1985 | 25 | | 44 | 10 | 10 | 5 | | | 100 |
| 1986 | 22 | | 13 | 11 | | 22 | | | 100 |
| 1987 | 63 | 13 | | 13 | | | | | 100 |
| 1982-87 | 32 | 18 | 14 | 17 | 10 | 5 | 4 | 1 | 100 |
| 1969-87 | 24 | 13 | 21 | 17 | 14 | 5 | 4 | 2 | 100 |

Quelle: Industrie- und Handelskammer zu Berlin.

Tabelle C14: Aufwendungen und Rueckzahlungen im Rahmen des BMWi/IHK-Programms 1969 bis 1987

| Jahr | Aus-zahlungen | Rück-zahlungen | Netto-zahlungen | Etat-ansaetze | Etataus-schoepfung |
|------|------|------|------|------|------|
|      |      | in TDM |    |      | in vH |
| 1969 | 992 |      | 992 | 4000 | 24.8 |
| 1970 | 4076 |     | 4076 | 6300 | 64.7 |
| 1971 | 3763 |     | 3763 | 6700 | 56.2 |
| 1972 | 5310 |     | 5310 | 5300 | 100.2 |
| 1973 | 3132 | 158 | 2974 | 5700 | 54.9 |
| 1974 | 3038 | 50 | 2988 | 6000 | 50.6 |
| 1975 | 3541 | 398 | 3143 | 6200 | 57.1 |
| 1976 | 4635 | 597 | 4038 | 6000 | 77.3 |
| 1977 | 5078 | 861 | 4217 | 6000 | 84.6 |
| 1978 | 5150 | 1303 | 3847 | 6000 | 85.8 |
| 1979 | 6623 | 1132 | 5491 | 7000 | 94.6 |
| 1980 | 6456 | 1550 | 4906 | 7000 | 92.2 |
| 1981 | 5954 | 1899 | 4055 | 7500 | 79.4 |
| 1982 | 6303 | 2047 | 4256 | 8000 | 78.8 |
| 1983 | 7643 | 2192 | 5451 | 8000 | 95.5 |
| 1984 | 8414 | 1742 | 6672 | 8400 | 100.2 |
| 1985 | 8000 | 1918 | 6082 | 8000 | 100.0 |
| 1986 | 8400 | 1755 | 6645 | 8400 | 100.0 |
| 1987 | 5982 | 1908 | 4074 | 7900 | 75.7 |
| Insgesamt | 102490 | 19510 | 82980 | 128400 | 79.8 |

Quelle: Industrie- und Handelskammer zu Berlin.

Tabelle C15: Befragungsergebnisse*): Engpaesse im Rahmen betrieblicher FuE-Aktivitaeten

Zahl der Antworten

| Betriebe mit ... Beschaeftigten | Insgesamt | davon haben Schwierigkeiten bei der betrieblichen Forschungstaetigkeit | | und zwar wegen | | | | | |
|---|---|---|---|---|---|---|---|---|---|
| | | nein | ja | Risiko | Eigenkap.-mangel | Fremdkap.-mangel | Personal-qualifikation | Beratungs-defizite | Kooper.-partner |
| bis 9 | 15 | 5 | 10 | 2 | 7 | 2 | 2 | | 1 |
| 10 bis 19 | 22 | 6 | 16 | 5 | 9 | | 4 | 1 | 2 |
| 20 bis 49 | 20 | 9 | 11 | 6 | 4 | 3 | 4 | | 2 |
| 50 bis 99 | 20 | 8 | 12 | 7 | 7 | 1 | 7 | 2 | 1 |
| 100 bis 199 | 15 | 8 | 7 | 4 | 2 | | 2 | | |
| 200 u.m. | 13 | 4 | 9 | 6 | 1 | | 5 | | 3 |
| ohne Angabe | 5 | 1 | 4 | 2 | 2 | 1 | 2 | | 1 |
| INSGESAMT | 110 | 41 | 69 | 32 | 32 | 7 | 26 | 3 | 10 |

Struktur in vH

| Betriebe mit ... Beschaeftigten | Insgesamt | nein | ja | Risiko | Eigenkap.-mangel | Fremdkap.-mangel | Personal-qualifikation | Beratungs-defizite | Kooper.-partner |
|---|---|---|---|---|---|---|---|---|---|
| bis 9 | 100 | 33 | 67 | 13 | 47 | 13 | 13 | | 7 |
| 10 bis 19 | 100 | 27 | 73 | 23 | 41 | | 18 | 5 | 9 |
| 20 bis 49 | 100 | 45 | 55 | 30 | 20 | 15 | 20 | | 10 |
| 50 bis 99 | 100 | 40 | 60 | 35 | 35 | 5 | 35 | 10 | 5 |
| 100 bis 199 | 100 | 53 | 47 | 27 | 13 | | 13 | | |
| 200 u.m. | 100 | 31 | 69 | 46 | 8 | | 38 | | 23 |
| ohne Angabe | 100 | 20 | 80 | 40 | 40 | 20 | 40 | | 20 |
| INSGESAMT | 100 | 37 | 63 | 29 | 29 | 6 | 24 | 3 | 9 |

*) Befragung beguenstigter Unternehmen im Rahmen des Programms "Foerderung von Forschung und Entwicklung bei kleinen und mittleren Unternehmen in Berlin"

Tabelle C16: Befragungsergebnisse*): Abhaengigkeit betrieblicher FuE-Aktivitaeten von staatlicher Forschungsfoerderung

| Betriebe mit ... Beschaeftigten | Insgesamt | davon sind abhaengig von oeffentl. Foerderung | | und zwar mit ... Bedeutung | | |
|---|---|---|---|---|---|---|
| | | nein | ja | geringer | erheblicher | entscheidender |
| **Zahl der Antworten** | | | | | | |
| bis 9 | 15 | 4 | 11 | 2 | 6 | 3 |
| 10 bis 19 | 22 | 6 | 16 | | 10 | 5 |
| 20 bis 49 | 20 | 7 | 13 | 2 | 10 | 1 |
| 50 bis 99 | 20 | 6 | 14 | 3 | 10 | 1 |
| 100 bis 199 | 15 | 4 | 11 | 2 | 8 | 2 |
| 200 u.m. | 13 | 4 | 9 | 2 | 6 | 1 |
| ohne Angabe | 5 | | 5 | 1 | 3 | |
| INSGESAMT | 110 | 31 | 79 | 12 | 53 | 13 |
| **Struktur in vH** | | | | | | |
| bis 9 | 100 | 27 | 73 | 13 | 40 | 20 |
| 10 bis 19 | 100 | 27 | 73 | | 45 | 23 |
| 20 bis 49 | 100 | 35 | 65 | 10 | 50 | 5 |
| 50 bis 99 | 100 | 30 | 70 | 15 | 50 | 5 |
| 100 bis 199 | 100 | 27 | 73 | 13 | 53 | . 13 |
| 200 u.m. | 100 | 31 | 69 | 15 | 46 | 8 |
| ohne Angabe | 100 | | 100 | 20 | 60 | |
| INSGESAMT | 100 | 28 | 72 | 11 | 48 | 12 |

*) Befragung beguenstigter Unternehmen im Rahmen des Programms "Foerderung von Forschung und Entwicklung bei kleinen und mittleren Unternehmen in Berlin"

Tabelle C17: Befragungsergebnisse*): Kontinuitaet betrieblicher FuE-Aktivitaeten

| Betriebe mit ... Beschaeftigten | Insgesamt | davon fuehren FuE-Aktivitaeten regelmaessig durch | | | | | |
| | | nein | ja | und zwar mit ... Personal vorhand. | neuem | und zwar mit ...Einrichtungen wissensch. | privaten |
|---|---|---|---|---|---|---|---|
| | | | Zahl der Antworten | | | | |
| bis 9 | 15 | 6 | 9 | 8 | 1 | | 1 |
| 10 bis 19 | 22 | 9 | 13 | 10 | 4 | | 4 |
| 20 bis 49 | 20 | 5 | 15 | 12 | 4 | 3 | 2 |
| 50 bis 99 | 20 | 5 | 15 | 13 | 3 | 1 | 3 |
| 100 bis 199 | 15 | 5 | 10 | 7 | 3 | 4 | 1 |
| 200 u.m. | 13 | 1 | 12 | 12 | 1 | 4 | 1 |
| ohne Angabe | 5 | 3 | 2 | 2 | | | |
| INSGESAMT | 110 | 34 | 76 | 64 | 16 | 12 | 12 |
| | | | Struktur in vH | | | | |
| bis 9 | 100 | 40 | 60 | 53 | 7 | | 7 |
| 10 bis 19 | 100 | 41 | 59 | 45 | 18 | | 18 |
| 20 bis 49 | 100 | 25 | 75 | 60 | 20 | 15 | 10 |
| 50 bis 99 | 100 | 25 | 75 | 65 | 15 | 5 | 15 |
| 100 bis 199 | 100 | 33 | 67 | 47 | 20 | 27 | 7 |
| 200 u.m. | 100 | 8 | 92 | 92 | 8 | 31 | 8 |
| ohne Angabe | 100 | 60 | 40 | 40 | | | |
| INSGESAMT | 100 | 31 | 69 | 58 | 15 | 11 | 11 |

*) Befragung beguenstigter Unternehmen im Rahmen des Programms "Foerderung von Forschung und Entwicklung bei kleinen und mittleren Unternehmen in Berlin"

Tabelle C18: Befragungsergebnisse*): Einfluss der Foerderung
auf die erstmalige Aufnahme von FuE-Aktivitaeten

| Betriebe mit ... Beschaeftigten | Insgesamt | davon gab die Foerderung Inzentive | |
|---|---|---|---|
| | | nein | ja |
| | | Zahl der Antworten | |
| bis 9 | 15 | 6 | 9 |
| 10 bis 19 | 22 | 12 | 10 |
| 20 bis 49 | 20 | 9 | 11 |
| 50 bis 99 | 20 | 9 | 11 |
| 100 bis 199 | 15 | 8 | 7 |
| 200 u.m. | 13 | 7 | 6 |
| ohne Angabe | 5 | 1 | 4 |
| INSGESAMT | 110 | 52 | 58 |
| | | Struktur in vH | |
| bis 9 | 100 | 40 | 60 |
| 10 bis 19 | 100 | 55 | 45 |
| 20 bis 49 | 100 | 45 | 55 |
| 50 bis 99 | 100 | 45 | 55 |
| 100 bis 199 | 100 | 53 | 47 |
| 200 u.m. | 100 | 54 | 46 |
| ohne Angabe | 100 | 20 | 80 |
| INSGESAMT | 100 | 47 | 53 |

*) Befragung beguenstigter Unternehmen im Rahmen des Pro-
gramms "Foerfderung von Forschung und Entwicklung bei
kleinen und mittleren Unternehmen in Berlin

Tabelle C19: Befragungsergebnisse*): Einfluss des Foerderprogramms auf die Durchfuehrung
         von Projekten

| Betriebe mit ... Beschaeftigten | Insgesamt | nein | davon wurde die Realisierung wesentlich erleichtert | | |
|---|---|---|---|---|---|
| | | | | und zusätzlich (alternativ) | |
| | | | ja | Risiko deutlich vermindert | Projekt erst ermoeglicht |
| | | | **Zahl der Antworten** | | |
| bis 9 | 15 | | 15 | 1 | 4 |
| 10 bis 19 | 22 | 6 | 16 | 5 | 3 |
| 20 bis 49 | 20 | 1 | 19 | 11 | 1 |
| 50 bis 99 | 20 | 4 | 16 | 3 | 6 |
| 100 bis 199 | 15 | 1 | 14 | 6 | 4 |
| 200 u.m. | 13 | 2 | 11 | 2 | 4 |
| ohne Angabe | 5 | | 5 | | 2 |
| INSGESAMT | 110 | 14 | 96 | 28 | 24 |
| | | | **Struktur in vH** | | |
| bis 9 | 100 | | 100 | 7 | 27 |
| 10 bis 19 | 100 | 27 | 73 | 23 | 14 |
| 20 bis 49 | 100 | 5 | 95 | 55 | 5 |
| 50 bis 99 | 100 | 20 | 80 | 15 | 30 |
| 100 bis 199 | 100 | 7 | 93 | 40 | 27 |
| 200 u.m. | 100 | 15 | 85 | 15 | 31 |
| ohne Angabe | 100 | | 100 | | 40 |
| INSGESAMT | 100 | 13 | 87 | 25 | 22 |

*) Befragung beguenstigter Unternehmen im Rahmen des Programms "Foerderung von
Forschung und Entwicklung bei kleinen und mittleren Unternehmen in Berlin"

Tabelle C20: Befragungsergebnisse*): Einfluss gefoerderter Projekte auf FuE-Personal und Kooperationen

| Betriebe mit ... Beschaeftigten | Insgesamt | davon haben die gefoerderten Projekte durchgefuehrt | | | | |
|---|---|---|---|---|---|---|
| | | mit vorhandenen Arbeitskraeften | mit zusaetzl. Arbeitskraeften | durch Ausweitung der FuE-Arbeiten | durch Koopera-tionen | durch regelm. FuE-Akti-vitaeten |
| | | | Zahl der Antworten | | | |
| bis 9 | 15 | 11 | | 2 | 3 | 1 |
| 10 bis 19 | 22 | 13 | 3 | 6 | 6 | 2 |
| 20 bis 49 | 20 | 12 | 7 | 8 | 8 | 3 |
| 50 bis 99 | 20 | 14 | 8 | 5 | 3 | 6 |
| 100 bis 199 | 15 | 9 | 5 | 6 | 4 | 2 |
| 200 u.m. | 13 | 10 | 1 | 5 | 6 | 1 |
| ohne Angabe | 5 | 3 | 1 | 1 | | 1 |
| INSGESAMT | 110 | 72 | 25 | 33 | 30 | 16 |
| | | | Struktur in vH | | | |
| bis 9 | 100 | 73 | | 13 | 20 | 7 |
| 10 bis 19 | 100 | 59 | 14 | 27 | 27 | 9 |
| 20 bis 49 | 100 | 60 | 35 | 40 | 40 | 15 |
| 50 bis 99 | 100 | 70 | 40 | 25 | 15 | 30 |
| 100 bis 199 | 100 | 60 | 33 | 40 | 27 | 13 |
| 200 u.m. | 100 | 77 | 8 | 38 | 46 | 8 |
| ohne Angabe | 100 | 60 | 20 | 20 | | 20 |
| INSGESAMT | 100 | 65 | 23 | 30 | 27 | 15 |

*) Befragung beguenstigter Unternehmen im Rahmen des Programms "Foerderung von
Forschung und Entwicklung bei kleinen und mittleren Unternehmen in Berlin"

Tabelle C21: Befragungsergebnisse*): Forschungsergebnisse gefoerderter Projekte

| Betriebe mit ... Beschaeftigten | Insgesamt | Die Forschungsarbeiten der gefoerderten Projekte | | | | | | |
|---|---|---|---|---|---|---|---|---|
| | | wurden abge- schlossen | muendeten in markt- reife Produkte | fuehrten zu ver- markteten Produkten | mit positv. Betriebs- ergebnis | Verjuengung der Produkt- palette | ueberre- gionale Lieferausw. | einer Markt- staerkung |
| **Zahl der Antworten** | | | | | | | | |
| bis 9 | 15 | 15 | 9 | 3 | 1 | | | 2 |
| 10 bis 19 | 22 | 18 | 15 | 12 | 6 | 5 | 5 | 8 |
| 20 bis 49 | 20 | 17 | 12 | 10 | 5 | 6 | 4 | 9 |
| 50 bis 99 | 20 | 15 | 12 | 11 | 1 | 4 | 4 | 10 |
| 100 bis 199 | 15 | 8 | 6 | 6 | 1 | 3 | 1 | 4 |
| 200 u.m. | 13 | 12 | 11 | 10 | 4 | 3 | 4 | 8 |
| ohne Angabe | 5 | 5 | 4 | 4 | 2 | 1 | 3 | 3 |
| INSGESAMT | 110 | 90 | 69 | 56 | 20 | 22 | 21 | 44 |
| **Struktur in vH** | | | | | | | | |
| bis 9 | | 100 | 60 | 20 | 7 | | | 13 |
| 10 bis 19 | | 100 | 83 | 67 | 33 | 28 | 28 | 44 |
| 20 bis 49 | | 100 | 71 | 59 | 29 | 35 | 24 | 53 |
| 50 bis 99 | | 100 | 80 | 73 | 7 | 27 | 27 | 67 |
| 100 bis 199 | | 100 | 75 | 75 | 13 | 38 | 13 | 50 |
| 200 u.m. | | 100 | 92 | 83 | 33 | 25 | 33 | 67 |
| ohne Angabe | | 100 | 80 | 80 | 40 | 20 | 60 | 60 |
| INSGESAMT | | 100 | 77 | 62 | 22 | 24 | 23 | 49 |

*) Befragung beguenstigter Unternehmen im Rahmen des Programms "Foerderung von
Forschung und Entwicklung bei kleinen und mittleren Unternehmen in Berlin"

Tabelle C22: Befragungsergebnisse*): Umsatzanteil gefoerderter
Produkte und Verfahren

| Betriebe mit ... Beschaeftigten | Zahl der Betriebe | Antworten | durchschnittl. Umsatzanteil in vH |
|---|---|---|---|
| bis 9 | 15 | 5 | 25 |
| 10 bis 19 | 22 | 6 | 20 |
| 20 bis 49 | 20 | 8 | 25 |
| 50 bis 99 | 20 | 10 | 15 |
| 100 bis 199 | 15 | 5 | 15 |
| 200 u.m. | 13 | 7 | 20 |
| ohne Angabe | 5 | 1 | 15 |
| INSGESAMT | 110 | 42 | 20 |

*) Befragung beguenstigter Unternehmen im Rahmen des Programms "Foerderung von Forschung und Entwicklung bei kleinen und mittleren Unternehmen in Berlin"

Tabelle C23: Befragungsergebnisse*): Arbeitsplatzwirkungen gefoerderter Projekte in der Produktion

**Zahl der Antworten**

| Betriebe mit ... Beschaeftigten | Insgesamt | davon wurden fuer die geforderten Produkte | | | | | | | | |
|---|---|---|---|---|---|---|---|---|---|---|
| | | ...Stellen gesichert | | mit...Anforderungen | | ...neue Stellen induziert | | mit...fuer Facharbeiter | | ...neue Stellen geplant |
| | | in ... Betrieben | gesichert | gleichen | hoeheren | in ... Betrieben | induziert | fuer Facharbeiter | in ... Betrieben | geplant |
| bis 9 | 15 | 5 | 8 | | 8 | 3 | 5 | 3 | 3 | 7 |
| 10 bis 19 | 22 | 9 | 34 | 19 | 15 | 7 | 27 | 18 | 4 | 21 |
| 20 bis 49 | 20 | 7 | 57 | 10 | 47 | 7 | 44 | 18 | 6 | 79 |
| 50 bis 99 | 20 | 10 | 91 | 34 | 57 | 6 | 34 | 22 | 1 | 6 |
| 100 bis 199 | 15 | 7 | 141 | 61 | 80 | 6 | 46 | 8 | 3 | 19 |
| 200 u.m. | 13 | 10 | 416 | 270 | 146 | 5 | 43 | 21 | 2 | 70 |
| ohne Angabe | 5 | 1 | 70 | 70 | | 2 | 13 | 10 | 2 | 13 |
| INSGESAMT | 110 | 49 | 817 | 464 | 353 | 36 | 212 | 100 | 21 | 215 |

**Beschaeftigte je Betrieb - Durchschnitt**

| Betriebe mit ... Beschaeftigten | ...Stellen gesichert | mit...Anforderungen gleichen | hoeheren | ...neue Stellen induziert | mit...fuer Facharbeiter | ...neue Stellen geplant |
|---|---|---|---|---|---|---|
| bis 9 | 2 | 2 | 2 | 2 | 1 | 2 |
| 10 bis 19 | 4 | 2 | 7 | 4 | 3 | 5 |
| 20 bis 49 | 8 | 1 | 7 | 6 | 3 | 13 |
| 50 bis 99 | 9 | 3 | 6 | 6 | 4 | 6 |
| 100 bis 199 | 20 | 9 | 11 | 8 | 1 | 6 |
| 200 u.m. | 42 | 27 | 15 | 9 | 4 | 35 |
| ohne Angabe | 70 | 70 | 7 | 7 | 5 | 7 |
| INSGESAMT | 17 | 9 | 7 | 6 | 3 | 10 |

*) Befragung beguenstigter Unternehmen im Rahmen des Programms "Foerderung von Forschung und Entwicklung bei kleinen und mittleren Unternehmen in Berlin"

Tabelle C24: Befragungsergebnisse*): Die Foerderung und ihre Ausgestaltung

| Betriebe mit ... Beschaeftigten | Insgesamt | kaum Maengel | Maengel | Maengel und zwar zu geringe Foerder- saetze | zu enge Auslegung der Kosten | buerokratischer Aufwand bei Antrag- stellung | buerokratischer Aufwand bei Abwick- lung |
|---|---|---|---|---|---|---|---|
| | | | | Zahl der Antworten | | | |
| bis 9 | 15 | 9 | 5 | 1 | 1 | 2 | 4 |
| 10 bis 19 | 22 | 8 | 9 | 3 | 2 | 7 | 6 |
| 20 bis 49 | 20 | 12 | 4 | 1 | 4 | 2 | 4 |
| 50 bis 99 | 20 | 7 | 8 | 2 | 4 | 7 | 5 |
| 100 bis 199 | 15 | 8 | 7 | 2 | 4 | 4 | 2 |
| 200 u.m. | 13 | 6 | 4 | | 2 | 2 | 3 |
| ohne Angabe | 5 | 3 | 2 | | 1 | | 1 |
| INSGESAMT | 110 | 53 | 39 | 9 | 18 | 24 | 25 |
| | | | | Struktur in vH | | | |
| bis 9 | 100 | 60 | 33 | 7 | 7 | 13 | 27 |
| 10 bis 19 | 100 | 36 | 41 | 14 | 9 | 32 | 27 |
| 20 bis 49 | 100 | 60 | 20 | 5 | 20 | 10 | 20 |
| 50 bis 99 | 100 | 35 | 40 | 10 | 20 | 35 | 25 |
| 100 bis 199 | 100 | 53 | 47 | 13 | 27 | 27 | 13 |
| 200 u.m. | 100 | 46 | 31 | | 15 | 15 | 23 |
| ohne Angabe | 100 | 60 | 40 | | 20 | | 20 |
| INSGESAMT | 100 | 48 | 35 | 8 | 16 | 22 | 23 |

*) Befragung beguenstigter Unternehmen im Rahmen des Programms "Foerderung von Forschung und Entwicklung bei kleinen und mittleren Unternehmen in Berlin"

Tabelle C25: Befragungsergebnisse*): Vorschläge für eine effizientere
Ausgestaltung der Förderung

| Betriebe mit ... Beschaeftigten | Insgesamt | davon sind für eine verstärkte Förderung | | | |
|---|---|---|---|---|---|
| | | insges. | bei besonders risikoreichen Vorhaben | bei Einstieg in neue Markt- segmente | durch Einbe- ziehung von Kosten für Vermarktung |
| | | Zahl der Antworten | | | |
| bis 9 | 15 | 12 | 2 | 5 | 8 |
| 10 bis 19 | 22 | 16 | 4 | 4 | 11 |
| 20 bis 49 | 20 | 15 | 5 | 6 | 9 |
| 50 bis 99 | 20 | 12 | 4 | 5 | 6 |
| 100 bis 199 | 15 | 9 | 6 | 4 | 3 |
| 200 u.m. | 13 | 5 | 3 | 3 | 5 |
| ohne Angabe | 5 | 5 | 1 | 2 | 1 |
| INSGESAMT | 110 | 74 | 25 | 29 | 43 |
| | | Struktur in vH | | | |
| bis 9 | 100 | 80 | 13 | 33 | 53 |
| 10 bis 19 | 100 | 73 | 18 | 18 | 50 |
| 20 bis 49 | 100 | 75 | 25 | 30 | 45 |
| 50 bis 99 | 100 | 60 | 20 | 25 | 30 |
| 100 bis 199 | 100 | 60 | 40 | 27 | 20 |
| 200 u.m. | 100 | 38 | 23 | 23 | 38 |
| ohne Angabe | 100 | 100 | 20 | 40 | 20 |
| INSGESAMT | 100 | 67 | 23 | 26 | 39 |

*) Befragung begünstigter Unternehmen im Rahmen des Programms "Förderung von
Forschung und Entwicklung bei kleinen und mittleren Unternehmen in Berlin".

Tabelle C26: Befragungsergebnisse*): Bewertung der regionalen
Naehe zur betreuenden Einrichtung

| Betriebe mit ... Beschaeftigten | Insgesamt | Die regionale Naehe bietet ... Vorteile | |
| --- | --- | --- | --- |
| | | wesentliche | kaum |
| | | | |
| | | Zahl der Antworten | |
| | | | |
| bis 9 | 15 | 14 | 1 |
| 10 bis 19 | 22 | 16 | 3 |
| 20 bis 49 | 20 | 14 | 5 |
| 50 bis 99 | 20 | 12 | 1 |
| 100 bis 199 | 15 | 13 | 2 |
| 200 u.m. | 13 | 10 | 3 |
| ohne Angabe | 5 | 2 | 3 |
| | | | |
| INSGESAMT | 110 | 81 | 18 |
| | | | |
| | | Struktur in vH | |
| | | | |
| bis 9 | 100 | 93 | 7 |
| 10 bis 19 | 100 | 73 | 14 |
| 20 bis 49 | 100 | 70 | 25 |
| 50 bis 99 | 100 | 60 | 5 |
| 100 bis 199 | 100 | 87 | 13 |
| 200 u.m. | 100 | 77 | 23 |
| ohne Angabe | 100 | 40 | 60 |
| | | | |
| INSGESAMT | 100 | 74 | 16 |

*) Befragung beguenstigter Unternehmen im Rahmen des Pro-
gramms "Foerderung von Forschung und Entwicklung bei
kleinen und mittleren Unternehmen in Berlin"

Tabelle C27: Befragungsergebnisse*): Einschaetzung der Betreuung durch
die durchfuehrende Stelle

| Betriebe mit ... Beschaeftigten | Insgesamt | Die Betreuung war | | |
|---|---|---|---|---|
| | | sehr intensiv | normal | zu ver- bessern |
| | | Zahl der Antworten | | |
| bis 9 | 15 | 10 | 5 | |
| 10 bis 19 | 22 | 11 | 9 | |
| 20 bis 49 | 20 | 11 | 7 | |
| 50 bis 99 | 20 | 10 | 7 | 1 |
| 100 bis 199 | 15 | 7 | 8 | |
| 200 u.m. | 13 | 10 | 2 | |
| ohne Angabe | 5 | 3 | 2 | |
| INSGESAMT | 110 | 62 | 40 | 1 |
| | | Struktur in vH | | |
| bis 9 | 100 | 67 | 33 | |
| 10 bis 19 | 100 | 50 | 41 | |
| 20 bis 49 | 100 | 55 | 35 | |
| 50 bis 99 | 100 | 50 | 35 | 5 |
| 100 bis 199 | 100 | 47 | 53 | |
| 200 u.m. | 100 | 77 | 15 | |
| ohne Angabe | 100 | 60 | 40 | |
| INSGESAMT | 100 | 56 | 36 | 1 |

*) Befragung beguenstigter Unternehmen im Rahmen des Programms "Foerderung
von Forschung und Entwicklung bei kleinen und mittleren Unternehmen in
Berlin"

Tabelle D1: Forschungs- und Entwicklungsaktivitäten im verarbeitenden Gewerbe:
Vergleich Berlin und Bundesgebiet*) im Jahre 1987
- Beschäftigte in forschenden Betrieben in vH der Beschäftigten
aller Betriebe**) -

| SYPRO-Nr. Wirtschaftszweig Wirtschaftsgruppe | Berlin | Bund*) |
|---|---|---|
| Verarbeitendes Gewerbe insg. darunter: | 59.2 | 61.6 |
| 25 Steine, Erden | 61.6 | 79.2 |
| 28 NE-Metalle | 17.0 | 70.4 |
| 40,24 Chemie, Spaltstoffe | 75.3 | 93.4 |
| 59 Gummiverarbeitung | 25.0 | 57.1 |
| 32 Maschinenbau | 87.4 | 76.7 |
| 33 Fahrzeugbau | 50.7 | 78.6 |
| 36 Elektrotechnik | 88.5 | 88.0 |
| 37 Feinm./Optik | 64.2 | 53.4 |
| 38 EBM-Waren | 30.1 | 41.1 |
| 54,56,57 Holz, Papier, Druck | 20.9 | 19.6 |
| 58 Kunststoffverarb. | 10.4 | 36.8 |
| 63 Textil | 30.5 | 22.5 |
| 68,69 Ernaehrung, Tabak | 17.2 | 30.3 |

*) einschl. Berlin.
**) Grundgesamtheit aller monatlich zur amtlichen Statistik melden-
den Betriebe, (mit in der Regel 20 und mehr Beschäftigten).
Quellen: Statistisches Bundesamt Wiessbaden; Statistisches Landesamt Berlin; Stifterverband, Essen; DIW, Berlin.

Tabelle D2: Aufwendungen für Forschung und Entwicklung im verarbeitenden Gewerbe in den Jahren 1979 bis 1987: Vergleich Berlin und Bundesgebiet*)

| SYPRO-Nr. Wirtschaftszweig Wirtschaftsgruppe | Berlin in Mill.DM | | | | Berlin in vH des Bundes*) | | | | Struktur der Aufwendungen 1987 in vH | |
|---|---|---|---|---|---|---|---|---|---|---|
| | 1979 | 1981 | 1985 | 1987 | 1979 | 1981 | 1985 | 1987 | Bund*) | Berlin |
| Verarbeitendes Gewerbe insg. darunter: | 760.4 | 909.1 | 1018.5 | 1148.6 | 3.46 | 3.52 | 2.83 | 2.75 | 100.0 | 100.0 |
| 25 Steine, Erden | 4.8 | 7.3 | 7.0 | 6.0 | 2.27 | 2.72 | 1.74 | 1.43 | 1.0 | 0.5 |
| 28 NE-Metalle | 0.0 | 1.2 | 0.6 | 0.7 | 0.00 | 0.90 | 0.31 | 0.43 | 0.4 | 0.1 |
| 40,24 Chemie, Spaltstoffe | 260.1 | 270.6 | 373.1 | 439.9 | 4.98 | 4.36 | 4.69 | 4.77 | 22.1 | 38.3 |
| 59 Gummiverarbeitung | 0.0 | 0.2 | 0.4 | 0.5 | 0.03 | 0.10 | 0.21 | 0.18 | 0.6 | 0.0 |
| 32 Maschinenbau | 39.1 | 54.5 | 66.4 | 73.1 | 1.30 | 1.68 | 1.61 | 1.60 | 10.9 | 6.4 |
| 33 Fahrzeugbau | 4.9 | 7.1 | 11.7 | 13.2 | 0.16 | 0.18 | 0.20 | 0.19 | 16.7 | 1.1 |
| 36 Elektrotechnik | 417.6 | 517.6 | 514.7 | 556.0 | 6.95 | 7.64 | 5.16 | 4.44 | 30.0 | 48.4 |
| 37 Feinm./Optik | 9.6 | 11.9 | 7.9 | 11.9 | 2.25 | 2.38 | 1.43 | 1.93 | 1.5 | 1.0 |
| 38 EBM-Waren | 1.9 | 2.6 | 4.5 | 6.2 | 0.62 | 0.72 | 0.87 | 1.05 | 1.4 | 0.5 |
| 54,56,57 Holz, Papier, Druck | 0.6 | 0.7 | 9.8 | 17.0 | 0.34 | 0.39 | 3.29 | 6.15 | 0.7 | 1.5 |
| 58 Kunststoffverarb. | 2.4 | 1.7 | 0.6 | 1.0 | 1.24 | 0.71 | 0.17 | 0.24 | 0.9 | 0.1 |
| 63 Textil | 0.8 | 1.1 | 1.0 | 1.3 | 1.02 | 1.47 | 1.10 | 1.54 | 0.2 | 0.1 |
| 68,69 Ernaehrung, Tabak | 2.1 | 4.9 | 1.8 | 2.9 | 1.13 | 1.76 | 0.48 | 0.81 | 0.9 | 0.3 |

*)einschl. Berlin.
Quellen: DIW, Berlin. Erste, noch unveröffentlichte Ergebnisse des Stifterverbandes; Veröffentlichung im Frühjahr 1990 in "Forschung und Entwicklung in der Wirtschaft 1987 - mit ersten Daten für 1989"

Tabelle D3: Aufwendungen für Forschung und Entwicklung im verarbeitenden Gewerbe in den Jahren 1979 bis 1987:
Entwicklung in Berlin und im Bundesgebiet*) - Index 1987=100 -

| SYPRO-Nr. Wirtschaftszweig Wirtschaftsgruppe | Berlin | | | | Bund*) | | | |
|---|---|---|---|---|---|---|---|---|
| | 1979 | 1981 | 1985 | 1987 | 1979 | 1981 | 1985 | 1987 |
| Verarbeitendes Gewerbe insg. darunter: | 66 | 79 | 89 | 100 | 53 | 62 | 86 | 100 |
| 25 Steine, Erden | 81 | 122 | 116 | 100 | 51 | 64 | 96 | 100 |
| 28 NE-Metalle | 0 | 174 | 84 | 100 | 69 | 84 | 115 | 100 |
| 40,24 Chemie, Spaltstoffe | 59 | 62 | 85 | 100 | 57 | 67 | 86 | 100 |
| 59 Gummiverarbeitung | 8 | 37 | 93 | 100 | 44 | 66 | 81 | 100 |
| 32 Maschinenbau | 53 | 75 | 91 | 100 | 66 | 71 | 91 | 100 |
| 33 Fahrzeugbau | 38 | 54 | 89 | 100 | 45 | 56 | 85 | 100 |
| 36 Elektrotechnik | 75 | 93 | 93 | 100 | 48 | 54 | 80 | 100 |
| 37 Feinm./Optik | 81 | 100 | 66 | 100 | 69 | 81 | 89 | 100 |
| 38 EBM-Waren | 30 | 42 | 72 | 100 | 50 | 61 | 86 | 100 |
| 54,56,57 Holz, Papier, Druck | 3 | 4 | 57 | 100 | 62 | 66 | 107 | 100 |
| 58 Kunststoffverarb. | 254 | 177 | 65 | 100 | 50 | 60 | 95 | 100 |
| 63 Textil | 63 | 83 | 76 | 100 | 95 | 88 | 106 | 100 |
| 68,69 Ernaehrung, Tabak | 72 | 169 | 60 | 100 | 52 | 77 | 101 | 100 |

*)einschl. Berlin.
Quellen: DIW, Berlin. Erste, noch unveröffentlichte Ergebnisse des Stifterverbandes; Veröffentlichung im Frühjahr
1990 in "Forschung und Entwicklung in der Wirtschaft 1987 - mit ersten Daten für 1989"

Tabelle D4: FuE-Intensität im verarbeitenden Gewerbe in den Jahren 1979 bis 1987: Vergleich Berlin und Bundesgebiet#)
- FuE-Aufwendungen je Beschäftigten in DM -

| SYPRO-Nr. | Wirtschaftszweig Wirtschaftsgruppe | Berlin | | | | Relation Berlin zu Bund#) | | | |
|---|---|---|---|---|---|---|---|---|---|
| | | 1979 | 1981 | 1985 | 1987 | 1979 | 1981 | 1985 | 1987 |
| | Verarbeitendes Gewerbe insg. darunter: | 4146 | 5171 | 6296 | 7087 | 1.4 | 1.5 | 1.2 | 1.2 |
| 25 | Steine, Erden | 1689 | 3053 | 3870 | 3134 | 1.5 | 2.1 | 1.5 | 1.1 |
| 28 | NE-Metalle | | 851 | 513 | 616 | 0.0 | 0.5 | 0.2 | 0.3 |
| 40,24 | Chemie, Spaltstoffe | 23062 | 24709 | 30600 | 34652 | 2.5 | 2.3 | 2.1 | 2.2 |
| 59 | Gummiverarbeitung | 66 | 304 | 726 | 866 | 0.1 | 0.2 | 0.3 | 0.3 |
| 32 | Maschinenbau | 1970 | 2894 | 4260 | 4841 | 0.7 | 0.9 | 1.0 | 1.1 |
| 33 | Fahrzeugbau | 454 | 640 | 1149 | 1234 | 0.1 | 0.1 | 0.2 | 0.2 |
| 36 | Elektrotechnik | 6411 | 8304 | 8797 | 9557 | 1.0 | 1.2 | 0.8 | 0.7 |
| 37 | Feinm./Optik | 2084 | 3340 | 2338 | 3542 | 0.8 | 1.1 | 0.6 | 0.8 |
| 38 | EBM-Waren | 385 | 578 | 1065 | 1498 | 0.4 | 0.5 | 0.6 | 0.7 |
| 54,56,57 | Holz, Papier, Druck | 48 | 59 | 1002 | 1649 | 0.2 | 0.2 | 1.8 | 3.2 |
| 58 | Kunststoffverarb. | 808 | 650 | 197 | 269 | 0.8 | 0.6 | 0.1 | 0.2 |
| 63 | Textil | 199 | 320 | 272 | 361 | 0.8 | 1.3 | 0.7 | 1.0 |
| 68,69 | Ernaehrung, Tabak | 92 | 211 | 85 | 145 | 0.2 | 0.4 | 0.1 | 0.2 |

#)einschl. Berlin.
Quellen: DIW, Berlin. Erste, noch unveröffentlichte Ergebnisse des Stifterverbandes; Veröffentlichung im Frühjahr 1990 in "Forschung und Entwicklung in der Wirtschaft 1987 - mit ersten Daten für 1989"

Tabelle D5: Entwicklung der FuE-Intensität im verarbeitenden Gewerbe in den Jahren 1979 bis 1987: Vergleich Berlin und
Bundesgebiet*) -
- FuE-Aufwendungen je Beschäftigten, Index 1987=100 -

| SYPRO-Nr. Wirtschaftszweig Wirtschaftsgruppe | Berlin | | | | Bund*) | | | |
|---|---|---|---|---|---|---|---|---|
| | 1979 | 1981 | 1985 | 1987 | 1979 | 1981 | 1985 | 1987 |
| Verarbeitendes Gewerbe insg. darunter: | 59 | 73 | 89 | 100 | 49 | 59 | 88 | 100 |
| 25 Steine, Erden | 54 | 47 | 123 | 100 | 39 | 52 | 91 | 100 |
| 28 NE-Metalle | | 138 | 83 | 100 | 62 | 77 | 108 | 100 |
| 40,24 Chemie, Spaltstoffe | 67 | 71 | 88 | 100 | 58 | 68 | 89 | 100 |
| 59 Gummiverarbeitung | 8 | 35 | 84 | 100 | 42 | 64 | 83 | 100 |
| 32 Maschinenbau | 41 | 60 | 88 | 100 | 64 | 69 | 94 | 100 |
| 33 Fahrzeugbau | 37 | 52 | 93 | 100 | 48 | 61 | 89 | 100 |
| 36 Elektrotechnik | 67 | 87 | 92 | 100 | 48 | 55 | 84 | 100 |
| 37 Feinm./Optik | 59 | 94 | 66 | 100 | 62 | 74 | 90 | 100 |
| 38 EBM-Waren | 26 | 39 | 71 | 100 | 47 | 59 | 92 | 100 |
| 54,56,57 Holz, Papier, Druck | 3 | 4 | 61 | 100 | 52 | 57 | 106 | 100 |
| 58 Kunststoffverarb. | 300 | 241 | 73 | 100 | 55 | 68 | 103 | 100 |
| 63 Textil | 55 | 89 | 75 | 100 | 68 | 69 | 102 | 100 |
| 68,69 Ernaehrung, Tabak | 64 | 145 | 58 | 100 | 47 | 70 | 100 | 100 |

*)einschl. Berlin.
Quellen: DIW, Berlin. Erste, noch unveröffentlichte Ergebnisse des Stifterverbandes; Veröffentlichung im Frühjahr
1990 in "Forschung und Entwicklung in der Wirtschaft 1987 - mit ersten Daten für 1989"

Tabelle D6: FuE-Personalquote im verarbeitenden Gewerbe in den Jahren 1979 bis 1987; Vergleich Berlin und Bundesgebiet*)
- Beschäftigte in FuE in vH aller Beschäftigten -

| SYPRO-Nr. Wirtschaftszweig Wirtschaftsgruppe | Berlin | | | | Differenz Berlin minus Bund*) in Prozentpunkten | | | |
|---|---|---|---|---|---|---|---|---|
| | 1979 | 1981 | 1985 | 1987 | 1979 | 1981 | 1985 | 1987 |
| Verarbeitendes Gewerbe insg. darunter: | 3.7 | 4.1 | 4.3 | 4.5 | 0.6 | 0.9 | 0.4 | 0.4 |
| 25 Steine, Erden | 4.2 | 5.3 | 3.9 | 3.0 | 3.0 | 3.8 | 1.8 | 0.7 |
| 28 NE-Metalle | 0.2 | 1.1 | 0.4 | 0.6 | -1.5 | -0.4 | -1.4 | -1.0 |
| 40,24 Chemie, Spaltstoffe | 15.1 | 16.3 | 17.8 | 18.3 | 5.6 | 7.0 | 8.1 | 9.0 |
| 59 Gummiverarbeitung | 1.1 | 1.3 | 0.7 | 0.8 | -0.4 | -0.4 | -1.4 | -1.5 |
| 32 Maschinenbau | 2.3 | 2.7 | 3.4 | 3.6 | -1.0 | -0.6 | -0.7 | -0.5 |
| 33 Fahrzeugbau | 0.5 | 0.6 | 1.1 | 1.1 | -3.2 | -3.3 | -3.5 | -3.5 |
| 36 Elektrotechnik | 5.9 | 6.2 | 6.4 | 6.8 | -1.0 | -0.7 | -1.7 | -2.3 |
| 37 Feinm./Optik | 4.2 | 5.8 | 3.0 | 3.4 | 1.0 | 2.4 | -0.3 | -0.1 |
| 38 EBM-Waren | 0.7 | 0.7 | 0.5 | 0.8 | -0.3 | -0.5 | -1.3 | -0.8 |
| 54,56,57 Holz, Papier, Druck | 0.5 | 1.0 | 0.6 | 0.7 | 0.3 | 0.7 | 0.0 | 0.1 |
| 58 Kunststoffverarb. | 1.5 | 1.0 | 0.1 | 0.1 | 0.5 | -0.2 | -1.7 | -1.5 |
| 63 Textil | 0.4 | 0.7 | 0.2 | 0.2 | 0.2 | 0.4 | -0.2 | -0.2 |
| 68,69 Ernaehrung, Tabak | 0.3 | 0.4 | 0.1 | 0.1 | -0.1 | -0.1 | -0.6 | -0.6 |

*)einschl. Berlin.
Quellen: DIW, Berlin. Erste, noch unveröffentlichte Ergebnisse des Stifterverbandes; Veröffentlichung im Frühjahr 1990 in "Forschung und Entwicklung in der Wirtschaft 1987 - mit ersten Daten für 1989"

Tabelle D7: FuE-Intensität in f o r s c h e n d e n  Unternehmen/Betrieben*) des verarbeitenden Gewerbes in den Jahren
1985 und 1987 : Vergleich Berlin und Bundesgebiet**)
- FuE-Aufwendungen je Beschäftigten in forschenden Betrieben -

| SYPRO-Nr. | Wirtschaftszweig ——————— Wirtschaftsgruppe | Berlin (TDM) | | Relation Berlin zu Bund**) | | Veränderung in vH 1985/87 | |
|---|---|---|---|---|---|---|---|
| | | 1985 | 1987 | 1985 | 1987 | Berlin | Bund**) |
| | Verarbeitendes Gewerbe insg. darunter: | 10.6 | 12.0 | 1.25 | 1.21 | 12.7 | 16.5 |
| 25 | Steine, Erden | 6.8 | 5.1 | 2.01 | 1.41 | -25.5 | 5.9 |
| 28 | NE-Metalle | 2.5 | 3.6 | 0.69 | 1.10 | 47.0 | -8.3 |
| 40,24 | Chemie, Spaltstoffe | 40.1 | 46.0 | 2.82 | 2.68 | 14.9 | 21.1 |
| 59 | Gummiverarbeitung | 2.9 | 3.5 | 0.75 | 0.75 | 18.2 | 17.9 |
| 32 | Maschinenbau | 4.9 | 5.5 | 0.85 | 0.92 | 14.1 | 5.3 |
| 33 | Fahrzeugbau | 2.3 | 2.4 | 0.27 | 0.23 | 4.4 | 18.2 |
| 36 | Elektrotechnik | 9.9 | 10.8 | 0.83 | 0.74 | 9.0 | 23.5 |
| 37 | Feinm./Optik | 3.7 | 5.5 | 0.51 | 0.70 | 50.8 | 9.7 |
| 38 | EBM-Waren | 3.5 | 5.0 | 0.89 | 1.01 | 40.4 | 22.5 |
| 54,56,57 | Holz, Papier, Druck | 5.4 | 7.9 | 1.99 | 3.03 | 46.4 | -3.7 |
| 58 | Kunststoffverarb. | 1.9 | 2.6 | 0.45 | 0.55 | 36.1 | 11.9 |
| 63 | Textil | 0.9 | 1.2 | 0.52 | 0.74 | 25.4 | -11.1 |
| 68,69 | Ernaehrung, Tabak | 0.5 | 0.8 | 0.18 | 0.31 | 75.2 | 0.0 |

*)Berichtseinheiten: Betriebe in Berlin, Unternehmen im Bundesgebiet
**)einschl. Berlin.
Quellen: DIW, Berlin. Erste, noch unveröffentlichte Ergebnisse des Stifterverbandes; Veröffentlichung
im Frühjahr 1990 in "Forschung und Entwicklung in der Wirtschaft 1987 mit ersten Daten für 1989"

Tabelle D8: FuE-Intensität in Maschinenbau und in der Elektrotechnik im Jahre 1987:
Vergleich Berlin und Bundesgebiet*)
- FuE-Aufwendungen je Beschäftigten in forschenden Betriebe -

| Betriebe mit ... Beschäftigten | Maschinenbau | | Elektotechnik | |
|---|---|---|---|---|
| | Berlin | Bund*) | Berlin | Bund*) |
| Bis 49 | 10.3 | | 9.2 | |
| | | 9.8 | | 13.9 |
| 50 bis 99 | 6.9 | | 7.9 | |
| 100 bis 199 | 7.0 | | 8.4 | |
| | | 4.4 | | 6.0 |
| 200 bis 499 | 4.4 | | 10.3 | |
| 500 bis 999 | 8.7 | 4.6 | 8.7 | 5.8 |
| 1000 und mehr | 2.0 | 7.1 | 11.1 | 16.6 |
| I N S G E S A M T | 5.5 | 6.4 | 10.8 | 14.8 |

*)einschl. Berlin.
Quellen: DIW, Berlin. Erste, noch unveröffentlichte Ergebnisse des Stifterverbandes; Veröffenlichung im Frühjahr 1990 in "Forschung und Entwicklung
in der Wirtschaft 1987 - mit ersten Daten für 1989"

Tabelle D9: FuE-Personalquote in f o r s c h e n d e n Unternehmen/Betrieben*) des verarbeitenden
Gewerbes in den Jahren 1985 und 1987: Vergleich Berlin und Bundesgebiet**)
- FuE-Beschäftigte in vH aller Beschäftigten in forschenden Betriebe -

| SYPRO-Nr. | Wirtschaftszweig Wirtschaftsgruppe | Berlin | | Differenz Berlin minus Bund**) in Prozentpunkten | |
|---|---|---|---|---|---|
| | | 1985 | 1987 | 1985 | 1987 |
| | Verarbeitendes Gewerbe insg. darunter: | 7.3 | 7.7 | 1.1 | 1.0 |
| 25 | Steine, Erden | 6.9 | 4.9 | 4.1 | 2.1 |
| 28 | NE-Metalle | 2.1 | 3.6 | -0.6 | 1.4 |
| 40,24 | Chemie, Spaltstoffe | 23.3 | 24.4 | 13.5 | 14.4 |
| 59 | Gummiverarbeitung | 2.7 | 3.0 | -1.0 | -1.0 |
| 32 | Maschinenbau | 3.8 | 4.1 | -1.5 | -1.2 |
| 33 | Fahrzeugbau | 2.2 | 2.1 | -3.3 | -3.7 |
| 36 | Elektrotechnik | 7.2 | 7.7 | -1.7 | -2.7 |
| 37 | Feinm./Optik | 4.7 | 5.2 | -1.5 | -1.4 |
| 38 | EBM-Waren | 1.6 | 2.7 | -2.3 | -1.2 |
| 54,56,57 | Holz, Papier, Druck | 3.3 | 3.2 | 0.2 | 0.3 |
| 58 | Kunststoffverarb. | 1.2 | 1.3 | -3.0 | -3.0 |
| 63 | Textil | 0.7 | 0.7 | -1.2 | -0.9 |
| 68,69 | Ernaehrung, Tabak | 0.5 | 0.6 | -1.8 | -1.6 |

*)Berichtseinheiten: Betriebe in Berlin, Unternehmen im Bundesgebiet
**)einschl. Berlin.
Quellen: DIW, Berlin. Erste, noch unveröffentlichte Ergebnisse des Stifterverbandes; Veröffentlichung im Frühjahr 1990 in "Forschung und Entwicklung in der Wirtschaft 1987
mit ersten Daten für 1989"

Tabelle D10: Qualifikationsstruktur der FuE-Beschäftigten im verarbeitenden Gewerbe in den Jahren 1979 bis 1987; Vergleich Berlin und Bundesgebiet*)

| Wirtschaftszweig / Wirtschaftsgruppe | | Berlin | | | | | Bund*) | | | |
|---|---|---|---|---|---|---|---|---|---|---|
| | | Wissen-schaftler | Techni-ker | Sonst. | Ins-gesamt | | Wissen-schaftler | Techni-ker | Sonst. | Ins-gesamt |
| | | - Beschäftigte einzelner Qualifikationsstufen in vH aller FuE- Beschäftigten - | | | | | | | | |
| Verarbeitendes Gewerbe insgesamt | 1979 | 36 | 24 | 40 | 100 | | 31 | 32 | 37 | 100 |
| | 1981 | 37 | 24 | 40 | 100 | | 31 | 30 | 38 | 100 |
| | 1985 | 42 | 30 | 28 | 100 | | 34 | 32 | 35 | 100 |
| | 1987 | 45 | 28 | 27 | 100 | | 36 | 31 | 33 | 100 |
| darunter | | | | | | | | | | |
| Chemie, Spaltstoffe | 1979 | 20 | 11 | 69 | 100 | | 21 | 38 | 41 | 100 |
| | 1981 | 22 | 13 | 65 | 100 | | 21 | 37 | 42 | 100 |
| | 1985 | 28 | 38 | 35 | 100 | | 22 | 34 | 43 | 100 |
| | 1987 | 29 | 34 | 36 | 100 | | 23 | 38 | 39 | 100 |
| Maschinenbau | 1979 | 39 | 39 | 22 | 100 | | 33 | 34 | 33 | 100 |
| | 1981 | 40 | 38 | 22 | 100 | | 32 | 35 | 32 | 100 |
| | 1985 | 52 | 29 | 19 | 100 | | 34 | 35 | 31 | 100 |
| | 1987 | 52 | 28 | 19 | 100 | | 35 | 35 | 30 | 100 |
| Elektrotechnik | 1979 | 43 | 26 | 31 | 100 | | 41 | 24 | 35 | 100 |
| | 1981 | 44 | 25 | 31 | 100 | | 44 | 19 | 38 | 100 |
| | 1985 | 49 | 25 | 25 | 100 | | 49 | 26 | 25 | 100 |
| | 1987 | 52 | 24 | 24 | 100 | | 49 | 26 | 25 | 100 |

*)einschl. Berlin.
Quellen: DIW, Berlin. Erste, noch unveröffentlichte Ergebnisse des Stifterverbandes; Veröffentlichung im Frühjahr 1990 in "Forschung und Entwicklung in der Wirtschaft 1987 - mit ersten Daten für 1989"

318

Tabelle D11: Direkte Projektförderung des BMFT: Mittelabfluß nach ausgewählten Vergleichsregionen in den Jahren von 1977 bis 1988: Überblick  - in Mill.DM -

| | 1977 | 1978 | 1979 | 1980 | 1981 | 1982 | 1983 | 1984 | 1985 | 1986 | 1987 | 1988 | Insgesamt |
|---|---|---|---|---|---|---|---|---|---|---|---|---|---|
| **Alle Vergleichsregionen** | | | | | | | | | | | | | |
| Gewerbliche Wirtschaft | 1037.4 | 1220.8 | 1573.3 | 1643.1 | 1715.3 | 2503.6 | 2051.6 | 2021.2 | 1916.2 | 1586.4 | 1371.6 | 1396.4 | 20036.9 |
| Hochschulfreie Forschung | 236.3 | 281.4 | 323.3 | 312.1 | 307.1 | 317.4 | 322.5 | 343.5 | 412.7 | 452.2 | 532.5 | 577.5 | 4418.5 |
| Hochschulen und -kliniken | 138.6 | 161.7 | 197.5 | 180.7 | 191.7 | 212.9 | 205.1 | 229 | 269.5 | 338.1 | 379.2 | 427.4 | 2931.4 |
| Sonstige | 30.5 | 46.7 | 98.5 | 83 | 93.2 | 67.9 | 62.5 | 68.1 | 76.9 | 80.7 | 76.4 | 81.6 | 866 |
| Insgesamt | 1442.8 | 1710.6 | 2192.6 | 2218.9 | 2307.3 | 3101.8 | 2641.7 | 2661.8 | 2675.3 | 2457.4 | 2359.7 | 2482.9 | 28252.8 |
| **Berlin** | | | | | | | | | | | | | |
| Gewerbliche Wirtschaft | 14.1 | 25.2 | 41.5 | 39.9 | 38.2 | 32.4 | 27.8 | 31.2 | 36.3 | 35.6 | 38.6 | 40.6 | 401.4 |
| Hochschulfreie Forschung | 23.5 | 27.4 | 51 | 48.3 | 59.8 | 32.5 | 28.2 | 50.5 | 77 | 80.4 | 92.3 | 112.4 | 683.3 |
| Hochschulen und -kliniken | 12.5 | 14.3 | 20.9 | 24.1 | 24.9 | 23 | 25.9 | 20.9 | 20.8 | 28.3 | 34.6 | 36.6 | 286.8 |
| Sonstige | 3.1 | 7.3 | 19.5 | 21.1 | 22.7 | 6.8 | 13.5 | 12.9 | 15.8 | 20.3 | 7.7 | 7.1 | 157.8 |
| Insgesamt | 53.2 | 74.2 | 132.9 | 133.4 | 145.6 | 94.7 | 95.4 | 115.5 | 149.9 | 164.6 | 173.2 | 196.7 | 1529.3 |
| **Berlin in vH aller Vergleichsregionen** | | | | | | | | | | | | | |
| Gewerbliche Wirtschaft | 1.4 | 2.1 | 2.6 | 2.4 | 2.2 | 1.3 | 1.4 | 1.5 | 1.9 | 2.2 | 2.8 | 2.9 | 2.0 |
| Hochschulfreie Forschung | 9.9 | 9.7 | 15.8 | 15.5 | 19.5 | 10.2 | 8.7 | 14.7 | 18.7 | 17.8 | 17.3 | 19.5 | 15.5 |
| Hochschulen und -kliniken | 9.0 | 8.8 | 10.6 | 13.3 | 13.0 | 10.8 | 12.6 | 9.1 | 7.7 | 8.4 | 9.1 | 8.6 | 9.8 |
| Sonstige | 10.2 | 15.6 | 19.8 | 25.4 | 24.4 | 10.0 | 21.6 | 18.9 | 20.5 | 25.2 | 10.1 | 8.7 | 18.2 |
| Insgesamt | 3.7 | 4.3 | 6.1 | 6.0 | 6.3 | 3.1 | 3.6 | 4.3 | 5.6 | 6.7 | 7.3 | 7.9 | 5.4 |

Quelle: Bundesminister für Forschung und Technologie, Bonn.

319

Tabelle D12: Direkte Projektförderung des BMFT: Mittelabfluß nach ausgewählten Vergleichsregionen in den Jahren von 1977 bis 1988: Gewerbliche Wirtschaft  - in Mill.DM -

| | 1977 | 1978 | 1979 | 1980 | 1981 | 1982 | 1983 | 1984 | 1985 | 1986 | 1987 | 1988 | Insgesamt |
|---|---|---|---|---|---|---|---|---|---|---|---|---|---|
| **Alle Vergleichsregionen** | | | | | | | | | | | | | |
| Verarbeitendes Gewerbe | 802.0 | 885.3 | 1131.9 | 1148.1 | 1234.4 | 2083.9 | 1679.7 | 1615.2 | 1478.6 | 1153.1 | 886.8 | 889.9 | 14988.9 |
| Dienstleistungen#) | 129.6 | 141.8 | 182.2 | 220.7 | 202.8 | 206.0 | 216.8 | 238.8 | 296.9 | 314.4 | 362.8 | 363.6 | 2876.4 |
| Sonstige | 105.8 | 193.7 | 259.2 | 274.3 | 278.1 | 213.7 | 155.1 | 167.2 | 140.7 | 118.9 | 122.0 | 142.9 | 2171.6 |
| Gewerbliche Wirtschaft | 1037.4 | 1220.8 | 1573.3 | 1643.1 | 1715.3 | 2503.6 | 2051.6 | 2021.2 | 1916.2 | 1586.4 | 1371.6 | 1396.4 | 20036.9 |
| **Berlin** | | | | | | | | | | | | | |
| Verarbeitendes Gewerbe | 12.2 | 16.9 | 27.4 | 23.0 | 21.0 | 12.7 | 9.4 | 14.1 | 9.8 | 15.0 | 11.2 | 13.9 | 186.6 |
| Dienstleistungen#) | 1.3 | 7.2 | 12.4 | 16.4 | 17.2 | 19.6 | 17.7 | 16.5 | 22.2 | 18.9 | 24.7 | 23.5 | 197.6 |
| Sonstige | 0.6 | 1.1 | 1.7 | 0.5 | 0.0 | 0.1 | 0.7 | 0.6 | 4.3 | 1.7 | 2.7 | 3.2 | 17.2 |
| Gewerbliche Wirtschaft | 14.1 | 25.2 | 41.5 | 39.9 | 38.2 | 32.4 | 27.8 | 31.2 | 36.3 | 35.6 | 38.6 | 40.6 | 401.4 |
| **Berlin in vH aller Vergleichsregionen** | | | | | | | | | | | | | |
| Verarbeitendes Gewerbe | 1.5 | 1.9 | 2.4 | 2.0 | 1.7 | 0.6 | 0.6 | 0.9 | 0.7 | 1.3 | 1.3 | 1.6 | 1.2 |
| Dienstleistungen#) | 1.0 | 5.1 | 6.8 | 7.4 | 8.5 | 9.5 | 8.2 | 6.9 | 7.5 | 6.0 | 6.8 | 6.5 | 6.9 |
| Sonstige | 0.6 | 0.6 | 0.7 | 0.2 | 0.0 | 0.0 | 0.5 | 0.4 | 3.1 | 1.4 | 2.2 | 2.2 | 0.8 |
| Gewerbliche Wirtschaft | 1.4 | 2.1 | 2.6 | 2.4 | 2.2 | 1.3 | 1.4 | 1.5 | 1.9 | 2.2 | 2.8 | 2.9 | 2.0 |

#)Unternehmensorientierte Dienste wie Berater, Ingenieure und Architekten mit ihren Büros.
Quelle: Bundesminister für Forschung und Technologie, Bonn.

Tabelle D13: Direkte Projektförderung des BMFT: Mittelabfluß nach ausgewählten Vergleichsregionen in den Jahren von 1977 bis 1988: Verarbeitendes Gewerbe  - in Mill.DM -

|  | 1977 | 1978 | 1979 | 1980 | 1981 | 1982 | 1983 | 1984 | 1985 | 1986 | 1987 | 1988 | Insgesamt |
|---|---|---|---|---|---|---|---|---|---|---|---|---|---|
| **Alle Vergleichsregionen** | | | | | | | | | | | | | |
| Chemie | 36.5 | 38.8 | 53.8 | 55.1 | 61.3 | 60.7 | 50.8 | 57.1 | 67.4 | 79.0 | 71.3 | 74.8 | 706.6 |
| Maschinenbau | 354.5 | 331.4 | 454.0 | 486.2 | 506.6 | 1168.9 | 893.3 | 910.1 | 874.4 | 475.7 | 207.9 | 262.5 | 6925.5 |
| Elektrotechnik | 177.3 | 199.5 | 182.2 | 155.2 | 157.7 | 237.1 | 237.0 | 263.9 | 256.9 | 325.5 | 339.1 | 285.3 | 2816.7 |
| Büromasch./ADV | 88.1 | 86.1 | 73.5 | 36.9 | 18.4 | 14.6 | 11.6 | 10.7 | 17.2 | 19.3 | 19.4 | 16.0 | 411.8 |
| Holz, Papier, Druck | 1.6 | 3.8 | 5.2 | 5.7 | 6.8 | 3.4 | 3.0 | 2.0 | 3.9 | 6.7 | 3.7 | 2.5 | 48.4 |
| Ernährung | 0.6 | 1.2 | 1.9 | 1.9 | 2.1 | 6.9 | 2.0 | 1.5 | 2.4 | 4.5 | 5.1 | 2.1 | 32.0 |
| Sonstige | 143.5 | 224.6 | 361.3 | 407.1 | 481.5 | 592.3 | 482.0 | 369.9 | 256.3 | 242.3 | 240.4 | 246.7 | 4048.0 |
| Verarbeitendes Gewerbe | 802.0 | 885.3 | 1131.9 | 1148.1 | 1234.4 | 2083.9 | 1679.7 | 1615.2 | 1478.6 | 1153.1 | 886.8 | 889.9 | 14988.9 |
| **Berlin** | | | | | | | | | | | | | |
| Chemie | 1.3 | 2.0 | 1.3 | 1.8 | 2.5 | 1.9 | 2.8 | 3.9 | 2.1 | 2.8 | 2.6 | 2.0 | 27.2 |
| Maschinenbau | 0.1 | 0.4 | 7.3 | 5.6 | 4.8 | 2.4 | 1.1 | 0.4 | 0.5 | 1.1 | 0.3 | 0.0 | 24.0 |
| Elektrotechnik | 4.9 | 6.5 | 7.9 | 7.4 | 4.4 | 4.3 | 3.2 | 6.0 | 5.8 | 9.6 | 5.4 | 7.4 | 72.8 |
| Büromasch./ADV | 4.0 | 4.2 | 4.5 | 3.9 | 3.4 | 0.5 | 0.0 | 0.1 | 0.0 | 0.1 | 0.9 | 3.1 | 24.7 |
| Holz, Papier, D-uck | 0.4 | 1.3 | 3.3 | 1.0 | 1.8 | 0.3 | 0.6 | 0.5 | 0.1 | 0.1 | 0.1 | 0.1 | 10.1 |
| Ernährung | 0.6 | 1.2 | 1.2 | 1.5 | 1.8 | 1.3 | 0.4 | 0.3 | 0.4 | 0.2 | 0.2 | 0.2 | 9.3 |
| Sonstige | 0.9 | 1.3 | 1.8 | 1.8 | 2.2 | 1.4 | 1.3 | 3.0 | 0.9 | 1.2 | 1.7 | 1.0 | 18.3 |
| Verarbeitendes Gewerbe | 12.2 | 16.9 | 27.4 | 23.0 | 21.0 | 12.7 | 9.4 | 14.1 | 9.8 | 15.0 | 11.2 | 13.9 | 186.6 |
| **Berlin in vH aller Vergleichsregionen** | | | | | | | | | | | | | |
| Chemie | 3.6 | 5.2 | 2.4 | 3.3 | 4.2 | 3.2 | 5.6 | 6.8 | 3.2 | 3.5 | 3.7 | 2.7 | 3.9 |
| Maschinenbau | 0.0 | 0.1 | 1.6 | 1.2 | 0.9 | 0.2 | 0.1 | 0.0 | 0.1 | 0.2 | 0.1 | 0.0 | 0.3 |
| Elektrotechnik | 2.8 | 3.3 | 4.3 | 4.7 | 2.8 | 1.8 | 1.4 | 2.3 | 2.2 | 2.9 | 1.6 | 2.6 | 2.6 |
| Büromasch./ADV | 4.5 | 4.9 | 6.1 | 10.5 | 18.7 | 3.5 | 0.0 | 0.6 | 0.0 | 0.5 | 4.7 | 19.6 | 6.0 |
| Holz, Papier, Druck | 26.3 | 34.4 | 63.4 | 17.9 | 27.1 | 24.0 | 21.4 | 25.6 | 2.2 | 1.0 | 2.0 | 2.1 | 21.0 |
| Ernährung | 101.0 | 100.0 | 66.3 | 77.0 | 85.4 | 18.3 | 19.9 | 21.6 | 18.3 | 5.2 | 4.8 | 10.4 | 29.3 |
| Sonstige | 0.6 | 0.6 | 0.5 | 0.4 | 0.5 | 0.2 | 0.3 | 0.8 | 0.3 | 0.5 | 0.7 | 0.4 | 0.5 |
| Verarbeitendes Gewerbe | 1.5 | 1.9 | 2.4 | 2.0 | 1.7 | 0.6 | 0.6 | 0.9 | 0.7 | 1.3 | 1.3 | 1.6 | 1.2 |

Quelle: Bundesminister für Forschung und Technologie, Bonn.

Tabelle D14: Direkte Projektförderung des BMFT*): Mittelabfluss je Beschäftigten**) nach ausgewählten Regionen in den Jahren
1979 bis 1987: Verarbeitendes Gewerbe  - in DM -

| Region (Beschäftigte aus dem Jahr) | | 1979 (1980) | 1980 (1980) | 1981 (1980) | 1982 (1983) | 1983 (1983) | 1984 (1983) | 1985 (1986) | 1986 (1986) | 1987 (1986) |
|---|---|---|---|---|---|---|---|---|---|---|
| Hamburg | Kern | 224 | 219 | 229 | 376 | 293 | 327 | 333 | 374 | 310 |
| | Rand | 189 | 161 | 189 | 544 | 365 | 382 | 189 | 173 | 167 |
| | Kern + Rand | 211 | 198 | 214 | 438 | 319 | 347 | 276 | 295 | 254 |
| Bremen | Kern | 357 | 381 | 364 | 513 | 695 | 822 | 824 | 732 | 1005 |
| | Rand | 32 | 48 | 35 | 40 | -32 | 90 | 24 | 22 | 39 |
| | Kern + Rand | 204 | 224 | 209 | 289 | 351 | 476 | 443 | 393 | 545 |
| Hannover | Kern | 191 | 109 | 405 | 478 | 537 | 311 | 365 | 140 | 131 |
| | Rand | 28 | 44 | 73 | 121 | 14 | 20 | 25 | 15 | 9 |
| | Kern + Rand | 145 | 90 | 311 | 373 | 383 | 225 | 258 | 101 | 93 |
| Ruhr | Kern | 172 | 245 | 211 | 366 | 249 | 182 | 110 | 80 | 86 |
| | Rand | 52 | 55 | 56 | 47 | 44 | 33 | 38 | 31 | 38 |
| | Kern + Rand | 114 | 154 | 137 | 208 | 148 | 108 | 74 | 56 | 62 |
| Rhein | Kern | 78 | 69 | 81 | 96 | 75 | 73 | 68 | 85 | 75 |
| | Rand | 734 | 993 | 1079 | 2899 | 1801 | 2076 | 2109 | 1505 | 331 |
| | Kern + Rand | 281 | 356 | 391 | 963 | 608 | 692 | 713 | 534 | 156 |
| Rhein-Main | Kern | 143 | 125 | 112 | 121 | 123 | 145 | 138 | 162 | 155 |
| | Rand | 232 | 229 | 268 | 317 | 312 | 262 | 201 | 284 | 189 |
| | Kern + Rand | 184 | 173 | 184 | 212 | 210 | 199 | 167 | 218 | 171 |
| Rhein-Neckar | Kern | 912 | 866 | 875 | 2554 | 2404 | 1950 | 1763 | 302 | 337 |
| | Rand | 16 | 23 | 10 | 7 | 3 | 5 | 39 | 47 | 16 |
| | Kern + Rand | 558 | 533 | 533 | 1566 | 1473 | 1196 | 1077 | 201 | 209 |
| Karlsruhe | Kern | 8 | 52 | 26 | 20 | 37 | 111 | 88 | 66 | 70 |
| | Rand | 53 | 72 | 72 | 56 | 45 | 64 | 40 | 61 | 63 |
| | Kern + Rand | 34 | 64 | 53 | 42 | 42 | 83 | 59 | 63 | 66 |
| Stuttgart | Kern | 312 | 276 | 307 | 307 | 272 | 297 | 178 | 227 | 300 |
| | Rand | 74 | 68 | 61 | 65 | 63 | 73 | 65 | 73 | 83 |
| | Kern + Rand | 128 | 116 | 117 | 118 | 109 | 123 | 90 | 107 | 131 |
| München | Kern | 1213 | 1081 | 1166 | 1718 | 1459 | 1156 | 898 | 1134 | 1230 |
| | Rand | 36 | 41 | 30 | 58 | 81 | 115 | 121 | 86 | 106 |
| | Kern + Rand | 814 | 729 | 782 | 1149 | 987 | 799 | 631 | 774 | 843 |
| Nürnberg | Kern | 356 | 259 | 353 | 464 | 512 | 607 | 516 | 410 | 398 |
| | Rand | 2 | 4 | 5 | 11 | 19 | 11 | 28 | 18 | 3 |
| | Kern + Rand | 247 | 181 | 245 | 321 | 357 | 420 | 358 | 283 | 270 |
| Berlin | | 131 | 110 | 101 | 69 | 51 | 77 | 52 | 79 | 59 |
| ALLE REGIONEN | Kern | 314 | 294 | 316 | 533 | 480 | 422 | 361 | 276 | 291 |
| | Rand | 174 | 209 | 224 | 490 | 329 | 368 | 352 | 281 | 116 |
| | Kern + Rand | 254 | 257 | 277 | 514 | 413 | 399 | 357 | 278 | 214 |

*)einschl.Nachtragshaushalte u.a.für Kernreaktoren. **)Sozialversicherungspflichtig Beschäftigte.
Quelle: Bundesminister für Forschung und Technologie, Bonn; Bundesanstalt für Arbeit, Nürnberg.

Tabelle D15: Direkte Projektfoerderung des BMFT*): Mittelabfluss je Beschäftigten**) nach ausgewaehlte Regionen in den Jahren
1979 bis 1987: Elektrotechnik - in DM -

| Region<br>(Beschäftigte aus dem Jahr) | | 1979<br>(1980) | 1980<br>(1980) | 1981<br>(1980) | 1982<br>(1983) | 1983<br>(1983) | 1984<br>(1983) | 1985<br>(1986) | 1986<br>(1986) | 1987<br>(1986) |
|---|---|---|---|---|---|---|---|---|---|---|
| Hamburg | Kern | 872 | 691 | 727 | 1409 | 1417 | 1686 | 1665 | 1992 | 1581 |
| | Rand | 1925 | 1785 | 1894 | 6262 | 4392 | 4867 | 2118 | 1880 | 1769 |
| | Kern + Rand | 1163 | 994 | 1049 | 2759 | 2245 | 2571 | 1799 | 1959 | 1637 |
| Bremen | Kern | 71 | 108 | 169 | 196 | 326 | 308 | 460 | 1136 | 1691 |
| | Rand | -1 | 0 | 0 | 0 | 63 | 286 | 166 | 166 | 212 |
| | Kern + Rand | 43 | 66 | 103 | 125 | 231 | 300 | 345 | 758 | 1115 |
| Hannover | Kern | 89 | 36 | 194 | 72 | 32 | 140 | 203 | 338 | 633 |
| | Rand | 0 | 0 | 0 | 0 | 0 | 0 | 20 | 15 | 0 |
| | Kern + Rand | 64 | 26 | 138 | 52 | 23 | 102 | 139 | 225 | 411 |
| Ruhr | Kern | 32 | 32 | 31 | 14 | 10 | 10 | 2 | 1 | 19 |
| | Rand | 1 | 6 | 10 | 20 | 19 | 3 | 14 | 31 | 7 |
| | Kern + Rand | 16 | 19 | 21 | 17 | 15 | 7 | 8 | 17 | 13 |
| Rhein | Kern | 35 | 25 | 15 | 22 | 36 | 26 | 11 | 10 | 11 |
| | Rand | 71 | 108 | 22 | 127 | 131 | 103 | 94 | 148 | 154 |
| | Kern + Rand | 45 | 49 | 17 | 53 | 64 | 49 | 37 | 53 | 56 |
| Rhein-Main | Kern | 202 | 204 | 244 | 159 | 272 | 313 | 260 | 239 | 386 |
| | Rand | 30 | 45 | 19 | 21 | 18 | 23 | 12 | 6 | 6 |
| | Kern + Rand | 135 | 143 | 157 | 107 | 177 | 204 | 165 | 149 | 240 |
| Rhein-Neckar | Kern | 400 | 396 | 322 | 541 | 614 | 481 | 749 | 972 | 1098 |
| | Rand | 20 | 31 | 0 | 0 | 0 | 0 | 78 | 145 | 61 |
| | Kern + Rand | 263 | 265 | 206 | 353 | 401 | 314 | 496 | 660 | 707 |
| Karlsruhe | Kern | 9 | 29 | 33 | 95 | 165 | 491 | 317 | 173 | 167 |
| | Rand | 62 | 42 | 7 | 90 | 122 | 239 | 125 | 200 | 154 |
| | Kern + Rand | 41 | 37 | 17 | 92 | 140 | 344 | 210 | 188 | 160 |
| Stuttgart | Kern | 615 | 435 | 569 | 707 | 859 | 897 | 587 | 646 | 924 |
| | Rand | 410 | 341 | 284 | 308 | 315 | 371 | 297 | 381 | 448 |
| | Kern + Rand | 477 | 372 | 377 | 437 | 491 | 541 | 387 | 463 | 595 |
| Muenchen | Kern | 796 | 687 | 641 | 1403 | 1295 | 1385 | 1394 | 1940 | 1922 |
| | Rand | 75 | 90 | 10 | 105 | 313 | 581 | 617 | 379 | 299 |
| | Kern + Rand | 686 | 596 | 545 | 1201 | 1142 | 1260 | 1286 | 1723 | 1697 |
| Nuernberg | Kern | 235 | 165 | 273 | 173 | 217 | 189 | 166 | 202 | 208 |
| | Rand | 0 | 0 | 26 | 84 | 172 | 100 | 139 | 141 | 27 |
| | Kern + Rand | 213 | 149 | 250 | 165 | 213 | 181 | 163 | 196 | 190 |
| Berlin | | 120 | 112 | 67 | 80 | 60 | 112 | 99 | 164 | 93 |
| INSGESAMT | Kern | 310 | 259 | 280 | 425 | 446 | 484 | 476 | 623 | 657 |
| | Rand | 205 | 185 | 154 | 342 | 300 | 359 | 235 | 259 | 255 |
| | Kern + Rand | 276 | 235 | 238 | 398 | 398 | 443 | 394 | 499 | 519 |

*)einschl.Nachtragshaushalte u.a.für Kernreaktoren. **)Sozialversicherungspflichtig Beschäftigte.
Quelle: Bundesminister für Forschung und Technologie, Bonn; Bundesanstalt für Arbeit, Nürnberg.

Tabelle D16: Direkte Projektförderung des BMFT*): Mittelabfluss je Beschäftigten**) nach ausgewählten Regionen in den Jahren 1979 bis 1987: Maschinenbau - in DM -

| Region (Beschäftigte aus dem Jahr) | | 1979 (1980) | 1980 (1980) | 1981 (1980) | 1982 (1983) | 1983 (1983) | 1984 (1983) | 1985 (1986) | 1986 (1986) | 1987 (1986) |
|---|---|---|---|---|---|---|---|---|---|---|
| Hamburg | Kern | 168 | 163 | 144 | 183 | 150 | 213 | 150 | 91 | 128 |
| | Rand | 269 | 137 | 289 | 401 | 141 | 53 | 58 | 72 | 86 |
| | Kern + Rand | 214 | 151 | 211 | 281 | 146 | 142 | 107 | 82 | 108 |
| Bremen | Kern | 43 | 13 | | | 59 | 123 | 144 | 44 | 68 |
| | Rand | 17 | 35 | 20 | 29 | 5 | 3 | 25 | 14 | 96 |
| | Kern + Rand | 28 | 25 | 11 | 16 | 29 | 57 | 75 | 27 | 84 |
| Hannover | Kern | 111 | 33 | 44 | 5 | 11 | 11 | 30 | 4 | 5 |
| | Rand | | | | | | | | | |
| | Kern + Rand | 74 | 22 | 29 | 4 | 7 | 7 | 21 | 3 | 3 |
| Ruhr | Kern | 408 | 253 | 300 | 315 | 109 | 135 | 103 | 54 | 81 |
| | Rand | 242 | 223 | 22 | 49 | 73 | 40 | 73 | 45 | 76 |
| | Kern + Rand | 327 | 238 | 163 | 180 | 91 | 87 | 87 | 49 | 78 |
| Rhein | Kern | 130 | 150 | 105 | 76 | 113 | 134 | 144 | 129 | 82 |
| | Rand | 5410 | 7385 | 7867 | 22053 | 13725 | 16010 | 16054 | 11443 | 2330 |
| | Kern + Rand | 1664 | 2252 | 2360 | 6363 | 4007 | 4676 | 4935 | 3536 | 759 |
| Rhein-Main | Kern | 292 | 133 | 133 | 191 | 222 | 254 | 197 | 142 | 109 |
| | Rand | 72 | 76 | 89 | 76 | 127 | 70 | 88 | 101 | 95 |
| | Kern + Rand | 201 | 109 | 115 | 143 | 182 | 177 | 149 | 124 | 103 |
| Rhein-Neckar | Kern | 6074 | 5406 | 5756 | 19051 | 17795 | 14116 | 12955 | 501 | 908 |
| | Rand | 93 | 121 | 62 | 31 | 9 | 6 | 118 | 78 | 4 |
| | Kern + Rand | 3943 | 3523 | 3727 | 11710 | 10930 | 8670 | 7832 | 332 | 547 |
| Karlsruhe | Kern | 1 | 25 | 23 | | | | | 95 | 79 |
| | Rand | 7 | 45 | 108 | 30 | 16 | 9 | 2 | 2 | 1 |
| | Kern + Rand | 5 | 38 | 77 | 20 | 10 | 6 | 2 | 32 | 26 |
| Stuttgart | Kern | 29 | 33 | 38 | 73 | 43 | 52 | 55 | 56 | 21 |
| | Rand | 43 | 76 | 39 | 37 | 27 | 30 | 36 | 47 | 49 |
| | Kern + Rand | 41 | 69 | 39 | 42 | 29 | 33 | 39 | 48 | 45 |
| München | Kern | 2045 | 2052 | 2164 | 2000 | 2098 | 2861 | 1890 | 2432 | 3312 |
| | Rand | 104 | 100 | 85 | 126 | 122 | 63 | 106 | 81 | 164 |
| | Kern + Rand | 865 | 866 | 901 | 844 | 879 | 1135 | 805 | 1002 | 1397 |
| Nürnberg | Kern | 1709 | 1476 | 1902 | 3505 | 3868 | 4827 | 4405 | 3037 | 2951 |
| | Rand | | | | | | | 32 | 7 | |
| | Kern + Rand | 1024 | 884 | 1139 | 2102 | 2320 | 2895 | 2387 | 1639 | 1589 |
| Berlin | | 422 | 324 | 275 | 159 | 69 | 24 | 36 | 77 | 17 |
| ALLE REGIONEN | Kern | 863 | 749 | 797 | 1881 | 1785 | 1612 | 1382 | 405 | 462 |
| | Rand | 758 | 1003 | 1027 | 2670 | 1675 | 1923 | 1952 | 1402 | 334 |
| | Kern + Rand | 813 | 870 | 907 | 2265 | 1731 | 1764 | 1670 | 908 | 397 |

*)einschl.Nachtragshaushalte u.a.für Kernreaktoren. **)Sozialversicherungspflichtig Beschäftigte.
Quellen: Bundesminister für Forschung und Technologie, Bonn; Bundesanstalt für Arbeit, Nürnberg.

# Anhang

## Fragebogen

 **Deutsches Institut für Wirtschaftsforschung**

**Abteilung Berlin**

Königin-Luise-Straße 5, 1000 Berlin 33        Fernsprecher (030) 829 91–688

---

Firmen-Kennziffer                    Rücksendung bitte möglichst umgehend

### FORSCHUNG UND ENTWICKLUNG IN BERLIN

**Eine Untersuchung im Auftrage des Senators für Wirtschaft und Arbeit, Berlin**

Ihre Angaben werden streng vertraulich behandelt!

---

### 1 ANGABEN ZUM UNTERNEHMEN

● **Jahr der Erstgründung:**_____

● **Beschäftigte im Berliner Unternehmen insgesamt:** *Schätzungen sind ausreichend*

| 1980 | 1983 | 1985 | 1986 | 1987 |
|------|------|------|------|------|

Jahresdurchschnitte in Personen

| | | | | |
|---|---|---|---|---|

● **Umsatz:** *Schätzungen sind ausreichend*

| 1980 | 1983 | 1985 | 1986 | 1987 |
|------|------|------|------|------|

ohne Mehrwertsteuer, in Mio. DM

- ● Umsatz insgesamt (ohne Innenumsätze)

- ● davon für das Ausland bestimmt

● **Art der Produktion:**

Die Fertigung umfaßt überwiegend                    mit

    ☐ große Serien, Massenprodukte      ☐ vielen Abnehmern
    ☐ mittlere Serien      ☐ wenigen dominierenden Abnehmern
    ☐ kleine Serien, Einzelfertigungen

● **Produktgruppen**

Von der Berliner Produktion
entfallen ungefähr auf

Investitionsgüter     _____ vH

Verbrauchs-/Konsumgüter     _____ vH

Zwischenprodukte     _____ vH

Lohnfertigung/Veredelung     _____ vH

● **Nachfrageentwicklung**

Für die wichtigsten Produkte

|  |  | schrumpfend | stagnierend | wachsend |
|---|---|---|---|---|
| ● war in den letzten fünf Jahren | ● der Markt generell | ☐ | ☐ | ☐ |
| | ● der betriebliche Absatz | ☐ | ☐ | ☐ |
| ● wird für die nächsten fünf Jahre eingeschätzt | ● der Markt generell | ☐ | ☐ | ☐ |
| | ● der betriebliche Absatz | ☐ | ☐ | ☐ |

## 2 ALLGEMEINE ANGABEN ZU FORSCHUNG UND ENTWICKLUNG (FuE)

● **Wurden in den letzten fünf Jahren in Ihrem Betrieb eigene FuE-Arbeiten durchgeführt oder betriebsfremde Forschungsergebnisse eingekauft bzw. wird dies für die Zukunft angestrebt?**

　☐ nein　→　weiter mit Frage 7
　☐ ja

● **Die Schwerpunkte der FuE-Aktivitäten waren in den letzten fünf Jahren bzw. werden künftig sein:** *Mehrfachnennungen möglich*

| | in den vergangenen fünf Jahren | künftig |
|---|:---:|:---:|
| ● Produktinnovationen | | |
| ● Neue Materialien | ☐ | ☐ |
| ● Neue Vorprodukte | ☐ | ☐ |
| ● Modifikation bestehender Produkte | ☐ | ☐ |
| ● Neue Produkte | ☐ | ☐ |
| und zwar zur | | |
| ● Schaffung von Nachfolgeprodukten für auslaufende Produkte | ☐ | ☐ |
| ● Vervollständigung der Produktpalette | ☐ | ☐ |
| ● Neugestaltung des Produktprogramms (z. B. Diversifizierung) | ☐ | ☐ |
| ● Prozeßinnovationen in der Fertigung | | |
| ● Neue Fertigungs- und Verfahrenstechniken | ☐ | ☐ |
| ● Neue technisch-organisatorische Strukturen | ☐ | ☐ |
| und zwar zur | | |
| ● Änderung der Fertigungstiefe | ☐ | ☐ |
| ● Steigerung der Flexibilität der Produktion | ☐ | ☐ |
| ● Verringerung der Produktionskosten, und zwar | | |
| ● Verringerung des Lohnkostenanteils | ☐ | ☐ |
| ● Senkung des Materialverbrauchs | ☐ | ☐ |
| ● Senkung des Energieverbrauchs | ☐ | ☐ |
| ● Verbesserung der Arbeitsbedingungen | ☐ | ☐ |
| ● Durchführung von Umweltschutz-Maßnahmen | ☐ | ☐ |
| ● Prozeßinnovationen in Büro und Verwaltung | | |
| ● Datenverarbeitung | ☐ | ☐ |
| ● Textverarbeitung | ☐ | ☐ |
| ● Kommunikationstechnik | ☐ | ☐ |

● **Haben Sie in den letzten fünf Jahren Teile Ihrer Produktionsanlagen, Prüfeinrichtungen usw. durch eigene FuE-Arbeiten wesentlich geändert?**

　☐ nein
　☐ ja

● **Haben Sie in den letzten fünf Jahren Produkte in Ihr Produktionsprogramm aufgenommen, die technische Verbesserungen enthielten und für Ihr Unternehmen neu waren (z.B. durch Verwendung neuer Werkstoffe, Änderungen in der Fertigung) und nicht als Detailänderungen zu betrachten sind?**

　☐ nein
　☐ ja　● Der Umsatzanteil solcher Produkte betrug 1987 etwa ＿＿＿＿＿＿ vH.
　　　　● Unter diesen Produkten waren auch solche, die nicht nur für das Unternehmen technologisch neu waren.
　　　　　☐ nein　　　☐ ja

## 3 ANGABEN ZUM FuE-BUDGET

*Hinweis: Der von der Wirtschaft getragene Stifterverband für die Deutsche Wissenschaft führt im zweijährigen Turnus bundesweite Erhebungen zu den FuE-Aufwendungen sowie deren Finanzierung durch. Sofern Sie zu diesem Berichtskreis gehören, können Sie diese Angaben übernehmen.*

● **Aufwendungen für FuE:** *Schätzungen sind ausreichend*

| 1985 | 1986 | 1987 |
|------|------|------|
| in 1 000 DM | | |

● **Aufwendungen insgesamt** — Ohne FuE, die von Zusammenschlüssen aus der Wirtschaft gemeinschaftlich getragen oder sonstigen Forschungsstätten betrieben oder finanziert wird.

● **Interne Aufwendungen** — Aufwendungen für FuE, die innerhalb Ihres Betriebes durchgeführt wird, ungeachtet der Finanzierungsquellen.

● **Laufende Aufwendungen für**

● Personal — Löhne, Gehälter einschließlich gesetzliche und freiwillige Sozialaufwendungen.

● Material — einschließlich Kosten für Ausrüstungen, kleinere Prototypen und Modelle sowie Verwaltungs- und Gemeinkostenanteile sowie Abschreibungen.

● **Investitionen** — Bruttoausgaben für erworbene und selbsterstellte Anlagen für FuE.

● Ausrüstungen und Instrumente

● Bauten und Grundstücke, einschließlich aktivierter Bestandsmaßnahmen

● **Externe Aufwendungen** — Alle zur Durchführung von FuE außerhalb Ihres Betriebes eingesetzten Mittel, ungeachtet der Finanzierungsquellen, also Aufträge an fremde Unternehmen, Hochschulinstitute und -professoren, private Institute und Forschungsinstitutionen inner- und außerhalb der Bundesrepublik.

● **Finanzierungsquellen:** *Schätzungen sind ausreichend*

| 1986 | 1987 |
|------|------|
| in 1 000 DM | |

● **Unternehmensmittel** — Mittel Ihrer örtlichen Produktionsstätte einschließlich aufgenommener Kredite für FuE, ohne Zuwendungen vom Staat, auch rückzahlbare.

● aus Mitteln des eigenen Betriebes bzw. aus Zuweisungen des eigenen Unternehmens

● aus Einnahmen für Auftragsforschung privater Auftraggeber — Honorare, nicht Aufwand.

● aus Einnahmen für Auftragsforschung öffentlicher Auftraggeber — Honorar für im Auftrage des Bundes sowie der Länder und Gemeinden durchgeführte FuE-Arbeiten.

● **Öffentliche Mittel** — Zuschüsse, Darlehen und evtl. rückzahlbare Zuwendungen des Bundes sowie der Länder und Gemeinden.

● **Sonstige Mittel** — Mittel von wissenschaftlichen Gesellschaften, Verbänden, Institutionen und internationalen Organisationen, Schenkungen von Privaten.

● **Im Rahmen der FuE-Investitionsfinanzierung wurden folgende Vergünstigungen in Anspruch genommen:**
*Schätzungen sind ausreichend*

| 1986 | 1987 |
|------|------|
| in 1 000 DM | |

● Erhöhte Investitionszulage nach § 19 BerlinFG

● Sonderabschreibungen nach § 14 BerlinFG

● Zinsverbilligte Kredite (z. B. § 16 BerlinFG, ERP)

● Zuschüsse für Investitionen aus sonstigen Programmen

● Haben Sie über die hier ausgewiesenen FuE-Aufwendungen hinaus noch zusätzliche FuE-Leistungen erbracht?

☐ nein
☐ ja, und zwar _____

_____

_____

● Haben Sie in den letzten fünf Jahren Grundlagenforschung betrieben?

*Forschungsarbeiten, die ausschließlich auf die Gewinnung neuer wissenschaftlicher Erkenntnisse gerichtet sind, ohne überwiegend an dem Ziel einer praktischen Anwendbarkeit orientiert zu sein.*

☐ nein
☐ ja; der Anteil solcher Aufwendungen an den FuE-Aufwendungen betrug etwa _____ vH.

● Haben Sie in den letzten fünf Jahren FuE-Vorhaben gemeinsam mit anderen Einrichtungen durchgeführt und/oder Aufträge an diese vergeben?

*Mehrfachnennungen möglich*

☐ nein
☐ ja, und zwar

|  | bisher durch | | mit zunehmender Bedeutung in den nächsten fünf Jahren |
|---|---|---|---|
|  | Kooperationen mit | Aufträge an |  |
| ● andere(n) Betriebe(n) des eigenen Unternehmens | | | |
|   ● in Berlin | ☐ | ☐ | ☐ |
|   ● im übrigen Bundesgebiet | ☐ | ☐ | ☐ |
|   ● im Ausland | ☐ | ☐ | ☐ |
| ● fremde(n) Betriebe(n) | | | |
|   ● in Berlin | ☐ | ☐ | ☐ |
|   ● im übrigen Bundesgebiet | ☐ | ☐ | ☐ |
|   ● im Ausland | ☐ | ☐ | ☐ |
| ● technische(n) Berater(n), Ingenieurbüros | | | |
|   ● in Berlin | ☐ | ☐ | ☐ |
|   ● im übrigen Bundesgebiet | ☐ | ☐ | ☐ |
|   ● im Ausland | ☐ | ☐ | ☐ |
| ● Forschungsinstitute(n), (Fach-)Hochschulen | | | |
|   ● in Berlin | ☐ | ☐ | ☐ |
|   ● im übrigen Bundesgebiet | ☐ | ☐ | ☐ |
|   ● im Ausland | ☐ | ☐ | ☐ |

● In den nächsten fünf Jahren wird der Anteil der FuE-Aufwendungen am Umsatz wohl

☐ abnehmen
☐ konstant bleiben
☐ zunehmen

● Der finanzielle Rahmen der größeren FuE-Vorhaben — Gesamtaufwendungen bis einschließlich Prototyp — der letzten fünf Jahre lag in der Regel

☐ unter 100 TDM
☐ zwischen 100 bis 300 TDM
☐ über 300 TDM

## 4 BESCHÄFTIGTE IN FORSCHUNG UND ENTWICKLUNG

● **FuE-Personal:** *Schätzungen sind ausreichend*

| 1985 | 1986 | 1987 |
|---|---|---|
| Jahresdurchschnitt in Personen | | |

● Ganzzeitbeschäftigte

|  |  |  |
|---|---|---|
|  |  |  |

- ● Wissenschaftler, Ingenieure und andere Hochschulabsolventen
- ● Techniker (einschließlich Laboranten, technische Zeichner)
- ● Sonstiges Personal (Facharbeiter, angelernte und ungelernte Hilfskräfte)

|  |  |  |
|---|---|---|
|  |  |  |
|  |  |  |

Mannmonate pro Jahr

|  |  |  |
|---|---|---|

● **Zeitweise in FuE Beschäftigte** *Vollbeschäftigte, die nur zeitweise in FuE arbeiten, oder Beschäftigte, deren Arbeitsverträge weniger als die volle Arbeitszeit vorsehen.*

- ● Wissenschaftler, Ingenieure und andere Hochschulabsolventen
- ● Techniker (einschließlich Laboranten, technische Zeichner)
- ● Sonstiges Personal (Facharbeiter, angelernte und ungelernte Hilfskräfte)

|  |  |  |
|---|---|---|
|  |  |  |
|  |  |  |

● **Bestanden in den letzten drei Jahren Schwierigkeiten, freie Stellen für FuE-Aufgaben zu besetzen?** *Mehrfachnennungen möglich*

☐ Im Betrieb gab es keine freien Stellen

☐ Nein

    ☐ Qualifiziertes Personal konnte problemlos auf dem Arbeitsmarkt gefunden werden

    ☐ Bedarf wurde überwiegend durch betriebliche Aus- und Weiterbildung gedeckt

☐ Ja

    ☐ Keine Bewerber

    ☐ Zu hohe Gehaltsforderungen

    ☐ Ungenügende Berufserfahrung

    ☐ Fehlende Qualifikation/Spezialisierung

    ☐ Sonstiges: _____

● **Neu eingestellte Mitarbeiter in FuE kamen überwiegend**

☐ aus Berlin

☐ aus anderen Regionen

## 5 BETRIEBLICHE SCHWIERIGKEITEN BEI FuE-AKTIVITÄTEN

● **FuE-Anstrengungen wurden bzw. werden deutlich behindert**
*Mehrfachnennungen möglich*

|  | sehr wichtig | wichtig | weniger wichtig |
|---|---|---|---|
| ☐ nein | | | |
| ☐ ja, und zwar durch | | | |
| ● fehlendes Eigenkapital | ☐ | ☐ | ☐ |
| ● fehlende Möglichkeiten zur Fremdfinanzierung | ☐ | ☐ | ☐ |
| ● Unsicherheiten über | | | |
| ● finanzielles Risiko | ☐ | ☐ | ☐ |
| ● technisches Risiko | ☐ | ☐ | ☐ |
| ● geringe Innovationsbereitschaft der Mitarbeiter | ☐ | ☐ | ☐ |
| ● Mangel an qualifizierten Mitarbeitern auf dem Arbeitsmarkt | ☐ | ☐ | ☐ |
| ● Organisationsprobleme | ☐ | ☐ | ☐ |
| ● Probleme bei der Einführung von Innovationen in den Produktionsablauf | ☐ | ☐ | ☐ |
| ● Umsetzungsprobleme von technischem Know-how in marktfähige Produkte | ☐ | ☐ | ☐ |
| ● mangelnde Bereitschaft der Kunden zur Einführung von Innovationen | ☐ | ☐ | ☐ |
| ● fehlende Innovationen bei Lieferanten von | | | |
| ● Vorprodukten | ☐ | ☐ | ☐ |
| ● Maschinen und Geräten | ☐ | ☐ | ☐ |
| ● gesetzliche Bestimmungen | ☐ | ☐ | ☐ |

● Sonstiges: _____

● **Führten FuE-Vorhaben nicht zur Markteinführung eines Produktes oder zur Einführung in die Produktion?** *Mehrfachnennungen möglich*

☐ nein

☐ ja, und zwar wegen

    ☐ nicht lösbarer technischer Probleme

    ☐ zu hoher Entwicklungskosten, die einen Abbruch der FuE-Arbeiten erforderten

    ☐ genereller Finanzierungsprobleme, die zum Abbruch führten

    ☐ Konkurrenzprodukten, die schneller auf den Markt kamen

    ☐ geänderter Absatzaussichten nach Beginn des Vorhabens

☐ Sonstiges: _____

## 6  EINFLUSS STAATLICHER FORSCHUNGSFÖRDERUNG

● **Ist die Höhe Ihrer Forschungsausgaben abhängig von staatlicher Förderung?**

☐ nein, Planung unabhängig von einer evtl. Förderung

☐ ja, und zwar mit

    ☐ eher geringer Bedeutung

    ☐ erheblicher Bedeutung

    ☐ entscheidender Bedeutung (ohne Förderung keine Projekte)

● **Haben Sie — außer der Investitionsförderung — Anträge auf Förderung der FuE-Aktivitäten erwogen oder gestellt?**

☐ nein, und zwar, weil

    ☐ das Informationsangebot über Fördermöglichkeiten zu gering ist

    ☐ das Fördersystem zu unübersichtlich ist, die Förderungskriterien nicht klar sind

    ☐ der betriebliche Aufwand im Verhältnis zur Zuwendung zu groß ist

    ☐ Sonstige Gründe: _____

☐ ja, und zwar für folgende Förderungen: _____

_____

_____

dabei waren die Erfahrungen

☐ insgesamt positiv

☐ teilweise oder insgesamt negativ, weil

    ☐ Verfahren und Entscheidungswege zu schwerfällig sind

    ☐ das Antragsverfahren zu arbeitsaufwendig ist

    ☐ Sonstiges: _____

## 7  GRÜNDE FÜR FEHLENDE FuE-AKTIVITÄTEN IN BERLIN

● **Forschung und Entwicklung wird nicht betrieben, weil**

☐ die allgemeine Marktbeobachtung ausreicht

☐ die Fertigung nach Anweisung der Kunden erfolgt

☐ Innovationsmöglichkeiten nicht bestehen, da

    ☐ die Produkte ausgereift und nicht weiter entwicklungsfähig sind

    ☐ die Fertigungsverfahren einem ausgereiften Stand der Technik entsprechen

☐ dies im Unternehmensverbund erfolgt

☐ Sonstiges: _____

## 8 FuE-AKTIVITÄTEN BEI UNTERNEHMENSVERFLECHTUNG

● **Der Betrieb gehört zu einem Verbund/Konzern**

☐ nein → keine weiteren Fragen, vielen Dank
☐ ja, und zwar
    ☐ Mehrbetriebsunternehmen mit Sitz in Berlin
    ☐ Mehrbetriebsunternehmen mit Sitz
        ☐ im übrigen Bundesgebiet
        ☐ im Ausland

● **Folgende Aktivitäten des Berliner Betriebes werden in der Stadt bzw. außerhalb wahrgenommen:**

| ● Leitung | durch Personen allein in Berlin | durch Personen, die sich zeitweilig in Berlin aufhalten | ausschließlich durch Personen außerhalb Berlins |
|---|---|---|---|
| ● Geschäftsleitung | ☐ | ☐ | ☐ |
| ● kaufm. Betriebsleitung | ☐ | ☐ | ☐ |
| ● techn. Betriebsleitung | ☐ | ☐ | ☐ |

● **Forschung und Entwicklung**

  ● Die FuE-Aktivitäten werden nur durch zentrale Einrichtungen oder andere Betriebe des Unternehmens wahrgenommen.

| | ausschließlich | teilweise |
|---|---|---|
| ☐ nein | | |
| ☐ ja, und zwar | | |
|   ● im übrigen Bundesgebiet | ☐ | ☐ |
|   ● im Ausland | ☐ | ☐ |

| ● Im Berliner Betrieb besteht eine FuE-Gruppe/Abteilung für | derzeit | künftig |
|---|---|---|
| ● Weiterentwicklung im Betrieb gefertigter Produkte | ☐ | ☐ |
| ● Suche nach neuen Produkten | ☐ | ☐ |
| ● Entwicklung neuer Produkte | ☐ | ☐ |
| ● Weiterentwicklung der Verfahren | ☐ | ☐ |
| ● Einführung neuer Verfahren | ☐ | ☐ |
| und zwar | | |
| ● generell in eigener Verantwortung | ☐ | ☐ |
| ● verantwortlich im Rahmen der Produktlinie | ☐ | ☐ |
| ● allein anwendungsorientiert, d. h., Grundlagen zum Produkt/Verfahren werden vorgegeben | ☐ | ☐ |
| ● auf Anweisung innerhalb einer fixierten Aufgabenstellung | | |
|   ● für den eigenen Betrieb | ☐ | ☐ |
|   ● auch für andere Betriebe des Unternehmens/Konzerns | ☐ | ☐ |

| ● Das FuE-Budget | derzeit | künftig |
|---|---|---|
| ● ist innerhalb der betrieblichen Möglichkeiten frei | ☐ | ☐ |
| ● wird vom Berliner Betrieb geplant und zur Entscheidung in das Unternehmen eingebracht | ☐ | ☐ |
| ● wird außerhalb Berlins festgelegt | ☐ | ☐ |

**Für eventuelle Rückfragen:** _____

(Stempel, Name, Telefon)

334

 **Deutsches Institut für Wirtschaftsforschung**

König-Luise-Straße 5, 1000 Berlin 33

**Abteilung Berlin**
Fernsprecher (030) 829 91-688

---

DIREKTE PROJEKTFÖRDERUNG IM RAHMEN DER FACHPROGRAMME DES BMFT IN BERLIN

Ihre Angaben werden streng vertraulich behandelt,
Individualdaten nicht veröffentlicht.

**Zurückerbeten bis Mitte März**

Betriebs-Kennziffer:

1. ANGABEN ZUM BERLINER BETRIEB

● Organisationsform des Betriebes

☐    Einzelbetrieb      ☐    Mehrbetriebsunternehmen

● Beschäftigte und Umsatz 1987 (nur für die statistische Auswertung)

Beschäftigte im Jahresdurchschnitt _____ Personen;  Umsatz ca. _____ Mill. DM

2. ANGABEN ZUR FORSCHUNGSTÄTIGKEIT IHRES BETRIEBES UND ZUM FORSCHUNGSUMFELD

● Haben Sie im Zusammenhang mit Ihrer Forschungstätigkeit größere Schwierigkeiten?

☐   nein, keine größeren Schwierigkeiten

☐   ja, und zwar      ☐   Unsicherheiten über finanzielles und      ☐   Qualifikation der Mitarbeiter,
                         technisches Risiko sowie Marktchancen            Arbeitskräftemangel

                           ☐   Eigenkapitalmangel                ☐   Fremdkapitalmangel

☐   Sonstiges: _____

● Ist die Höhe Ihrer Forschungsausgaben abhängig von staatlicher Förderung?

☐   nein, Planung unabhängig von einer evtl. Förderung

☐   ja, und zwar mit     ☐   eher geringer Bedeutung

                      ☐   erheblicher Bedeutung

                      ☐   entscheidender Bedeutung (ohne Förderung keine Projekte)

● Sehen Sie im Vergleich zu anderen Regionen des Bundesgebietes besondere Vorteile oder Nachteile für Ihre Forschungsaktivitäten in Berlin?

| | Vorteile | Nachteile | kaum Unterschiede |
|---|---|---|---|
| ● Angebot an qualifizierten Arbeitskräften und zwar | | | |
| - forschungserfahrenen Facharbeitern/Angestellten | ☐ | ☐ | ☐ |
| - Hochschulabsolventen | ☐ | ☐ | ☐ |
| - Hochschulabsolventen mit einschlägigen Erfahrungen in Forschung und Beruf | ☐ | ☐ | ☐ |
| ● Forschungsimpulse aus der regionalen Nähe zu | | | |
| - Lieferanten | ☐ | ☐ | ☐ |
| - Abnehmern | ☐ | ☐ | ☐ |
| - Konkurrenten | ☐ | ☐ | ☐ |
| - wissenschaftlichen Einrichtungen | ☐ | ☐ | ☐ |
| ● Potential an Kooperationspartnern bei | | | |
| - kleineren und mittleren Unternehmen | ☐ | ☐ | ☐ |
| - Großunternehmen | ☐ | ☐ | ☐ |
| - wissenschaftlichen Einrichtungen | ☐ | ☐ | ☐ |
| ● Sogenannte "Synergieeffekte" im regionalen Rahmen aus | | | |
| - dem unternehmerischen Umfeld | ☐ | ☐ | ☐ |
| - formellen und informellen Gesprächskreisen | ☐ | ☐ | ☐ |
| - einer ausgeprägten Forschungs("Aufbruchs")stimmung | ☐ | ☐ | ☐ |
| - wirtschaftspolitischen Weichenstellungen und Förderungsinitiativen | ☐ | ☐ | ☐ |
| - Beratungs- und Informationsangebot | ☐ | ☐ | ☐ |
| ● Sonstiges: _____ | | | |
| ● Bei einer Bewertung aller Einflußfaktoren überwiegen | ☐ | ☐ | ☐ |

- **Die geförderten Projekte**

    ☐  wurden mit dem im Betrieb vorhandenen Potential an Arbeitskräften durchgeführt bzw. begonnen.

    ☐  wurden nur durch die Einstellung zusätzlicher Arbeitskräfte bewältigt bzw. begonnen.

    ☐  führten zu einer Ausweitung der FuE-Aktivitäten in Berlin.

    ☐  führten zu Kooperationen mit anderen Unternehmen bzw. wissenschaftlichen Einrichtungen.

    ☐  führten bereits zu regelmäßigen Forschungsaktivitäten bzw. werden künftig dazu führen.

- **Die Forschungsarbeiten der geförderten Projekte**

    ☐  wurden abgeschlossen.

    ☐  mündeten in marktreife Produkte/Verfahren.

    ☐  führten zu bereits vermarkteten Produkten/Verfahren mit

        ☐  deutlich positiven Wirkungen auf das Betriebsergebnis.      ☐  einer Ausweitung der überregionalen Lieferungen.

        ☐  einer wesentlichen Verjüngung der Erzeugnispalette,       ☐  einer Stärkung der betrieblichen Marktstellung und
        ☐  die dringend erforderlich war.                                         positiven Rückwirkungen auf andere Produkte.

    ☐  Der Umsatzanteil der in den letzten 5 Jahren geförderten Produkte/Verfahren betrug 1987 etwa _____ vH.

- **Durch die neu entwickelten Produkte/Verfahren**

    ☐  wurden etwa _____ Arbeitsplätze zusätzlich geschaffen, davon _____ Stellen für Facharbeiter.

    ☐  wurden etwa _____ Arbeitsplätze gesichert mit überwiegend

        ☐  unveränderten Qualifikationsanforderungen.      ☐  gestiegenen Qualifikationsanforderungen.

    ☐  sind etwa _____ Arbeitsplätze bis Ende 1989 konkret geplant.

- **Die Förderung und ihre Ausgestaltung**

    ☐  wird den betrieblichen Anforderungen weitgehend gerecht.

    ☐  hat Mängel, und zwar

        ☐  zu geringe Fördersätze.                                     ☐  zu viel bürokratischer Aufwand

        ☐  zu enge Auslegung der anerkennungsfähigen                     ☐  bei Antragsstellung.
            FuE-Kosten.                                                   ☐  bei Abwicklung.

    Sonstiges: _____

- **Zur Verbesserung der Ausgestaltung würde ich folgendes vorschlagen: Verstärkte Förderung**

    ☐  bei besonders risikoreichen Vorhaben.

    ☐  bei Einstieg in neue Marktsegmente.

    ☐  durch Einbeziehung der Kosten für Umsetzung und Vermarktung der Forschungsergebnisse.

    Sonstiges: _____

- **Wie bewerten Sie grundsätzlich die regionale Nähe zu fördernden/betreuenden Einrichtungen? Die regionale Nähe bietet**

    ☐  persönliche Kontaktmöglichkeit und wesentliche Vorteile.

    ☐  kaum Vorteile.

- **Die Betreuung durch die IHK Berlin**

    ☐  war intensiv und als insgesamt sehr positiv hervorzuheben.

    ☐  war "normal", d. h., es überwogen weder positive noch negative Eindrücke.

    ☐  halte ich für sehr verbesserungswürdig.

- **Haben Sie auch andere Förderprogramme in Anspruch genommen?**

    ☐  nein

    ☐  ja, und zwar _____

    FUR EVTL. RÜCKFRAGEN:

    ☐  Ich bitte um Rückruf

    Den Fragebogen hat beantwortet: _____

    (Name, Telefon, Firmenstempel)

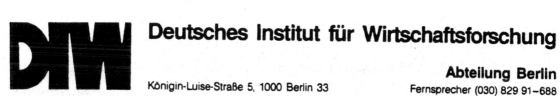

# Deutsches Institut für Wirtschaftsforschung

Königin-Luise-Straße 5, 1000 Berlin 33

**Abteilung Berlin**

Fernsprecher (030) 829 91–688

---

## FÖRDERUNG VON FORSCHUNG UND ENTWICKLUNG BEI KLEINEN UND MITTLEREN UNTERNEHMEN IN BERLIN

Ihre Angaben werden streng vertraulich behandelt.
Mehrfaches Ankreuzen ist möglich.
**Zurückerbeten bis Ende Mai**

Betriebs-Kennziffer:

### 1. ANGABEN ZUM BERLINER BETRIEB

● Beschäftigte und Umsatz 1987 (nur für die statistische Auswertung)

Beschäftigte im Jahresdurchschnitt _____ Personen;  Umsatz ca. _____ Mill. DM

### 2. ANGABEN ZU FORSCHUNG UND ENTWICKLUNG (FuE) IN IHREM BETRIEB

● Haben Sie im Zusammenhang mit Ihren FuE-Aktivitäten Schwierigkeiten?

☐ nein, keine Schwierigkeiten

☐ ja, und zwar
- ☐ Unsicherheiten über finanzielles und technisches Risiko sowie Marktchancen
- ☐ Eigenkapitalmangel
- ☐ Fremdkapitalmangel
- ☐ Qualifikation der Mitarbeiter, Arbeitskräftemangel
- ☐ Beratung und Information
- ☐ Kooperationspartner

☐ Sonstiges: _____

● Ist die Höhe ihrer FuE-Ausgaben abhängig von staatlicher Förderung?

☐ nein, unabhängig von einer evtl. Förderung

☐ ja, und zwar mit
- ☐ eher geringer Bedeutung
- ☐ erheblicher Bedeutung
- ☐ entscheidender Bedeutung (ohne Förderung keine Projekte)

● Führen Sie in Ihrem Betrieb regelmäßig FuE-Aktivitäten durch?

☐ nein, nur vereinzelt und bei Bedarf

☐ ja, und zwar
- ☐ regelmäßig im eigenen Betrieb mit vorhandenem Personal
- ☐ im eigenen Betrieb mit neu eingestellten Experten/Hochschulabgängern, die für das Produkt/Verfahren auch über die FuE-Phase hinaus verantwortlich bleiben
- ☐ mit Hilfe von externen FuE-Einrichtungen, und zwar überwiegend
  - ☐ wissenschaftlichen Einrichtungen
  - ☐ privaten Ingenieurgesellschaften

### 3. ANGABEN ZUR FuE-FÖRDERUNG IM RAHMEN DES BMWi/IHK-PROGRAMMS

● Haben Sie mit Hilfe dieses Förderprogramms erstmals FuE-Aktivitäten durchgeführt?

☐ ja          ☐ nein

● Die Förderung hat

☐ das (die) Projekt(e) erst möglich gemacht.

☐ die Realisierung wesentlich erleichtert.

☐ das finanzielle Risiko deutlich vermindert.

☐ Sonstiges: _____

## 3. ANGABEN ZUR PROJEKTFÖRDERUNG DES BMFT

**■ Die Forschungsarbeiten der geförderten Projekte**

| | über- wiegend | teil- weise | kaum |
|---|---|---|---|
| ● wurden abgeschlossen. | ☐ | ☐ | ☐ |
| ● mündeten in marktreife Produkte/Verfahren. | ☐ | ☐ | ☐ |
| ● wurden bereits vermarktet mit | ☐ | ☐ | ☐ |
|   - deutlich positiven Wirkungen auf das Betriebsergebnis. | ☐ | ☐ | ☐ |
|   - einer wesentlichen Verjüngung der Erzeugnispalette, | ☐ | ☐ | ☐ |
|   - die dringend erforderlich war. | ☐ | ☐ | ☐ |
|   - einer Ausweitung der überregionalen Lieferungen. | ☐ | ☐ | ☐ |
|   - einer Lösung aus Abhängigkeiten von Abnehmern. | ☐ | ☐ | ☐ |

**■ Die geförderten Projekte**

☐ wurden mit dem im Betrieb vorhandenen Potential an Arbeitskräften durchgeführt bzw. begonnen.

☐ wurden nur durch die Einstellung zusätzlicher Arbeitskräfte bewältigt bzw. begonnen.

☐ führten im Unternehmen zu einer Verlagerung von Forschungsaktivitäten nach Berlin.

☐ führten zu Kooperationen mit anderen Unternehmen bzw. wissenschaftlichen Einrichtungen.

**■ Die BMFT-Förderung hat**

☐ das (die) Projekt(e) erst möglich gemacht.

☐ die Finanzierung wesentlich erleichtert.

☐ Sonstiges: _____ _____

**■ Der Berlin-Bonus, also die um 10 vH-Punkte höhere Förderung,**

| | sehr wichtig | wichtig | nicht wichtig |
|---|---|---|---|
| ● hat die Entscheidung zur Projektdurchführung beeinflußt. | ☐ | ☐ | ☐ |
| ● gab einen letzten Anstoß zur Projektdurchführung. | ☐ | ☐ | ☐ |
| ● ermöglichte ein intensiveres Angehen der Projekte bei nur beschränkter Eigenkapitalausstattung. | ☐ | ☐ | ☐ |
| ● ließ mehr Eigenkapital für eine intensivere Markteinführung der entwickelten Produkte/Verfahren. | ☐ | ☐ | ☐ |
| ● ermöglichte durch den geringeren Eigenkapitaleinsatz andere dringende und betriebsnotwendige Vorhaben. | ☐ | ☐ | ☐ |

● Sonstiges: _____

**■ Wie Sie wissen, werden generelle Berlin-Präferenzen derzeit kontrovers diskutiert. Für einen gezielteren Einsatz des Berlin-Bonus gibt es einige Vorschläge. Wir bitten Sie, diese zu würdigen und ggf. eigene Anregungen zu unterbreiten.**

| Gewährung eines 10 vH-Punkte deutlich übersteigenden Bonus | sehr guter Vorschlag | guter Vorschlag | weniger guter Vorschlag |
|---|---|---|---|
| ● bei Zusammenarbeit mit wissenschaftlichen Einrichtungen | ☐ | ☐ | ☐ |
| ● bei Zusammenarbeit von kleinen und mittleren Betrieben untereinander sowie mit Großunternehmen | ☐ | ☐ | ☐ |
| ● nur für kleine und mittlere Betriebe | ☐ | ☐ | ☐ |
| ● bei Einstellung zusätzlichen, in der Forschung tätigen Personals | ☐ | ☐ | ☐ |
| ● konzentriert auf ausgewählte Technologiebereiche, z. B. Umwelt | ☐ | ☐ | ☐ |

Eigene Vorschläge: _____

**FÜR EVENTUELLE RÜCKFRAGEN:**

Den Fragebogen hat beantwortet: _____

                                 (Name, Telefon, Firmenstempel.)

Ich bitte um Rückruf        ☐